Symon He e **James Svetec** são os especialistas por trás da LearnBNB.com. Symon também é instrutor de investimento imobiliário com o LinkedIn Learning e Udemy, e James é o fundador do BNB Mastery Program, especialista nº 1 em expansão rápida de negócios pelo Airbnb.

©maroke/Shutterstock.com

Algumas vezes, ser anfitrião no Airbnb pode ser pesado demais, com muita coisa para fazer e pouco tempo para executar tudo. Mas você não precisa fazer tudo de uma vez ou por inteiro para ter sucesso. Frequentemente, em meio à loucura para lançar os anúncios e receber os hóspedes, novos anfitriões no Airbnb se esquecem de cuidar do básico. Tenha como foco fazer as coisas básicas do jeito certo e estará a caminho do sucesso como anfitrião nessa plataforma.

COISAS PARA FAZER AO HOSPEDAR PELO AIRBNB, NESTA ORDEM

"Não ponha a carroça na frente dos bois" é um bom mantra ao considerar sua jornada como anfitrião no Airbnb. A tabela a seguir mostra as tarefas importantes e a ordem em que você deve executá-las. Vá de cima para baixo e depois da esquerda para a direita, começando pelo canto superior esquerdo. Sempre que se sentir sobrecarregado, é só olhar para o quadro e definir qual o próximo item de ação unitário que você pode focar.

Faça isto primeiro	Faça isto em seguida	Faça isto conforme necessário
Em primeiro lugar, torne-se um hóspede no Airbnb. Faça sua reserva de férias pela plataforma e aprenda com o outro lado.	Faça um teste no Airbnb com sua lista de amigos e familiares para uma simulação de reserva em um fim de semana.	Trabalhe com um contador para se certificar de que está fazendo as coisas do jeito correto e garantir redução na geração de impostos.
Pesquise e descubra quais regras sobre locações temporárias se aplicariam a você.	Tire fotos profissionais das áreas interna e externa de seu imóvel.	Faça um diagnóstico para melhorar o desempenho, comparando com a concorrência as ocupações e a média das diárias por noite.
Leia seu acordo de Associação de Moradores ou contrato de locação, se isso for aplicável a você.	Crie um anúncio perfeito com fotos perfeitas, excelente descrição e título, bem como regras e condições adequadas.	Explore fontes secundárias de renda acrescentando serviços extras.
Considere potenciais relações com vizinhos e proprietários se você se tornar anfitrião.	Analise e elabore um processo simples e remoto de check-in e check-out.	Estude obter uma classificação Airbnb Plus ou Luxe para seu anúncio.
Pesquise a concorrência e defina expectativas de rendimento adequadas.	Elabore um procedimento para faxina e tenha uma opção reserva desse serviço.	Analise acrescentar mais anúncios adquirindo mais imóveis para receber pessoas.
Prepare seu imóvel — limpeza, mobília e provisões à disposição dos hóspedes.	Pesquise e defina preços adequados para a inauguração e para o período posterior. Explore as opções de preço inteligente.	Pense em ser coanfitrião de imóveis de outras pessoas para aumentar sua renda com o Airbnb.
Registre todas as aquisições e documentações.	Considere ferramentas automáticas de envio de mensagens e calendário, assim como a contratação de um administrador de imóveis ou coanfitrião.	Reflita sobre anunciar em outras plataformas além do Airbnb.
Analise se acrescentar cobertura adicional faz sentido para você.	Lance seu anúncio com um preço ramp-up para impulsionar.	Estude ser anfitrião de uma Experiência Airbnb.

Airbnb

Para
leigos

Airbnb
Para leigos

Symon He
Cofundador da LearnBNB.com

James Svetec
Fundador da BNB Mastery

ALTA BOOKS
E D I T O R A
Rio de Janeiro, 2021

Airbnb Para Leigos®

Copyright © 2021 da Starlin Alta Editora e Consultoria Eireli.
ISBN: 978-65-5520-388-2

Translated from original Airbnb For Dummies®. Copyright © 2020 by John Wiley & Sons, Inc., ISBN 978-1-119-65177-2. This translation is published and sold by permission of Wiley, the owner of all rights to publish and sell the same. PORTUGUESE language edition published by Starlin Alta Editora e Consultoria Eireli, Copyright © 2021 by Starlin Alta Editora e Consultoria Eireli.

Todos os direitos estão reservados e protegidos por Lei. Nenhuma parte deste livro, sem autorização prévia por escrito da editora, poderá ser reproduzida ou transmitida. A violação dos Direitos Autorais é crime estabelecido na Lei nº 9.610/98 e com punição de acordo com o artigo 184 do Código Penal.

A editora não se responsabiliza pelo conteúdo da obra, formulada exclusivamente pelo(s) autor(es).

Marcas Registradas: Todos os termos mencionados e reconhecidos como Marca Registrada e/ou Comercial são de responsabilidade de seus proprietários. A editora informa não estar associada a nenhum produto e/ou fornecedor apresentado no livro.

Impresso no Brasil — 1ª Edição, 2021 — Edição revisada conforme o Acordo Ortográfico da Língua Portuguesa de 2009.

Erratas e arquivos de apoio: No site da editora relatamos, com a devida correção, qualquer erro encontrado em nossos livros, bem como disponibilizamos arquivos de apoio se aplicáveis à obra em questão.

Acesse o site **www.altabooks.com.br** e procure pelo título do livro desejado para ter acesso às erratas, aos arquivos de apoio e/ou a outros conteúdos aplicáveis à obra.

Suporte Técnico: A obra é comercializada na forma em que está, sem direito a suporte técnico ou orientação pessoal/exclusiva ao leitor.

A editora não se responsabiliza pela manutenção, atualização e idioma dos sites referidos pelos autores nesta obra.

Dados Internacionais de Catalogação na Publicação (CIP) de acordo com ISBD

H432a	He, Symon
	Airbnb Para Leigos / Symon He, James Svetec ; traduzido por Maira Meyer. - Rio de Janeiro : Alta Books, 2021.
	384 p. ; 17cm x 24cm.
	Tradução de: Airbnb For Dummies
	Inclui índice.
	ISBN: 978-65-5520-388-2
	1. Administração. 2. Imóveis. 3. Airbnb. 4. Anfitrião. 5. Hóspedes. I. Svetec, James. II. Meyer, Maíra. III. Título.
	CDD 658
2021-3170	CDU 65

Elaborado por Vagner Rodolfo da Silva - CRB-8/9410

Rua Viúva Cláudio, 291 — Bairro Industrial do Jacaré
CEP: 20.970-031 — Rio de Janeiro (RJ)
Tels.: (21) 3278-8069 / 3278-8419
www.altabooks.com.br — altabooks@altabooks.com.br

Produção Editorial
Editora Alta Books

Gerência Comercial
Daniele Fonseca

Editor de Aquisição
José Rugeri
acquisition@altabooks.com.br

Produtores Editoriais
Illysabelle Trajano
Maria de Lourdes Borges
Thales Silva

Marketing Editorial
Livia Carvalho
Gabriela Carvalho
Thiago Brito
marketing@altabooks.com.br

Equipe de Design
Larissa Lima
Marcelli Ferreira
Paulo Gomes

Diretor Editorial
Anderson Vieira

Coordenação Financeira
Solange Souza

Produtor da Obra
Thiê Alves

Equipe Ass. Editorial
Brenda Rodrigues
Caroline David
Luana Rodrigues
Mariana Portugal
Raquel Porto

Equipe Comercial
Adriana Baricelli
Daiana Costa
Fillipe Amorim
Kaique Luiz
Victor Hugo Morais
Viviane Paiva

Atuaram na edição desta obra:

Tradução
Maíra Meyer

Copidesque
Alessandro Thomé

Revisão Técnica
Manuella Mamprim
Turismóloga pela UFRRJ

Revisão Gramatical
Eveline Vieira Machado
Rafael Fontes

Diagramação
Joyce Matos

Ouvidoria: ouvidoria@altabooks.com.br

Editora afiliada à:

Sobre os Autores

Symon He é cofundador da `LearnBNB.com`, um dos principais destinos virtuais que ensinam tudo sobre hospedagens no Airbnb. Sua pesquisa e seus trabalhos foram citados no *Wall Street Journal* e na *Forbes*, e também na Reuters, CNBC e SKIFT. Por meio de seus programas de treinamento e orientação, trabalhou diretamente com milhares de aspirantes a anfitriões no Airbnb no início de suas trajetórias com hospedagem.

Symon também é instrutor campeão de vendas de cursos sobre imóveis e negócios, com mais de 250 mil alunos no mundo inteiro até janeiro de 2020. Você pode encontrar seus cursos populares nas maiores plataformas de educação, entre elas Udemy, LinkedIn Learning, StackSkills, LearnFormula, Knowable, Highbrow e SixFigureInstructor.com.

Ele também é autor de *Real Estate Investing QuickStart Guide* (sem tradução em português), disponível na ClydeBank Media. Anteriormente, Symon trabalhou em vários cargos corporativos nos ramos imobiliário e financeiro em grandes companhias particulares e algumas das Fortune 80, inclusive em uma empresa de capital privado que abrange um amplo leque de aquisições de imóveis comerciais no oeste dos Estados Unidos. Ele tem licença de corretor de imóveis na Califórnia e escreve com frequência em seu blog pessoal `symonhe.com`.

Formou-se com distinção em engenharia da computação e economia pela UC Irvine e obteve MBA pela Stanford University. Mora com a esposa Hillary em Los Angeles.

James Svetec é o criador e fundador do BNB Mastery Program, em que ajuda pessoas a ter uma renda equivalente à de um trabalho em período integral administrando imóveis de outros proprietários no Airbnb. Por meio de seus programas de orientação e treinamento, James trabalhou com centenas de empreendedores no mundo todo, ajudando-os a desenvolver negócios bem-sucedidos e a se tornar mestres do Airbnb.

James também é o coproprietário da `LearnBNB.com`, a principal fonte em que pessoas do mundo inteiro aprendem sobre o universo da hospedagem pelo Airbnb. Tendo construído com sucesso e em tempo recorde uma companhia de gestão de aluguéis de curto prazo, hoje James ensina colegas anfitriões e administradores do Airbnb a como ter sucesso nessa plataforma.

No passado, James trabalhou como orientador profissional de negócios com uma empresa Profit 500 canadense, a Student Works Painting. Devido, em grande parte, à oportunidade incrível criada pelo Airbnb, hoje James passa o tempo em vários países, com amigos e familiares.

Dedicatória

Symon: A meu amado e falecido pai, cujas palavras continuam a me guiar, a minha dedicada mãe, cuja coragem me inspira todos os dias, e a minha bela esposa, cujo amor por mim faz de cada dia uma bênção.

James: A minha mãe, meu pai e minha irmã, que são a personificação do amor e do apoio incondicionais, e a meus vários amigos e mentores que tornaram tudo isto possível.

Agradecimentos dos Autores

Symon: Quero expressar minha gratidão à excelente equipe da Wiley. Este livro — da ideia à publicação — não teria sido possível sem o apoio e a orientação constantes de cada um de vocês. Quero agradecer em particular à editora de aquisições, Ashley Coffee; ao editor técnico, Sam Symons; e ao editor de projetos, desenvolvimento e revisor Chad R. Sievers. Agradeço também à editora-adjunta Katie P. Mohr por assegurar que todas as partes ficassem bem coesas.

Obrigado a todos os anfitriões do Airbnb, estudantes e leitores da LearnBNB.com e ao Hosting Accelerator Program. Suas histórias inspiram e animam outras pessoas a explorar o mundo instigante, divertido e, às vezes, complicado da hospedagem pelo Airbnb. Agradeço especialmente a Clara Reeves e Elio Mondello Anza por compartilharem conosco suas inspiradoras jornadas como anfitriões do Airbnb.

Obrigado a Pierre-Camille Haman, da SmartBNB, Neel Parekh, da MaidThis!, Miguel Alex Centeno, da SharedEconomyCPA, e a muitas pessoas legais da AirDNA, WheelHouse e NoiseAware. Sua orientação e seu apoio foram valiosos para a escrita deste livro.

Obrigado a meu coautor, James Svetec. Eu não teria sido capaz de finalizar este livro sem você. E que jornada para fazermos juntos! Espero ter muito mais aventuras divertidas e proveitosas com você.

Agradeço a James Breese Jr. por me apresentar ao mundo dos aluguéis temporários e do Airbnb, e por ter fundado comigo a LearnBNB há tantos anos. Nada disso teria sido possível sem seu apoio de sempre e sua amizade.

Agradeço a Travis Chow pela amizade, paciência e apoio. Seu incentivo me deu forças para começar e terminar este livro.

Agradeço a minhas irmãs, Lily Ho e Jody Dowell, e a meus familiares por sempre acreditarem em mim e me animarem.

Por fim, agradeço ao Airbnb por tornar possível que pessoas pertençam a qualquer lugar do mundo e por dar a indivíduos comuns a oportunidade de ter uma renda por meio da hospitalidade genuína.

James: Primeiro, quero agradecer à equipe incrível da Wiley por nos dar a chance de compartilhar nosso conhecimento sobre hospedagens com a comunidade Airbnb. Trabalhar com a equipe da Wiley desde a fase inicial de concepção até as edições finais foi uma jornada fantástica e uma oportunidade ainda melhor de aprendizado.

Obrigado ao Airbnb e à comunidade Airbnb em geral por proporcionar um ambiente tão incrível para que pessoas de todos os cantos do mundo se encontrem e vivam como moradores do local. Da experiência como anfitrião e administrador a viajante, ser parte da comunidade Airbnb foi e continua sendo uma experiência excelente.

Obrigado a todos os meus alunos do BNB Mastery Program, que me permitem orientar e informar sobre como administrar propriedades alheias no Airbnb. Dizem que uma das melhores maneiras de aprender é ensinar, e sem dúvida aprendo com todos os meus alunos conforme continuam a desenvolver seus empreendimentos mundo afora.

Obrigado a todos os leitores e alunos da LearnBNB.com e do Hosting Accelerator Program. O esforço para nos tornarmos os melhores anfitriões que podemos ser é divertido e empolgante, e fazer isso ao lado de uma comunidade tão fantástica torna tudo mais agradável.

Obrigado a meu sócio, coautor e amigo Symon He. Eu nunca teria tido a oportunidade de escrever um livro compartilhado se não fosse por você, e fazer isso foi uma ótima jornada. Estou muito empolgado com os vários outros projetos que virão!

Agradeço a minha família, que continua me apoiando em tudo o que faço. A minha mãe, sempre incentivadora, que me estimula e desafia a ser minha melhor versão enquanto me ama incondicionalmente. A meu amado e diligente pai, que me ensinou o que é dar tudo de mim em algo que amo, a nunca deixar obstáculos me atrapalharem e que, ao longo dos anos, se tornou um grande amigo. A minha irmã e a meu futuro irmão, que mantêm meus pés no chão, que sempre deixam a vida divertida e com quem sempre posso contar. Por último, mas igualmente importante, a minha amorosa e incentivadora namorada, Christine, cuja parceria em minha vida não tem limites.

Agradeço especialmente a meus primeiros mentores, Chris Thomson e Patrick Lalonde. É claro que faltam palavras para conseguir expressar a importância das contribuições de vocês em minha vida, tanto em termos de orientação como de amizade, mas saibam que sou eternamente grato por tudo o que vocês foram e continuam sendo para mim.

Agradeço a Sam Symons, cuja parceria e amizade me ajudaram em momentos difíceis e que continuam a me incentivar em tudo que faço. Naturalmente, sem você eu não estaria onde estou. Sua recusa em se acomodar ou desistir é admirável e inspiradora.

Agradeço a Paul Carleton e Esbe van Heerden, que estiveram ao meu lado ao longo de toda a jornada. Vocês são pessoas verdadeiramente maravilhosas e amigos excepcionais. Há muitas coisas pelas quais eu poderia ser grato a vocês, mas, acima de tudo, obrigado por simplesmente serem o que são para mim.

Agradeço às várias comunidades de empreendedores das quais pude participar ao longo dos anos, cuja orientação e apoio me permitiram evitar um erro atrás do outro e superar muitos obstáculos. Em particular, criei muitos vínculos realmente bons, conheci um sem-número de pessoas incríveis e adquiri um conhecimento imensurável com as comunidades DC, GIA e Student Works, e por isso sou imensamente grato.

Sumário Resumido

Introdução 1

Parte 1: Começando a Usar o Airbnb 5

CAPÍTULO 1: A Verdade Nua e Crua sobre o Airbnb, Apenas o Básico 7

CAPÍTULO 2: O que Realmente Significa Ser Anfitrião pelo Airbnb 19

CAPÍTULO 3: Definindo Seu Lucro em Potencial 31

Parte 2: Chamando Atenção para Seu Anúncio 49

CAPÍTULO 4: Preparando Seu Imóvel para o Airbnb 51

CAPÍTULO 5: Criando o Anúncio Perfeito 75

CAPÍTULO 6: Fazendo Seu Anúncio Brilhar com Fotografias 101

Parte 3: Revelando Fundamentos Importantes sobre Preços 113

CAPÍTULO 7: Definindo o Preço de Seu Anúncio........................... 115

CAPÍTULO 8: Aumentando Seu Potencial de Lucro 135

CAPÍTULO 9: Ligar o Piloto Automático e Ainda Fazer Dinheiro............. 159

CAPÍTULO 10: É um Pássaro? É um Avião? Não, É um Superhost!............. 175

Parte 4: Dominando a Experiência dos Hóspedes 187

CAPÍTULO 11: Compreendendo o que Significa Ser um Bom Anfitrião 189

CAPÍTULO 12: Criando um Processo Perfeito de Check-in 203

CAPÍTULO 13: Continuidade a uma Estada sem Estresse Após o Check-in até o Check-out... 219

CAPÍTULO 14: Mantendo o Espaço para Continuar Recebendo Reservas........ 239

Parte 5: A Próxima Fase da Experiência como Anfitrião no Airbnb 251

CAPÍTULO 15: Passando de Fase no Jogo do Anfitrião com o Airbnb PLUS....... 253

CAPÍTULO 16: Explorando as Várias Oportunidades de Anúncios Não Tradicionais... 263

CAPÍTULO 17: Subdividindo Seu Airbnb 275

CAPÍTULO 18: Seja Anfitrião Sem Ter um Imóvel: As Experiências do Airbnb..... 287

Parte 6: Abordando Questões Financeiras Importantes.. 315

CAPÍTULO 19: Compreendendo os Impostos do Airbnb...................... 317

CAPÍTULO 20: Ganhando uma Boa Grana como Coanfitrião do Airbnb 335

Parte 7: A Parte dos Dez 343

CAPÍTULO 21: Dez Dicas para Ser um Anfitrião Melhor 345

CAPÍTULO 22: As Dez Melhores Compras para Anfitriões 349

CAPÍTULO 23: Dez Maneiras de Aumentar Seus Rendimentos 353

Índice 357

Sumário

INTRODUÇÃO 1
    Sobre Este Livro. 1
    Penso que... 2
    Ícones Usados Neste Livro 3
    Além Deste Livro 3
    De Lá para Cá, Daqui para Lá 3

PARTE 1: COMEÇANDO A USAR O AIRBNB 5

CAPÍTULO 1: **A Verdade Nua e Crua sobre o Airbnb,**
Apenas o Básico. 7
    Examinando o Panorama Geral 8
        A economia compartilhada — Dando uso a recursos
        subaproveitados. 8
        Entendendo o que são aluguéis temporários 9
        Saiba do que você precisa para ser anfitrião. 10
    Reconhecendo as Vantagens do Airbnb como Plataforma
    em Comparação com a Concorrência 11
    Respondendo a Perguntas Comuns que Você Pode Ter
    como Potencial Anfitrião 12
        Por que eu deixaria estranhos entrarem na minha casa?. 13
        É seguro ser anfitrião no Airbnb?. 13
        Meu imóvel é adequado para o Airbnb?. 15
        Ser anfitrião está dentro da lei? 15
        Estou apto para ser anfitrião pelo Airbnb?. 16
        E se um hóspede se machucar?. 16
        Qual a diferença entre couch surfing e Airbnb? 17

CAPÍTULO 2: **O que Realmente Significa Ser**
Anfitrião pelo Airbnb 19
    Ter uma Mentalidade Acolhedora — O que É Preciso
    para Ser Anfitrião 20
        Abrindo o coração e a casa aos hóspedes. 21
        Conquistando confiança por meio de transparência e
        credibilidade 22
        Mantendo seu local limpo e bem equipado. 22
        Cumprindo as (crescentes) expectativas 23
        Implementando sistemas para que seus hóspedes
        tenham uma estada especial 24
        Acrescentando um toque mágico pessoal. 24
    O que Levar em Conta Antes de se Tornar Anfitrião pelo Airbnb . . 25
        Estar ciente de suas expectativas ocultas 25
        Convidar estranhos para entrar em sua casa 26

Assumir o compromisso 27
Considerar suas habilidades tecnológicas 28
Estar ciente de como sua decisão de
ser anfitrião afeta outras pessoas em sua vida. 28
Decidir o tipo de anfitrião que você quer ser 29

CAPÍTULO 3: **Definindo Seu Lucro em Potencial** 31
Decodificando Quanto Você Realmente Pode Ganhar no Airbnb . . 32
Começando com médias nacionais 32
Sua localização é o que mais define seu potencial
de lucro no Airbnb 32
Pesquisando Seu Segmento no Airbnb: Estatísticas de Ganho 34
Descobrindo as estatísticas de mercado cruciais 35
Compreendendo a fundo o segmento 37
Definindo a Parte que Lhe Cabe Neste Latifúndio 40
Levando em conta despesas operacionais 40
Avaliando o compromisso de tempo. 42
Comparando Campo e Cidade Grande. 45
Obtendo lucro em qualquer área 45
Acrescentando mais anúncios no Airbnb sem
adquirir imóveis 46
Verificando se Ser Anfitrião em Sua Área Está Dentro da Lei 46
Tomando consciência dos eventuais riscos de
hospedar pelo Airbnb 47
Descobrindo quais leis ou restrições se aplicam a você 47

PARTE 2: CHAMANDO ATENÇÃO PARA SEU ANÚNCIO . . 49

CAPÍTULO 4: **Preparando Seu Imóvel para o Airbnb** 51
Gerando Potencial de Lucro com Seu Imóvel 52
Maximizando o potencial de seu anúncio ao
otimizar o espaço 52
Começando seu anúncio com disposição 53
Examinando Quais Facilidades os Hóspedes Querem
em Sua Área. 54
Identificando quais tipos de facilidades incluir no anúncio 55
Observando a concorrência para avaliar melhor o
que os hóspedes querem. 56
Focando Quais Facilidades, Móveis e Equipamentos Incluir 56
Focando as facilidades necessárias. 57
Lembrando-se das coisas frequentemente esquecidas 59
Travado entre uma coisa necessária e uma boa. 60
Um bônus: Os itens bons de ter 60
Surpreendendo-se com o extraordinário. 61
Evitando desperdiçar dinheiro 62
Decidindo Qual Espaço É Acessível
aos Hóspedes em Seu Anúncio 63
Quarto e banheiro 64

xiv   Airbnb Para Leigos

Cozinha 64

Acesso à sala de estar, espaços externos e outros cômodos . . 64

Cuidando das Relações com Vizinhos 65

Ser um bom vizinho: Por que é vantajoso 65

Investindo nas relações com os vizinhos antes de começar . . . 66

Comunicando-se com os vizinhos 66

Cuidando das Relações com o Proprietário 67

Tomando consciência dos riscos de ser
anfitrião sem consentimento 67

Perguntando ao proprietário se você pode
hospedar pelo Airbnb 68

O que os proprietários querem saber quando
o assunto é hospedagem 68

Argumentando com o proprietário 69

Obtendo a Proteção de Seguro Adequada 70

Entendendo a importância de uma cobertura adequada 70

Compreendendo a proteção de seguro do Airbnb e
não dependendo apenas dela 70

Adquirindo seu próprio seguro para ter certeza de
que está totalmente protegido 71

Primeiro Ser Hóspede para Entender Melhor como Ser
Anfitrião — Colocando-se no Lugar do Hóspede 72

CAPÍTULO 5: **Criando o Anúncio Perfeito** 75

Causando uma Primeira Impressão Marcante 76

Criando um Anúncio que Chama a Atenção 78

Vencendo pela otimização para motores de busca do Airbnb . . 78

Identificando os pilares mais importantes ao
configurar seu anúncio 80

Compreendendo como investir em longo prazo
para ter melhor desempenho 81

Escrevendo um Título Marcante 82

O que torna um título excelente 82

O que você precisa saber para compor um título de primeira . . . 83

Como escrever seu próprio título 84

Redigindo uma Descrição Excelente 86

O que incluir na descrição do anúncio 86

Organizando seu anúncio para ter sucesso 86

De olho no objetivo (mais reservas) 87

Definindo as Regras da Casa 89

Sabendo o que (e por quê) incluir 90

Aplicando com sucesso as regras da casa: Instruções 92

Escolhendo uma Política de Cancelamento 93

Identificando as seis políticas de cancelamento 93

Selecionando a política certa para você 94

Definindo Taxas Apropriadas 96

Taxas de limpeza 96

Depósito caução 96

Taxas por hóspede adicional 97

Ativando a Reserva Instantânea: Prós e Contras 98

Sumário   XV

CAPÍTULO 6: Fazendo Seu Anúncio Brilhar com Fotografias........................101

Definindo Sua Estratégia para Fotografar........................102
Entendendo por que as fotos são tão importantes..........102
Analisando quais fotos têm melhor e pior desempenho.....102
Contratar um fotógrafo profissional:
Por que essa é uma decisão inteligente....................103
Preparando Seu Imóvel para as Fotos........................105
Percebendo por que preparar o imóvel é o "X" da questão...105
Preparando seu imóvel como um profissional..............106
Tirando Todas as Fotos........................107
Tudo junto e misturado: De fotos abertas a
detalhadas e em close........................107
Fazendo uma checklist das fotografias....................108
Trabalhando com Seu Fotógrafo para Conseguir Ótimas Fotos...109
Iluminando a foto........................109
Compondo a foto........................110
Obtendo a exposição adequada........................110
Identificando Dicas e Truques Usados
pelos Melhores Anúncios e Superhosts....................111

PARTE 3: REVELANDO FUNDAMENTOS IMPORTANTES SOBRE PREÇOS........................113

CAPÍTULO 7: Definindo o Preço de Seu Anúncio................115

Focando o Preço de Base........................116
Estudando a concorrência: Reúna dados comparáveis de
mercado........................116
Escolhendo uma estratégia de preços de base..............118
Incrementando o Preço de Base........................118
Compreendendo e Calculando a Sazonalidade....................119
Levando em Conta Temporalidade e Eventos Especiais:
De Alto a Baixo........................121
Usar Preço Dinâmico: Sim ou Não?........................123
Tendo um desempenho inferior com a ferramenta
de Preço Inteligente do Airbnb........................124
Alinhando incentivos com ferramentas de preços
dinâmicos terceirizadas........................125
Definindo Outros Tipos de Taxas........................128
Definindo a taxa de limpeza........................128
Definindo a taxa para hóspede extra....................130
Definindo o depósito caução........................131
Reduzindo obstáculos para reservas........................133

CAPÍTULO 8: Aumentando Seu Potencial de Lucro...........135

Deixando Dinheiro para Trás........................136
Começando pelo Mais Fácil........................137
Fazendo um ótimo perfil de anúncio........................137

xvi   Airbnb Para Leigos

Oferta constante de experiências cinco estrelas
aos hóspedes 138
Reduzindo Custos Operacionais. 138
Reconhecendo onde tomar cuidados especiais ao
cortar custos 139
Planejando seus cortes 140
Gastando com Inteligência: As Melhores Aquisições que
Você Pode Fazer Agora para Lucrar no Futuro 142
Aumentando Rendimentos Provenientes de Reservas 145
Impulsionando a taxa de ocupação. 145
Aumentando a taxa média por noite. 145
Expandindo a disponibilidade do anúncio 145
Fazer os três: Sim ou não?. 146
Considerando as quatro situações do desempenho
de anúncios no Airbnb 147
Cobrando uma taxa premium sobre a concorrência. 151
Usando preços dinâmicos para eliminar suposições. 152
Maximizando o Potencial Geral de Rendimentos 152
Aprimorando suas ofertas para aumentar o potencial de
rendimentos 153
Aumentando a capacidade de ocupação. 154
Criando Fontes Adicionais de Renda 155

CAPÍTULO 9: ## Ligar o Piloto Automático e Ainda Fazer Dinheiro 159

Escolhendo a Saúde Mental em Vez dos Lucros:
Fique Longe do Desgaste 160
Descobrindo o que você consegue resolver 160
Minimizar tempo e estresse é tão
importante quanto maximizar lucros .162
Pensando em sua atividade de anfitrião como um negócio. . .162
Identificando o que Você Pode Eliminar 164
Automatizando para Facilitar Sua Vida 165
Automatizando os check-ins. 166
Automatização de preços 167
Terceirizando Tarefas Diferentes 168
Terceirizando a comunicação com os hóspedes 168
Terceirizando avaliações dos hóspedes. 169
Contratando uma diarista profissional .170
Contratando um administrador de imóveis profissional. 171

CAPÍTULO 10: ## É um Pássaro? É um Avião? Não, É um Superhost! 175

O que É um Superhost: Colocando o Hóspede em
Primeiro Lugar e Acima de Tudo 176
Preenchendo os Requisitos de um Superhost 177
Tornando-se Superhost: Procedimentos 177
O que você pode fazer para atingir o status de Superhost . . .178
Mantendo o Status de Superhost 179

Sumário xvii

Sua taxa de resposta 179
Sua taxa de cancelamento 180
Suas avaliações gerais feitas por hóspedes. 181
Perdendo e Recuperando o Status de Superhost. 183
De Olho em Alternativas ao Superhost:
Business Travel Ready e Family Friendly. 185

PARTE 4: DOMINANDO A EXPERIÊNCIA DOS HÓSPEDES 187

CAPÍTULO 11: **Compreendendo o que Significa Ser um Bom Anfitrião** 189

Compreendendo a Experiência de Pesquisa do Hóspede 190
Analisando os passos para chegar à reserva. 190
Eliminando atritos do processo de reserva 193
Identificando Elementos Básicos para Deixar um
Hóspede Satisfeito 194
Reconhecendo os fatores que podem afetar
a satisfação dos hóspedes 194
Caindo na real 195
Elaborando um Plano Centrado nos Hóspedes 197
Minimizando com um guia o estresse dos hóspedes 197
Criando surpresinhas agradáveis. 198
Atendendo a Seu Tipo Ideal de Hóspede 199
Pessoas que viajam a negócios 200
Viajantes da terceira idade 200
Viajantes estrangeiros 201
Famílias com crianças pequenas 201
Viajantes jovens. 202
Donos de pets 202
Viajantes em busca de refúgio .202

CAPÍTULO 12: **Criando um Processo Perfeito de Check-in** 203

Comunicando aos Hóspedes as Informações sobre o Check-in . .204
Enviando mensagens aos hóspedes antes do check-in. 204
Evitando possíveis problemas antes do check-in 208
Preparando o Check-in dos Hóspedes 209
Preparando seu imóvel para o check-in 209
Preparando-se para o check-in .211
Lidando com o Processo de Check-in 212
Fazendo check-ins pessoalmente 212
Fazendo check-in automático remoto. 213
Lidando com chegadas antecipadas. 216

CAPÍTULO 13: **Continuidade a uma Estada sem Estresse Após o Check-in até o Check-out** 219

Definindo o Tom para a Chegada dos Hóspedes 220

xviii   Airbnb Para Leigos

Garantindo que os Hóspedes Gostem da Estada..............221
   Compreendendo por que os hóspedes não
   se queixarão diretamente...................................221
   Abrindo a comunicação com os hóspedes 222
   Mantendo um livro dos hóspedes para eles assinarem 222
   Indo mais longe pelos hóspedes 223
Garantindo um Check-out Tranquilo........................224
   Planejando o check-out...............................225
   Fazendo check-outs remotos..........................226
   Fazendo check-outs presenciais 227
Sabendo O que Fazer Depois que os Hóspedes Vão Embora 227
   Avaliando o estado de seu imóvel 228
   Dando queixa no Airbnb..............................228
   Acompanhando os hóspedes...........................229
   Bloqueando um ou dois dias antes e depois
   das reservas para ter um tempo de preparação 230
Gerenciando e Respondendo às Avaliações dos Hóspedes 231
   Entendendo o caráter da tendência positiva das
   avaliações no Airbnb 232
   Respondendo a avaliações positivas dos hóspedes.........233
   Minimizando a ocorrência de avaliações negativas 234
   Minimizando o impacto de avaliações negativas 237
   Retribuindo a avaliação dos hóspedes 238

**CAPÍTULO 14: Mantendo o Espaço para Continuar
Recebendo Reservas**..................................239
Conservando Seu Espaço para Garantir Sucesso de
Longo Prazo no Airbnb 240
   Detectores de fumaça e monóxido de carbono 240
   Portas e janelas.....................................240
   Aquecimento, ventilação e ar-condicionado (AVAC).........241
   Água quente..242
   Outros aspectos em que pensar 242
Limpando o Local: Dor de Cabeça Nº 1......................243
   Dominando o turno de entrega.........................243
   Verificando danos...................................244
   Reabastecendo suprimentos 245
   Reorganizando os cômodos 245
   Identificando o que precisa ser limpo em uma faxina
   de turno: Sua preciosa checklist 245
   Sistematizando o processo de limpeza...................247
Utilizando Diaristas Profissionais 248
Adotando um Plano B para a Limpeza 250
   Quando um plano B pode ser necessário 250
   O que incluir no plano B 250

PARTE 5: A PRÓXIMA FASE DA EXPERIÊNCIA COMO ANFITRIÃO NO AIRBNB 251

CAPÍTULO 15: **Passando de Fase no Jogo do Anfitrião com o Airbnb PLUS**.................................... 253

O que É Airbnb PLUS 254
Reconhecendo a aparência de um anúncio no Airbnb PLUS ...254
Identificando as vantagens do Airbnb PLUS 256
Identificando as desvantagens do PLUS.................... 257
Tornando-se Certificado pelo Airbnb PLUS: Procedimentos...... 259
Identificando um PLUS em potencial 259
Candidatando-se para o Airbnb PLUS.................... 260

CAPÍTULO 16: **Explorando as Várias Oportunidades de Anúncios Não Tradicionais**.......................... 263

Compreendendo os Anúncios Não Tradicionais............. 264
Sabendo quando considerar o não tradicional............. 264
As vantagens de ser não tradicional 265
As desvantagens de ser não tradicional 266
Investindo Pouco para Ganhar Muito 269
Analisando as Várias Maneiras de Investir Pouco 270
Elaborando uma História para os Hóspedes 272

CAPÍTULO 17: **Subdividindo Seu Airbnb**...................... 275

Compreendendo o que Significa Subdividir
Seu Anúncio no Airbnb 276
Identificando as vantagens da subdivisão 277
Identificando as desvantagens da subdivisão 277
Definindo Quando Subdividir 278
Aprofundando a Economia da Subdivisão 281
Calculando seu retorno com a subdivisão 281
Adicionando uma Unidade Habitacional Acessória (ADU)........ 285
Vantagens de uma ADU................................ 285
Desvantagens de uma ADU 286

CAPÍTULO 18: **Seja Anfitrião Sem Ter um Imóvel: As Experiências do Airbnb** 287

Apresentando as Experiências do Airbnb..................... 288
Considerando as Vantagens e as Desvantagens de Realizar
uma Experiência 290
Vantagens de realizar uma Experiência 290
Desvantagens de realizar uma Experiência 291
Entendendo os Segredos para Experiências Bem-sucedidas..... 292
Conhecendo seu público-alvo 292
Elaborando uma história significativa 293
Hóspedes: Envolvimento e imersão 293
Escolhendo o local ideal 294

XX **Airbnb Para Leigos**

Gerando e sustentando o impulsionamento. 295
Fazendo a economia funcionar desde o primeiro dia 297
Debatendo Ideias sobre Experiências Exclusivas no Airbnb. 301
Usando a estratégia "misture e combine" 302
Aproveitando uma tendência crescente. 303
A era dos extremos. 303
A turma dos esquisitos e dos diferentões 304
Enviando Sua Experiência do Airbnb para Aprovação 304
Compreendendo os três pilares do Airbnb sobre a
qualidade das Experiências 305
Preparando a inscrição 305
Preenchendo a inscrição. 306
Obtendo aprovação 312
Reinscrição pós-rejeição 312
De Olho no Futuro das Experiências no Airbnb 313

PARTE 6: ABORDANDO QUESTÕES FINANCEIRAS IMPORTANTES. 315

CAPÍTULO 19: Compreendendo os Impostos do Airbnb. 317

Imposto É Coisa Séria. 318
Compreendendo como os rendimentos do Airbnb
são tributados. 319
Fazendo as perguntas importantes. 320
Considerando Seus Ganhos no Airbnb. 323
Decifrando o relatório de rendimentos brutos. 324
Obtendo os formulários de imposto no Airbnb 327
Levando em Conta Suas Despesas no Airbnb. 328
Compreendendo as despesas dedutíveis 328
Compreendendo as despesas capitalizadas 328
Sabendo quais despesas dedutíveis controlar 330
Sabendo quais documentos guardar 331
Explorando Alterações Recentes na Legislação Fiscal 333
Deduzindo 100% o bônus-depreciação sobre bens móveis. . . 333
Obtendo a dedução de pass-through de 20% 334

CAPÍTULO 20: Ganhando uma Boa Grana como Coanfitrião do Airbnb 335

Co-hospedagens: O que É Realmente Necessário para
Administrar Imóveis de Outras Pessoas. 336
Entendendo os fundamentos da co-hospedagem 336
Ser ou não ser coanfitrião: Eis a questão. 337
Identificando as vantagens de ser coanfitrião. 338
Gerenciando seu negócio de co-hospedagens
por meio de uma empresa jurídica. 339
Ajustando Seus Rendimentos com a Co-hospedagem 339
Começando a co-hospedar: Como proceder 340
Colocando a co-hospedagem no piloto automático. 340

Sumário xxi

Ampliando seu negócio de co-hospedagens até o
nível desejado de renda em 3, 2, 1....................341

PARTE 7: A PARTE DOS DEZ 343

CAPÍTULO 21: **Dez Dicas para Ser um Anfitrião Melhor** 345

Pesquise Sua Área Antes de Hospedar......................345
Primeiro, Seja Hóspede 346
Seu Convite Não É uma Ordem 346
Ofereça Mais do que Promete 346
Mantenha Contato Regular com os Hóspedes 347
Use Pequenos Lembretes Úteis..........................347
Sempre Tenha Suprimentos Extras.......................347
Use Cenas de Ação em Suas Fotos 348
Revele e Destaque Logo de Cara Possíveis Pontos Negativos 348
Mensure o Retorno no Tempo 348

CAPÍTULO 22: **As Dez Melhores Compras para Anfitriões** 349

Futon ou Sofá-cama 349
Capachos em Todas as Entradas 350
Sapateiras..350
Carregadores Universais para Celular e Adaptadores
de Tomadas em Cada Cômodo 350
Eletrodomésticos de Grande Capacidade 351
Armários com Trancas 351
Colchões e Lençóis de Alta Qualidade....................351
Travas Inteligentes 352
Ferramentas Automáticas 352
Melhores Opções de Café 352

CAPÍTULO 23: **Dez Maneiras de Aumentar Seus Rendimentos** 353

Apresentar Seu Melhor Anúncio 353
Pedir aos Hóspedes que Façam Avaliações 354
Customizar Facilidades de Acordo com o Público-alvo 354
Oferecer Produtos e Serviços Extras......................354
Usar Preços Adequados.................................355
Ser Anfitrião de Mais Anúncios..........................355
Anunciar uma Experiência no Airbnb 355
Pensar em Longo Prazo.................................355
Alugar Outra Coisa 356
Evitar Perdas Catastróficas 356

ÍNDICE..357

xxii   **Airbnb Para Leigos**

Introdução

Bem-vindo ao incrível mundo da hospedagem pelo Airbnb. O Airbnb é uma das companhias que mais cresce no mundo e uma oportunidade incrível para pessoas do mundo inteiro adquirirem uma renda extra com seus espaços inutilizados. Além da renda extra, conhecer pessoas novas de todos os cantos do mundo é uma das grandes vantagens de ser anfitrião pelo Airbnb.

Talvez você tenha ouvido histórias horríveis sobre hospedagem pelo Airbnb, como festas não permitidas ou hóspedes que destruíram a casa do anfitrião. Nem sempre as coisas são perfeitas. Quando uma plataforma como o Airbnb viabiliza mais de meio bilhão de estadas, a consequência é que haja algumas ocorrências raras longe do ideal.

A grande maioria dos anfitriões do Airbnb nunca se depara com um só problema importante com os hóspedes. A xícara de café diferentona pode quebrar, mas se você fizer as coisas do jeito certo, hospedar pode ser gratificante e lucrativo.

Sobre Este Livro

Airbnb Para Leigos atua como o roteiro perfeito para quem já é e quem pretende ser anfitrião pelo Airbnb, que queira fazer as coisas do jeito certo e otimizar sua hospedagem. Este livro contém tudo o que você precisa saber para tirar o máximo proveito de sua hospedagem e desfrutar por completo da experiência.

Tornar-se um anfitrião de alto desempenho no Airbnb não é fácil, porém, com as estratégias que incluímos neste livro, você terá tudo aquilo de que precisa para transformar isso em realidade. Você pode ler tudo o que precisa saber sobre os seguintes itens:

>> **O básico do Airbnb:** Desde como o Airbnb funciona como plataforma até o que realmente significa alugar seu espaço nela e definir objetivos para seu anúncio específico. Nós o guiamos para que você entenda o jogo que está jogando e como vencê-lo, o que quer que isso signifique no seu caso.

>> **Elaborar o anúncio perfeito:** Incluímos tudo o que você precisa saber para deixar seu imóvel e anúncio prontos para abalar. Informamos o que é preciso fazer para ter certeza de que o imóvel está pronto para receber hóspedes e livre de problemas. Mostramos como configurar o anúncio para que os hóspedes fiquem empolgados para reservar seu espaço. Independentemente de você ser novo como anfitrião ou já no ramo há vários anos, mostramos como otimizar seu anúncio por todos os ângulos.

>> **Maximizar a volta dos hóspedes:** Você pode descobrir do que precisa para manter seu espaço reservado o quanto quiser e pelos melhores preços possíveis.

>> **Minimizar problemas com hóspedes:** Você obtém várias dicas úteis e recursos que o ajudam a tornar seu esquema de hospedagem o mais agradável possível. Hospedar é para ser divertido e empolgante, e mostramos como manter essa toada enquanto estiver recebendo alguém.

>> **Usar ferramentas e sistemas certos:** Com as ferramentas certas e o sistema adequado funcionando, você pode garantir que nenhum pesadelo relacionado à hospedagem apareça em seu anúncio, enquanto maximiza os lucros e minimiza os níveis de estresse.

>> **Muito mais:** Você pode descobrir como se envolver em novas oportunidades de diversão e renda, como Experiências do Airbnb e Airbnb PLUS.

Este livro foi feito para fornecer tudo aquilo de que você precisa para tornar sua hospedagem lucrativa e agradável.

Penso que...

Se pertence a uma das seguintes categorias, então este livro é para você:

>> Você é 100% iniciante no Airbnb. Você nunca foi anfitrião ou mesmo hóspede pelo Airbnb e não sabe por onde começar.

>> Você começou a hospedar, mas não tem certeza de estar fazendo as coisas do jeito certo ou se seu desempenho é tão bom como poderia ser.

>> Você já é anfitrião há algum tempo e tudo está correndo bem, mas está começando a se cansar e precisa achar um jeito melhor de atuar. Você quer que hospedar seja tão divertido e agradável como era no início.

>> Você é um anfitrião experiente, com anos de estadas na bagagem e tem um símbolo Superhost para provar. Você está fazendo um trabalho fantástico como anfitrião e deseja continuar a se aprimorar e descobrir como levar sua hospedagem para o próximo nível.

>> Você não tem um imóvel que pode anunciar no Airbnb, mas quer ser anfitrião de imóveis de outras pessoas e não tem muita certeza de por onde começar.

>> Você tem curiosidade sobre o que alguns dos anfitriões de maior sucesso no mundo estão fazendo ou alguns dos recursos novos e estimulantes que o Airbnb tem a oferecer. Você percebe que atualmente o Airbnb é uma oportunidade e tanto, e quer fazer parte dela.

Ícones Usados Neste Livro

Ao longo deste livro, você notará vários pequenos ícones úteis nas margens. Aqui está o significado deles:

Este ícone aponta uma dica profissional que provavelmente poupará muito de seu tempo ou tornará sua hospedagem mais bem-sucedida. Aprendemos essas pequenas dicas por meio de tentativa e erro, para que você não precisasse fazê-lo.

Usamos este ícone para destacar tudo aquilo que, se feito da maneira inadequada, poderia causar dores de cabeça pelo caminho. Não menospreze essas questões, porque elas o pouparão de possíveis erros.

Este ícone indica uma informação importante da qual você vai querer se lembrar a fim de fazer as coisas do jeito certo e compreender o raciocínio por trás de nosso conselho.

Como valor adicional a nossos leitores, usamos este ícone para apontar os recursos úteis que reunimos e disponibilizamos. Você pode acessar o material no site da Alta Books. Procure pelo nome do livro ou ISBN.

Além Deste Livro

Você pode acessar a Folha de Cola online no site da editora Alta Books. Procure pelo título do livro. Faça o download da Folha de Cola completa, bem como de erratas e possíveis arquivos de apoio.

De Lá para Cá, Daqui para Lá

Este livro não precisa ser lido de cabo a rabo (nem é esse o objetivo). Se você quiser lê-lo assim, é claro que pode. No entanto, se precisa apenas de soluções específicas, fique à vontade para pular de uma parte a outra e reunir aquilo de que necessita para atingir seus objetivos. É só usar o Sumário ou o Índice para encontrar os tópicos que lhe interessam e partir daí.

Isto posto, muitas vezes, como anfitrião, talvez você não identifique adequadamente a fonte de um problema específico, o que torna mais difícil que a solução certa apareça. Por exemplo, se seu imóvel não está gerando o retorno desejado, talvez você decida olhar primeiro a Parte 3 para otimizar sua estratégia de preços. No entanto, pode descobrir que incrementar as fotos do anúncio ou acrescentar facilidades indispensáveis é aquilo de que realmente precisa para melhorar seu desempenho. Se sim, verifique a Parte 2.

Se não tiver sucesso logo de cara, reavalie, revise e reformule sua abordagem. Querer que as coisas aconteçam exatamente como você espera pode não necessariamente ser fácil, porém, podemos assegurar que fazer o que for preciso para chegar lá valerá a pena.

Nota especial dos autores: Nos meses seguintes à finalização inicial deste livro, o mundo mudou para todos por conta da pandemia do coronavírus, com mais de 3,3 milhões de casos confirmados até 1º de maio de 2020, e aumentando no mundo inteiro. Muito embora esses momentos sejam inéditos e desafiadores para o Airbnb e anfitriões, acreditamos que o Airbnb e a comunidade de hospedagens sairão dessa mais fortes do que nunca. Aplicar as práticas recomendadas que destacamos neste livro será ainda mais crucial para o sucesso nas hospedagens. Para ajudar nossos leitores a navegar melhor no contexto atual, também elaboramos um recurso específico para a pandemia. Acesse o material no site da Alta Books. Procure pelo nome do livro ou ISBN.

1

Começando a Usar o Airbnb

NESTA PARTE. . .

Receba um apanhado geral sobre o Airbnb e seu lugar na economia compartilhada, e saiba por que ele é uma ótima oportunidade para ter uma renda extra com seu espaço inutilizado.

Descubra o que você precisa ter e fazer antes de hospedar, a fim de que o começo seja o melhor possível.

Faça perguntas-chave a si mesmo antes de se tornar anfitrião, para entender com clareza se hospedar é a sua praia.

Saiba como calcular seu potencial de lucro no Airbnb e definir quanto dinheiro consegue fazer como anfitrião.

> **NESTE CAPÍTULO**
>
> » **Compreendendo a essência do Airbnb**
>
> » **Descobrindo por que as pessoas adoram o Airbnb**
>
> » **Refletindo sobre perguntas comuns a respeito de hospedagem e equívocos**

Capítulo **1**

A Verdade Nua e Crua sobre o Airbnb, Apenas o Básico

Nascido no início dos anos 2000, o Airbnb é uma plataforma de home-sharing (compartilhamento de imóveis) que hoje tem mais anúncios disponíveis do que todas as principais empresas hoteleiras do mundo juntas. Ele começou com dois rapazes recebendo amigos e hóspedes em um colchão de ar em uma sala de São Francisco. Na época, eles não sabiam que estavam dando início a uma onda que se espalharia pelo mundo, na qual as pessoas poderiam abrir seus lares e imóveis para viajantes em busca de uma estada mais personalizada. Se você está lendo este livro (e é claro que está), é muito provável que esteja interessado em anunciar seu imóvel no Airbnb para conhecer pessoas novas e interessantes e, ao mesmo tempo, fazer dinheiro.

Se sim, veio ao lugar certo. Considere este capítulo o ponto de partida para o mundo da hospedagem pelo Airbnb. Aqui, mergulhamos na verdade nua e crua sobre essa plataforma e compartilhamos apenas aquilo de que você precisa para entender como funciona, para que possa começar a receber pessoas.

Examinando o Panorama Geral

Airbnb é um marketplace que conecta pessoas em busca de estada no imóvel de outras com alguém que tenha esse imóvel e esteja buscando gente para ficar nele. É uma comunidade para hóspedes e anfitriões se conectarem uns com os outros. O Airbnb fornece as ferramentas de front-end e back-end para ligar os pontos com facilidade e eficácia.

Estas seções esclarecem um pouco mais algumas ideias por trás do Airbnb, inclusive o que é uma economia compartilhada, o que são aluguéis temporários e do que você precisa para começar a hospedar pessoas.

A economia compartilhada — Dando uso a recursos subaproveitados

Economia compartilhada é definida como um sistema econômico em que bens ou serviços são compartilhados entre pessoas particulares. Esse sistema pode ser gratuito ou exigir uma tarifa e, em geral, ocorre pela internet. Na prática, essas transações são de consumidor para consumidor (B2B), em vez da mais tradicional, de empresa para consumidor (B2C). É uma economia completa, administrada por consumidores, e não por grandes corporações.

ABRINDO CAMINHO: AS ORIGENS DA ECONOMIA COMPARTILHADA

Embora a Uber e o Airbnb tenham sido indiscutivelmente as primeiras empresas a popularizar a economia compartilhada, várias outras companhias vieram antes delas nesse gênero de economia.

Em 2008, havia o Taxi Magic, que era a Uber antes de a Uber ser a Uber. Porém, quando esta última obteve amplo sucesso e foi adotada em quase todo o mundo, o Taxi Magic fracassou.

Muitas outras empresas tentaram fazer a economia compartilhada acontecer e operaram nesse ramo. Antes do sucesso da Uber e do Airbnb, era loucura a ideia de entrar no carro de um desconhecido para que ele o levasse a algum lugar ou ficar na casa de uma pessoa estranha. Era uma ideia assustadora e ridícula.

Hoje, é provável que você não pense duas vezes em pedir um Uber e entrar no carro de um estranho. A maioria das pessoas está totalmente aberta a reservar um Airbnb e ficar na casa de um desconhecido. A Uber e o Airbnb abriram caminho e normalizaram a ideia de economia compartilhada entre as massas.

PARTE 1 **Começando a Usar o Airbnb**

Em outras palavras, as pessoas se conectam para compartilhar (de graça ou mediante uma taxa) bens ou serviços diferentes. Em geral, as pessoas já têm esses bens e serviços à disposição.

Exemplos dessa economia compartilhada se disseminaram atualmente. A Uber e sua principal concorrente, a Lyft, são os exemplos primordiais. Pessoas tiram proveito de um bem que possuem (o carro) e de um serviço que podem oferecer (dirigir o carro). Uma delas está disponibilizando esse bem e o serviço, e outra está se beneficiando deles. Isso só existe entre duas pessoas particulares. A Uber ou a Lyft disponibilizam o marketplace para essas interações e transações.

O Airbnb age da mesma forma ao unir proprietários de imóveis (ou qualquer um que tenha um espaço extra) e outras pessoas em busca desse bem (uma acomodação) e serviço (um pernoite e alguém para hospedá-las).

Pense em dois estranhos tentando se encontrar pelo mundo e em todas as circunstâncias que seria preciso alinhar para que eles tivessem êxito. Em vez disso, o Airbnb age como o marketplace que permite a essas pessoas que se encontrem e se conectem. Ele torna bem fácil promover essa transação.

Entendendo o que são aluguéis temporários

O Airbnb é uma plataforma virtual que permite a anfitriões que disponibilizem seu espaço para hóspedes em busca de aluguel temporário de acomodações. *Aluguéis temporários* são acomodações com as seguintes características:

» **Mobília:** O espaço precisa ter os móveis básicos de que os hóspedes precisariam e esperariam ao passar uma noite em algum lugar. Eles precisarão de um local para dormir, não apenas de um cômodo frio. Consulte o Capítulo 4, em que abordamos quais facilidades incluir.

» **Ocupação transitória:** Na maioria dos regulamentos, um aluguel temporário é definido como uma estada que dura menos de 28 ou 30 dias. Essa definição pode ter leves alterações, dependendo do local, mas basicamente é qualquer estada que dura menos de um mês, em grande parte dos países. No Brasil, de acordo com o art. 48 da lei 8245/91, o aluguel temporário pode durar até 90 dias.

Em outras palavras, um aluguel temporário é quando os hóspedes ficam por um período curto e determinado, e com um propósito específico. Eles estão visitando sua cidade e querem ficar em um imóvel durante alguns dias ou semanas para ver a cidade, participar de uma conferência ou evento, fazer negócios ou visitar familiares e amigos.

Saiba do que você precisa para ser anfitrião

Para ser anfitrião no Airbnb, você precisa do seguinte:

» **Um espaço:** O primeiro e mais importante ponto para ser anfitrião é ter um espaço. Ele pode variar de um colchão de ar na sala a uma casa na árvore ou um imóvel inteiro. Basicamente, é qualquer lugar em que alguém possa dormir e que você pode postar no Airbnb. Você deve ser capaz de descrever seu espaço, a fim de que as pessoas não venham até seu colchão esperando um castelo. No entanto, você pode anunciar qualquer espaço extra no Airbnb. O Capítulo 4 abrange tudo o que você precisa saber sobre preparar o espaço para o Airbnb. O Capítulo 5 analisa como redigir o anúncio na plataforma, para que os hóspedes cheguem com as expectativas certas.

» **Um anúncio:** Antes de receber pessoas, você precisa criar um anúncio para o espaço no Airbnb. Esse anúncio diz ao hóspede o que esperar e evidencia o espaço. O Capítulo 5 lhe dá dicas para fazer seu anúncio se destacar. Além disso, o anúncio define os preços para que as pessoas possam reservar o espaço pelo período que desejarem e por um valor específico. Igualmente importante, seu anúncio deve incluir fotos do espaço. Acrescentar fotos que capturem a essência de seu espaço é fundamental. Dê uma olhada no Capítulo 6 para ter conselhos detalhados sobre o que precisa fazer para assegurar que as fotos se destaquem e chamar a atenção de potenciais hóspedes.

» **As ferramentas certas:** Ter as ferramentas certas facilita muito ser anfitrião pelo Airbnb. No Capítulo 9, abordamos várias ferramentas diferentes, tanto de hardware como de software, que farão com que tarefas como enviar mensagens aos hóspedes, colocar preços no anúncio e acomodar as pessoas em seu espaço tomem muito menos tempo.

» **Os métodos e estratégias corretos:** Você precisa de um sistema próprio que contenha métodos e estratégias diferentes para ter o melhor desempenho como anfitrião. Com esse conhecimento básico, você continua descobrindo o que significa receber pessoas. Pense em aprender a dirigir. Para dirigir, primeiro você precisa ter um carro, mas também precisa saber como dirigi-lo. Da mesma forma no Airbnb, se você tem um espaço e um anúncio, também precisa saber como combinar ambos e fazê-los trabalhar juntos. Em outras palavras, você deve saber como operar continuamente seu anúncio o melhor que puder, sem nenhum problema. Nosso objetivo é lhe mostrar essas estratégias ao longo do restante deste livro, para que você seja um anfitrião de sucesso sem ter de aprender por meio de tentativa e erro.

Reconhecendo as Vantagens do Airbnb como Plataforma em Comparação com a Concorrência

O Airbnb tem inúmeras vantagens em comparação com as várias outras plataformas de aluguéis temporários. Pense nisso se estiver considerando ser anfitrião no Airbnb:

» **O Airbnb é uma marca oficializada e reconhecida.** Pensar em aluguéis para férias ou home sharing geralmente é o mesmo que pensar em Airbnb. Isso significa que milhões de pessoas vão ao Airbnb para fazer reservas. Ao anunciar no Airbnb, você fica exposto ao maior número de hóspedes em potencial em busca de seu imóvel.

» **O Airbnb protege você e seus hóspedes oferecendo uma apólice de seguro de US$1 milhão.** Isso significa que qualquer dano causado por um hóspede em seu espaço ao fazer uma reserva pelo Airbnb deve ter cobertura de até US$1 milhão. No Capítulo 4, abordamos com mais detalhes a questão do seguro.

» **A plataforma do Airbnb é fácil de usar.** Ela ajuda você a organizar e preparar seu anúncio para reservas, com seu perfil de fácil utilização e back-end útil que lhe permite controlar todas as métricas importantes. O Capítulo 5 o orienta sobre como usar a plataforma do Airbnb para criar o anúncio perfeito.

» **O Airbnb tem recursos de comunicação integrada que simplificam a comunicação e as reservas entre você e um hóspede, e com todos os hóspedes em potencial.** Os hóspedes podem reservar e pagar diretamente pela plataforma, e o Airbnb processa todos os pagamentos e mantém os depósitos de garantia. Livrando-o dessa preocupação ou do cuidado com essas responsabilidades, você pode focar a hospedagem.

» **O Airbnb tem taxas baixas para hóspedes.** O Airbnb cobra taxas relativamente baixas, quando comparado a outras plataformas semelhantes, e a maioria das taxas é cobrada dos anfitriões. Isso quer dizer que a maior parte da quantia cobrada dos hóspedes vai para o seu bolso. No Capítulo 7, abordamos como definir o preço certo para seu anúncio.

» **O Airbnb permite quase todos os tipos de anúncio.** Tem uma cabana no quintal? Um quarto extra? Uma casa de campo inteira? Ao contrário de outras plataformas, o Airbnb permite anúncios de praticamente qualquer espaço que você tenha, não apenas de uma casa ou apartamento inteiro. No Capítulo 4, abordamos como preparar seu espaço para o Airbnb, e no Capítulo 16, incluímos anúncios não tradicionais.

CAPÍTULO 1 **A Verdade Nua e Crua sobre o Airbnb, Apenas o Básico**

AIRBNB — ONTEM VERSUS HOJE

Nos primórdios do Airbnb, a empresa recebia hóspedes com colchões de ar em salas de apartamentos. Hoje, ela tem mais de 6 milhões de anúncios pelo mundo, variando de mansões de luxo a casas na árvore e salas de apartamentos. A plataforma ganhou força durante a recessão em 2009, tendo o nome da empresa surgido da ideia de "air bed and breakfast" [cama de ar e café da manhã, em tradução livre] — uma brincadeira com o tradicional bed and breakfast [cama e café da manhã] incluindo um colchão de ar.

Os fundadores Brian Chesky, Joe Gebbia e Nathan Blecharczyk alugaram um colchão de ar em sua sala de estar por US$80 por noite. Eles perceberam que havia uma necessidade de acomodações que coubessem no bolso, além de hotéis ou motéis baratos. Também descobriram que a maioria das pessoas tem um espaço extra em suas casas que poderia facilmente receber um hóspede.

Era uma necessidade com solução evidente, e ambos os grupos sairiam ganhando. O hóspede pagaria uma taxa barata por um lugar que não estava sendo utilizado e o anfitrião poderia usar e capitalizar o espaço extra ao obter uma renda com ele.

» **Os anfitriões do Airbnb zelam uns pelos outros.** Seja por encontros na vida real seja por fóruns virtuais, anfitriões do Airbnb do mundo inteiro compartilham seus sucessos e problemas com hospedagem. Desconhecidos têm muita boa vontade para solucionar problemas de anfitriões novatos e, além disso, melhorar a situação deles. Ao se tornar anfitrião pelo Airbnb, você está entrando em uma acolhedora comunidade mundial.

Respondendo a Perguntas Comuns que Você Pode Ter como Potencial Anfitrião

Independentemente de estar curioso sobre os tipos de hóspedes e como fazer uma seleção adequada ou com medo de receber um estranho em casa, esta seção fornece respostas à maioria de suas perguntas urgentes. Em algum momento, muitos anfitriões hoje dedicados nunca teriam considerado alugar seus apartamentos pessoais ou casas de férias. Muitas vezes, após perceberem como a rede Airbnb gera uma experiência segura, agradável e bem-sucedida, eles ficam ávidos por se comprometerem e, mais tarde, passam a gostar de hospedar. Como aspirante a anfitrião, talvez você tenha pensado em muitas das respostas a estas perguntas. Continue lendo para saber.

Por que eu deixaria estranhos entrarem na minha casa?

Os melhores motivos para deixar estranhos entrarem na sua casa é que eles estão dispostos a pagar para ficar em um espaço que você não está usando e é possível conhecer gente legal:

» **Geração de renda extra.** Fazer mais dinheiro é o motivo principal por que a maioria das pessoas começa a hospedar. Ao pegar um espaço vazio em sua casa e oferecê-lo aos hóspedes, você pode atrair mais dinheiro. Melhor ainda, a renda extra que pode fazer não é proporcional ao tempo que gastará com responsabilidades como anfitrião. Você está usando um pouco de tempo para tarefas como limpeza ou comunicação com os hóspedes, mas está, sobretudo, aproveitando um espaço que, de outra forma, está sem uso. No Capítulo 3, mostramos como definir o lucro em potencial de seu anúncio.

» **Conhecer pessoas interessantes do mundo inteiro.** Ao hospedar estranhos, você pode conhecer pessoas interessantes, muitas de ambientes ou estilos de vida distintos. Elas vêm de um lugar diferente do mundo e têm suas próprias experiências. Você pode compartilhar parte de seu bairro e mundo, dando dicas sobre o que ver e fazer. Pode, inclusive, criar vínculos duradouros. No Capítulo 11, falamos sobre as características de um excelente anfitrião, entre elas, preocupar-se com as relações estabelecidas com cada hóspede.

É seguro ser anfitrião no Airbnb?

Há algumas falsas concepções comuns sobre o Airbnb, sendo a mais proeminente delas o hóspede-pesadelo. Histórias de experiências com esse tipo de hóspede podem ser um enorme impedimento para receber pessoas em seu espaço. No entanto, elas são mais uma exceção do que regra.

Muitas pessoas pensam que alugar seu imóvel pelo Airbnb vai levá-lo a ser totalmente destruído. Elas acreditam que os hóspedes serão horríveis e que há um risco enorme de darem festas em que o pessoal reduzirá a casa a cinzas.

Porém, isso é exceção, e não é normal. Recentemente, o Airbnb deu as boas-vindas a seu hóspede número 500 milhões. É compreensível que entre meio bilhão de hóspedes houvesse algumas estadas que não tenham saído conforme o planejado. Ainda assim, quando se verifica a porcentagem de estadas horríveis, elas compõem a fatia mais minúscula. Nem 1% de todas elas resulta em algum tipo de problema ou dano considerável — longe da norma. E você pode evitar que esses incidentes raros aconteçam.

CAPÍTULO 1 **A Verdade Nua e Crua sobre o Airbnb, Apenas o Básico**

COMO O AIRBNB POR POUCO NÃO SAIU DO PAPEL

No começo, o Airbnb não obteve aceitação imediata, porque o conceito parecia tão louco, que ninguém acreditou que daria certo. A ideia de estranhos ficando na casa de outros estranhos era bizarra e assustadora. Os fundadores não tiveram um início perfeito; eles estouraram os limites dos cartões de crédito aos montes para manter a ideia viva.

Em dado momento, ficaram totalmente sem dinheiro e estavam desesperados para manter a empresa. Fizeram um *brainstorming* (técnica usada para resolução de problemas e criação de ideias, a partir de uma dinâmica de grupos) para usar na Convenção Nacional Democrata de 2008 e levantar fundos para a conflituosa start-up. Eles começaram embalando e vendendo cereais "Obama O's" e "Cap'n McCain" na convenção.

Eles corriam até mercados para comprar cereal, reembalá-lo nos próprios pacotes de Obama O's e Cap'n McCain, e vendê-lo rapidamente. A campanha viralizou e fez mais sucesso que o Airbnb à época. O lucro de US$30 mil os sustentou tão bem, que eles nunca mais ficaram sem dinheiro antes de se tornarem bem-sucedidos.

Ao lançar o Airbnb, os fundadores foram ridicularizados mais de uma vez. Hoje, é difícil acreditar que no início a plataforma foi amplamente criticada e incompreendida.

O Airbnb elaborou vários itens de segurança para certificar que ser anfitrião é seguro e viável. Aqui estão alguns que você pode aproveitar:

» **Anfitriões e hóspedes nunca trocam dinheiro.** Toda troca de dinheiro é realizada diretamente pela plataforma. Por conta de o Airbnb ser o intermediário, não há como ser enganado, nem como hóspede nem como anfitrião.

» **Anfitriões podem visualizar os perfis de hóspedes em potencial e exigir que mostrem um documento oficial com foto.** Um documento oficial com foto pode ser um passaporte ou uma carteira de motorista. Hóspedes também podem oferecer outros meios de verificação, como um endereço pessoal de e-mail, um endereço comercial de e-mail, um número de telefone, uma conta no Facebook e uma foto. Você pode entrar em contato com os hóspedes que fizeram a reserva e perguntar coisas como quem eles são e por que ficarão na sua região. Se eles não fornecerem essas verificações, você pode pedir que o façam, deixando o procedimento mais seguro, dependendo de seu nível de bem-estar.

» **Anfitriões podem definir suas próprias preferências de reserva.** Como anfitrião, você pode definir suas próprias exigências de preços e estada mínima, a fim de atrair os tipos adequados de hóspedes para seu espaço. Falamos mais sobre isso no Capítulo 7.

» **Anfitriões podem estabelecer as próprias regras.** Como anfitrião, você pode criar as Regras da Casa, deixando claro para os hóspedes o que é ou não permitido. Além disso, você pode definir seu próprio depósito de segurança, para que os hóspedes tenham uma obrigação financeira que os leve a seguir as regras. Abordamos detalhes sobre Regras da Casa e depósitos de segurança no Capítulo 5.

Meu imóvel é adequado para o Airbnb?

Em geral, a resposta predominante é sim. Você pode anunciar quase todo imóvel no Airbnb. Aqui estão duas considerações sobre anunciar o seu na plataforma:

» **Um anúncio preciso:** Você precisa se certificar de que está anunciando com precisão o seu espaço no Airbnb. Você não vai querer seus hóspedes dando de cara com um colchão de ar quando estão esperando um castelo, então precisa começar definindo uma expectativa com uma descrição exata de seu imóvel.

» **A cama e o espaço:** Você precisa ter algo que se considere uma cama, e ela deve ficar em um espaço reservado ou comum. Um espaço reservado pode variar de um quarto privativo a uma casa ou apartamento inteiro. Por outro lado, um espaço comum pode ser qualquer cômodo em um local compartilhado com outras pessoas. Por exemplo, um anúncio mínimo é um colchão de ar em um espaço comum, como uma sala de estar. Porém, considere que o nível de desempenho do anúncio depende de você e está aberto a perguntas. O sucesso varia muito de local para local, e depende do hóspede que você está tentando atrair. Talvez queira acrescentar facilidades em seu imóvel para torná-lo mais adequado a ter sucesso no Airbnb.

Ser anfitrião está dentro da lei?

Hospedar legalmente pelo Airbnb depende 100% de onde você está hospedando. Cada município tem normas próprias, então confirme com sua jurisdição para saber se está em conformidade com a lei. Se estiver, então é comum a região não ter nenhuma norma, portanto, você pode fazer o que quiser. No entanto, algumas regiões podem tornar a hospedagem pelo Airbnb algo totalmente ilegal. Outras jurisdições têm critérios diferentes que legalizam a hospedagem se você cumprir certas exigências, como a quantidade de dias por ano que pode receber pessoas.

DICA

Pesquise seu município específico. O melhor lugar para começar é procurar online por "regras sobre aluguéis temporários e hospedagem pelo Airbnb" em sua região.

Estou apto para ser anfitrião pelo Airbnb?

Se está pronto para assumir o compromisso e a responsabilidade de receber pessoas e tem espaço para isso, você está apto para ser anfitrião pelo Airbnb.

Passe por essa experiência com os olhos bem abertos à realidade de hospedar e acolher hóspedes em sua casa. Aqui estão alguns aspectos importantes em que pensar:

- » **Limpeza e conservação do imóvel:** Quando hóspedes fazem uma reserva de estada em seu anúncio, eles esperam um imóvel limpo e bem-conservado. O Capítulo 14 discute a importância de conservar e limpar seu local.

- » **Sua banda larga pessoal:** Decida até que ponto você está disponível para se comunicar com os hóspedes e responder às suas perguntas. Eles esperam que você as responda e seja relativamente rápido nisso, portanto, você precisa estar preparado. Dependendo de seu imóvel, as expectativas podem ser bem diferentes. Por exemplo, é bem mais provável que hóspedes que reservam um colchão de ar por US$10 por noite tenham expectativas bem mais baixas do que alguém que reserva uma casa de campo particular por US$800 por noite. O Capítulo 9 aborda algumas maneiras de aliviar o fardo da comunicação com os hóspedes.

- » **Seu estilo de vida, incluindo tolerância a barulho:** Se você está recebendo pessoas no lugar onde mora, pense na frequência com que estará por perto e disponível para os hóspedes. Também considere quanto barulho geralmente você faz em casa. O mínimo que os hóspedes esperam é não ter o sono perturbado, então, se você tem planos de receber amigos todos os fins de semana, talvez deva reconsiderar. Nos Capítulos de 11 a 13, discutimos todos os elementos-chave para uma estada perfeita.

E se um hóspede se machucar?

Se você disponibilizar um imóvel bem-conservado, a probabilidade de seus hóspedes se machucarem é baixa. Mesmo assim, você quer ter certeza de ter a segurança adequada para protegê-lo, caso um hóspede se machuque ou seu imóvel seja danificado. A apólice de seguro de responsabilidade de US$1 milhão do Airbnb o protege como anfitrião na ocorrência de quaisquer danos ou problemas.

DICA

Não dependa apenas da apólice do Airbnb. Pesquise a apólice de seguros de responsabilidade do Airbnb e descubra o que ela cobre e o que não cobre. Fale com o agente de seguros local e tenha toda a proteção necessária para sua situação específica. No Capítulo 4, abordamos os detalhes sobre a obtenção do seguro adequado.

Qual a diferença entre couch surfing e Airbnb?

A principal diferença entre Airbnb e couch surfing ["surfe de sofá", em tradução livre] é o dinheiro. No Airbnb, você cobra por seu espaço, enquanto na plataforma Couchsurfing não se cobra. O ditado "Você recebe pelo que paga" explica com precisão a diferença entre ambos.

Por não pagar nada ao fazer couch surfing, o hóspede não pode ter nenhuma expectativa real em relação ao espaço que o anfitrião disponibilizou. O hóspede não pode esperar que o espaço estará limpo. Não pode esperar roupas de cama lavadas ou sabonete. Com frequência, o anfitrião tem essas coisas, mas nada é garantido. Também não há garantia alguma de que o anfitrião enviará uma mensagem de volta ao hóspede no Couchsurfing, porque a plataforma funciona assim. O Airbnb é totalmente o oposto. Um hóspede do Airbnb está procurando mais estabilidade, mais garantias e uma experiência mais organizada de modo geral. Esse hóspede está disposto a pagar para ter esses benefícios extras.

O Couchsurfing é para tipos específicos de anfitriões e hóspedes. Se você é um anfitrião que não se importa em ganhar dinheiro e deseja o mínimo de compromisso e, ainda assim, quer conhecer pessoas legais, então talvez o Couchsurfing dê certo no seu caso. Se é um anfitrião que quer uma renda extra e deseja uma programação mais organizada, então o Airbnb é uma opção melhor.

18   PARTE 1 Começando a Usar o Airbnb

NESTE CAPÍTULO

» Entendendo por que é importante ter mentalidade de anfitrião

» Contemplando fatores diferentes antes de hospedar pelo Airbnb

» Descobrindo se você está pronto para ser anfitrião

Capítulo **2**

O que Realmente Significa Ser Anfitrião pelo Airbnb

Tornar-se anfitrião pelo Airbnb não é para todo mundo e, embora talvez queira começar imediatamente, esperar um pouco pode ser muito bom para você. Ter o tipo adequado de mentalidade de anfitrião é importante se você quer ser bem-sucedido ao receber pessoas por essa plataforma. Neste capítulo, lhe damos orientações a respeito de coisas importantes em que pensar antes de hospedar e o ajudamos a decidir se neste momento você está ou não preparado para começar a ser anfitrião pelo Airbnb.

Ter uma Mentalidade Acolhedora — O que É Preciso para Ser Anfitrião

Uma coisa é ser anfitrião pelo Airbnb, outra, um locatário. Muitas pessoas pensam que a atitude de um locatário de imóvel com aluguel definitivo e a de um anfitrião de aluguéis temporários no Airbnb é a mesma. Talvez você pense que as únicas mudanças terão a ver com dinheiro e operações em geral. Porém, ao decidir hospedar pelo Airbnb, você está adentrando uma experiência bem diferente.

Como anfitrião pelo Airbnb, você está convidando alguém para entrar em sua casa e seu espaço. Na verdade, está no ramo da hospitalidade, e não no imobiliário. Essa mudança vem acompanhada de um novo modo de pensar. Afinal, você está abrindo sua casa e recebendo hóspedes. Hospedar familiares e amigos é uma experiência mais semelhante ao significado de hospedar pelo Airbnb, em vez de alugar um espaço para alguém durante seis ou doze meses de uma só vez.

MENTALIDADE ACOLHEDORA: COMO SER ANFITRIÃO PELO AIRBNB É DIFERENTE DE SER LOCATÁRIO

Ser anfitrião pelo Airbnb e ser locatário tem mais diferenças do que você pode pensar. A alternativa a hospedar no Airbnb é alugar seu espaço em longo prazo para um inquilino. Ao fazer essa escolha, você sai do ramo do acolhimento e entra no dos bens imóveis. Basicamente, no ramo imobiliário, você está disponibilizando um espaço para alguém — desde um cômodo até um apartamento ou casa —, e é escolha do inquilino decidir o que fazer a partir daí.

O inquilino deve resolver tudo, da mobília a objetos de decoração e outras comodidades. Responsabilidades como limpeza e manutenção do imóvel são do inquilino, embora haja certo nível de serviços ativos no ramo imobiliário. Se houver um problema na parte elétrica ou um dano estrutural, é você quem resolve. No entanto, em certo sentido, você está apenas oferecendo um espaço.

Com o Airbnb, você vai além: está proporcionando uma experiência generalizada. Está garantindo que a estada de seu hóspede seja perfeita, não apenas lhe dando um cômodo com quatro paredes. Pelo contrário, está oferecendo todas as comodidades e serviços. Não está apenas cuidando da manutenção do imóvel e dos serviços, mas também se comunicando com os hóspedes e oferecendo recomendações sobre aonde ir, onde comer e o que fazer na região. Você faz parte de um ramo diferente, e perceber essa diferença é importante.

Como anfitrião pelo Airbnb, você precisa definir com clareza suas expectativas no anúncio, para então cumpri-las de forma confiável. O mais importante: você precisa ter uma mentalidade focada no hóspede. Seu foco principal deve ser tornar a estada de seus hóspedes a melhor possível. Honre os aspectos a seguir, a fim de cumprir com eficácia todas essas expectativas.

Abrindo o coração e a casa aos hóspedes

Se você está oferecendo seu espaço pessoal aos hóspedes, está deixando pessoas entrarem em sua vida. Você deve estar pronto para acolhê-las dentro de casa, e não apenas nos dias bons. Alguns dias, talvez você esteja estressado e não queira falar com ninguém. Mesmo que outras coisas estejam acontecendo em sua vida, como anfitrião pelo Airbnb, você ainda estará recebendo pessoas em sua casa sempre que o calendário estiver livre. Você tem de estar 100% preparado para essa realidade e não deixar que nada de sua vida diária impacte a estada do hóspede.

Por outro lado, ser um excelente anfitrião não significa ficar com os hóspedes o tempo todo. Tenha noção do que significa compartilhar seu espaço e até que ponto deixa os hóspedes entrarem em sua vida. A maneira mais íntima de hospedar é oferecendo um quarto ou uma sala vaga no lugar onde mora. Fazer isso pode ser desafiador às vezes, mas também é gratificante, porque você pode encontrar e conhecer seus hóspedes e formar laços.

Porém, seguir esse arranjo significa estar de olhos bem abertos, porque é mais que provável que você não desejará interagir e ajudar os hóspedes todos os dias (ou durante os dias que marcou como disponíveis no anúncio). Basicamente, prepare-se para estar à disposição dos hóspedes, querendo ou não.

Se você tem uma casa de férias em que recebe pessoas e não fica lá com elas, ainda assim, precisa se lembrar da mentalidade "mi casa es su casa". Você quer evitar pensar "Ei, você está na minha casa por determinado período de tempo". Em vez disso, está criando uma expectativa de "Enquanto estiver aqui, sinta-se em casa". Prepare-se para esse tipo de acolhimento. Você quer que seus hóspedes se sintam à vontade e consigam se divertir. Eles não deveriam pisar em ovos, preocupados em incomodá-lo ou bagunçar seu espaço.

DICA

Para evitar que seus hóspedes se sintam assim, considere guardar qualquer coisa de enorme valor sentimental que corra o risco de ser danificada por eles. Agir dessa forma pode tranquilizá-lo em relação a ter hóspedes em seu espaço.

Certifique-se também de comunicar com clareza qualquer peculiaridade sua, como a maneira com que organiza ou guarda as coisas. Se a comunicação não for clara, você corre o risco de se frustrar com os hóspedes, que é o oposto do que deseja.

Você precisa se sentir à vontade com os hóspedes durante a estada deles. Prepare-se física e mentalmente. Fazer isso pode ser difícil. Se não está pronto para receber pessoas e tornar sua casa a casa delas, então ser anfitrião pelo Airbnb talvez não seja a melhor opção. Em última instância, tão logo consiga receber de coração os hóspedes em seu espaço, será capaz de proporcionar a melhor experiência.

Expresse quaisquer preocupações sobre seu espaço, para que os hóspedes possam atender a essas expectativas e desfrutar de uma estada sem estresse.

Conquistando confiança por meio de transparência e credibilidade

Por você estar basicamente operando no ramo do acolhimento como anfitrião pelo Airbnb, um alto nível de suporte ao cliente entra em cena. Expectativas não cumpridas podem frustrar seus hóspedes. Consequentemente, você vai querer conquistar a confiança deles por meio de transparência e credibilidade.

É importante ficar de olho no quadro geral e se lembrar de que cada hóspede em particular contribui para criar um nível global de satisfação do cliente. Não se pode considerar um único hóspede insignificante ou sem importância. Se você não proporcionar transparência e credibilidade de forma consistente, perderá confiança e fiabilidade em suas avaliações. Quando você não cumpre as expectativas definidas, os hóspedes o avisam.

Uma comunicação clara e rápida é um bom exemplo do que aparece nas avaliações. As pessoas não acreditarão que você lhes dará retorno quando tiverem perguntas no futuro se perceberem uma quantidade grande de hóspedes antigos reclamando do tempo que você levou para responder às mensagens delas. Isso se aplica a qualquer expectativa que estiver definindo em seu anúncio e também às expectativas básicas para a estada em qualquer acomodação no Airbnb. Em resumo, garanta que está pensando no longo prazo e que mantém a confiança, sempre cumprindo e superando as expectativas dos hóspedes.

Mantendo seu local limpo e bem equipado

De seu ponto de vista como proprietário do anúncio, você pode estar plenamente satisfeito com algumas ervas daninhas no gramado ou um pouco de poeira nos rodapés. Porém, ao se tornar anfitrião, você precisa considerar esses aspectos com uma mentalidade diferente. Manter seu local limpo e bem-conservado é um item importante de ser um excelente anfitrião.

De modo semelhante, você pode não cozinhar com frequência para si mesmo e, portanto, talvez tenha um suprimento limitado de utensílios culinários. Embora essa quantidade possa ser totalmente aceitável para você, como anfitrião, precisa pensar em coisas com base na perspectiva dos hóspedes. Se existem coisas que eles geralmente aceitariam ou esperariam, então é de seu interesse equipar seu imóvel com elas.

Cumprindo as (crescentes) expectativas

O Airbnb está constantemente subindo o nível de experiências do hóspede, e esse nível já é alto. O Airbnb começou com uma simples cama de ar e café da manhã. A expectativa dos hóspedes era ficar em um colchão de ar no chão de um apartamento. Na época, era quase uma versão mais aprimorada do couch surfing. Hoje, muitos hóspedes veem o Airbnb como alternativa a um hotel, e as expectativas estão, sem dúvida, mais altas.

LEMBRE-SE

Além das promessas que você fez como anfitrião no anúncio, seus hóspedes terão algumas expectativas básicas. Cumpri-las é um ótimo começo. Conforme o Airbnb cresce e se expande como empresa, essas expectativas continuam a aumentar.

Aqui estão algumas expectativas básicas que seus hóspedes terão:

- » Seu imóvel é limpo (veja mais no Capítulo 14).
- » Seu Wi-Fi é seguro (verifique o Capítulo 4).
- » Seu imóvel é seguro e vigiado (o Capítulo 14 aborda com mais detalhes a segurança).
- » Seu imóvel tem sistema de aquecimento e resfriamento adequado (consulte o Capítulo 14).
- » Você se comunica com seus hóspedes com agilidade e segurança. Se você leva horas ou mesmo dias para enviar uma resposta, pode esperar hóspedes insatisfeitos e avaliações negativas (consulte o Capítulo 9 para obter detalhes sobre comunicação).

Como anfitrião novato ou alguém que deseja se sair melhor como um, você precisa compreender essas expectativas e estar pronto para cumpri-las. Mesmo que não tenha um espaço Airbnb Plus/Airbnb Luxe nem o objetivo de chegar ao status de Superhost (que examinamos com profundidade no Capítulo 10), você ainda deveria proporcionar um ótimo atendimento ao cliente e as experiências especiais que o Airbnb promete aos seus hóspedes.

Implementando sistemas para que seus hóspedes tenham uma estada especial

A maioria dos anfitriões quer compartilhar a cidade com outras pessoas e, sendo um deles, essa oportunidade deveria deixá-lo empolgado. Se você implementar sistemas para aliviar seu trabalho como anfitrião e delegar certas responsabilidades, é muito mais provável que gostará da experiência de receber pessoas.

Um dos exemplos mais comuns são anfitriões que implementam sistemas de limpeza. A maioria dos anfitriões não quer outro emprego de meio período como faxineiro, e adicionar isso à sua pilha de trabalhos pode ser estressante. Após começar a hospedar, você pode configurar sistemas relacionados a tarefas como limpeza a fim de não ficar esgotado em longo prazo e consiga, de maneira consistente, proporcionar um toque pessoal como anfitrião. Dê uma olhada no Capítulo 9 para ler um relatório completo de todas as maneiras com que você pode usar sistemas para maximizar seu lucro como anfitrião e minimizar seus níveis de estresse.

Acrescentando um toque mágico pessoal

O que mais diferencia o Airbnb e o motivo por que os hóspedes escolhem repetidas vezes essa plataforma em detrimento de hotéis é a experiência de viver como um morador. Os hóspedes já tiveram a mesma experiência com hotéis empresariais em lugares diferentes do mundo. Com o Airbnb, eles têm a experiência singular de morar em uma casa ou um apartamento.

Seu toque mágico pessoal é garantir que você tenha os recursos para gostar de receber, e isso se revela nas grandes e nas pequenas coisas. Você se comunica com os hóspedes e responde às suas perguntas, o que demonstra que está empolgado com a chegada deles. Essa empolgação pode se concretizar tanto pessoalmente como por meio de mensagens.

Você adora ser anfitrião e ama de verdade o que está fazendo. Talvez dê uma pequena cesta de presente e esteja louco para ouvir como seus hóspedes estão. Você dá dicas sobre eventos e atividades na região. Pode, inclusive, deixar algo especial para seus hóspedes durante a estada deles. Em comparação com o anfitrião esgotado que apenas cumpre as formalidades relacionadas ao fato de os hóspedes estarem lá, você está animado e faz o que pode para tornar a estada memorável e descontraída.

O que Levar em Conta Antes de se Tornar Anfitrião pelo Airbnb

Esta seção enfoca o que considerar antes de tomar a decisão de ser anfitrião. Lá no fundo, você pode ter dúvidas das quais não está ciente, mas que precisa trazer à tona. Faça as perguntas desta seção para ter certeza de que está pronto para receber pessoas. Esta é sua chance de pensar se ser anfitrião é a coisa certa no seu caso.

Estar ciente de suas expectativas ocultas

Para se dar conta de suas expectativas ocultas, primeiro se pergunte o que você espera de cada elemento da hospedagem. Quanto dinheiro espera fazer? Qual é sua expectativa relacionada ao tempo que está disposto a dedicar à atividade de anfitrião? Quais são suas expectativas em relação aos aspectos dessa atividade dos quais você participará ou não? Como imagina um hóspede satisfatório?

DICA

Anote quaisquer expectativas que tiver e como acha que a experiência de anfitrião será. Então, com olhar crítico, analise a lista e se pergunte o quanto cada expectativa é realista. Verifique no sumário deste livro nosso conselho sobre corresponder às expectativas e o quanto elas são razoáveis. Por exemplo, esperar que seu imóvel lhe traga R$10 mil por mês pode ser realista para você ou totalmente ilusório (o Capítulo 3 o ajuda a definir quais ganhos são realistas para você).

Atenção a alguns mal-entendidos sobre hospedagem:

- » **Dinheiro:** Em geral, as pessoas têm em mente um valor relacionado à quantia de dinheiro que farão e um valor para quanto tempo levará para atingir essa quantia.

- » **Tempo:** Com frequência, as pessoas presumem que podem apenas preparar o anúncio no Airbnb e se esquecer dele, enquanto o dinheiro entra. Não é bem assim, e a verdade é que ser anfitrião exige um pouco de trabalho contínuo para dar certo. Você pode implementar sistemas para reduzir seu fardo, mas ser anfitrião sempre levará mais que alguns minutos, a menos que você decida contratar um administrador de imóveis (no Capítulo 9, abordamos como contratar um administrador profissional).

- » **Esforço:** Essa expectativa é parecida com o tempo exigido pela atividade de anfitrião. Muitas vezes, as pessoas acreditam que isso não exige muito esforço e será um jeito fácil de passar o tempo e fazer muito dinheiro.

- » **Quais serão as atitudes e os comportamentos do hóspede:** Algumas pessoas esperam certos comportamentos da parte dos hóspedes, como se usarão ou não a cozinha ou a área comum, e até que ponto deixarão o banheiro limpo.

- » **Como será a interação entre hóspedes e anfitrião:** As pessoas têm expectativas diferentes em relação ao envolvimento dos hóspedes e as interações que farão.

- » **O que realmente é receber um hóspede:** Em geral, as pessoas têm uma expectativa ou uma ideia do que a experiência como anfitrião trará. É comum terem uma opinião formada sobre como será uma estada típica. Para algumas pessoas, pensam elas, "É horrível. Elas incendiarão meu imóvel". Esse é um dos lados extremos da história, mas no outro extremo estão as pessoas que esperam que hospedar será moleza. Talvez pensem, "Enviarei as instruções para check-in e nunca mais saberei deles. Não terei trabalho algum."

Quando você está ciente das próprias expectativas, é possível compará-las com os mal-entendidos comuns listados aqui, para se certificar de não ter a ideia errada sobre o que é necessário para ser anfitrião. Contanto que suas expectativas sejam realistas, você será capaz de tomar a decisão certa ao decidir se ser anfitrião é ou não é para você.

Convidar estranhos para entrar em sua casa

Um lembrete importante ao considerar ser anfitrião pelo Airbnb é que você não controlará a personalidade das pessoas que ficarão em sua casa. Afinal, são estranhos. Todo tipo de gente, de todos os gêneros de vivência, conseguirá fazer reserva em sua casa.

Essa é uma realidade dura para alguns. Você não pode ser preconceituoso e deve estar preparado para receber todos os hóspedes, independentemente de suas vivências ou de quem são enquanto indivíduos. Como referência, prepare-se para aceitar pessoas de todas as classes sociais, porque é isso que você terá. Você lidará com todo tipo de gente que puder imaginar.

DICA

Basicamente, esteja preparado para continuar com mente e coração abertos. Você não controla o tipo de gente que vem até seu local, então planeje receber todos da mesma maneira e apreciar cada um por ser o que é. Se ficar travado neste item, então o Airbnb não é a plataforma certa para você.

LEMBRE-SE

O Airbnb leva muito a sério a discriminação. A plataforma é 100% inclusiva, para hóspedes e anfitriões. É totalmente contra as regras e políticas do Airbnb negar um hóspede com base em etnia, religião, orientação sexual, e assim por diante. Todo anfitrião deve concordar formalmente, antes de receber pessoas, que nunca discriminará nenhum hóspede.

Assumir o compromisso

Considere que, ao escolher ser anfitrião, você está planejando assumir um compromisso que pode afetar seu tempo, seu dinheiro e sua energia, o que discutiremos nas próximas seções.

Os seguintes compromissos relacionados a dinheiro se aplicam sobretudo se você tem interesse em alugar um apartamento ou uma casa inteira no Airbnb. Algumas pessoas talvez tenham um apartamento ou uma casa que sirva como imóvel de férias ou seja sua antiga residência, então, ela já está mobiliada. Porém, muita gente está convertendo seu aluguel definitivo em aluguel temporário e alugando pelo Airbnb. Um ponto bem decisivo para essas pessoas é o retorno de investimento (RI) para a hospedagem. Embora você possa fazer mais dinheiro no Airbnb do que em um aluguel anual, pergunte a si mesmo se isso vale o tempo e o custo extras.

Compromisso de tempo

Pergunte a si mesmo se você tem tempo de se dedicar a hospedagens. Você realmente tem tempo? Seu estilo de vida é adequado para receber pessoas? Por exemplo, se você sabe que dará festas nas noites de sexta-feira e sábado, então precisa optar por não receber pessoas em casa nesses fins de semana à noite. Se não dá conta de enviar mensagens aos hóspedes durante o dia ou ao longo da semana, então precisa pensar em conseguir alguém para ajudá-lo na comunicação. Considere seu próprio estilo de vida e descubra quanto tempo a atividade de anfitrião exige. Seja realista sobre se realmente pode ser um e faça isso de uma forma que se alinhe com o tempo e a energia de que você dispõe.

Compromisso de dinheiro

Você também precisa pensar em dinheiro. Embora possa controlar quanto dinheiro entra na hospedagem, esteja ciente de que uma parte de sua renda adquirida com o Airbnb cobrirá despesas como o papel higiênico extra, sabonete líquido e detergente de que você precisará. Se fizer a limpeza ou contratar alguém de fora para isso, também gastará dinheiro (e tempo) limpando seu imóvel e lavando roupa. Você precisa investir em sua hospedagem, então, considere até que ponto se sente bem fazendo isso. Depois, seja realista sobre como será seu esquema de hospedagens.

Essas despesas variam de comprar itens do dia a dia, como papel-toalha e sabonete líquido, até abastecer totalmente a cozinha com utensílios culinários e exigências maiores e mais caras, como móveis. Por exemplo, se você tem um quarto vago ou um imóvel inteiro que precisa mobiliar, custará dinheiro. Pense em que tipo de investimento financeiro você precisa aplicar no imóvel antes de decidir ser anfitrião (verifique no Capítulo 4 mais orientações sobre o que precisará ter ou acrescentar a seu imóvel para torná-lo pronto para receber pessoas).

CAPÍTULO 2 **O que Realmente Significa Ser Anfitrião pelo Airbnb**   27

Compromisso de energia

Quando você decide ser anfitrião, está basicamente assumindo o compromisso de dar o melhor de si, ainda que não necessariamente sinta que está dando. Seus hóspedes terão necessidades, e você precisa estar preparado para cumpri-las com uma atitude positiva.

Ao alugar um espaço na própria casa, certifique-se sobretudo de estar pronto para assumir o compromisso de ser positivo e animado quando os hóspedes estiverem por perto. Ter um dia ruim no trabalho não será uma desculpa aceitável para ser rude ou seco com eles.

Considerar suas habilidades tecnológicas

Embora o Airbnb seja uma plataforma simples e fácil de usar, ao começar, você precisará ter certeza de que se sente à vontade com tecnologia. Aqui estão duas considerações para anfitriões relacionadas a tecnologia:

» **Considere se tem acesso à tecnologia.** Você precisará de um computador e, de preferência, de um smartphone. Você o usará para responder aos hóspedes e finalizar tarefas pendentes, em vez de precisar estar constantemente perto de um PC.

» **Fique à vontade com a tecnologia.** Em geral, qualquer um pode ser anfitrião, porque a plataforma é fácil de usar. A melhor maneira de se habituar à tecnologia é ir ao site do Airbnb e configurar um anúncio sem ativá-lo. Você pode usar este livro como um guia sobre como usar a plataforma Airbnb e criar seu anúncio (no Capítulo 5, damos orientações exatas sobre como elaborar o anúncio perfeito).

Familiarize-se com o back-end da plataforma, incluindo como as coisas funcionam em termos de definir preços, responder aos hóspedes e visualizar o desempenho de seu anúncio. Não despreze a tecnologia, mas não se deixe sobrecarregar por ela. Felizmente, a tecnologia é bem fácil para quem está começando. Em resumo, quanto mais você entende e integra a tecnologia como anfitrião, melhores são os resultados para você e seus hóspedes.

Estar ciente de como sua decisão de ser anfitrião afeta outras pessoas em sua vida

Você não vive em uma ilha. Sua decisão de ser anfitrião pode afetar outras pessoas também. Pense nesses dois fatores a seguir ao decidir hospedar pelo Airbnb.

Como sua hospedagem impactará os outros

Ao decidir ser anfitrião, você está assumindo um compromisso que causará um potencial impacto nas pessoas ao seu redor. O mais extremo será em quem mora com você, caso decida hospedar pessoas na casa onde mora. De uma hora para outra, você terá pessoas vivendo no local, fazendo barulho e usando suas acomodações, como o banheiro. Trazer outra(s) pessoa(s) para seu local causará um impacto definitivo em sua família ou colegas de quarto, e você precisa estar consciente dessa realidade.

De maneira menos direta, ser anfitrião significa que você está dando aos hóspedes o espaço que anunciou. Você não conseguirá oferecê-lo à sua irmã, aos seus pais ou aos amigos quando eles vierem à cidade. A menos que planeje com antecedência, sua família ou seus amigos não podem aparecer de última hora e ficar em sua casa. Sua decisão de ser anfitrião possivelmente mudará essa expectativa deles.

Isso não significa que você não pode ser anfitrião se passa por alguma dessas experiências, mas é importante prestar atenção e refletir sobre até que ponto essa atividade mudará seu estilo de vida. Talvez você tenha de dizer não a um convite de seus amigos para sair ou fazê-los planejar dormir em outro lugar.

Como suas decisões na vida afetam seus hóspedes

Você precisa ter consciência de como suas decisões cotidianas como anfitrião impactam seus hóspedes. Por exemplo, sair tarde da noite e voltar de manhã cedo, ficar com amigos até meia-noite na sala ou ser barulhento não será aceitável quando se tem hóspedes e eles estão tentando dormir. Proceder assim terá um impacto muito negativo sobre eles. Por exemplo, seus hóspedes com sono e que podem estar de férias não gostarão de sua decisão de usar o liquidificador às 5h para fazer uma vitamina. De uma hora para outra, sua decisão de não apertar a descarga, tomar um banho demorado ou deixar cabelo na pia ou no chuveiro está impactando as pessoas que estão com você.

Todas essas decisões impactam os hóspedes que estão em sua casa. Porém, mesmo que estejam em sua casa de férias ou em um imóvel extra que você tenha, ainda assim você será impactado. Você não pode tirar férias em família no último instante se sua casa já está reservada para hóspedes.

Decidir o tipo de anfitrião que você quer ser

Você precisa descobrir que tipo de anfitrião quer ser. Felizmente, não há um caminho definido. Se você realmente quer ser anfitrião pelo Airbnb, agora pode descobrir o que o torna especial e oferecer esse toque pessoal a seus hóspedes.

LEMBRE-SE

Ao descobrir quem você é como anfitrião, a boa notícia é que há muita flexibilidade. Você pode, de fato, fazer dessa atividade o que quiser que ela seja. Você tem liberdade para decidir como hospedar, quando hospedar, qual espaço liberar ou não, pode mapear o que mais se adapta a seus objetivos atuais e estilo de vida, e o que quer extrair da experiência como anfitrião.

Por exemplo, talvez você tenha quartos vagos na própria casa e na casa de férias. Após analisar o que espera dessa experiência no Airbnb, você descobre que não quer pessoas em sua própria casa porque isso não condiz com seu estilo de vida, mas ainda quer receber pessoas no segundo imóvel. Por outro lado, talvez decida que quer hóspedes durante a semana, mas aos fins de semana gosta de mais privacidade e manter o espaço só para si. Você pode escolher hospedar durante apenas uma semana por mês ou somente quando sai da cidade aos fins de semana. Talvez tenha um emprego temporário e não queira pessoas durante o verão, mas talvez queira hóspedes no inverno, quando tudo está um pouco mais tranquilo.

Independentemente de quando decidir ser anfitrião, você precisa entender as exigências básicas para hospedar. Escolher fazer isso por conta da renda extra e não se ater ao restante das expectativas e exigências — em outras palavras, ser anfitrião pelos motivos errados — é pedir para ter problemas. O Capítulo 11 aborda o básico da boa hospedagem, para ajudá-lo a ser o melhor anfitrião que puder.

NESTE CAPÍTULO

» Definindo sua renda potencial no Airbnb

» Fazendo pesquisas de mercado de imóveis

» Avaliando seu real potencial de lucro

» Pesquisando regulamentações locais do Airbnb

Capítulo **3**

Definindo Seu Lucro em Potencial

A ntes de investir recursos significativos e energia para se tornar anfitrião no Airbnb, primeiro você precisa definir o potencial de lucro de seu futuro anúncio na plataforma, a fim de assegurar que todo o esforço valerá a pena — em outras palavras, você quer ter certeza de fazer dinheiro com hospedagens. Um número considerável de aspirantes a anfitrião entra no esquema de hospedagem com uma venda nos olhos e não entende se suas expectativas são realistas e viáveis. Quando realidade e expectativas não combinam, a consequência é a decepção.

Nem todos os imóveis e segmentos podem ter bom desempenho no Airbnb como aluguéis temporários. Ao fazer um pouco de pesquisa e análise antes de hospedar, pode estabelecer expectativas realistas e decidir se ser anfitrião no Airbnb ainda faz sentido para você, com seu imóvel, dentro de seu segmento.

Neste capítulo, disponibilizamos orientações sobre como definir o potencial de lucro de seu futuro anúncio no Airbnb antes de se tornar anfitrião. Você pode fazer pesquisa de mercado e análise adequadas para definir a "parte que lhe cabe neste latifúndio" — a quantidade relativa de dinheiro que espera ganhar como anfitrião no Airbnb.

Decodificando Quanto Você Realmente Pode Ganhar no Airbnb

Aspirantes a anfitrião rapidamente descobrirão que, ao tentarem estimar seu potencial de lucro com o Airbnb, o lugar em que colherão informações relevantes pode ter um grande impacto em seus cálculos.

Examinar a média nacional geral pode lhe dar uma vaga ideia do desempenho médio de um anfitrião, mas isso talvez lhe diga muito pouco sobre o que esperar em seu segmento específico com o imóvel. Para obter um indicador preciso, você precisa coletar o tipo certo de informação e ver se elas se aplicam diretamente à sua situação. As seções a seguir explicam o básico.

Começando com médias nacionais

Quando a Earnest.com, uma prestadora de refinanciamento de empréstimos privados e estudantis nos EUA, analisou dezenas de milhares de pedidos de empréstimo por requerentes que notificavam rendas provenientes de trabalhos em plataformas de economia compartilhada como o Airbnb, ela revelou que, em média, um anfitrião do Airbnb ganhava cerca de US$924 por mês com hospedagens.

Porém, como uma pequena parcela de anfitriões ganhava uma renda desproporcionalmente mais alta que seus colegas, a renda média dos anfitriões era muito mais baixa. A Figura 3-1 mostra que apenas metade dos anfitriões do Airbnb ganhou mais que US$440 por mês (cerca de US$5.280 por ano).

De acordo com a Earnest.com, cerca de um em cada dois anfitriões do Airbnb ganha menos de US$500 por mês, e quase três em cada quatro ganham menos de US$1 mil por mês. Só um em cada dez ganhará US$2 mil ou mais por mês.

Sua localização é o que mais define seu potencial de lucro no Airbnb

O potencial de lucro de seu anúncio no Airbnb é definido sobretudo pela localização exata do imóvel, isto é, a quantidade que você pode esperar ganhar com o Airbnb está praticamente fora de seu controle e não pode ser mudada após o anúncio ser ativado na plataforma.

Portanto, não é útil fazer perguntas do tipo "Quanto será que o anúncio do meu imóvel de um quarto no Airbnb ganhará?". Mesmo que esteja perguntando dentro dos limites de sua cidade específica, anúncios distantes um minuto a pé um do outro podem ter níveis bem distintos de procura no Airbnb.

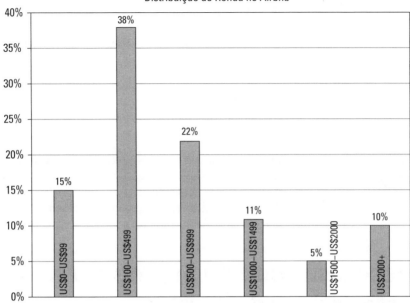

FIGURA 3-1: Quanto ganha um anfitrião no Airbnb.

© John Wiley & Sons, Inc.
Fonte: Earnest.com

Alguns segmentos têm procura muito alta no Airbnb, com uma oferta limitada que leva a taxas de ocupação altas e taxas noturnas elevadas. Por exemplo, o anúncio de um apartamento inteiro de um quarto no centro de Los Angeles, situado bem no outro lado da rua do centro de convenções de Los Angeles e a uma caminhada curta do Staples Center, onde os times de basquete L.A. Lakers e Clippers disputam jogos em casa, ultrapassará significativamente, em termos de desempenho, um anúncio idêntico a apenas dois quarteirões de distância. A Figura 3-2 compara dois imóveis e analisa como uma caminhada de três minutos poderia eventualmente impactar seus possíveis ganhos.

	Anúncio A	Anúncio B	Diferença
Taxa Média de Ocupação %	86,7%	73%	13,4%
Taxa Média de Ocupação (dias/meses)	26	22	4
Taxa Média por Noite	US$126	US$105	US$21
Renda Média Mensal	US$3.276	US$2.309	US$967
Renda Média Anual	US$39.312	US$27.707	US$11.605

FIGURA 3-2: A dois quarteirões de distância, uma diferença e tanto.

© John Wiley & Sons, Inc.

CAPÍTULO 3 **Definindo Seu Lucro em Potencial** 33

A apenas dois quarteirões de distância, esses anúncios quase idênticos no Airbnb podem ver uma diferença mensal de praticamente US$1 mil (ou quase US$12 mil no ano inteiro). Viajar pelo Airbnb pode ficar extremamente regional em alguns segmentos, sobretudo se os viajantes se importam com distâncias curtas a pé até os lugares de interesse.

Em outras palavras, o desempenho de anúncios no Airbnb pode variar drasticamente a uma curta distância por conta da alta variabilidade da demanda entre os segmentos, mais acentuada em áreas urbanas populosas. Em segmentos rurais mais distribuídos, o raio de uma área local é maior.

LEMBRE-SE

A demanda por aluguéis no Airbnb em seu segmento específico, no raio de um quarteirão em uma região central ou no raio de 8 quilômetros em uma área aberta rural, define o lucro em potencial de seu anúncio. Porém, apenas esperar obter certo lucro não significa recebê-lo automaticamente. Você ainda precisa consegui-lo sendo um excelente anfitrião.

Pesquisando Seu Segmento no Airbnb: Estatísticas de Ganho

Imagine-se fazendo um anúncio de um lindo imóvel de um quarto no Airbnb em sua cidade. Depois de todos os custos operacionais, que incluem suprimentos, despesas e limpeza, digamos que você consegue embolsar um lucro líquido de R$1 mil por mês. Você ficaria feliz com seu desempenho? Está se saindo bem como anfitrião?

E se disséssemos que outros anúncios de imóveis de um quarto no Airbnb em seu segmento estão tendo um lucro médio de apenas R$500 por mês? Isso significaria que você está ganhando duas vezes mais que a concorrência! Você deveria se sentir bem com isso, porque significa que está fazendo um bom trabalho como anfitrião.

Mas e se, ao contrário, seu concorrente estiver tendo um lucro médio de R$3 mil por mês? Você não ficaria muito bem com essa informação. Se anfitriões com anúncios semelhantes no mesmo segmento estão ganhando três vezes mais, então você está cometendo alguns erros como anfitrião.

LEMBRE-SE

A melhor maneira de calcular seu potencial lucro no Airbnb é descobrir o que anúncios similares em seu bairro já estão obtendo na plataforma. Mas como descobrir? Coletando *estatísticas de desempenho* — as taxas de ocupação e noturnas — para anúncios já existentes em sua área com os quais você concorrerá.

Nos primeiros anos, você teria de coletar e calcular manualmente esses dados estatísticos, uma tarefa terrivelmente trabalhosa e imprecisa que levava horas para ser finalizada e se tornava defasada logo depois. Porém, nos últimos anos, o aprimoramento e a maturação de provedores de dados de aluguéis temporários forneceram aos aspirantes a anfitrião estatísticas rápidas, precisas e atualizadas por um valor nominal de apenas US$20, para acessar relatórios sobre o mercado local. Alguns provedores oferecem relatórios gratuitos limitados ou, às vezes, testes gratuitos, portanto, não deixe de pesquisar na internet ofertas recentes antes de comprar.

NA INTERNET

Para ter uma lista dos provedores de dados atualmente recomendados, consulte fontes online.

DICA

Obtenha relatórios e testes gratuitos para ver de qual gosta, então inscreva-se durante um mês para ter acesso total aos dados de área em seu segmento. Você não pode obter as estatísticas por conta própria, e mesmo que tentasse, levaria árduas horas ou dias para reunir um conjunto impreciso de dados. Não perca tempo! É sempre possível cancelar a inscrição após o primeiro mês. Porém, recomendamos encomendar os relatórios pelo menos uma vez por ano, para ficar por dentro de seu segmento e calcular como seu anúncio está se saindo no mercado em relação à concorrência.

Você precisa enxergar além das taxas noturnas publicadas ou imóveis similares no Airbnb — só porque alguns anúncios pedem US$250 por noite não significa que os hóspedes estejam pagando essa quantia nem que esses anúncios consigam preencher as disponibilidades por essa taxa.

E a aparência do desempenho em um trecho do calendário pode ser totalmente diferente em outros trechos. Portanto, além de entender as taxas noturnas, você precisa analisar outros indicadores de mercado e considerações para acessar com exatidão seu potencial de lucro.

Descobrindo as estatísticas de mercado cruciais

Independentemente do provedor de dados que mais cedo ou mais tarde você adquirirá, é bom prestar atenção a algumas estatísticas-chave ao avaliar a viabilidade de alugar seu imóvel em seu segmento. Aqui estão as estatísticas a serem obtidas e os motivos para ficar atento a elas:

» **Taxas diárias:** O melhor modo de saber o que você poderá cobrar é descobrir o que anúncios idênticos ou similares em seu segmento estão cobrando atualmente dos hóspedes. Embora obter médias de mercado seja melhor que nada, conseguir um leque de taxas diárias é mais útil, porque alguns anúncios de desempenho muito alto ou muito baixo podem inflar ou reduzir artificialmente os índices médios do segmento. Por exemplo, relatórios de mercado do AirDNA também lhe darão o 25º, o 50º, o 75º e o 90º percentis (veja um exemplo desses dados na Figura 3-3). A maioria dos anfitriões deve usar o 50º percentil (mediana) para sua estimativa inicial, a menos que tenham motivo para deixar o anúncio mais ou menos atraente do que os concorrentes, que, por sua vez, usam o 75° ou o 25° percentil.

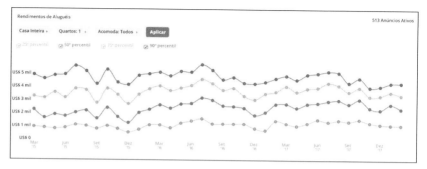

FIGURA 3-3: Renda média mensal de aluguel.

© John Wiley & Sons, Inc.
Fonte: AirDNA.co

Esses valores são a renda mensal média do aluguel em anúncios de imóveis com um quarto em uma cidade selecionada de Los Angeles, mostrados no 25°, no 50°, no 75° e no 90° percentis. Por exemplo, para atingir as taxas de renda sobre o aluguel na linha do 90° percentil, seu anúncio precisaria estar entre os primeiros 10% no segmento.

» **Taxas de ocupação:** *Taxas de ocupação* são a porcentagem de noites disponíveis reservadas. Por exemplo, um anúncio no Airbnb disponível para aluguel por 100 dias do ano e reservado por 65 dias tem uma taxa de ocupação de 65% (65 dividido por 100). Saber apenas a taxa de ocupação diária não é o suficiente se você não sabe quantas noites estão sendo reservadas no segmento. De maneira semelhante, é útil obter várias taxas de ocupação, em vez de apenas uma.

LEMBRE-SE

Faça uma avaliação honesta de seu anúncio em comparação com os anúncios existentes na plataforma que sejam seus concorrentes. Compare seu anúncio com todo o conjunto de anúncios concorrentes diretos, de preferência pelo menos dez. Seu anúncio tem localização mais atraente em comparação com os outros? Ele parece mais recente, mais moderno ou chamativo? Tem comodidades mais atraentes? Onde seu anúncio fica dentro desse conjunto? Para um imóvel mais antigo e mais distante de pontos de interesse em relação a seus concorrentes, você pode querer usar o 25° percentil para o cálculo, porque seu anúncio provavelmente atrairá menos hóspedes. Como alternativa, para um novo anúncio atraente localizado imediatamente ao lado dos anúncios de maior desempenho no segmento, você pode usar o 75° ou o 90° percentil, porque pode esperar níveis razoavelmente similares de desempenho aos dos que têm o melhor desempenho.

» **Renda de aluguel:** Os maiores provedores de dados calcularão os valores da renda do aluguel para você e, muitas vezes, os apresentarão do mesmo modo como apresentaram os dados de taxas diárias e das taxas de ocupação. Mais uma vez, olhar o conjunto é mais útil do que a média simples. Prepare-se quando for analisar esses valores pela primeira vez, porque muitos potenciais anfitriões fizeram uma combinação equivocada de expectativas e realidade. Por exemplo, um anfitrião em potencial cujas expectativas estejam deturpadas por artigos que falam sobre a nova geração de anfitriões Airbnb de seis dígitos pode ficar extremamente desapontado ao descobrir que provavelmente ganhará muito menos que seis dígitos no segmento. É melhor saber mais cedo a verdade, ainda que frustrante, do que descobrir mais tarde após investir tempo e recursos significativos.

DICA

Embora obter valores anuais seja útil para compreender onde ficam sua média de taxas diárias, taxas de ocupação e renda anual de aluguel, também será bom analisar os valores mensais nos primeiros doze meses. Por quê? Alguns segmentos podem ter sazonalidade acentuada onde a demanda é muito mais alta ou mais baixa em certos meses e não em outros. Saber disso pode ajudá-lo a se preparar melhor tanto para as altas quanto para as baixas temporadas em seu segmento. Consulte o Capítulo 7 para ter uma abordagem detalhada sobre sazonalidade e como ela impacta sua estratégia de preços.

Compreendendo a fundo o segmento

Cada provedor de dados fornecerá a seus usuários as três estatísticas básicas que mencionamos na seção anterior. Porém, para se destacar em meio à concorrência e depois estimular seus potenciais clientes a escolher a eles e não outros, os maiores provedores de dados para anúncios oferecem muitas estatísticas adicionais sobre o segmento.

Aqui estão outras coisas úteis que você pode encontrar:

» **Mix de marketing:** O *mix de marketing* é basicamente uma proporção relativa de tipos diferentes de anúncios no Airbnb em determinado segmento. Por exemplo, o mix de marketing para anúncios no Airbnb às margens de um lago grande pode apontar cabanas, enquanto em um segmento urbano no centro da cidade pode apontar apartamentos de um e dois quartos. Essa informação lhe permite definir qual é a atual composição de anúncios ativos no Airbnb, inclusive se estão sendo reservadas mais unidades com um quarto, em comparação com unidades maiores, com três ou mais quartos.

Conhecer o desempenho dos diferentes subconjuntos de anúncios pode lhe dizer o que viajantes desse segmento estão procurando. Por exemplo, se todos os anúncios com melhor desempenho são referentes a quartos privativos e estúdios, enquanto os poucos anúncios de casas grandes estão majoritariamente inativos, talvez você queira tentar transformar sua casa de cinco quartos em um anúncio de múltiplos quartos privativos — você não consegue alugar o que as pessoas não querem.

» **Tendências de longo prazo:** Entender estatísticas recentes lhe diz onde o mercado está hoje, mas elas não dizem como ele chegou até ali. Ele está aumentando ou diminuindo? Apenas analisando vários anos de dados é possível detectar essa tendência. Com o aumento da popularidade do Airbnb, há mais anúncios aparecendo online em mais segmentos. Porém, em alguns, o fluxo de ofertas sem crescimento complementar na demanda significa mais anfitriões competindo pelo mesmo número de hóspedes, levando a mais concorrência, à queda nos preços e nas ocupações e, por fim, a menos lucro para quem hospeda.

» **Estatística de facilidades:** Para entender como seu imóvel se destaca entre a concorrência, você precisa saber o que ela está oferecendo. Ao analisar as facilidades que todos disponibilizam e as que apenas os anúncios de maior desempenho oferecem, é possível definir com exatidão com quais delas você precisa concorrer e quais pode objetivar ter para se destacar.

» **Estatísticas futuras:** Alguns provedores de dados têm um fluxo de dados direto com centenas de milhares de anúncios que lhes permitem conhecer ocupações futuras e taxas de anúncios concorrentes. Com essas informações, você pode precificar suas futuras datas disponíveis para continuar concorrendo.

» **Principais anúncios:** Conseguir ver como os principais anúncios estão se saindo em seu segmento com base em dados reais de desempenho fornece um alvo em que mirar seu próprio desempenho. Com essas informações, você pode esmiuçar cada aspecto desses anúncios principais, desde fotos e título até descrições, preços e políticas. Você não pode imitar os melhores sem primeiro conseguir identificá-los.

» **Estatísticas de avaliação:** A maneira como as avaliações dos hóspedes estão distribuídas entre tipos de imóveis e seus concorrentes diretos pode dizer a você o quanto seu segmento é competitivo. Quanto mais altas são as avaliações para anfitriões já existentes, mais competitivo é o segmento e menor é a margem de erros que você pode cometer com os hóspedes.

» **Sazonalidade detalhada:** Sazonalidade turística é o fenômeno que descreve a instabilidade da demanda em determinados períodos do ano, mais conhecidos como épocas de alta e baixa temporada. Embora índices mensais o ajudem a vislumbrar tendências amplas sazonais em seu segmento durante o ano civil, ter acesso ao desempenho de segmento para cada dia pode ajudá-lo a identificar e se preparar para picos inesperados na demanda por viagens. Por exemplo, uma conferência anual que traga milhares de viajantes pode gerar overbooking (fenômeno que indica que se obteve mais reservas do que espaços vagos no mesmo período) durante essas datas específicas. Veja na Figura 3-4 um exemplo de visualização da sazonalidade do ano inteiro para um segmento. Para uma abordagem completa sobre planejamento e ajuste de estratégias de preço para eventos especiais, consulte o Capítulo 7.

Em alguns segmentos, a demanda de viagens no Airbnb é sazonal e varia significativamente dependendo do mês ou estação do ano. Além disso, certos eventos especiais recorrentes também podem gerar uma demanda excepcionalmente alta durante dias específicos do ano. No Brasil, os maiores exemplos de eventos que geram alta demanda de viajantes são Rock In Rio, Carnaval, Réveillon de Copacabana e Oktoberfest. Saber quando eles acontecem e o quanto impactam a demanda permite a você, anfitrião, colocar os preços adequados nos anúncios.

» **Estatísticas para aluguéis tradicionais:** Para investidores que querem adquirir imóveis para alugá-los temporariamente no Airbnb, comparar as estatísticas do mercado de aluguéis tradicionais com estatísticas de aluguéis temporários é crucial para tomar uma decisão correta sobre investimentos.

» **Outras estatísticas:** Se houver um atributo sobre o qual você precisa tomar decisões para colocar no anúncio, há chances de os provedores de dados estarem rastreando e compartilhando os resultados com seus usuários. Essas informações incluem como os outros estão lidando com estadas mínimas, depósitos caução, taxas de limpeza, políticas de cancelamento etc.

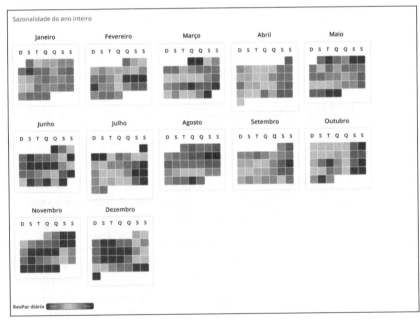

FIGURA 3-4: Visualizando a sazonalidade do segmento.

Fonte: AirDNA.co

NA INTERNET

Com base em nossa experiência e na de nossos leitores e alunos, anfitriões de cidades e países diferentes descobrem que provedores de dados são mais ou menos precisos para cada um em particular, então vale a pena explorar várias opções para ver qual funcionará melhor para você.

Cada provedor apresenta seus próprios dados, e nenhum terá todos os indicadores que você quer. Portanto, aproveite os testes gratuitos e depois adquira uma assinatura daquele que achar mais útil para seus objetivos. Para ter a lista mais atualizada com recomendações de fornecedores de dados, consulte online.

Definindo a Parte que Lhe Cabe Neste Latifúndio

Obter estatísticas de mercado pode ajudá-lo a elaborar expectativas realistas sobre o rendimento dos aluguéis, mas você não ficará com essa quantia de dinheiro. Ao contrário de um imóvel para aluguel tradicional, gerir um anúncio no Airbnb envolve custos operacionais mais altos, portanto, você ficará apenas com uma parte de cada real que conseguir.

Saber quais dados e indicadores reunir é o primeiro passo. Transformar essas descobertas em uma estimativa de lucro exige trabalho extra — você só ficará com uma parte de cada real que as reservas rendem, porque incorrerá em despesas ao gerir seu anúncio no Airbnb. Além disso, é importante comparar seus ganhos projetados com o tempo previsto de comprometimento que ser um anfitrião de sucesso exige.

Levando em conta despesas operacionais

Para calcular quanto lucro você levará para casa, é preciso entender e avaliar as despesas operacionais envolvidas na administração de seu aluguel no Airbnb.

LEMBRE-SE

Despesas operacionais são as despesas recorrentes, que ocorrem mensalmente, e excluem gastos isolados, como instalações, móveis e equipamentos de que você precisa para configurar seu anúncio inicial.

Embora cada anúncio no Airbnb possa ser distinto, aqui estão os itens mais comuns de despesas operacionais para levar em conta em sua análise:

» **Aluguel:** Se está alugando um imóvel e depois sublocando a unidade inteira no Airbnb durante todo o ano civil, então o aluguel que você paga é uma despesa. Porém, se está alugando uma parte de seu imóvel no Airbnb, como um quarto vago, ou se está apenas deixando-o disponível para aluguel durante alguns dias, então você terá de dividir a despesa total com aluguel entre as partes do imóvel utilizadas para o Airbnb e as reservadas para uso pessoal. Você precisará ratear as despesas de aluguel entre a porcentagem do imóvel usada para o Airbnb (por área ou número de cômodos) e a proporção de dias disponíveis como arrendamento no Airbnb do total de dias disponíveis. Ratear despesas pode ser complicado, dependendo de sua jurisdição e situação, então não deixe de consultar seu contador.

» **Taxas de administração:** Taxas de administração incluem comissões pagas a outras pessoas para assumirem as operações cotidianas de seu anúncio no Airbnb. Para os vários donos de imóveis que querem lucrar com o Airbnb sem ser anfitriões, será preciso separar uma parte da renda do aluguel para pagar um administrador de imóveis ou coanfitrião para gerenciar em seus nomes o anúncio na plataforma (consulte o Capítulo 20 para mais sobre co-hospedagens).

» **Serviços públicos:** Os hóspedes que ficarem em seu imóvel vão querer luzes para enxergar, água corrente para tomar banho, aquecimento quando estiver frio e ar condicionado quando estiver calor. Consequentemente, você precisa pagar contas de gás, água e eletricidade. Você também deve acrescentar quaisquer outros impostos regulares pagos ao município, inclusive taxas de esgoto ou saneamento. E, devido ao típico uso elevado por parte de inquilinos de aluguéis temporários, essas contas serão mais altas, comparadas às de inquilinos de aluguéis definitivos.

» **Internet/cabo/satélite:** Internet sem fio de alta velocidade é uma facilidade exigida em praticamente todos os anúncios do Airbnb. Alguns anfitriões chegam até a fornecer TV a cabo ou por satélite. Esses serviços não são gratuitos.

» **Limpeza:** Os vários anfitriões que optam por não fazer a limpeza por conta própria contratam faxineiras terceirizadas. Embora a maior parte das taxas de limpeza seja passada diretamente para os hóspedes, alguns anfitriões podem subsidiar o custo para cobrar uma taxa de limpeza mais baixa e estimular os hóspedes a fazer mais reservas. Não tem máquina de lavar ou secadora no imóvel? Acrescente taxas para lavanderia. Para uma discussão completa sobre o melhor a se fazer em relação à limpeza, consulte o Capítulo 14.

» **Conserto e manutenção:** Ter um anúncio no Airbnb significa mais gente entrando e saindo de seu imóvel, causando mais desgaste nele. O encanamento pode vazar ou entupir, a mobília pode estragar e os eletrodomésticos podem quebrar. E é sua função fazer os consertos necessários para deixar seu anúncio tinindo para os próximos hóspedes.

» **Licenças:** Cada vez mais cidades estão exigindo que anfitriões do Airbnb obtenham e mantenham licenças válidas para operar seus anúncios. Infelizmente para os anfitriões, essas licenças não são gratuitas, e muito provavelmente são uma despesa anual. No Brasil, as primeiras cidades a colocarem estas leis em vigor foram Ubatuba/SP e Caldas Novas/GO.

CAPÍTULO 3 **Definindo Seu Lucro em Potencial** 41

Atualmente, a maioria dos municípios do país possuem regulamentações próprias para a prática, não deixe de verificar a regra vigente em sua cidade.

» **Ferramentas terceirizadas:** De preços automáticos a mensagens e agendamentos automáticos, ferramentas terceirizadas podem ajudar os anfitriões a simplificar suas atividades e poupar horas de trabalho manual toda semana. Mas essas ferramentas têm custos mensais de assinatura. Consulte o Capítulo 9 para uma discussão completa sobre ferramentas automáticas e práticas recomendadas.

» **Materiais de consumo:** Você precisa manter seu anúncio bem abastecido de itens como papel higiênico, sabonete, xampu, lanches e bebidas. Embora esses itens componham uma pequena parte das despesas operacionais, você terá que repô-los após cada estada, portanto, as despesas aumentam ao longo de um ano.

» **Outros suprimentos:** Alguns itens não precisam ser repostos após cada estada, mas ainda precisam de reabastecimento regular ao longo do ano. Você precisa repor toalhas, roupas de cama e lençóis a cada três ou seis meses, por conta de desgaste ou manchas. Mesmo a energia necessária para fazer todos os equipamentos funcionarem é uma despesa operacional.

CUIDADO

Esta lista não é aplicável a todos os anfitriões. Suas despesas operacionais específicas dependem de fatores específicos para você, por exemplo, se o imóvel é próprio ou alugado e como, em última análise, você escolhe gerenciar seu anúncio. Para uma discussão mais aprofundada sobre como gerir despesas e como elas impactam sua exposição fiscal como anfitrião, consulte o Capítulo 19.

Avaliando o compromisso de tempo

Para avaliar se ser anfitrião pelo Airbnb é economicamente viável para você, não é o bastante apenas saber os prováveis reais a mais que pode ganhar. Também é preciso calcular o número de horas que talvez será exigido de você para conseguir esse montante de lucro.

O quanto é tentador ter um lucro de R$1 mil durante o mês vale para situações totalmente diferentes entre investir 20 horas em comparação a 200 horas de trabalho, onde ganhará R$50 por hora, versus R$5 por hora. Quanto tempo a atividade de anfitrião exigirá? Depende de vários fatores:

» **Faxina por conta própria versus limpeza terceirizada:** A limpeza é um dos aspectos que mais consomem tempo e levam a mais esgotamento físico em ser anfitrião pelo Airbnb. Fazê-la por conta própria ou terceirizá-la define drasticamente suas horas úteis como anfitrião. Quanto maior o imóvel, maior o tamanho do grupo, e quanto mais longa a estada, mais tempo levará para limpar e disponibilizar o espaço para o próximo hóspede. Dê uma olhada no Capítulo 14 para uma discussão completa sobre limpeza.

» **Número de unidades das quais é anfitrião:** Quanto mais unidades você tem, mais horas precisa dedicar a receber dúvidas, comunicar-se com os hóspedes, procurar suprimentos, orientar as faxineiras, atualizar os preços do anúncio e calendários e monitorar seu desempenho.

» **Manual versus automático:** Quanto mais ferramentas e tecnologia você usar para automatizar operações e se livrar do trabalho manual, mais tempo poupará. Isso inclui decisões como configurar check-ins e check-outs remotos, em vez de fazer isso pessoalmente, e usar ferramentas automáticas para preço, mensagens e agendamento. Consulte o Capítulo 9 para uma discussão mais detalhada sobre automatizar suas operações no Airbnb.

» **Gerenciamento próprio versus terceirização:** O fator mais importante relacionado ao comprometimento de tempo depende do autogerenciamento de seu anúncio ou da contratação de outra pessoa para fazer isso por você. Autogerenciar ou terceirizar suas operações no Airbnb define imensamente o compromisso inicial, o tempo necessário no começo para preparar seu imóvel e montar um anúncio campeão, e o compromisso constante, o tempo necessário para gerenciar seu anúncio no dia a dia.

A Figura 3-5 mostra o cálculo de horas semanais que um anfitrião pode esperar investir em atividades relacionadas à hospedagem. Esses compromissos estimados de tempo pressupõem um anúncio que obtém cerca de oito a dez reservas por mês, em que os hóspedes ficam de duas a três noites. Durante os meses iniciais de lançamento, os anfitriões podem passar mais tempo ajustando e aprimorando seus anúncios e operações.

FIGURA 3-5: Cálculo do comprometimento de tempo exigido por semana para atividades como anfitrião.

	Gerência e Limpeza por Conta Própria	Gerência por Conta Própria e Limpeza por Fora	Hospedagem Terceirizada
Sala	4–6	1–2	<1
Estúdio/1 quarto	6–10	1–2	<1
2–3 quartos	8–12	2–3	<1
4–5 quartos	12–16	2–3	<1
6+ quartos	16+	2–4	<1

© John Wiley & Sons, Inc.

Como você pode ver na figura, o comprometimento de tempo exigido para cada anfitrião é diferente, dependendo de seu imóvel e das escolhas que faz em relação ao modo como o gerencia.

USANDO A CALCULADORA DE POSSÍVEIS LUCROS DO AIRBNB

NA INTERNET

Para definir seu possível lucro total e potencial lucro pelas horas que espera dedicar às atividades como anfitrião, faça uma análise financeira com hipóteses para renda de aluguel, despesas operacionais e comprometimento de tempo.

A fim de facilitar sua vida, incluímos um parceiro, o Airbnb Profit Potential Calculator [Calculadora de Possíveis Lucros no Airbnb, em tradução livre], que você pode acessar online para fazer sua própria análise. Vá para o site da Alta Books e procure pelo nome do livro ou ISBN. Pesquise Calculadora_Avançada_Airbnb. Aqui está uma captura de tela da calculadora.

Disponibilizamos essa calculadora como um recurso online gratuito que você pode usar para elaborar todas as hipóteses e obter um cálculo preciso do lucro em potencial para seu futuro anúncio no Airbnb.

A calculadora pode ajudá-lo a estimar seus custos de partida, despesas operacionais e comprometimento de tempo como anfitrião. Ao fazer o exercício, você pode compreender de maneira mais aprofundada e realista seu segmento no Airbnb e o que pode esperar adquirir com o anúncio.

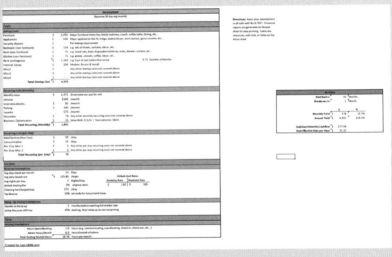

Fonte: LearnBNB.com

44 PARTE 1 **Começando a Usar o Airbnb**

Comparando Campo e Cidade Grande

Se você mora longe de uma cidade grande e dos epicentros de viagens do Airbnb, ainda assim pode lucrar como anfitrião. Embora a demanda por locais para viajar defina amplamente o lucro em potencial de seu anúncio, com as estratégias destas seções você pode aumentar esse lucro mesmo nos destinos menos populares do Airbnb.

LEMBRE-SE

Em áreas mais remotas, o rendimento em potencial de um anúncio no Airbnb provavelmente é mais baixo que o de um anúncio equivalente dentro ou perto da cidade. Porém, isso não significa que você não possa ter lucro nessas regiões.

Obtendo lucro em qualquer área

Quando a demanda limitada de viagens reduz o lucro em potencial de um único anúncio no Airbnb em certa região, o custo para adquirir os imóveis e geri-los como anúncios na plataforma também será mais baixo, simplificando o caminho para lucrar nela: gerir mais unidades.

Por exemplo, um imóvel de um quarto em uma área de altíssima demanda em Los Angeles pode custar em média US$200 por noite e atingir 85% de ocupação, ajudando-o a alcançar um rendimento mensal de US$5.100 com o aluguel. Mas um anúncio equivalente que fica a uma hora do centro da cidade pode custar uma média de apenas US$100 por noite e atingir 60% de ocupação, alcançando somente cerca de US$1.800 por mês. Porém, é provável que a primeira unidade cobre um aluguel mensal de US$2.500 ou mais, enquanto um anfitrião pode alugar a segunda por cerca de US$750.

O anúncio da cidade pode atingir um lucro bruto de US$5.100 – US$2.500 = US$2.600. Após despesas operacionais extras, o lucro final do anfitrião pode ficar próximo de US$1.500. O anúncio mais remoto pode obter um lucro bruto de US$1.800 – US$750 = US$1.050. Após despesas operacionais extras, ele consegue embolsar o lucro de apenas US$500, um terço do anúncio na cidade. A Figura 3-6 separa as economias do anúncio urbano e do mais distante.

FIGURA 3-6: Comparando um anúncio urbano e um mais distante.

	Anúncio Urbano	Anúncio Remoto
Taxa de Ocupação	85%	60%
Taxa Média por Noite	US$200/noite	US$100/noite
Renda Mensal	US$5.100	US$1.800
Custo do Aluguel	(US$2.500)	(US$750)
Despesas Operacionais	(US$1.100)	(US$550)
Lucro Mensal	US$1.500	US$500

© John Wiley & Sons, Inc.

Embora o anúncio remoto provavelmente obtenha um lucro total mais baixo em comparação com seu similar urbano, por conta da demanda mais baixa por viagens no Airbnb na área distante, ainda assim ele pode ser lucrativo para um anfitrião. Mas se quiser ter o mesmo montante em dinheiro como lucro, você terá de gerir mais anúncios.

Acrescentando mais anúncios no Airbnb sem adquirir imóveis

Para anunciar mais imóveis, primeiro você precisa conseguir permissão. Embora possa adquirir mais, fazer isso é uma estratégia que consome tempo e está fora do orçamento da maioria dos anfitriões. Em vez de investir dezenas de milhares de reais para dar entrada em um imóvel, aqui estão duas estratégias mais fáceis se quiser adicionar mais anúncios no Airbnb:

» **Sublocação:** Alugue o imóvel com contrato de aluguel definitivo direto com o proprietário, obtenha autorização explícita para sublocá-lo no Airbnb, então, tire seu lucro da diferença. Frequentemente, apenas um mês de aluguel e o depósito caução são suficientes para segurar a unidade. Esse é o equivalente do Airbnb de "comprar barato e vender caro". Porém, a maioria dos proprietários ainda tem receio de sublocar para hospedagem no Airbnb, porque isso pode deixá-los expostos a reclamações de vizinhos e riscos de responsabilidade civil. Consulte o Capítulo 4 para ter uma discussão extra sobre como lidar com as relações com proprietários.

» **Co-hospedagem:** Cada vez mais proprietários de imóveis querem tirar vantagem (lucro) de hospedar no Airbnb sem ser anfitriões. Para isso, eles precisam contratar uma empresa de administração de imóveis ou ter um parceiro com uma hospedagem local no Airbnb para anunciar por conta própria seu anúncio como coanfitrião. Nessa função, você pode ganhar uma porcentagem das rendas das reservas de um imóvel sem ter de comprá-lo ou alugá-lo. Veja no Capítulo 20 uma discussão detalhada sobre por que a co-hospedagem é uma excelente estratégia de expansão.

Verificando se Ser Anfitrião em Sua Área Está Dentro da Lei

Conforme o cenário regulamentar para o Airbnb e os aluguéis temporários continuam a evoluir em uma cidade de cada vez, você precisará identificar e compreender as regras locais de sua cidade que podem impactar sua atividade no Airbnb se estiver pensando em criar um anúncio.

Estar atento às leis sobre aluguéis temporários, atuais ou apenas no horizonte, pode ajudá-lo a evitar que a cidade lhe aplique multas caras e refletir sobre como elas podem impactar seus potenciais ganhos.

Tomando consciência dos eventuais riscos de hospedar pelo Airbnb

Cada vez mais regulamentações locais novas e pendentes aumentam exigências para autorização ou permissão e acréscimo de limitações para aluguéis temporários. No mundo todo, cidades estão implementando ou contemplando punições mais severas para anfitriões que fazem anúncios ilegais de aluguéis temporários. Para evitar encarar multas potencialmente elevadas, estimulamos todos os possíveis anfitriões a descobrir quais são as regulamentações para aluguéis temporários em sua área.

Como as regulamentações locais afetam seu potencial lucro:

» **Permissão ou licença:** Talvez você tenha de solicitar e pagar uma licença ou permissão para gerir legalmente um anúncio no Airbnb em sua cidade. Muitos municípios permitem a atividade apenas em certas partes e definem um número máximo de permissões concedidas.

» **Multas:** Gerir um anúncio ilegal sem permissão ou licença adequada pode deixá-lo sujeito a multas bem altas. Em 2018, Paris multou anfitriões em mais de US$1,5 milhão por conta de anúncios ilegais. Nesse mesmo ano, São Francisco multou um casal em US$2,25 milhões por gerir 14 anúncios ilegais no Airbnb.

» **Potencial de renda:** Em última instância, as leis locais que regulamentam a hospedagem pelo Airbnb poderiam reduzir significativamente sua potencial renda pela plataforma. Por exemplo, se há um limite de 120 dias para usar seu imóvel para aluguel temporário, você precisa decidir se isso é tempo suficiente para fazer valer a pena o esforço como anfitrião no Airbnb.

LEMBRE-SE

Não se trata de *se ou quando* sua cidade regulamentará aluguéis temporários, a questão é *como* sua cidade está regulamentando ou regulamentará esses aluguéis. As regulamentações específicas que regem sua área terão impacto significativo no lucro total e trarão barreiras em potencial para dar início a seu anúncio no Airbnb.

Descobrindo quais leis ou restrições se aplicam a você

Embora historicamente as cidades tenham lutado para fazer cumprir suas restrições, as coisas estão mudando conforme elas intensificam seus esforços de

CAPÍTULO 3 **Definindo Seu Lucro em Potencial**   47

fiscalização. Por exemplo, São Francisco obrigou o Airbnb a excluir 50% de seus anúncios na cidade conforme novas leis entraram em vigor em 2018.

Para descobrir qual é a posição de sua cidade em relação a aluguéis temporários hoje, você pode tentar os seguintes métodos:

» **Centro de Ajuda do Airbnb:** O Airbnb está sempre acrescentando mais recursos para ajudar anfitriões atuais e potenciais a ficar cientes em relação a suas cidades. Para ver os materiais mais atualizados do Airbnb sobre a sua, vá para www.airbnb.com/help/home [conteúdo em inglês]. Depois, digite o nome de sua cidade na barra de pesquisa intitulada "Search help articles" [Pesquisar artigos úteis].

» **Ferramentas de busca:** Uma simples consulta na ferramenta de busca por "Lei Airbnb (Nome de sua cidade)" trará resultados na maioria das cidades que recentemente aprovaram ou estão trabalhando para aprovar novas leis sobre aluguéis temporários. Se você mora em uma cidade grande em qualquer lugar do mundo, comece por aqui. Você também pode tentar combinações com "home-sharing", "aluguéis temporários", "decretos" e "regulamentações".

» **Grupos locais de anfitriões:** Encontre um grupo local de anfitriões do Airbnb ou de aluguéis temporários no Facebook ou no Meetup e pergunte aos anfitriões atuais da cidade onde você pode encontrar as últimas informações sobre regulamentações locais. A maioria deles tem muito boa vontade em ajudar outros anfitriões, mas não deixe de consultar as regras para postar no grupo ou buscar permissão dos administradores antes de postar perguntas nas páginas de perfil do grupo.

» **Site da prefeitura:** Consulte o site .org de sua cidade e faça a mesma busca, porque páginas da web municipais com frequência têm classificação baixa nos resultados de ferramentas de busca.

» **Secretarias municipais:** Se ainda estiver com problemas para conseguir informações, ligue para as secretarias e peça que lhe encaminhem as últimas informações. Como último recurso, você pode visitá-las durante os horários normais para obter ajuda.

CUIDADO

Considerando a possibilidade de multas significativas e limitações operacionais, não comece a anunciar seu imóvel no Airbnb, ou em nenhuma outra plataforma de aluguéis temporários, até entender por inteiro como atuar legalmente em sua cidade.

2

Chamando Atenção para Seu Anúncio

NESTA PARTE. . .

Prepare seu imóvel para o Airbnb tendo tudo o que for essencial e extra, e que fará todos os hóspedes adorarem ficar em sua casa.

Analise quais facilidades os hóspedes buscam em sua área para fazê-los reservar seu anúncio sem pestanejar.

Cuide das relações entre vizinhos e proprietários para evitar mal-entendidos e dores de cabeça dispendiosas no futuro.

Seja hóspede por um tempo para descobrir o que é preciso para agradar à categoria e ser um anfitrião melhor no longo prazo.

Elabore o anúncio perfeito para seu imóvel no Airbnb, incluindo um título eficaz e uma descrição detalhada, para que potenciais hóspedes possam entender do que trata seu anúncio.

Tire fotos de ótima qualidade para seu anúncio, a fim de exibir seu imóvel sob o melhor prisma e ter mais reservas.

NESTE CAPÍTULO

» **Potencializando o lucro do anúncio**

» **Definindo quais facilidades incluir**

» **Decidindo qual espaço anunciar**

» **Dando aos hóspedes as facilidades exigidas**

» **Lidando com as relações com vizinhos e o proprietário**

» **Protegendo seu imóvel com o seguro certo**

» **Compreendendo melhor o que é ser anfitrião sendo hóspede em primeiro lugar**

Capítulo **4**

Preparando Seu Imóvel para o Airbnb

Verificar se o imóvel está organizado e pronto para receber hóspedes no Airbnb é mais do que colocar uma cama em um quarto vago. Neste capítulo, abrangemos tudo de que você necessita para preparar seu espaço para o sucesso. Maximizar seu espaço gera um grande impacto nos resultados gerais. Considere que aumentar o valor de seu imóvel em apenas R$10 por noite lhe possibilitará ganhar um extra de R$3.650 todo ano.

O primeiro passo é assegurar que seu imóvel esteja pronto para os hóspedes e o segundo é ter certeza de que você, como anfitrião, está pronto para esse compromisso. Neste capítulo, também falamos sobre levar seu imóvel do estágio atual até onde ele precisa estar para ter êxito na plataforma Airbnb. Independentemente de o imóvel ser ou não mobiliado ou ter as facilidades exigidas, estamos aqui para ajudar você a deixá-lo pronto para os hóspedes.

Descobrir o que você quer anunciar, o espaço inteiro ou apenas um quarto extra, é outra decisão importante que este capítulo analisa, com instruções simples sobre todos os aspectos que você precisa considerar.

Igualmente importante é manter boas relações com vizinhos e o proprietário ao receber pessoas. Este capítulo dá a você os detalhes sobre manter boas relações com eles. Abordamos exatamente o que precisa saber para poder ser anfitrião no Airbnb e evitar incomodar alguém ou quebrar regras.

Gerando Potencial de Lucro com Seu Imóvel

Seu imóvel basicamente determina o potencial máximo de lucro. Há um teto em relação ao que cada imóvel em questão é capaz de ganhar. Porém, a maioria dos anfitriões não atinge esse potencial máximo para seu imóvel por vários motivos. Nestas seções, ajudamos você a descobrir qual é seu número e como ter certeza de que seu espaço está otimizado para atingir efetivamente esse teto. Explicamos como aumentar o máximo potencial mensal do imóvel com vários métodos diferentes.

Por exemplo, um apartamento de um quarto em Boise, Idaho, não tem potencial para ganhar US$50 mil por mês. Não importa o que você faça para otimizar seu preço ou o quanto enfeite o espaço, não há gente suficiente buscando um apartamento de um quarto em Boise para gerar esses rendimentos. Embora não atinja US$50 mil por mês, você tem potencial para transformar um imóvel de US$1.500 por mês em um de US$2 mil mensais.

Maximizando o potencial de seu anúncio ao otimizar o espaço

Maximizar o potencial de seu anúncio é tirar vantagem das atuais características do imóvel para oferecer o valor mais alto. Pense em seu imóvel como ele já é, independentemente da mobília e das facilidades. Ele tem um potencial máximo atual, e há maneiras de incrementá-lo. Nosso objetivo é mostrar a você as novas formas de maximizar esse potencial.

Assim, você não está desperdiçando novas oportunidades, mas tirando vantagem de todo o potencial que seu espaço oferece. Dar os passos necessários para maximizar o potencial de seu espaço permite ganhar muito mais dinheiro em longo prazo e ter hóspedes muito mais satisfeitos.

Por exemplo, você poderia incluir mais quartos em sua casa e, com isso, aumentar o potencial de ganhos de seu anúncio. Em um extremo menos radical, talvez pudesse renovar ou decorar seu espaço e deixá-lo mais bonito. Se feito da maneira adequada, é provável que resulte em hóspedes mais felizes e mais reservas.

52   PARTE 2 **Chamando Atenção para Seu Anúncio**

Aqui estão algumas coisas em que pensar ao procurar maneiras fáceis de maximizar mais o potencial de seu anúncio:

- » **Não bloqueie nenhum cômodo.** O local inteiro deve estar acessível aos hóspedes. Se seu anúncio é de uma casa inteira e um único quarto está bloqueado, é melhor liberá-lo. Se você tem um anúncio de um quarto que está em sua casa pessoal, então verifique se não está usando o closet nesse espaço. Os hóspedes devem poder usá-lo para guardar roupas e pertences.

- » **Maximize as acomodações.** Tenha camas do tamanho adequado em cada quarto e assegure que o imóvel esteja equipado para acomodar com conforto a quantidade de pessoas que for possível. Se você tem um quarto grande o bastante para uma cama king, mas tem uma de solteiro, então pode acomodar mais uma pessoa mudando para uma king size. Contanto que o restante do imóvel possa acomodar confortavelmente a pessoa extra, fazer esse investimento é moleza.

- » **Decore adequadamente o imóvel para que ele pareça convidativo nas fotos do anúncio.** Seu espaço precisa ter mais que uma cama com lençóis e um colchão. Deixe o espaço com cara de casa para as pessoas ficarem nele.

LEMBRE-SE

Se não puder pôr a mão na massa neste instante, guarde um pouco de sua renda com o Airbnb para fazer melhorias e ter um retorno maior de seu investimento. Como exatamente se pode otimizar o espaço é diferente para cada anfitrião em particular. Faça um balanço de todas as oportunidades que talvez esteja perdendo sobre maximizar ainda mais seu potencial. Elabore uma lista e realize as que fizerem mais sentido para sua situação em particular.

Começando seu anúncio com disposição

Você sempre poderá incrementar seu anúncio fazendo melhorias futuras em seu espaço e oferecendo a seus hóspedes facilidades maiores e melhores. No início, o objetivo não é investir o máximo possível de tempo e energia no anúncio, mas apenas abraçar as oportunidades mais à mão. Assim, você maximiza seus retornos e minimiza o investimento inicial. Considere as seções a seguir ao começar.

Garantindo que o máximo é tudo o que você consegue neste instante

Primeiro, é bom garantir que o valor máximo por noite que você pode cobrar é o mais alto possível no momento. Embora queira fazer o máximo que puder para potencializar seu anúncio antes de receber o primeiro hóspede, você também pode fazer outras coisas para aprimorar constantemente e aumentar o potencial de seu anúncio durante toda a jornada como anfitrião. No entanto, em algum ponto, talvez descubra que o retorno do investimento não esteja necessariamente aí.

Por exemplo, considere se neste instante você não tem condições de mudar de uma cama de solteiro para uma queen. Não se estresse com isso. Você não precisa fazer essa melhoria imediatamente. No entanto, faz sentido anotá-la e mantê-la em uma lista de coisas a fazer. Então, depois de atingir uma quantidade X de rendimentos com seu anúncio, pode investir na cama queen.

Tendo as facilidades apropriadas

Você quer se certificar de que seu anúncio tenha as importantes facilidades que corresponderão às expectativas dos hóspedes. Se seu imóvel pode acomodar oito pessoas, mas apenas três delas podem ficar confortáveis, então você está perdendo uma grande oportunidade.

Considere se você tem um sofá-cama na sala de estar, mas está sem roupa de cama para ele. Nesse caso, os hóspedes não podem usar o sofá-cama, portanto, inclui-lo no anúncio não faz sentido. Inclua o básico e não deixe de verificar se quaisquer acréscimos ou facilidades estão disponibilizados corretamente e prontos para uso dos hóspedes.

Nada de dinheiro jogado fora

Um erro que os anfitriões tendem a cometer é comprar aleatoriamente mais coisas ou coisas mais bonitas na tentativa de aumentar os preços e gerar mais renda. Considere a compra de uma TV bacana ou de uma facilidade similar. Se seu anúncio tende a atrair quem viaja a negócios e raramente assiste à TV durante a estada, é improvável que o investimento dê bom retorno. Mantenha como prioridade as necessidades e os desejos dos hóspedes, e comece focando os itens que com certeza trarão mais retorno.

Examinando Quais Facilidades os Hóspedes Querem em Sua Área

Quando hóspedes reservam um anúncio, eles esperam facilidades básicas. Ao configurar um anúncio no Airbnb, você precisa saber com clareza quais delas incluir. Uma ótima forma de examinar quais facilidades seus hóspedes querem é olhar outros anúncios em sua região que tenham avaliações excelentes. Verifique quais facilidades eles têm que se destacam ou que são mencionadas com frequência nas avaliações, depois, acrescente facilidades similares em seu imóvel. Fazer isso aumentará a procura por seu anúncio e o potencial geral. Oferecer aos hóspedes as facilidades de que precisam para uma estada confortável e agradável é fundamental se você quer ser um anfitrião do Airbnb responsável e, por fim, obter avaliações excelentes.

Nas seções a seguir, abordamos de que maneira, com os tipos de facilidades oferecidas, você pode tornar seu anúncio competitivo e, ao mesmo tempo, proporcionar aos hóspedes uma estada prazerosa.

Identificando quais tipos de facilidades incluir no anúncio

Algumas facilidades são básicas e você precisa incluí-las custe o que custar, enquanto outras são melhorias que aumentam a qualidade das estadas dos hóspedes e as avaliações deles. Essas facilidades aumentam o potencial de seu anúncio. Mais adiante, abordamos as necessidades básicas na seção "Focando as facilidades necessárias".

A fim de oferecer mais valor a seus hóspedes, você pode incluir mais facilidades que eles queiram e que façam seu anúncio se destacar em meio à concorrência. Aqui estão alguns exemplos de mais facilidades que podem impressionar os hóspedes:

- » Lareira
- » Banheira de hidromassagem
- » Jogos de tabuleiro
- » Toques locais

Esses exemplos de facilidades atraem mais hóspedes, dependendo de sua área. Elas são as facilidades a mais relacionadas à maximização do potencial de seu anúncio. Toques locais exclusivos de sua região também podem proporcionar uma experiência mais autêntica aos hóspedes, que certamente lhes agradará. Mais adiante neste capítulo, abordamos tipos de facilidades que você deve incluir em seu anúncio, na seção "Focando Quais Facilidades, Móveis e Equipamentos Incluir".

Cada área tem tipos diferentes de hóspedes. Considere se seu anúncio está no centro de Toronto e atrai especificamente quem viaja a negócios. Nesse caso, é provável que colocar um videogame não faça grande diferença em suas reservas. Porém, se seu anúncio atrai famílias, então um videogame pode ser um item interessante. Por isso, é preciso saber quem são seus hóspedes e que tipo de experiência eles querem, o que discutimos mais na próxima seção.

CAPÍTULO 4 **Preparando Seu Imóvel para o Airbnb** 55

Observando a concorrência para avaliar melhor o que os hóspedes querem

Ao entender sua área e os hóspedes ideais, você pode decidir como aprimorar da melhor maneira o potencial de seu anúncio. Examine anúncios similares no Airbnb e avalie quais têm melhor desempenho e o que oferecem. Com essa informação, você pode descobrir como aprimorar seu próprio anúncio.

DICA

Foque anúncios com as taxas mais altas por noite e as melhores avaliações, e veja quais tipos de facilidades eles têm. Por exemplo, se você tem um chalé, talvez descubra que os imóveis de melhor desempenho têm lareira e sauna, então é bom pensar em acrescentar uma lareira ou uma sauna em seu anúncio.

Aqui estão alguns outros exemplos de facilidades para inspirá-lo:

» Se você está em uma região boa para famílias, procure um videogame ou outros tipos de jogos, como dardos, pebolim, bilhar ou pingue-pongue.

» Se atende a grupos maiores, procure uma mesa grande de jantar, para que todos possam se sentar e comer juntos.

Anote os imóveis mais parecidos com o seu e veja quais facilidades eles têm, o que pode lhe dar uma ideia melhor sobre o que os hóspedes dessa área querem.

LEMBRE-SE

Não deixe de comparar seu imóvel com outros que sejam seus concorrentes diretos e tenham o mesmo nível de requinte, tamanho e facilidades. Comparar o anúncio de seu local confortável de um quarto que cobra cerca de R$80 por noite com um apartamento de luxo de três quartos que faz R$250 por noite não lhe trará os tipos de resultados que está procurando.

Focando Quais Facilidades, Móveis e Equipamentos Incluir

Aspectos que de fato impactam a estada de um hóspede são a mobília e os equipamentos. Analise quais móveis, equipamentos e outras facilidades você quer incluir, e não deixe de conservá-los, para que os hóspedes possam usar.

LEMBRE-SE

Itens diferentes proporcionam níveis diferentes de valor para os hóspedes. Como anfitrião, é bom analisar quais itens conferem o maior retorno sobre o investimento (ROI). Preste atenção em suas avaliações e na forma como os hóspedes reagem às facilidades que você disponibiliza, a fim de poder propor um valor ainda maior. Itens como geladeira, camas e Wi-Fi oferecem um ROI muito maior, porque são necessidades para a estada de todo hóspede.

Em relação a móveis, equipamentos e outras facilidades, certos itens são necessários, alguns são bons de ter, outros são incríveis de ter e outros um desperdício de dinheiro. Dentro desses grupos, é bom identificar qual é qual para sua casa. Varia um pouco de um imóvel para outro, mas em geral os necessários são bem similares. Nestas seções, percorremos todas as categorias, para que você saiba como evitar desperdiçar tempo, dinheiro e esforços com facilidades desnecessárias e investir mais em itens necessários e bons.

LEMBRE-SE

Questões que talvez não sejam um problema para você podem afetar de verdade a estada dos hóspedes. A fim de proporcionar a melhor experiência para eles, veja se tudo em seu espaço está em ótimas condições, caso contrário, conserte ou substitua. Por exemplo, quando seu forno para de funcionar, mesmo que raramente o use, você precisa consertá-lo imediatamente. Se a cama de seu hóspede está cheia de grumos e fora de moda, substitua o colchão ou invista em uma nova cama completa. Se não toma cuidado com isso, você corre o risco de proporcionar aos hóspedes uma estada ruim, e esses vacilos aparecem mais tarde nas avaliações. Se alguma coisa está mostrando desgaste, substitua-a.

Focando as facilidades necessárias

Esta é nossa lista de móveis, equipamentos e outras facilidades necessárias. Se quer anunciar um imóvel no Airbnb, tenha estes itens:

- » **Cama:** Seus hóspedes precisam de algo em que dormir. Pode ser um colchão de mola, um sofá-cama ou um colchão de ar.

- » **Toalhas e lençóis em bom estado:** Ambos fazem uma enorme diferença na estada de seus hóspedes. Quando eles chegarem em sua casa e derem de cara com uma cama áspera, não se sentirão bem com a qualidade da roupa de cama. Além disso, disponibilize mais de uma toalha por hóspede, sobretudo se eles ficarão mais de um dia.

- » **Cafeteira:** A maioria das pessoas considera uma cafeteira um item necessário. Além dela, disponibilize um pouco de café fresco que dê ao menos para a primeira manhã de estada dos hóspedes.

- » **Cozinha totalmente equipada:** Verifique se sua cozinha está pronta para usar e totalmente equipada, com frigideira, utensílios, talheres bons, pratos e xícaras. O principal quesito em que os anfitriões pontuam mal é a cozinha, por não ter as facilidades necessárias.

    Recentemente, eu (James) estive em um imóvel que tinha uma fritadeira sem espátula. Infelizmente, não me dei conta da falta de uma espátula até que fritei ovos e não consegui virá-los. Tive de sair para comprar uma espátula para fazer meu café da manhã, o que foi muito chato e superinconveniente. Em outro imóvel, os anfitriões forneceram apenas dois copos e dois pratos, então os hóspedes tinham de lavar a louça depois de cada refeição. Durante as férias e feriados, os hóspedes não querem ser obrigados a lavar louça após cada refeição ou sair do imóvel para comprar utensílios de cozinha.

» **Geladeira:** A maioria dos anúncios precisa ter uma geladeira funcionando, compartilhada ou não.

» **Forno, cooktop ou micro-ondas:** Em geral, você precisa oferecer um item para fazer comida, entre eles, um forno, um cooktop ou um micro-ondas.

» **Água:** Você precisa de água potável. Se está recebendo pessoas em uma região onde não se pode beber água da torneira, precisa disponibilizar água engarrafada ou um filtro para os hóspedes, para que, quando chegarem, tenham alguma coisa para beber.

Durante uma viagem à Tailândia, eu (James) cheguei à minha casa do Airbnb tarde da noite sem água nenhuma para beber. O anfitrião não disponibilizou um filtro ou água engarrafada. Na Tailândia, não é seguro beber água de torneira, então tive de ir a uma loja de conveniência no meio da noite e carregar um monte de água na volta. Estava com sede e só queria ir para a cama, mas em vez disso, tive de me arrastar atrás de água. Não ter acesso a um copo d'água foi um jeito infeliz de iniciar minha estada, e isso deixou uma primeira impressão ruim: "Ah, não tenho água". Como necessidade básica, você precisa disponibilizar em seu espaço água potável para os hóspedes.

» **Wi-Fi:** Seu espaço deve incluir um roteador de internet que alcance a casa inteira, sem pontos mortos. Seus hóspedes devem captar sinal de qualquer lugar em seu espaço, para que não fiquem no quarto sem conseguir acessar a internet. A não ser que esteja anunciando uma cabana distante na floresta com aquele clima de "fora do ar", você precisa de Wi-Fi.

LEMBRE-SE

DICA

Hóspedes de outros países dependem de Wi-Fi. Com frequência, eles não têm serviços de celular, portanto, a única maneira de permanecerem conectados é por meio de uma internet estável.

Além disso, verifique se sua velocidade Wi-Fi é rápida o suficiente para que muitos aparelhos possam conectar. Se sua velocidade é de 25 mega, você pode informá-la no anúncio.

» **Papel higiênico, papel-toalha e lenços de papel:** Garanta papel higiênico suficiente para todos os hóspedes e pela duração da estada. Deixar o bastante apenas para passar as primeiras horas é ser um mau anfitrião, simples assim. Se os hóspedes são obrigados a sair do imóvel para reabastecer o papel higiênico, é um aborrecimento e, sobretudo, uma falha em atender a uma exigência básica.

Muitos anfitriões ficam mesquinhos e acham que os hóspedes roubarão o papel higiênico. A realidade é que alguns até podem, mas você precisa aceitar isso. O que você tem a perder se estocar demais no local são apenas alguns reais. Porém, você perderá centenas de possíveis reais de renda se tiver avaliações ruins por deixar apenas um rolo de papel higiênico no espaço.

» **Cortina e tapete de banheiro, pias que funcionem corretamente, e água corrente quente:** Esses itens talvez sejam básicos, mas dependendo de sua situação, podem ser esquecidos.

Às vezes, as pessoas anunciam um espaço vago na própria casa e negligenciam certas facilidades que elas próprias não usam com frequência. Por exemplo, seu forno pode ter quebrado e você não se importa, porque está sempre comendo fora. Isso não significa que seus hóspedes concordarão com o forno quebrado. Você precisa consertá-lo. Essa questão é mais evidente para quem está alugando o espaço inteiro. Eles percebem que têm de consertar o forno, enquanto para as pessoas que moram no local, talvez isso não passe pela cabeça delas.

Por exemplo, eu (James) fiquei em um imóvel em que o forno estava quebrado. A anfitriã me disse que nunca o usava. Em vez disso, ela estava guardando caixas dentro. Usá-lo como forno não fazia parte da vida dela, enquanto que, para mim, era estranho guardar caixas no forno quebrado.

DICA

Faça um balanço de todos os seus equipamentos básicos e veja se podem ser usados, são acessíveis e estão funcionando, para que tenha todas as facilidades básicas de que as pessoas necessitam. Dê uma verificada na mobília e se ela começar a revelar desgaste, considere substituí-la. Igualmente importante, não deixe para trás nada relativamente óbvio de que os hóspedes precisarão.

Lembrando-se das coisas frequentemente esquecidas

Com frequência, os anfitriões se esquecem de algumas facilidades importantes que impactam a estada dos hóspedes. Lembrar-se desses itens o deixa alguns passos à frente da concorrência:

» **Mesa de cabeceira com luminária:** Você ficaria surpreso com a quantidade de anfitriões que se esquece da mesa de cabeceira ao configurar o anúncio, o que é uma coisa essencial para ter. Quando os hóspedes vão para a cama, uma mesa de cabeceira é o local ideal para carregar o celular, os óculos ou um copo d'água.

» **Plantas:** Incluir plantas em seu espaço é importante. Todo lugar acolhedor tem algum tipo de folhagem ou planta. Mesmo uma artificial é aceitável.

» **Facas afiadas:** Muitas pessoas têm as típicas facas de manteiga em suas casas, mas se esquecem de incluir facas de corte ou uma pequena. Se seus hóspedes preparam uma refeição e precisam de uma faca afiada, não ter uma é um transtorno daqueles.

» **Sal, pimenta e condimentos básicos:** Azeite, sal, pimenta e alguns condimentos são essenciais para a maioria dos hóspedes. Se você é alguém que come fora a maior parte do tempo e não cozinha em casa, ainda precisa disponibilizar esses itens básicos aos hóspedes. Você corre o risco de deixá-los em maus bocados se eles não conseguem temperar adequadamente a comida.

Travado entre uma coisa necessária e uma boa

Algumas situações se enquadram no que chamamos de zona ambígua entre algo necessário e algo que é bom ter, dependendo de sua região e tipo de imóvel. Estes são os itens que você terá de descobrir se são necessários ou bons, com base na concorrência:

» **Lava-louças:** Uma lava-louças, para muitos imóveis, é algo bom de se ter. Contanto que você tenha uma pia para lavar a louça, tudo bem. No entanto, se tiver um imóvel mais sofisticado, uma lava-louças é amplamente considerada um item necessário.

» **Ar-condicionado:** Em alguns locais, um aparelho de ar-condicionado não é negociável. Ele é necessário, sendo central ou de janela (imagine uma estada em um apartamento abafado no Rio de Janeiro em dezembro ou em um bangalô em Atlanta em setembro sem nenhum ar-condicionado). E se está tentando atrair um hóspede de mais calibre, então um aparelho de ar-condicionado é a jogada certa.

Porém, esse pode ser um item bom de se ter, mas não essencial em outros tipos de anúncios. Considere uma cidade como Toronto, que tem inúmeras casas antigas sem ar central. Elas só precisam de ventiladores. Ou um anúncio não convencional, como o de uma cabana yurt, como abordamos no Capítulo 16, que não precisa de ar-condicionado mesmo.

Esteja ciente de seu próprio imóvel e daqueles da concorrência, e dos tipos de hóspedes que reservam seu anúncio, assim você pode definir melhor quais itens são bons de ter e quais são necessários.

Um bônus: Os itens bons de ter

Às vezes, itens bons de ter se tornam necessários, sobretudo se você deseja acompanhar o que os concorrentes estão oferecendo. Aqui estão alguns exemplos de itens bons de ter:

» **Smart TVs:** Smart TVs com algum tipo de conexão com a internet para permitir streaming são, em geral, sempre boas de ter e, na maioria das vezes, não necessárias. Talvez você não tenha um cabo para conectar os computadores à TV, mas seus hóspedes ainda podem acessar recursos como a Netflix ou outros programas online com seu Wi-Fi.

PARTE 2 **Chamando Atenção para Seu Anúncio**

- » **Cafeteira de primeira linha:** Enquanto uma cafeteira básica é um item necessário, uma de primeira linha é um item bom de ter.

- » **Taças de vinho:** Mesmo que você não beba vinho, há grandes chances de que um de seus hóspedes vá querer degustar uma taça em algum momento. Se você pensar em hospedagem da perspectiva de seus hóspedes, em vez da sua própria, terá muito mais facilidade em incluir todas as facilidades desejadas.

- » **Filtro de água:** Contanto que a água de torneira seja potável e as pessoas possam bebê-la, uma torneira com água é item necessário. Um filtro de água é um item bom de ter.

- » **Forno elétrico:** Embora uma torradeira seja um item necessário, é bom ter um forno elétrico na maioria dos casos.

Dê uma olhada na concorrência e identifique os itens bons de ter em sua região. Dependendo do nível da área de seu anúncio e dos anúncios concorrentes, um fogão a gás pode ser considerado bom e padrão. Para a maioria dos imóveis, investir em um fogão a gás caro não faz sentido, mas muitos imóveis sofisticados provavelmente os têm, então faz sentido investir em um.

Surpreendendo-se com o extraordinário

Aqui é onde você tem a chance de ir muito mais e além por seus hóspedes. Quando os elementos além das expectativas são bem-sucedidos, você percebe a satisfação refletida nas avaliações. Para definir quais deles servem para seu anúncio, anote coisas que ninguém espera, mas que são bem interessantes de disponibilizar para os hóspedes. Esses são os elementos que surpreendem e encantam seus hóspedes, e os deixam com uma ótima sensação. Como hóspede, é a experiência que o faz dizer: "Uau, bem pensado" e "Por que alguém não teria isto?" Considere o seguinte:

- » **Carregadores de celular universais:** Ter um carregador universal para celular em cada quarto e na sala principal é o segredo. Quantas vezes você chegou em um lugar e estava sem o carregador à mão ou pronto para usar? A presença de um carregador de celular compatível e conveniente faz uma diferença e tanto para as pessoas. É algo fora do habitual e pouco comum, mas faz toda a diferença para os hóspedes.

- » **Caixas de som:** Outra facilidade incomum, mas que faz vista entre os hóspedes, é ter em seu imóvel uma caixa de som que eles possam conectar facilmente e usar. A maioria das pessoas quer colocar música para ouvir. Talvez não seja uma expectativa básica e elas não cheguem esperando que haja uma dessas caixas. No entanto, faz uma boa diferença quando as pessoas têm acesso a essa facilidade.

- » **Jogos:** Se está recebendo grupos ou famílias em seu espaço, então ter alguns jogos é uma excelente maneira de conquistá-los. Não importa se você está disponibilizando jogos de cartas ou de tabuleiro, com frequência os hóspedes adoram ter essas opções. Especialmente se você foca receber grupos de pessoas, essa é mais uma maneira de se destacar.

Uma preocupação comum em relação aos itens mencionados é o furto. No entanto, hóspedes roubando carregadores de celular ou jogos de tabuleiro é algo que raramente acontece. Veja alguns motivos para não se preocupar com hóspedes tirando vantagem de você como anfitrião:

» **Quando você maximiza o potencial do imóvel, atrai a "nata" da hospedagem, que não está procurando estadas baratas.** Estes são os hóspedes de renda mais alta e que não veem utilidade em roubar um carregador de celular ou um frasco de sabonete.

» **Como anfitrião, você vai muito além, o que gera reciprocidade.** Os hóspedes não querem tirar nada de você. Pelo contrário, eles são muito gratos pela estada. É extremamente improvável que você perca seu carregador de celular, sua caixa de som ou rolos de papel higiênico.

» **Você tem um depósito caução e pode usá-lo se um hóspede levar algo de valor mais substancial.** Se um carregador de celular ou caixa de som for levado, você pode apresentar uma queixa contra seus hóspedes e ser compensado por qualquer coisa de valor elevado. O Capítulo 5 explica com vários detalhes o depósito caução.

O que você realmente está fazendo ao optar por não disponibilizar esses tipos de facilidades por medo de que sejam roubadas é dormir no ponto. Você poupa R$50 em um carregador de celular e depois perde em reservas um montante de várias centenas de reais. Além disso, você não pode ser mesquinho ao abastecer saboneteiras e produtos de higiene corporal. Nada é pior que ter um anfitrião que só os abastece um pouco porque não quer que os hóspedes os levem embora. A realidade é que provavelmente eles não farão isso. Mesmo que seus hóspedes passem a mão em um frasco de xampu, é um risco de R$10 ou R$15, que você tem de estar disposto a aceitar como anfitrião.

Evitando desperdiçar dinheiro

Defina suas facilidades necessárias e boas de ter, e evite desperdícios de dinheiro. Por exemplo, gastar R$15 mil em uma cadeira massageadora é um desperdício total. Mesmo que você receba um hóspede bizarro que reserve seu imóvel por esse motivo, a probabilidade de ele acrescentar R$15 mil ao seu lucro final é muito baixa.

Outro exemplo de gasto desnecessário é ter uma TV por satélite da mais alta categoria. Em muitos casos, o pacote de TV por satélite é um desperdício de dinheiro. Na verdade, mesmo que você tenha uma TV a cabo básica, ainda assim ela é desnecessária na maioria das vezes; em geral as pessoas preferem uma smart TV ou a cabo por HDMI, que podem usar para conectar o computador à TV e transmitir seus programas favoritos. Geralmente, essas alternativas são mais que suficientes. A maioria dos hóspedes que reserva pelo Airbnb quer conectar o computador ou a conta da Netflix, já que não assistirão à TV de maneira alguma. No geral, eles não têm problema com a rede de TV local ou um combo básico a cabo, se forem as únicas opções.

Muito poucas pessoas assistirão à transmissão de um evento esportivo acontecendo do outro lado do mundo. E se assistirem, normalmente conseguem fazer isso online, caso seja muito importante para elas. Investir em um pacote por satélite de primeira categoria é, na maioria das vezes, jogar dinheiro fora.

Em termos de móveis e equipamentos, itens vagos que são um desperdício completo incluem de tudo, de tostadeiras a frigideiras para panqueca. Uma frigideira e um fogão são suficientes.

Decidindo Qual Espaço É Acessível aos Hóspedes em Seu Anúncio

Definir quais áreas de seu espaço são acessíveis aos hóspedes é uma decisão importante, dependendo do tipo de anúncio que você tiver. Leve em conta estes aspectos:

» **Se está anunciando quartos em sua casa pessoal:** Especifique quais quartos e banheiros seus hóspedes podem usar. Você precisa decidir se eles terão acesso a todos os banheiros da casa ou apenas um, bem como se terão acesso à cozinha ou à sala de estar. Se a resposta for sim, você precisa conservar esses espaços e prepará-los para os hóspedes.

» **Se está anunciando uma casa inteira:** É simples decidir quais são as áreas acessíveis aos hóspedes: deixe todas as áreas acessíveis a eles. O ideal é não bloquear nenhum espaço além de, talvez, um closet, se deseja trancar alguma coisa.

» **Se está anunciando um espaço auxiliar, como uma casa de hóspedes:** Seja consciente sobre anunciar apenas as partes do espaço realmente disponíveis para os hóspedes. Deixe claro, no anúncio, a que áreas eles terão acesso, quais são privativas e quais são compartilhadas.

Tome uma decisão consciente sobre quais espaços está preservando e mantendo em condições próprias para hóspedes, depois anuncie apenas os espaços que está disposto a compartilhar com eles a qualquer momento. As seções a seguir dão mais detalhes, cômodo por cômodo.

CAPÍTULO 4 **Preparando Seu Imóvel para o Airbnb** 63

Quarto e banheiro

Sobretudo em espaços compartilhados, deixe claro quais quartos são acessíveis aos hóspedes e quais não são. Defina se eles terão acesso a todos os closets nos quartos. Deixe isso muito claro em seu anúncio, para não ter confusão.

Seja igualmente específico em relação ao uso do banheiro. Se você tem um banheiro que usa estritamente para se arrumar de manhã e não quer que os hóspedes tenham acesso a ele ou não quer deixá-lo pronto para recebê-los, então não o coloque no anúncio.

Tanto para quartos como para banheiros, assegure que nenhuma porta precise de chave. Será só uma questão de tempo até os hóspedes perderem uma chave ou se trancarem em um dos lados dos cômodos, portanto, evite esse problema por completo usando travas manuais internas, em vez de trancas com chave.

Cozinha

Se você disponibiliza acesso à cozinha, deixe espaço na geladeira para os hóspedes usarem. Se não vai compartilhar o cômodo, então não pode anunciá-lo no Airbnb. Se quer dar acesso à cozinha, mas não planeja deixar espaço na geladeira, você não pode anunciar que os hóspedes têm acesso à cozinha completa. Muito provavelmente, em algum momento um hóspede desejará colocar alguma coisa na geladeira e ficará irritado quando não houver lugar.

Se os hóspedes não têm acesso à cozinha como um todo, deixe claro se eles podem usar seus utensílios culinários como geladeira, micro-ondas, louça ou liquidificador.

Acesso à sala de estar, espaços externos e outros cômodos

Em relação a outras áreas comuns dentro ou fora de casa, informe o que espera dos hóspedes para que eles saibam o que você quer, o que pode causar menos problemas no futuro. Se os hóspedes têm acesso à sala de estar, à sala de jogos ou outro espaço comum, especifique no anúncio.

Se você tem uma casa de hóspedes no quintal, deixe claro quais partes desse quintal seus hóspedes podem acessar, bem como se podem usar sua cozinha dentro da casa principal. Se a casa de hóspedes não tem cozinha, mas você planeja disponibilizar acesso à sua na casa principal, especifique no anúncio que esse cômodo fica em uma casa separada.

Cuidando das Relações com Vizinhos

Hospedar no Airbnb pode eventualmente impactar seus vizinhos, então é importante se comunicar com eles. É bom informá-los de que eles verão pessoas diferentes entrando e saindo de seu imóvel.

Além disso, manter uma boa relação com os vizinhos é importante, porque você vai querê-los como aliados. Você quer que eles sejam simpáticos com os hóspedes se eles se encontrarem, e não que os tratem com rispidez. A última coisa que deseja é que os hóspedes perturbem seus vizinhos, e vice-versa.

LEMBRE-SE

O mais importante, você quer evitar uma situação em que os vizinhos fiquem irritados e hostis com seus hóspedes do Airbnb, o que pode levar a reclamações e problemas com seu proprietário ou a cidade. Para evitar qualquer uma dessas situações, comunique-se com clareza com seus vizinhos desde o início. As seções a seguir ajudam a assegurar que você é um bom vizinho quando anfitrião do Airbnb.

Ser um bom vizinho: Por que é vantajoso

Ter uma relação positiva com seus vizinhos pode ser vantajoso para você. Em qualquer situação, eles agregam ou subtraem valor para seus hóspedes. Muito provavelmente, um vizinho insatisfeito pode entrar em conflito com os hóspedes, o que pode levar a uma avaliação ruim. Se um vizinho se opõe categoricamente à sua atividade como anfitrião, ele também pode causar problemas com a administração da cidade. Do outro lado do espectro, se seu vizinho está empolgado por você receber pessoas, ele pode ser excepcionalmente caloroso e acolhedor com os hóspedes e agregar à experiência geral quando se encontrarem.

LEMBRE-SE

O que você está proporcionando aos hóspedes é mais do que apenas um lugar para dormir. Está proporcionando uma experiência a eles, e seus vizinhos podem desempenhar um papel importante em determinar se a experiência é positiva ou negativa.

Por exemplo, se um vizinho passa por seus hóspedes na rua, age de modo superacolhedor e oferece orientações ou recomendações de uma cafeteria local, isso os ajuda muito. São os comentários que muitas vezes aparecem em avaliações com 5 estrelas. Os hóspedes escrevem que tudo correu muito bem porque todo mundo era bem simpático.

Considere o oposto: vizinhos descontentes que ficam procurando qualquer motivo para reclamar de você, para a cidade, seu proprietário ou quem quer que seja. Há possibilidade de seu anúncio ser encerrado se seu vizinho persistir o bastante. Em geral, eles podem causar vários danos a seu negócio como anfitrião.

Investindo nas relações com os vizinhos antes de começar

Tão logo comece a pensar em ser anfitrião no Airbnb, é bom discutir a decisão com seus vizinhos. Quanto antes avisá-los, melhor para suas relações. Pergunte a eles se você pode providenciar alguma coisa para mantê-los atualizados e melhorar a experiência. Talvez os vizinhos não fiquem impactados por cada um de seus hóspedes em particular, mas às vezes eles serão afetados. Explique aos vizinhos como seu anúncio no Airbnb trará hóspedes ao bairro, e que você quer se certificar de que eles concordam em tê-los como seus próprios vizinhos.

Manter seus vizinhos atualizados pode ditar o tom da relação entre vocês, então faça o que puder para ser um vizinho excelente. Em geral, as pessoas adoram hospedar porque gostam de conhecer gente nova, e muitos gostam de hóspedes do Airbnb como vizinhos. Eles ficam com todas as vantagens sem ter trabalho algum. Eles conhecem pessoas novas sem ter de fazer nada do trabalho pesado. Se você tiver as atitudes certas e começar o quanto antes, provavelmente seus vizinhos serão muito mais receptivos.

Por outro lado, se espera receber uma queixa antes de informar seus vizinhos de que você está recebendo pessoas pelo Airbnb, é muito provável que eles não aceitem essa atividade. Do ponto de vista dos vizinhos, ela não passará de um incômodo. Esperar para contar aos vizinhos depois que sua atividade como anfitrião se tornar um problema nunca é a jogada certa.

Comunicando-se com os vizinhos

A melhor maneira de ser um bom vizinho é tratar os outros como você deseja ser tratado. Trate seu vizinho da forma como gostaria se ele começasse a hospedar pelo Airbnb. Leve-o em consideração em tudo o que você fizer como anfitrião. Para pôr isso em prática de um jeito eficiente, a coisa mais importante a fazer é informar sobre o que está acontecendo em sua casa e por quê.

Manter uma linha aberta de comunicação é o ideal. Ao fazer isso, você tem alguém com quem trava uma boa relação e mora perto de seu imóvel o tempo todo. Se já teve hóspedes ruins em casa, você consegue entender por que isso é tão tentador. Seu vizinho pode avisá-lo do que está acontecendo em sua casa, e você pode evitar possíveis danos por mau uso do imóvel. Estes são alguns aspectos importantes dos quais se lembrar ao conversar com os vizinhos:

» **Dê a eles seus contatos e avise sobre a melhor maneira de procurá-lo.** Informe-os se tiver um meio preferido de comunicação, como mensagens de texto, telefonemas ou e-mail. Ao compartilhar seus detalhes de contato, seus vizinhos têm uma forma simples e fácil de manter contato com você sempre que surge uma dúvida ou um problema.

» **Determine expectativas claras sobre quando e como você gostaria de se comunicar.** Diga aos vizinhos como entrar em contato com você do jeito mais eficaz em situações diferentes, para que nada se perca ou seja esquecido.

Os maiores problemas relacionados à sua relação com os vizinhos não são relativos a quando algo acontece em seu imóvel e, sim, quando ocorre alguma coisa que não é dominada com prontidão e eficácia por você ou alguém de sua equipe. Por exemplo, se o pessoal da limpeza se esquece de levar o lixo até a calçada, seus vizinhos não se importarão, contanto que você os avise e cuide disso de outro modo. Não será um problema, a menos que o lixo fique do lado de fora de sua casa por uma ou duas semanas, comece a feder e atrair animais. Aí será um problema e tanto.

Se os vizinhos reclamam de barulho na casa, mas você lida com isso imediatamente e o barulho diminui, sem problemas. No entanto, imagine que eles tentam se comunicar com você e ficam sem resposta. Assim, eles não conseguem dormir, e o dia seguinte acaba sendo horroroso para eles no trabalho. Agora é um problema. Em vez disso, ter aquela linha aberta de comunicação é a melhor maneira de evitar qualquer situação ruim e ter certeza de que as necessidades dos vizinhos estão totalmente atendidas.

Cuidando das Relações com o Proprietário

É preciso refletir sobre algumas coisas ao lidar com seu proprietário se você aluga o imóvel que planeja anunciar no Airbnb. Nesta seção, abordamos como administrar essa relação, como obter permissão para alugar seu imóvel e porque ela é importante. Lidar com o proprietário é um processo contínuo, e conduzir essa relação de maneira eficaz torna muito mais fácil alugar seu espaço.

Tomando consciência dos riscos de ser anfitrião sem consentimento

O ponto principal ao planejar fazer um anúncio no Airbnb de seu imóvel alugado é obter a permissão do proprietário. Nunca é demais enfatizar isso. A maioria dos contratos de locação proíbe a sublocação. Hoje, muitos contratos proíbem explicitamente os inquilinos de alugar no Airbnb, a não ser que cheguem a um acordo com o proprietário.

CUIDADO

O risco de hospedar sem permissão explícita é que você viola os termos de seu contrato de locação. Quando seu proprietário descobre que você é anfitrião, ele tem autoridade e justificativas para despejá-lo do imóvel. Dependendo da região e das leis específicas, ele também pode lhe aplicar multas diferentes por violar os termos desse contrato. Ser anfitrião sem o consentimento do proprietário dá mais dor de cabeça do que vale a pena.

Perguntando ao proprietário se você pode hospedar pelo Airbnb

O processo de pedir permissão para ser anfitrião nem sempre é tão simples quanto apenas perguntar ao proprietário. A melhor hora para conversar a respeito é antes de assinar o contrato de locação. Nesse momento, você tem mais liberdade de ação do que após a assinatura.

Senhorios ou proprietários que alugam imóveis no segmento de aluguéis definitivos geralmente desejam segurança e constância. Se eles já têm você como inquilino que fechou um contrato de doze meses, ao perguntar sobre ser anfitrião, é menos provável que eles digam sim. Resumidamente, não há vantagem real para eles. Você já assinou por um ano.

LEMBRE-SE

Se você perguntar antes de assinar o contrato, a tendência é conseguir resultados melhores, por conta da maior liberdade de ação que tem. A mudança vai nos termos iniciais, antes que se chegue a um acordo. Se você tenta negociar após a assinatura do contrato, é provável que o proprietário sinta que o acordo inicial está sendo violado e que você está fazendo uma solicitação insensata. Porém, não importa quando você pergunta, no fim das contas, o proprietário quer saber qual vantagem ele tira da atividade de anfitrião no Airbnb, o que discutimos na próxima seção.

O que os proprietários querem saber quando o assunto é hospedagem

Proprietários querem saber o que ganham ao permitir a um inquilino anunciar seu imóvel no Airbnb. A melhor maneira de abordar isso é perguntando. Depois de mostrar a ele como ser anfitrião pode beneficiá-lo, você pode perguntar por que ele está com receio ou quais preocupações ele tem. Pode ser por vários motivos, dependendo do proprietário e das necessidades específicas dele.

Seu proprietário pode perguntar que tipo de hóspedes será recebido e quais riscos isso representa. Talvez ele pergunte qual proteção tem no caso de algum dano. As perguntas são amplas e abrangentes.

Ao responder às perguntas, tenha isto em mente:

» **Mostre ao proprietário o que ele ganha com isso.** Se você faz um mero pedido sem mostrar as vantagens, não há razão para ele mudar ou flexibilizar os termos. A maioria das pessoas continua fazendo as coisas do mesmo jeito, a não ser que vejam um motivo para mudar. Depois que o proprietário sabe o motivo, talvez fique mais aberto à ideia. A seção a seguir aborda essas vantagens diferentes durante seu argumento.

» **Pergunte ao proprietário o que seria razoável ou desejável.** Aborde as questões dele para que possa atender melhor às especificações.

Argumentando com o proprietário

Existem alguns modos de mostrar as vantagens ao argumentar com o proprietário. Durante a conversa, diga a ele alguma combinação dos itens a seguir:

» **Seja transparente e proponha compartilhar um link do anúncio, para que ele veja como você está procedendo.** Você limpará o local com mais frequência, porque ele tem de estar em excelentes condições para os hóspedes. Além disso, o proprietário não precisa se preocupar com inquilinos dilapidando o local ou usando-o para algo ilícito, porque você quer ser um anfitrião responsável no Airbnb. Seu proprietário pode, inclusive, verificar as avaliações dos hóspedes para ver como você está limpando e conservando o imóvel.

» **Explique que hospedar pessoas pode ajudá-lo financeiramente, então você pode alugar o espaço por mais tempo.** Agora você é um inquilino mais confiável.

» **Ofereça-se para cuidar pessoalmente de todas as pequenas manutenções no imóvel.** Se a atividade como anfitrião render um dinheiro que lhe permita consertar, por exemplo, a privada entupida, você não chamará mais o proprietário, o que pode ser uma vantagem imensa e aliviar um pouco do fardo de gerenciar o próprio imóvel. Você conta com sua própria manutenção pessoal para coisas menores.

» **Mencione a proteção de US$1 milhão ao anfitrião do Airbnb.** Isso garantirá ao proprietário que ele não precisa se preocupar com possíveis danos, porque é provável que o imóvel ficará ainda mais bem protegido do que com outro inquilino.

» **Ofereça-se para pagar o aluguel com antecedência, pagar um valor maior total ou um depósito caução maior por quaisquer possíveis danos.** Esta é sua última opção, e a menos ideal.

Sobre essa última observação, o montante não precisa ser alto. Em geral, o valor do imóvel tem como base a taxa de aluguel. Aumentar o pagamento do

CAPÍTULO 4 **Preparando Seu Imóvel para o Airbnb**   69

> aluguel em até R$50 mensais faz diferença, porque, no futuro, o proprietário pode vender o imóvel por mais dinheiro. As pessoas estão dispostas a pagar mais por um imóvel porque ele pode render mais dinheiro para elas. Em outras palavras, o aumento do valor do aluguel não precisa ser muito para valer a pena em termos financeiros para o proprietário.

Obtendo a Proteção de Seguro Adequada

Você deseja se proteger de potenciais responsabilidades porque não quer uma situação em que esteja descoberto e o pior ocorra. Embora o Airbnb tenha seu próprio seguro, recomendamos canais diversificados para proteger a si e ao seu imóvel, os quais abordamos nas seções a seguir.

Entendendo a importância de uma cobertura adequada

Adquirir um seguro é se proteger no caso de algo acontecer no seu imóvel. Você pode tomar algumas medidas para minimizar ou eliminar riscos de problemas, como danos ao imóvel ou lesões corporais. No entanto, você ainda quer um plano B no caso de algo realmente acontecer, para que sempre esteja 100% coberto contra a pior situação.

CUIDADO

Esteja ciente de que se você não tiver o seguro adequado que o cubra especificamente para aluguéis temporários, corre o risco de pagar por fora por quaisquer problemas ou danos. O importante é estar protegido.

Compreendendo a proteção de seguro do Airbnb e não dependendo apenas dela

O Airbnb tem uma política de proteção ao anfitrião de US$1 milhão que o protege como anfitrião e cobre quaisquer danos que ocorram em seu imóvel consequentes da estada de um hóspede. É uma ótima apólice, que basicamente lhe oferece um seguro contra terceiros do Airbnb por danos causados por hóspedes. Além disso, é válido para até US$1 milhão. Como proteção extra, a política de proteção ao anfitrião do Airbnb funciona.

CUIDADO

No entanto, você não deveria depender somente dela pelos seguintes motivos:

» **Você não tem o controle.** Se você opta por usar apenas a apólice do Airbnb, então depende da plataforma para enviar com sucesso as alegações e ser ressarcido. Para ter controle total em proteger seu imóvel, você quer estar no comando e manobrar para onde deseja. Porém, pense no fato de que o Airbnb concilia alguns incentivos conflitantes quando usa essa apólice de seguros para proteger seus anfitriões:

- Sempre que um hóspede causa um dano que fere a reputação da empresa, o Airbnb quer assegurar que o anfitrião esteja protegido. A empresa tem o incentivo para mostrar que a política de responsabilidade faz o pagamento, e o anfitrião fica coberto, para que a comunidade de anfitriões inteira se sinta segura e protegida.
- Porém, o Airbnb também sabe que se a empresa usa demais a apólice, os prêmios aumentam. A empresa tem um incentivo financeiro para usar essa apólice o mínimo possível.

» **Ela cobre apenas os danos causados por hóspedes durante a estada.** Isso significa que lesões corporais ou quaisquer problemas que ocorram fora do período real da estada de um hóspede não são cobertos. Esses problemas podem ser improváveis, mas mesmo assim, você desejará ter cobertura contra eles.

LEMBRE-SE

Por isso, é bom você ter controle total de seu seguro.

Adquirindo seu próprio seguro para ter certeza de que está totalmente protegido

Para assegurar que você tenha controle total sobre sua cobertura de seguros, sugerimos adquirir sua própria apólice de seguro que cubra seu imóvel por danos. Sua apólice deve especificar com clareza que ela o cobre pelo uso do imóvel para aluguéis temporários. Assim, se um hóspede causa danos de fato, você tem três linhas de defesa:

» A primeira linha de defesa é a caução de seu hóspede.

» A segunda linha de defesa é a apólice de responsabilidade do Airbnb.

» A terceira linha de defesa é seu próprio plano de seguro pessoal.

Dessa forma, você sabe que está totalmente protegido, porque tem uma apólice de seguro que cobre todos os danos de seu imóvel. Se tem todas essas linhas de defesa para se proteger, é muito provável que fique coberto mesmo no pior dos cenários.

DICA

Para a apólice, comece com um corretor que seja a pessoa mais qualificada para ajudá-lo a conseguir a apólice de seguros adequada. Um corretor busca diferentes opções para você, considerando o imóvel, o nível de proteção de que precisa para a região e o uso do imóvel.

O preço de uma apólice de seguros e o nível de proteção variam, dependendo de você estar assegurando uma casa de R$100 mil ou R$1 milhão, bem como da localização do imóvel e da seguradora escolhida.

Outras questões pertinentes são a frequência com que recebe pessoas e se vive em uma área urbana com altas taxas de criminalidade ou no subúrbio de uma cidadezinha. Seu corretor avalia todas as opções e tem acesso a várias seguradoras e planos diferentes.

Os corretores recebem uma comissão da seguradora por vender a apólice, portanto, como consumidor, você não pagará nenhum extra para ter um corretor de seguros. Seu corretor também o ajuda a entender os planos e destrincha as apólices para lhe mostrar exatamente qual cobertura você recebe em diferentes cenários. Não deixe de fazer todas as perguntas necessárias para entender por completo seu plano.

DICA

Para encontrar um corretor em sua região, peça referências. As melhores pessoas para ajudá-lo nesse assunto são outros anfitriões em sua área, sobretudo os que têm imóveis similares. Se não conseguir encontrar um corretor por meio de referências, uma rápida busca online por "seguro de aluguéis temporários em [sua cidade]" deve render boas recomendações. Você também pode considerar entrar em um grupo de anfitriões do Airbnb no Facebook para sua cidade e postar a pergunta lá.

Primeiro Ser Hóspede para Entender Melhor como Ser Anfitrião — Colocando-se no Lugar do Hóspede

"Coloque-se por um instante no lugar de seus hóspedes para melhor compreendê-los", disse um sábio anfitrião do Airbnb. Em 2016, pesquisamos quase 1.300 anfitriões ativos em nosso blog LearnBNB e descobrimos que quase 1 em cada 3 nunca havia sido hóspede pelo Airbnb, inclusive muitos anfitriões que estavam há mais de um ano hospedando pessoas!

A melhor maneira de entender o Airbnb e seus concorrentes é ter sua própria experiência, portanto, reserve um ou dois anúncios na plataforma em sua área e considere cada elemento da estada: desde a navegação até a reserva, passando pelo check-in e check-out. Essa prática o leva da condição de anfitrião mediano à de um anfitrião realmente bom, que sabe o que os hóspedes querem e pode cumprir isso.

DICA

Para apreciar por completo a experiência total que os hóspedes têm ao pesquisar, escolher, reservar, fazer check-in, check-out e avaliar os anúncios de viagem no Airbnb, primeiro você precisa se hospedar pela plataforma.

Aqui está como tirar o máximo proveito de suas estadas educativas no Airbnb:

» **Faça reservas em anúncios de níveis diferentes.** Você pode descobrir várias coisas dos profissionais ficando nos anúncios mais populares e de melhor desempenho nas áreas hospedadas por Superhosts (abordamos com mais detalhes a condição de Superhost no Capítulo 10). Você pode descobrir a mesma quantidade de coisas em anúncios medianos, ou mesmo de baixo desempenho. Seu objetivo é reunir, na mesma proporção, o que fazer e o que não fazer.

» **Anote todos os pontos fortes e fracos.** Preste atenção em como se sente, sobretudo em que momentos fica estressado ou grato durante a estada. Repare nas ocasiões em que fez perguntas, quando se sentiu inseguro ou desconfortável, ou quando algo poderia ter tornado a experiência melhor. Registre os momentos em que teve uma grata surpresa devido a uma facilidade bem pensada ou interação com os anfitriões.

LEMBRE-SE

Sugerimos fortemente que uma de suas estadas seja na casa de um Superhost. Se tem ambição de se tornar um, ficar com um Superhost lhe dará uma ideia de quais são as diferenças entre um anfitrião desse nível e outros que não o são.

Durante sua pesquisa, faça a si mesmo estas perguntas:

» O que chama sua atenção e o faz clicar no anúncio: a foto de capa, o preço ou o título?

» Por que você selecionou esse imóvel específico?

» Quando você clicou, o que fez em seguida?

» Por que você selecionou um anúncio? Talvez tivesse ótimas fotos e descrição, mas uma avaliação ruim. Talvez tenha reservado assim mesmo porque havia outras avaliações boas. Talvez tivesse duas ou três avaliações ruins. Se a descrição não respondeu a perguntas específicas que você tinha, por exemplo, sobre estacionamento, isso teria sido importante?

» Quando finalmente fez a reserva no Airbnb, como foi a experiência?

» O anfitrião respondeu imediatamente ou demorou um pouco?

» O anfitrião lhe deu retorno em um prazo aceitável se você fez muitas perguntas?

CAPÍTULO 4 **Preparando Seu Imóvel para o Airbnb** 73

- Na hora do check-in, você se sentiu irritado por não haver nenhuma instrução a respeito ou o anfitrião enviou instruções com bastante antecedência?
- Até que ponto foi fácil chegar até o imóvel?
- Existe alguma coisa que você gostaria que tivesse no imóvel?
- Até que ponto o anfitrião foi atencioso durante sua estada? Por exemplo, ele entrou em contato para ver se você precisava de alguma coisa? Até que ponto ele foi rápido em responder suas perguntas?
- O anfitrião tinha um manual da casa com instruções detalhadas sobre perguntas feitas com frequência?
- Você sentiu falta de facilidades básicas de que precisou?
- A descrição do anúncio fazia jus ao imóvel?
- O que teria deixado sua estada mais agradável?
- O anfitrião forneceu instruções para check-out?
- Ao fazer a avaliação, de que modo você a escreve e por quê?
- Em que momento você decidiu fazer uma avaliação de 5 estrelas do anfitrião, se é que decidiu? Ou então, em que momento decidiu que não daria mais de 4 estrelas? O que levou a essas decisões? O que o teria feito dar uma avaliação mais alta ou mais baixa?

DICA

Após alguns meses como anfitrião, analise novamente esse processo e considere fazer uma reserva para um fim de semana ou férias no Airbnb e experimente níveis diferentes de anfitriões, imóveis e maneiras de hospedar, o que pode fazer maravilhas em seu próprio estilo de receber pessoas. Mais uma vez, faça anotações e descubra as áreas em que pode melhorar e fazer diferente. Ter a experiência de diferentes estilos de hospedagem e usá-la para descobrir como continuar agregando valor a seus hóspedes é uma prática eficaz da atividade como anfitrião.

NESTE CAPÍTULO

» **Começando bem**

» **Criando um anúncio excelente**

» **Elaborando o título perfeito do anúncio**

» **Escrevendo uma ótima descrição**

» **Criando as regras de sua casa**

» **Escolhendo a política de cancelamento ideal**

» **Configurando taxas adicionais adequadas**

» **Compreendendo a Reserva Instantânea**

Capítulo **5**

Criando o Anúncio Perfeito

Antes que possa começar a receber hóspedes, primeiro você precisa fazer um anúncio para divulgar seu imóvel no Airbnb. Seu anúncio na plataforma é a página em que possíveis hóspedes podem encontrar informações sobre seu imóvel e como reservá-lo. Elementos do anúncio incluem fotos do imóvel, descrição e título.

Este capítulo dá a você orientações sobre como criar cada peça do anúncio, a fim de exibir seu espaço da melhor maneira. Após a finalização do anúncio, você pode ativar o Airbnb. Este capítulo explica com mais detalhes outros aspectos de seu anúncio, para que você possa começar a obter reservas.

Causando uma Primeira Impressão Marcante

Dar o melhor de si é importante quando o assunto é seu anúncio. Fazer isso significa que você não fez nada com pressa ou racionalizou que seu anúncio é apenas "bom o bastante". A armadilha em que muitos anfitriões caem é configurar rápido o anúncio para que possa ficar ativo e, mais tarde, perceber que não usaram as fotos certas, o imóvel não estava organizado como queriam ou não investiram tempo elaborando a descrição do imóvel.

Por exemplo, você encomendou um sofá novo, que é uma melhoria significativa para seu anúncio. Porém, o sofá não será entregue em menos de duas semanas, e você não quer que o imóvel fique vago por esse período. Em vez de esperar pelo sofá e só depois atualizar as fotos do anúncio, você o deixa ativo agora a fim de conseguir algumas reservas durante as duas semanas seguintes. Infelizmente, com frequência esse plano é horrível.

Começar bem é importante por alguns motivos:

» **Garante que você conseguirá avaliações excelentes de seus primeiros hóspedes.** Isso o ajudará substancialmente em longo prazo.

» **Torna sua experiência inicial como anfitrião muito menos estressante.** Se você precisa constantemente ficar saindo para consertar e acrescentar coisas ao seu imóvel nas primeiras semanas como anfitrião, é provável que essa experiência venha a ser bem pesada.

» **Ajuda você com o algoritmo de busca do Airbnb.** O algoritmo de busca do Airbnb é basicamente o que determina quantas pessoas realmente visualizam seu anúncio. Ao lançar seu anúncio pela primeira vez, o Airbnb gerará bastante tráfego para ele, para dar um empurrãozinho. Se seu anúncio não for otimizado e você não transformar esse tráfego em reservas, notará que a quantidade de tráfego recebida pelo anúncio diminuirá drasticamente. Consulte o quadro a seguir para saber mais sobre o algoritmo de busca do Airbnb.

Inclua agora alguns itens ou facilidades, como uma escrivaninha para quem viaja a negócios ou seu novo sofá, antes de ativar seu anúncio. Acrescente desde o início quaisquer facilidades que puder e reserve um tempo para elaborar com perfeição o anúncio, para lhe dar todas as vantagens possíveis.

Lembre-se de ir com calma no processo de configurar o anúncio. Pergunte-se: "Este anúncio é tão bom como pode ser?" Se você já sabe que seu anúncio pode ter uma melhora substancial, primeiro faça isso quando possível. Espere pelo sofá, perca as potenciais reservas durante as duas semanas, então ative o anúncio.

PARTE 2 **Chamando Atenção para Seu Anúncio**

Voltando ao exemplo do sofá, não tenha pressa para ativar o anúncio com itens que você planeja trocar ou incrementar mais tarde, a menos que precise por motivos financeiros. Otimize cada elemento de seu anúncio e inclua tudo, desde fotos e imagem de capa até título e descrição.

COMO O ALGORITMO DO AIRBNB FUNCIONA DURANTE O PERÍODO INICIAL DE LANÇAMENTO

O algoritmo do Airbnb testa seu anúncio durante o período inicial de lançamento. Esse é outro motivo por que é tão importante causar uma primeira impressão marcante. Anunciar no Airbnb não é apenas o número de reservas que você consegue durante as primeiras semanas; são as reservas adicionais que o levarão ao caminho certo. Ao iniciar, você determina o ritmo de todas as reservas futuras. No primeiro lançamento, o algoritmo do Airbnb é projetado com uma barreira reduzida para a entrada de novos anfitriões na plataforma.

Nas primeiras duas a quatro semanas como anfitrião, é provável que você veja muito tráfego em seu anúncio. Você pode verificá-lo no back-end e ver o número de pessoas que estão visualizando seu anúncio por dia, semana ou mês. No início, provavelmente o número será bem elevado. Depois, depende de você fazer um anúncio excelente e transformar essas visualizações em reservas.

Se elaborar um anúncio marcante desde o começo e várias visualizações se transformarem em reservas, acontecerá o seguinte:

- O Airbnb lhe dará mais visualizações em longo prazo, elas se transformarão cada vez mais em reservas e, consequentemente, cada vez mais em dinheiro.

- Você obtém ainda mais avaliações de todas suas reservas. Essas avaliações, presumindo que você fez um ótimo trabalho e elas são positivas, são recompensadas posteriormente pelo Airbnb. Você consegue ainda mais visualizações e credibilidade.

- O Airbnb lhe envia ainda mais tráfego. Com isso, você converte mais dessas visualizações em reservas. De uma hora para outra, o Airbnb lhe dá ainda mais tráfego, porque você demonstrou que consegue, de maneira consistente, transformar reservas em dinheiro.

Você perceberá facilmente como isso se transforma em um ciclo constante de feedbacks positivos. Quanto melhor você hospeda, mais dinheiro leva. Isso se retroalimenta e continua. Lembre-se, tudo começa com aquela primeira impressão marcante. Após receber o tráfego inicial que o Airbnb lhe oferece e convertê-lo em reservas, você continua a obter mais visualizações, e começa o efeito dominó.

(continua)

CAPÍTULO 5 **Criando o Anúncio Perfeito** 77

(continuação)

No entanto, perceba também que há um outro lado da equação. Se você tiver as primeiras visualizações do Airbnb e fizer um trabalho ruim ao convertê-las em reservas, então o algoritmo fará o oposto. Se rapidamente você monta um anúncio fora da média, aqui está o ciclo de feedbacks negativos:

- **Você não conseguirá muitas reservas quando fizer o lançamento inicial.**

- **Começará a receber bem menos tráfego para seu anúncio.**

- **Depois você despenca para a segunda, terceira ou quarta página. Você cai nas classificações de busca, então menos pessoas veem seu anúncio.**

- **Você acaba com menos avaliações em seu anúncio, dando-lhe pouca credibilidade perante potenciais hóspedes e tornando ainda mais difícil escalar de novo a montanha.**

Agora você não tem tráfego algum, o anúncio está com baixo desempenho e não há muito o que fazer a respeito. Mudar o anúncio fica mais difícil. Mesmo que faça melhorias drásticas no futuro, ainda não terá o tráfego para convertê-las em reservas. Agora você está na base da colina tentando fazer melhorias. Devagar, com o tempo, o algoritmo lhe dará mais tráfego novamente, mas seu caminho rumo ao sucesso será bem mais longo do que precisa ser.

Por isso, é muito importante ter um início marcante, mesmo que isso leve mais alguns dias, semanas ou meses. Faça tudo o que puder para que seu imóvel esteja 100% e dê a ele um anúncio marcante, com ótimas fotos e uma excelente descrição e título. A recompensa em longo prazo é enorme.

Criando um Anúncio que Chama a Atenção

Seu anúncio precisa atrair potenciais hóspedes, para que cliquem nele e depois o reservem. Essa é sua chance de conquistá-los, colocando as melhores fotos, descrições e avaliações.

As próximas seções orientarão você sobre como configurar todos os elementos do anúncio de um modo que atraia a atenção e gere reservas.

Vencendo pela otimização para motores de busca do Airbnb

A otimização para motores de busca (SEO, na sigla em inglês) do Airbnb diz respeito a adaptar seu anúncio para ajudá-lo a melhorar nas classificações de busca. O Airbnb é relativamente claro em informar como otimizar seu desempenho de busca na plataforma.

LEMBRE-SE

O aspecto mais importante é a *aplicabilidade* de seu anúncio ou, em outras palavras, até que ponto é provável que os hóspedes o reservem. Basicamente, quanto mais aplicável aos hóspedes for seu anúncio, melhor seu SEO. Em português claro, se é mais provável os hóspedes reservarem seu local e conseguirem fazer isso com facilidade, seu anúncio conseguirá mais visualizações, colocando mais dinheiro em seu bolso. Via de regra, vencer no SEO do Airbnb significa fazer tudo o que puder para que seus hóspedes consigam reservar com facilidade seu imóvel. Aqui, você pode encontrar algumas das melhores maneiras para fazer exatamente isso.

Na verdade, incrementar seu SEO não é tão difícil. Não deixe de fazer as seguintes coisas com o anúncio para ver a melhoria do SEO:

» **Ative a Reserva Instantânea.** Reserva Instantânea é uma opção no Airbnb que permite aos hóspedes reservarem seu local imediatamente, sem precisar entrar em contato primeiro. Considere se os hóspedes podem reservar seu imóvel com um clique ou se devem entrar em contato com você, solicitar a reserva, ser aceitos e, finalmente, reservar. A primeira é mais fácil. Os hóspedes podem reservar instantaneamente, sem se comunicar com o anfitrião.

LEMBRE-SE

Na verdade, ativar a Reserva Instantânea é a melhor forma de incrementar o SEO do Airbnb. Considere o contexto mais amplo em que um hóspede reserva seu local quando a Reserva Instantânea está desativada. Na mentalidade imediatista destes nossos dias, as pessoas desejam a possibilidade de reservar instantaneamente sua acomodação e finalizar seu planejamento de viagem.

Mais adiante neste capítulo, mostramos os pormenores da Reserva Instantânea, na seção "Ativando a Reserva Instantânea: Prós e Contras".

» **Responda rapidamente às perguntas dos hóspedes.** Se você for rápido em enviar respostas quando eles o procurarem, isso dirá ao algoritmo que seu imóvel é mais aplicável, e seu desempenho se sai melhor nas classificações de busca.

» **Faça um anúncio completo e bem estruturado.** Acrescente mais fotos no anúncio para aumentar as chances de os hóspedes reservarem e não fazerem muitas perguntas a você. Mantenha uma descrição detalhada e bem organizada do anúncio que responda a todas as perguntas que os potenciais hóspedes possam ter. Assim, eles podem reservar imediatamente, em vez de ter de entrar em contato com perguntas antes de fazer a reserva.

» **Coloque preços realistas no anúncio.** Se o preço for alto demais, o anúncio não será aplicável e terá desempenho pior nas buscas gerais de pesquisa. Se os hóspedes realmente quiserem reservar, talvez peçam desconto. Muito

CAPÍTULO 5 **Criando o Anúncio Perfeito** 79

provavelmente, possíveis hóspedes reservarão outro anúncio com preços mais competitivos.

» **Faça amigos e familiares colocarem seu anúncio em uma wish list.** Esta função permite que usuários adicionem a uma wish list (lista de desejos) imóveis diferentes que desejam visitar. Como usuário do Airbnb, você o marca em uma wish list, o que significa que deseja ficar aí.

Ao cumprir com eficácia todos esses itens, você continuará a subir mais nas classificações de busca.

Identificando os pilares mais importantes ao configurar seu anúncio

Ao configurar seu anúncio, três elementos fundamentais causarão o maior impacto geral em suas reservas. Se você configurá-los adequadamente, os hóspedes visitarão e reservarão seu anúncio com muito mais frequência do que se fizer isso de qualquer jeito e deixar de realizar um bom trabalho ao configurá-lo.

Em relação ao seu anúncio, esses três pilares são:

» **Fotos:** Suas fotos são o cartão de visita, com a foto de capa tendo um impacto bem maior sobre o restante do anúncio. A primeira coisa que os hóspedes em potencial veem antes de clicar no anúncio é a foto de capa. Se você estragá-la, muito menos pessoas clicarão em seu anúncio. O restante das fotos também é importante, porque a maioria dos hóspedes dará uma olhada nelas antes de verificar outros aspectos do anúncio. Na verdade, as fotografias são tão importantes que dedicamos o Capítulo 6 a elas.

» **Título:** O título de seu anúncio é quase tão importante quanto a foto de capa, porque é uma das primeiras coisas que potenciais hóspedes veem. Um título ruim tem o mesmo efeito de uma foto de capa ruim, então você também precisa arrasar nele. Mais adiante neste capítulo, explicamos como catapultar o título do anúncio na seção "Escrevendo um Título Marcante".

» **Descrição:** É uma descrição mais extensa do anúncio em si e de tudo o que ele tem a oferecer. A função desse aspecto é responder a toda e qualquer pergunta que um possível hóspede talvez faça antes de resolver reservar. Mais adiante neste capítulo, damos os detalhes de como escrever uma descrição de arrasar, na seção "Redigindo uma Descrição Excelente".

Sua foto de capa, o título e outras fotos são o que atrai as pessoas para seu anúncio e as mantêm nele. Sua descrição, seu preço, a taxa de limpeza e avaliações fazem os possíveis hóspedes decidirem se gostam o suficiente de seu imóvel a ponto de reservá-lo ou se, ao contrário, o deixarão de lado.

80   PARTE 2 **Chamando Atenção para Seu Anúncio**

Compreendendo como investir em longo prazo para ter melhor desempenho

O desempenho de longo prazo no Airbnb é bem diferente do de curto prazo. Conseguir algumas reservas iniciais é ótimo, porém, vale muito pouco a pena se você faz um trabalho ruim como anfitrião e tem várias avaliações fracas.

Em última análise, você quer se sair excepcionalmente bem ao longo de vários anos como anfitrião. Para isso, o foco é obter avaliações excelentes dos hóspedes. Isso significa ultrapassar as expectativas dos hóspedes que estão ficando em seu imóvel. É o mais importante. Como excelente anfitrião, você está satisfazendo seus hóspedes de maneira consistente e se certificando de que eles saiam com uma ótima experiência. Algumas vezes, isso significará sacrifícios em curto prazo em prol de ganhos em longo prazo.

Por exemplo, você pode estar recebendo hóspedes, e seu sistema de aquecimento quebra bem no meio do inverno. Focar o sucesso em longo prazo é consertá--lo na hora. Você é atencioso e sacrifica seu tempo para lidar com isso imediatamente. Também pode sacrificar a meta financeira mensal compensando a estada deles em um hotel ou lhes dando uma noite gratuita (após comprar aquecedores de ambiente e colocá-los no anúncio). No Capítulo 13, analisamos com profundidade e mais detalhes como lidar com esses tipos de problema. Por ora, saiba que você quer ser um anfitrião espetacular em qualquer situação e fazer o que é melhor para seus hóspedes.

O resultado serão as avaliações excelentes que você recebe como anfitrião espetacular. Esses sacrifícios lhe permitem bom desempenho no futuro, em vez de apenas durante a estada do hóspede atual. Você obtém avaliações fantásticas, mais reservas, e esse ciclo de feedbacks continua.

Por outro lado, obter uma avaliação ruim impacta negativamente esse ciclo. Você pode ter bastante tráfego, mas essa única avaliação ruim significa menos tráfego convertido em reservas. Mesmo que uma pessoa a menos reserve com você, isso gera perda de dinheiro para si mesmo e para seu futuro anúncio em potencial.

Se você obtiver três ou quatro avaliações ruins seguidas, consequentemente duas, quatro ou mesmo dez pessoas saem da página de seu anúncio sem reservar, e elas poderiam ter feito a reserva se você tivesse avaliações boas. Agora, por conta de seu anúncio não estar convertendo em reservas o tráfego que recebe, o algoritmo de busca do Airbnb disponibilizará menos visualizações para ele.

É uma espiral descendente até suas avaliações positivas subirem. No fim das contas, você sempre está subindo ou descendo. Seu anúncio nunca fica realmente estagnado com o Airbnb, a não ser que ele esteja obtendo zero reserva. A menos que o anúncio esteja inativo, você está melhorando ou piorando, então, garanta que ele continue melhorando.

Escrevendo um Título Marcante

Seu *título* é uma parte crucial de uma boa primeira impressão. O título é, basicamente, o nome do anúncio, que os hóspedes verão quando começarem a procurar imóveis. Inicialmente, o título e a foto de capa são os únicos pontos de referência para os hóspedes. Um título marcante faz potenciais hóspedes clicarem no anúncio.

Tudo o que você puder fazer para que as pessoas cliquem, contanto que esteja sendo 100% honesto, é positivo. Pergunte-se quais informações fazem as pessoas visitarem seu anúncio. Não pense nas informações que você deseja dar a elas ou como pode descrever melhor o imóvel. Reflita sobre o que levará as pessoas a clicar.

As seções a seguir o orientam nos objetivos específicos que você precisa atingir com o título do anúncio e como, exatamente, criar o título perfeito para o anúncio de seu espaço.

O que torna um título excelente

Um título de anúncio excelente atrai potenciais hóspedes e oferece informações descritivas sobre o espaço. Em outras palavras, dialoga com o apelo principal do anúncio. Qual é o motivo central que faz as pessoas reservarem?

Os melhores anúncios identificam características desejáveis e facilidades que potenciais hóspedes querem. Acrescente no título as seguintes informações que os hóspedes estão buscando:

- » **Principais acomodações:** Os hóspedes querem saber quantos quartos e banheiros você tem.

- » **Localização:** Em geral, os hóspedes se importam muito com esse quesito.

- » **Sensação que o imóvel desperta:** Os hóspedes querem saber que tipo de espaço estão reservando, se é moderno, confortável, romântico etc.

- » **Eventos locais:** Os hóspedes podem querer ficar bem perto de um evento, como um concerto ou um festival (para ter mais informações, veja o quadro a seguir, "Ajustando seu título para eventos perto de seu espaço").

AJUSTANDO SEU TÍTULO PARA EVENTOS PERTO DE SEU ESPAÇO

Se está acontecendo um evento perto de seu anúncio, é muito provável que, para poderem comparecer, os hóspedes estejam querendo ficar em seu local. Conforme o evento se aproxima, mencione-o no título, sobretudo se sua localização for próxima.

Imagine que você esteja bem ao lado do Coachella. A maioria dos potenciais hóspedes à procura de uma reserva no Airbnb no deserto da Califórnia durante os fins de semana do Coachella visitará seu anúncio quando você acrescentar no título "perfeito para o Coachella". Agindo assim, você está dialogando exatamente com o que é importante para seus hóspedes.

Se você atualizar o título, poderá fazer com que muito mais pessoas cliquem no anúncio, porque conseguiu comunicar a elas a informação importante que queriam saber. Você pode, inclusive, adicionar um parágrafo ao anúncio com informações relevantes sobre ficar em seu local durante o festival. Compartilhar essa informação com possíveis hóspedes é fundamental.

DICA

Para abordar esses itens, encontre uma ou mais palavras-chave descritivas. Por exemplo, para abordar o terceiro item, você pode usar charmoso, excêntrico, moderno, espaçoso ou confortável, ou qualquer outro adjetivo relevante. Sobre localização, use termos como "próximo ao Central Park" ou "à beira-mar". Consulte a seção a seguir para ter mais conselhos sobre o uso de palavras descritivas no anúncio.

O que você precisa saber para compor um título de primeira

Embora escrever o título de seu anúncio seja importante, não é um bicho de sete cabeças. Para compor um título que atraia possíveis hóspedes, é bom chamar a atenção deles. Lembre-se das dicas a seguir:

- » **Saiba que você só tem cinquenta caracteres para usar no título.** Consequentemente, use-os com intenção, para poder transmitir as informações necessárias, a fim de que os hóspedes cliquem no anúncio. Quanto mais informações os fizerem clicar, melhor. Formulá-lo da maneira certa não é tão importante quanto dar as informações adequadas com uma quantidade limitada de caracteres.

- » **Use abreviações.** Abreviações são uma ótima forma de maximizar espaço, contanto que os hóspedes as entendam. Aqui estão algumas ótimas abreviações para usar no título:

- QT para quarto.
- BANH para banheiro.
- AC para ar condicionado.
- APT para apartamento.
- c/ para com.
- 5min de, em vez de cinco minutos de.

Por exemplo, em vez de escrever "Apartamento de luxo com cinco quartos, dois banheiros, com lareira e a uma caminhada curta do centro", você pode poupar espaço e caracteres escrevendo: "5 QT, 2 BANH, apt luxo, 5min do centro c/ lareira". Incluir esses detalhes, quando muitos títulos de anúncios contêm a mesma informação e não conseguem se destacar, pode ajudar você a se sobressair e melhorar a taxa de cliques.

» **Utilize palavras descritivas que digam aos hóspedes, de maneira sucinta, como é seu espaço.** Descubra uma ou duas palavras que melhor descrevam seu espaço e que sejam mais propensas a repercutir entre os hóspedes-alvo que estão procurando reservar seu imóvel. Não deixe de usar essas palavras no título do anúncio para chamar a atenção das pessoas. Exemplos incluem romântico, confortável, espaçoso, e assim por diante.

» **Mencione uma ou duas facilidades que os hóspedes adorarão.** Por exemplo, se seu anúncio tem banheira de hidromassagem (lareira ou piscina), não deixe de incluir essa informação no título, porque essas palavras tornam o anúncio mais atraente. Se os hóspedes estão procurando um lugar confortável com lareira, imediatamente clicarão nele.

DICA

Escreva essas facilidades com letra maiúscula no título para chamar mais atenção. Pense no inverso dessa questão: se você não destaca os pontos fortes de seu anúncio, perde hóspedes que querem ficar em um lugar confortável com lareira. Embora você tenha essa facilidade, talvez eles não percebam a presença dela.

Como escrever seu próprio título

Talvez você se sinta pressionado a escrever um título perfeito. Respire fundo. Estamos aqui para ajudar. Nesta seção, apresentamos algumas excelentes fórmulas consagradas para títulos no Airbnb, ao lado de exemplos para você elaborar o seu usando modelos.

A Tabela 5-1 mostra três fórmulas e exemplos de ótimos títulos. Você pode usá-las para criar ou aprimorar seu título. Repare que cada fórmula começa com um adjetivo-chave e o tipo da casa (ou apartamento). Escolha a que funciona melhor para você, dependendo de quais aspectos vale mais a pena destacar em seu espaço.

TABELA 5-1   Fórmulas para Títulos no Airbnb

Fórmula	Exemplo
[Tipo de Casa] [Adjetivo] com [Facilidades Disponíveis]	Apt Espaçoso com ESTACIONAMENTO & Camas Queen-Size
[Tipo de Casa] [Adjetivo] [Proximidade] [Destino Popular] + [Facilidade]	Chalé Charmoso 1min a pé do Lago + JET SKIS
[Tipo de Casa] [Adjetivo] ótimo para [Tipo de Experiência]	Casa de Hóspedes Particular Ótima para Viagem Tranquila

Aqui, examinamos mais atentamente as fórmulas:

» **Fórmula 1:** Esta fórmula usa um adjetivo para sua casa e o tipo dela. Combine essa palavra descritiva com seu espaço, seja ele um apartamento, uma casa de três quartos ou condomínio. Depois, acrescente as facilidades úteis, como a presença de estacionamento, camas king-size, uma lareira ou piscina. Selecione a facilidade mais exclusiva ou aquela que os hóspedes mais desejam e inclua quaisquer elementos que agreguem mais valor.

» **Fórmula 2:** Outro formato de título usa um adjetivo, tipo de casa, a proximidade de um destino popular e, depois, a facilidade. Ele dá a possíveis hóspedes muitas informações em um só título. Por exemplo, você poderia escrever "Chalé Charmoso 3QT 1min a Pé do Lago + JET SKIS" ou "Casa de Condom. Confortável 2QT 5min a Pé do Central Park + Lareira". Os hóspedes em potencial sabem o tipo do imóvel: um chalé charmoso de 3QT. Eles sabem a distância até um local importante: 1min a pé até o lago. Por fim, sabem de uma facilidade útil que você disponibiliza: jet skis.

» **Fórmula 3:** Este formato de título dá aos hóspedes em busca de um tipo específico de estada todas as informações de que precisam. Se seu imóvel atrai um tipo muito específico de viajantes que desejam uma experiência particular, como uma "viagem tranquila", esse formato pode ser perfeito. Por exemplo, um título que atrai quem viaja a negócios pode ser "Casa de Condom. Silenciosa Perfeita para Quem Viaja a Negócios". Com esse tipo de título, você atrai um hóspede específico com algo que ele pode experimentar em seu imóvel.

CUIDADO

Cuidado ao usar uma linguagem que pode afastar outros hóspedes que também queiram fazer reserva. Se você colocar "ótima para quem viaja a negócios", certifique-se de que pessoas que viajam a negócios sejam os tipos de hóspedes que reservam imóveis como o seu. Se sua casa é adequada para quem viaja a negócios e para casais, ao dizer "ótima para quem viaja a negócios", você envia a mensagem errada aos casais, correndo o risco de afastar clientes ideais.

CAPÍTULO 5   **Criando o Anúncio Perfeito**   85

Redigindo uma Descrição Excelente

A descrição do anúncio precisa responder a todas as questões dos hóspedes, para que eles não fiquem com dúvidas sobre o imóvel. Dê aos hóspedes os detalhes de que necessitam para reservar imediatamente. Não deixe de organizar todos os detalhes, para que os hóspedes possam verificar e encontrar as informações necessárias. As seções a seguir fornecem os detalhes essenciais de que precisa para escrever sua descrição.

O que incluir na descrição do anúncio

Uma ótima descrição de anúncio chama e prende a atenção de possíveis hóspedes. Para isso, uma descrição marcante do anúncio tem as seguintes informações:

- » **Camas:** Os hóspedes precisam saber a quantidade de camas, o tamanho e como elas estão organizadas.

- » **Facilidades:** Avise os hóspedes sobre a quais facilidades especiais eles têm acesso.

- » **Cômodos a que terão acesso:** Também é bom incluir detalhes sobre o que cada cômodo tem a oferecer.

- » **O bairro:** Informe aos hóspedes o que eles podem esperar fazer nas proximidades.

Organizando seu anúncio para ter sucesso

Em relação ao fluxo geral da descrição de seu anúncio, priorize as informações das mais importantes às menos importantes. Além disso, você precisa manter uma boa parte da estrutura. Foque o seguinte:

- » **Organize a descrição do anúncio em seções diferentes, com títulos para indicar cômodos distintos.** Crie títulos práticos para a cozinha, os banheiros, os quartos, o quintal e quaisquer outros cômodos de seu espaço, para que os leitores possam acessar com mais facilidade as informações. Dessa forma, possíveis hóspedes só precisam pesquisar por "cozinha" quando sabem que a facilidade que buscam está nesse cômodo. Também é útil acrescentar um título para "Facilidades", onde você pode adicionar todas as facilidades desejáveis, como Netflix, lareira ou uma mesa de sinuca. Usar títulos é mais chamativo, assim os hóspedes não têm de percorrer muitos parágrafos em busca do que estão procurando.

Você pode fornecer informações mais específicas abaixo dos títulos, sobretudo para imóveis maiores com vários quartos. Deixe claro para possíveis hóspedes exatamente quais facilidades há em cada cômodo. Por exemplo, sob o título "Quarto Principal", liste as facilidades "Cama queen-size, banheiro anexo completo, TV de 42 polegadas, entrada privativa".

» **Use marcações nos anúncios.** Você pode utilizar hifens, sinais de adição, estrelas ou setas — basicamente, qualquer coisa que defina uma marcação. Marcações são um excelente modo de organizar a descrição do anúncio e torná-lo mais assimilável para hóspedes em potencial.

» **Não hesite em incluir informações duas vezes.** Mesmo que você já tenha escrito "Netflix" na seção de facilidades, acrescente o item no cômodo específico onde ele se aplica. Assim os hóspedes conseguem encontrar facilmente essa informação e é menos provável que ela passe despercebida.

» **Seja sucinto.** Evite divagações ou muita encheção de linguiça. Em vez disso, inclua as informações necessárias de uma forma assimilável e o mais eficiente possível. Seja interessante também. As pessoas não gostam de perder tempo.

» **Seja completo.** É sempre melhor ter mais informações certas. Se você tem muito pouca informação, então alguns possíveis hóspedes reservarão outro imóvel. Outros também podem entrar em contato com você porque sua descrição não lhes dá as informações de que precisam para fazer a reserva. Se tiver informações demais, basta organizá-las para ajudar os hóspedes a encontrar aquilo de que necessitam.

» **Faça fluir.** A melhor maneira de organizar todas as informações na descrição de seu anúncio é das mais importantes para as menos importantes, de acordo com seus hóspedes. Por exemplo, para uma família de quatro pessoas que chega à sua casa de dois quartos, provavelmente será mais importante que o segundo quarto tenha duas camas de solteiro do que Netflix. Por essa razão, sob o título "Segundo Quarto", é bom se certificar que "2 camas de solteiro" venha antes de "Netflix".

De olho no objetivo (mais reservas)

Neste item, seu objetivo é simples: obter mais reservas. Portanto, é bom ter certeza de que as pessoas realmente estão olhando sua descrição. Se você colocar muito pouca informação nela, os hóspedes não ficarão impressionados, e você perderá reservas. Eles encontrarão as informações de que precisam no anúncio de outra pessoa e o reservarão imediatamente.

DICA

Dê a eles tudo de que precisam para reservar seu imóvel instantaneamente. Ofereça quaisquer possíveis vantagens de seu imóvel e responda a perguntas previsíveis. Coloque-se no lugar dos hóspedes e pense em que tipo de perguntas eles podem ter sobre seu imóvel. Ademais, não deixe de incluir todas as informações relevantes que eles possam querer. Se tiverem de entrar em contato para fazer perguntas, é provável que percam o interesse e não façam a reserva.

Por exemplo, ao receber pessoas que viajam a negócios, elas desejarão saber a velocidade do Wi-Fi. Esteja preparado: faça um teste rápido e coloque a velocidade do Wi-Fi na descrição do anúncio. Você respondeu à pergunta antes que a fizessem. Aqui estão outros tipos de questões que potenciais hóspedes podem ter ao examinar a descrição de seu anúncio antes de reservar:

» Tem secador, ferro e tábua de passar, escrivaninha (preencha a lacuna)?

» Há uma academia local que podemos usar?

» Qual a distância até transportes públicos?

» Se for apartamento ou casa de condomínio, há um elevador ou só escadas?

» Há estacionamento? Se não, tem estacionamento gratuito por perto?

» Até que ponto o imóvel fica próximo da Atração A ou do Lugar B?

Perguntas sobre localização são particularmente importantes. Quando hóspedes reservam seu imóvel, eles não conhecem o endereço exato antes de reservar. O Airbnb fornece apenas um raio aproximado, que não disponibiliza nada específico aos hóspedes em relação à distância do imóvel a lugares aonde desejam ir. Dizer a eles quais lugares, atrações e facilidades são próximas é uma informação superútil. Por exemplo, em seu anúncio, diga "5min a pé da linha 1 do metrô" ou "10min de carro até o parque de diversões". Fornecer essa informação pode fazer a diferença, sobretudo se eles farão essa caminhada ou trajeto de carro várias vezes por dia.

Considere por que os hóspedes estão vindo e em que tipo de grupo estão. Essa prática suscita várias perguntas que você pode prever que esses hóspedes farão sobre o imóvel, a localização e facilidades. Quanto mais perguntas você puder responder na descrição do anúncio, maior a probabilidade de esses possíveis hóspedes fazerem a reserva. Responda a todas as perguntas que conseguir, mesmo que não se relacionem especificamente ao seu imóvel.

Os tipos de perguntas podem variar conforme o hóspede. Algumas podem ser mais comuns para um gênero específico de viajante, como uma pessoa que viaja a negócios em comparação com uma família. Essa última pode perguntar sobre a condição das escadas, se você tem quintal e espaço para brincadeiras, e até que ponto o local é equipado para crianças.

Alguns detalhes não são específicos de seu imóvel, mas ainda assim os hóspedes querem saber as respostas. Detalhes sobre lugares próximos, como se há uma piscina pública ou cinema por perto, podem ser aspectos extremamente atraentes para eles. Seja minucioso e inclua, na descrição do anúncio, respostas a essas perguntas.

É POSSÍVEL APAGAR O ANÚNCIO E COMEÇAR DO ZERO?

Embora você possa apagar seu anúncio depois de um início ruim e criar um novo, não recomendamos isso. Reelaborar o anúncio dá muito trabalho, e com frequência o Airbnb não lhe dá o mesmo impulso inicial em tráfego na segunda vez. A plataforma tem as informações sobre seu imóvel armazenadas na base de dados. Quando você cria um novo anúncio para um imóvel que já teve um lançamento malsucedido, no começo você conseguirá algum tráfego extra, mas provavelmente não na mesma quantidade que no primeiro lançamento. O Airbnb percebe que é o mesmo endereço, portanto, até certo ponto, a empresa sabe o que esperar. A plataforma ainda disponibiliza o tráfego extra de seu anúncio, mas ele não é tão substancial. Além disso, substituir seu anúncio por um novo leva um bom tempo — umas seis horas.

Em vez de começar do zero, recomendamos focar a melhoria de trechos particulares do anúncio. Antes de mais nada, comece pelas avaliações. Se tiver avaliações negativas, corrija os problemas e coloque respostas nelas, para que outros possíveis hóspedes possam ver que você se importa e resolveu o problema. A partir daí, lide com o título do anúncio, as fotos e a descrição conforme este capítulo, para assegurar que tudo esteja adequadamente preparado. Por fim, certifique-se de que o anúncio esteja o mais aplicável possível.

Às vezes, sua descrição oferece respostas a perguntas em que os hóspedes ainda não pensaram. É melhor incluir detalhes a mais do que a menos. Quanto mais informações os hóspedes têm, mais segurança sentem e maiores as chaces de reservarem instantaneamente.

Definindo as Regras da Casa

As regras da casa abrangem tudo sobre seu imóvel, desde se você aceita animais de estimação até quantos hóspedes são permitidos. Algumas regras são mais gerais e todo anfitrião deveria ter. Outras podem ser mais específicas e voltadas para seu imóvel. Ao escrever a descrição do anúncio, é bom definir as regras da casa e ter certeza de que abordou tudo o que for especificamente importante para você como anfitrião e transmitir com clareza essas informações aos hóspedes. Um anúncio mais direto e mais claro sobre as regras da casa gera menos problemas com eles.

As regras da casa são uma parte de seu anúncio que lhe permite indicar regras específicas que o hóspede deve concordar em seguir antes de reservar. O

Airbnb exige que os hóspedes concordem explicitamente com quaisquer regras que você estabelece em sua casa.

LEMBRE-SE

Coloque as regras da casa na seção apropriada do anúncio, e depois o Airbnb se encarrega do restante. Se você puser as regras da casa na descrição do anúncio e não na seção sobre regras, talvez seus hóspedes não as vejam e, portanto, não concordem com elas ao reservar o imóvel.

CUIDADO

Se você não coloca as regras da casa no local adequado, pode ter dificuldade para aplicá-las no caso de uma discussão. O Airbnb não o deixará aplicá-las, porque os hóspedes não concordaram expressamente com elas. Inclua em seu espaço um manual impresso com as regras da casa para os hóspedes, para lembrá-los futuramente de qualquer coisa que você julgue importante.

DICA

Ao percorrer o processo inicial de criação de anúncio no Airbnb, você não verá imediatamente todos os itens ajustáveis, como a hora do check-out e o número mínimo de estadas. Não deixe de voltar ao seu anúncio após finalizar a elaboração inicial e revisar todos os itens para ter certeza de que tudo está definido exatamente como deseja.

É importante que as regras de sua casa incluam todas as informações necessárias para que você, como anfitrião, fique 100% protegido. Isso também é útil para definir expectativas claras com seus hóspedes sobre o que é ou não permitido, para que você e eles evitem possíveis problemas.

Sabendo o que (e por quê) incluir

Ao elaborar as regras de sua casa, reserve um tempo para descobrir o que é importante para você. Então, faça uma lista de quaisquer regras que planeje aplicar. Você quer que os hóspedes saibam como devem se comportar ao ficar em seu imóvel. Se para eles houver qualquer ambiguidade sobre se uma regra está ou não em vigor, é quase impossível aplicar essa regra pelo Airbnb. É por isso que você deve ser específico ao incluir, na seção sobre as regras da casa, todas as que planeja aplicar.

As regras da casa são inalteráveis, a fim de que os hóspedes possam segui-las sem exceção ou "jeitinho". Aqui estão algumas regras que você pode querer incluir no anúncio:

» **Festas não são permitidas.** Acrescente nas regras da casa a observação sobre festas, para ter certeza de que elas não acontecerão. Sugerimos adicionar uma regra que afirme que, mesmo sem haver danos causados por uma festa, os hóspedes ainda receberão uma multa. Dessa forma, mesmo que uma festa não cause nenhum dano, você tem um impeditivo no local, então as pessoas não darão festas. A maioria dos proprietários e senhorios sabe que, se alguém dá uma festa no imóvel, não são apenas os danos materiais que causam impacto negativo. Muito provavelmente, uma festa incomodará os vizinhos por causa do barulho extra. Alguns vizinhos inclusive podem se sentir vulneráveis.

» **Não são permitidos hóspedes a mais.** Deixe claro para os hóspedes que apenas a quantidade de pessoas especificada na reserva é permitida no imóvel. Se eles o reservaram para seis pessoas, não é permitido que apareçam dezesseis. Você também pode escolher cobrar uma taxa extra para hóspedes a mais, o que discutimos mais adiante neste capítulo, na seção "Taxas por hóspede adicional".

» **É proibido fumar.** Esclareça aos hóspedes que pagarão todo o valor do depósito caução se fumarem, independentemente de quaisquer danos. Mesmo que você seja fumante, é provável que queira um anúncio para não fumantes, porque a maioria das pessoas deseja ficar em casas onde não se fuma. Se a sua é para fumantes, você se fecha para um nicho grande de hóspedes que, de outra forma, reservariam com você.

» **Horários de silêncio.** Determine com clareza em quais horários os hóspedes precisam fazer silêncio para evitar possíveis reclamações de vizinhos relacionadas a barulho. Acrescentar uma regra da casa do tipo "Silêncio após as 22h" é uma forma fácil de avisar os hóspedes sobre os detalhes. Assim, se houver alguma reclamação sobre barulho, é muito mais provável que os hóspedes concordem em seguir a regra preestabelecida.

Ao criar as regras de sua casa, não deixe de esclarecer os desdobramentos de uma regra quebrada. Por exemplo, em vez de dizer "Festas não são permitidas", afirme expressamente que "Os hóspedes pagarão o valor total do depósito caução se houver festas". Disponibilize esse impeditivo para que possa evitar a possibilidade de festas indesejadas. Essa regra específica sobre festas se aplica a quase todos os anfitriões, a menos que você seja um anfitrião do Airbnb que planeje permiti-las. No entanto, a maioria desejará manter essa regra, para que os hóspedes respeitem os vizinhos e o espaço deles.

Não dê margem a nenhuma ambiguidade. Deixe tudo claramente indicado para que os hóspedes não se preocupem com um possível mal-entendido que poderia fazê-los perder o depósito caução.

LEMBRE-SE

Adicione apenas regras que você planeja de fato aplicar. Vale a pena mencionar aos hóspedes regras do tipo "Favor tirar os sapatos ao entrar", mas a seção sobre as regras da casa não é o lugar para colocá-las. Para tal solicitação, você pode enviar uma mensagem aos hóspedes antes que eles cheguem. A seção sobre regras da casa deve ser sucinta, para que não haja nenhuma chance de os hóspedes deixarem passar uma regra mais importante, como "é proibido fumar".

CAPÍTULO 5 **Criando o Anúncio Perfeito** 91

Aplicando com sucesso as regras da casa: Instruções

Você tem duas formas de reagir e tomar providências contra hóspedes que desobedeceram às suas regras. Aqui está um resumo delas:

» **Primeiro método:** Contate educadamente seus hóspedes por meio da plataforma Airbnb. Informe-os de que quebraram ou estão quebrando uma regra da casa e solicite a intervenção do mediador. Se eles estão desobedecendo ao horário de silêncio, pode ser tão simples quanto pedir que fiquem quietos. Se estiverem com hóspedes a mais, isso pode significar pedir que saiam ou cobrar uma taxa extra.

LEMBRE-SE

Sempre que os hóspedes quebrarem as regras da casa, é essencial comunicar-se com eles por meio da plataforma Airbnb. Talvez você também queira fazer uma chamada telefônica, mas é importante se comunicar pela plataforma, para que, se precisar aplicar sanções, o Airbnb consiga visualizar um registro da conversa.

» **Segundo método:** Se não conseguir resolver a situação usando o primeiro método, você a resolve passando pelo processo de mediação do Airbnb. A plataforma aborda o problema diretamente com os hóspedes. Se no fim você tiver de seguir por esse caminho, adote estes passos:

1. **Registre o problema.** Tire fotos de danos causados a seu imóvel, bem como qualquer prova de que uma das regras da casa foi quebrada, como um cinzeiro para servir de evidência de que alguém fumou.

2. **Contate a equipe de apoio do Airbnb o mais cedo possível, antes que o próximo hóspede chegue.** Se você entrar em contato com o Airbnb após a chegada do próximo hóspede, não terá como provar qual hóspede quebrou a regra e, portanto, o Airbnb não conseguirá resolver o problema.

Após contatar o Airbnb, ele pedirá todas as informações necessárias para resolver a questão. Siga as instruções da empresa, e seu problema será resolvido em pouco tempo.

Passar pelo processo de mediação é uma situação muito rara e na maior parte das vezes o procedimento é favorável. Se de fato você tiver um hóspede que cause danos mais sérios e não colabore, então guardar bons registros é a melhor aposta para agilizar o processo e evitar ter problemas com isso.

Escolhendo uma Política de Cancelamento

O Airbnb disponibiliza um amplo leque de políticas de cancelamento que servem para cada anfitrião em particular. Nas seções a seguir, examinamos as seis diferentes políticas de cancelamento e explicamos por que uma mais rigorosa geralmente é a melhor opção para os anfitriões.

Identificando as seis políticas de cancelamento

Na época de publicação deste livro, o Airbnb tinha seis políticas de cancelamento. Você pode escolher uma delas:

LEMBRE-SE

Observe que o Airbnb muda e atualiza constantemente essas políticas. Elas se modificam e se adaptam, portanto, fique por dentro e entenda suas opções e a política que escolheu. O Airbnb lhe envia alertas sempre que faz mudanças, então não deixe de ficar atento para não se surpreender com cancelamentos.

» **Flexível:** Cancelamento grátis até 14 dias antes do check-in (tempo mostrado no e-mail de confirmação). Se reservado menos de 14 dias antes do check-in, cancelamento gratuito por 48 horas após reserva, até 24 horas antes do check-in. Depois, os hóspedes podem cancelar em até 24 horas antes do check-in e obter reembolso da taxa da diária e da de limpeza, mas não da taxa de serviço.

» **Moderada:** Cancelamento grátis até 14 dias antes do check-in (tempo mostrado no e-mail de confirmação). Se reservado menos de 14 dias antes do check-in, cancelamento gratuito por 48 horas após reserva, até 5 dias antes do check-in. Depois, os hóspedes podem cancelar em até 5 dias antes do check-in e obter reembolso da taxa da diária e da de limpeza, mas não da taxa de serviço.

» **Rigorosa:** Cancelamento grátis por 48 horas, contanto que o hóspede cancele pelo menos 14 dias antes do check-in (tempo mostrado no e-mail de confirmação). Depois, os hóspedes podem cancelar em até 7 dias antes do check-in e obter reembolso de 50% da taxa da diária e da de limpeza, mas não da taxa de serviço.

» **Longo prazo:** Aplicada automaticamente a reservas de 28 noites ou mais. Os hóspedes podem cancelar antes do check-in (15h no horário local de destino, se não especificado) e obter reembolso total, menos dos 30 dias e da taxa de serviço.

» **Super-rigorosa de 30 dias:** Os hóspedes podem cancelar pelo menos 30 dias antes do check-in e obter reembolso de 50% da taxa da diária e da de limpeza, mas não da taxa de serviço. Essa política é apenas por convite, restrita a certos anfitriões sob circunstâncias especiais.

» **Super-rigorosa de 60 dias:** Os hóspedes podem cancelar pelo menos 60 dias antes do check-in e obter reembolso de 50% da taxa da diária e da de limpeza, mas não da taxa de serviço. Essa política é apenas por convite, restrita a certos anfitriões sob circunstâncias especiais.

Selecionando a política certa para você

A política de cancelamento que você escolhe é mais importante do que se pensa. A regra geral é: independentemente da política escolhida, pergunte a si mesmo como você gostaria de ser tratado como hóspede. Ao ter uma política de cancelamento rigorosa, você acaba tendo mais opções.

Recomendamos que fique com uma política de cancelamento rigorosa ou uma super-rigorosa de 60 ou 30 dias, se possível. Observe que, no momento em que este livro está sendo escrito, o Airbnb não disponibiliza a todos os anfitriões as políticas super-rigorosas de 60 ou 30 dias. Com esse tipo de política, você consegue flexibilidade máxima. Nem sempre você manterá a política de cancelamento rigorosa, porque sempre tem a escolha de reembolsar os hóspedes. No entanto, usar uma política rigorosa lhe dá mais opções, o que é ideal.

LEMBRE-SE

Se você optar por uma política de cancelamento flexível ou moderada, permitirá às pessoas que cancelem a visita mesmo após a reserva. Essa política significa que suas devoluções e seus hóspedes ficam menos restritos.

Entenda que, com uma política de cancelamento mais flexível, você paga um custo de oportunidade. O *custo de oportunidade* é referente aos casos em que os hóspedes decidem cancelar a um mês da estada quando reservaram três meses antes dela e, logo, durante esses dois meses em que você teve seu espaço reservado, ninguém mais conseguiu visualizá-lo.

Todas as pessoas que poderiam ter visto seu imóvel não conseguiram reservá-lo. Quanto mais você se aproxima da data de chegada, há menos chance de o anúncio ser reservado se alguém cancela de repente e ele fica disponível de novo. Colocar outra pessoa em seu espaço é praticamente impossível quando alguém cancela duas horas antes do check-in. É altamente improvável que qualquer uma dessas datas canceladas será reservada tão em cima da hora, porque possíveis hóspedes planejam com antecedência as viagens. Por outro lado, se alguém cancela três meses antes, existe uma alta probabilidade de você ter essas datas reservadas.

LEMBRE-SE

Analise as políticas rigorosas de cancelamento menos como uma forma de segurar os hóspedes e forçá-los a ficar em seu imóvel e mais como uma rede de segurança para si mesmo, a fim de ter certeza de não estar correndo um risco desnecessário de que os hóspedes cancelem no último minuto.

Coloque-se no lugar dos hóspedes. Se você cancelou com três meses de antecedência, gostaria que o anfitrião insistisse em ficar com 100% do valor da reserva? Você ficaria muito nervoso com isso, certo? Então, por que pensaria em fazer o mesmo com seus hóspedes se você é anfitrião?

Se está usando uma política de cancelamento rigorosa, você tem mais opções como anfitrião. Você decide se concede reembolso aos hóspedes. Se eles pedirem reembolso, mas não estiverem qualificados para isso de acordo com sua política, você pode ignorar e ainda conceder o reembolso.

Se escolheu uma política moderada ou flexível, então você não tem a opção de ficar com o dinheiro. Além disso, os hóspedes têm um período de carência de 48 horas para cancelar após a reserva. Se a visita é dali a 14 dias, eles não têm esse período de carência. Além dessas 48 horas, eles podem obter reembolso de 50% se cancelarem dentro de 7 dias.

Você pode definir caso a caso para quem concederá reembolso. O tempo que deixaram o imóvel reservado faz uma grande diferença. Ter seu anúncio reservado por 72 horas, então cancelado um mês antes é bem diferente de tê-lo reservado por quatro meses e cancelado duas semanas antes. Potencialmente poucas pessoas viram seu anúncio e poderiam ter reservado dentro dessas 72 horas, mas se seu anúncio foi reservado por quatro meses, o número de pessoas que poderiam ter reservado é bem maior.

Ter uma política rigorosa lhe permite abordar cada situação de maneira diferente. Digamos que cancelem com 7 ou 14 dias antes, ou um mês. Se estiver muito próximo da data da estada, você oferece o reembolso de 50%, e eles ficam com os outros 50% quando outra pessoa reservar o local. Escolher esse tipo de política lhe permite recuperar o dinheiro perdido com a reserva, e o hóspede que cancelou também é recompensado.

CUIDADO

Às vezes, o Airbnb o estimulará ou solicitará que você ofereça aos hóspedes um desconto em troca de aceitarem uma política mais rigorosa de cancelamento. Se você passar por isso ao configurar sua política de cancelamento, provavelmente será melhor escolher uma política mais flexível, que não exija que ofereça desconto aos hóspedes. Uma alternativa é tão somente propor o desconto e aumentar os preços adequadamente.

Definindo Taxas Apropriadas

Taxas extras entram em cena ao hospedar pelo Airbnb. Entre elas estão a taxa de limpeza, o depósito caução e taxas por hóspede adicional. Analisamos cada uma dessas taxas e como definir um número apropriado, dependendo de sua própria situação.

Taxas de limpeza

Taxas de limpeza são taxas que você configura para cobrar dos hóspedes um valor único por estada para cobrir seus custos com a limpeza do local após o check-out. A taxa de limpeza que você estabelece é acrescentada às reservas acima dos valores por noite que as pessoas pagam para ficar em sua casa.

DICA

Para definir sua taxa de limpeza, descubra quanto custa fazer uma limpeza profissional em seu espaço. Independentemente de estar planejando limpar o espaço por conta própria ou ter profissionais que limpem para você, é bom basear a taxa de limpeza no valor profissional. Fazer isso lhe dá flexibilidade de ter um(a) faxineiro(a) profissional que o ajude em caso de necessidade. Ter algumas diaristas que lhe deem orçamentos de quanto custará uma limpeza o ajuda a definir a taxa de seu anúncio.

Acrescente o custo de reabastecer itens como papel higiênico, sabonete líquido, detergente e papel-toalha. Descubra o custo aproximado por estada. Provavelmente são apenas alguns reais por estada, porque a maioria dos hóspedes não acabará com todo o seu sabonete líquido ou detergente, e é provável que usem apenas uns dois rolos de papel higiênico. Acrescente esses valores e inclua outras taxas, e o resultado, basicamente, é sua taxa de limpeza. O Capítulo 14 aborda mais detalhes sobre limpeza e por que contratar diaristas é tão importante.

Um equívoco comum em que as pessoas acreditam é que colocar taxas altas de limpeza ou uma média razoável no mercado impedirá que os hóspedes reservem o imóvel. Porém, isso não é verdade. Você acaba conseguindo o mesmo número de reservas e os mesmos retornos se propõe taxas de limpeza bem abaixo do mercado ou na média. Você perde reservas é quando vai muito além da taxa de mercado para uma limpeza profissional.

Depósito caução

Seu *depósito caução* é tecnicamente apenas uma taxa no caso de algum hóspede causar danos ou quebrar uma regra da casa e precisar receber uma multa condizente. Um depósito caução é uma quantia definida que o Airbnb autoriza no cartão de crédito do hóspede. Se alguém causar danos em seu imóvel e você tiver sucesso em conseguir um mediador pelo Airbnb, a plataforma o compensará pelos danos usando o depósito caução do hóspede.

LEMBRE-SE

No caso improvável de um hóspede causar danos no imóvel que excedam a quantia coberta pelo depósito caução, você ainda tem a cobertura de proteção ao anfitrião de US$1 milhão do Airbnb, bem como de seu próprio seguro. No Capítulo 4, abordamos com detalhes a proteção ao anfitrião do Airbnb e seguros para aluguéis temporários.

Por esse motivo, o depósito caução que você define deve ser suficiente apenas para cobrir quaisquer danos que os hóspedes possam acidentalmente causar no imóvel. Definir um valor absurdamente alto para o depósito caução na tentativa de proteger seu imóvel dos piores cenários cobertos por seu próprio seguro impactará negativamente suas reservas.

Definir um valor do depósito caução envolve mais suposições e ambiguidades que outras taxas. Ao contrário de uma fórmula científica, calculada, seu depósito caução deve ser o bastante para, basicamente, cobrir quaisquer danos aceitáveis em seu imóvel. Isso significa que você evita acessar seu seguro de responsabilidade ou o do Airbnb.

Para um imóvel médio, é bom você não definir o valor do depósito caução por menos de R$800 a R$1.000. Essa quantia é razoável porque R$800 de danos podem ser causados na maioria dos imóveis por mera falta de cuidado. Por exemplo, suponha que alguém esbarre em sua TV e a derrube. O conserto de qualquer dispositivo tecnológico que você tenha com certeza fica entre R$500 a R$800 se quebrado. Essas coisas podem ser facilmente quebradas por acidente.

Se alguma vez você precisar reivindicar o depósito caução de seus hóspedes, consulte a seção "Aplicando com sucesso as regras da casa: instruções", em que mostramos todos os passos sobre como proceder.

Taxas por hóspede adicional

Taxas por hóspede adicional são aplicadas quando um grupo de hóspedes excede uma quantidade específica de pessoas. Por exemplo, se você define uma taxa adicional de R$80 para grupos com mais de quatro pessoas, então um grupo de seis teria uma taxa adicional de R$160. Receber mais hóspedes do que seu imóvel tipicamente acomoda é a única ocasião em que você deve aplicar uma taxa adicional por hóspede.

DICA

Para definir essas taxas, tudo o que você precisa fazer é especificar no Airbnb o valor delas e a partir de quantos hóspedes em um grupo deseja que sejam aplicadas.

Em geral, tentar fazer divisões para que seu anúncio de dois quartos cubra taxas diferentes para uma, duas, três ou quatro pessoas gera problemas e dores de cabeça. Você não terá um retorno melhor. Em vez disso, defina os preços ideais sem colocar hóspedes adicionais neles.

CAPÍTULO 5 **Criando o Anúncio Perfeito** 97

LEMBRE-SE

Se quiser usar essas taxas em seu anúncio, cobre-as apenas se tiver despesas adicionais com um hóspede extra. A única ocasião em que há custo adicional é, por exemplo, se você arruma um sofá-cama ou precisa que diaristas façam isso. Se você disponibilizar um berço ou um colchão de ar, uma taxa adicional é justificável. A última coisa que você quer é causar nos hóspedes a sensação de terem sido lesados. Isso só deixará uma lembrança ruim.

Ativando a Reserva Instantânea: Prós e Contras

Como anfitrião, é sempre bom ter a Reserva Instantânea ativada quando possível, a fim de incrementar seu SEO. Desative-a apenas se tiver um motivo específico.

Utilizar o recurso Reserva Instantânea, como muitas coisas na vida, tem pontos positivos e negativos. Antes de decidir usar (ou não usar) esse elemento, não deixe de conhecer os prós e os contras, para poder planejar adequadamente.

Os prós são estes:

- » Você consegue muito mais reservas. As pessoas conseguem reservar seu local com mais facilidade e, como consequência, mais pessoas farão isso.
- » Seu anúncio aparece em posições superiores nos resultados de busca do Airbnb e conseguirá bem mais tráfego.

Entretanto, aqui estão os contras:

- » Você tem menos controle sobre quem vai à sua casa e quando. Você não pode decidir que tipo de hóspede aceita, nem quando o aceita.
- » Seu imóvel precisa estar sempre pronto para receber hóspedes, porque eles podem reservar a qualquer momento, em cima da hora. Para atenuar um pouco o problema, como anfitrião, você consegue definir um período mínimo de aviso exigido para os hóspedes fazerem a reserva — em forma de horário-limite para reservas no mesmo dia ou até sete dias de aviso com antecedência. Isto posto, esse período é definido para todas as suas reservas, e quanto mais avisos com antecedência você solicitar, menos reservas terá.

Embora sem dúvida haja desvantagens em ativar a Reserva Instantânea, ao ser proativo, você pode anular o impacto de qualquer uma delas. Aqui estão algumas formas de atenuar os pontos fracos da Reserva Instantânea:

» **Mantenha seu calendário sempre atualizado.** Tão logo perceba que há um conflito pessoal em receber pessoas em determinada data, bloqueie-a no calendário. Em vez de esperar até o último minuto, seja proativo e bloqueie quaisquer dias problemáticos no calendário. Deixe abertos nele apenas os dias em que você deseja que as pessoas façam reserva.

» **Faça limpeza depois dos check-outs, e não antes dos check-ins.** Assim que um hóspede fizer check-out, bote a equipe de limpeza para trabalhar. Mesmo que não haja chegada imediata de outro hóspede, faça a limpeza de maneira proativa, assim seu imóvel sempre estará pronto para os hóspedes.

» **Cancele reservas de hóspedes com quem você se sente incomodado.** Se você tem a Reserva Instantânea ativada, o Airbnb lhe permitirá cancelar reservas de todos os hóspedes com quem se sinta incomodado. Você pode cancelar até três reservas por ano online; para mais do que isso, precisará entrar em contato com a equipe de suporte do Airbnb.

É preferível que ative a Reserva Instantânea sempre que puder. O único motivo para desativá-la é se você não se importa em otimizar os retornos. Desative esse recurso apenas se o Airbnb não passa de um hobby para você e se valoriza mais o controle de deixá-lo desativado do que o retorno financeiro que tem com ele ativado. Nesse caso, vá em frente, desative a Reserva Instantânea e retome o controle.

AIRBNB E INCLUSÃO

Como anfitrião, você pode cancelar sem multa quaisquer reservas se não se sentir seguro para aceitá-las quando tiver a Reserva Instantânea ativada. Porém, o Airbnb tem políticas claras sobre discriminação.

Por conta dessa política, há uma linha tênue quando se trata de cancelamentos por questões pessoais. Você precisa de um motivo legítimo para se sentir incomodado com um hóspede, como avaliações ruins que notou no perfil dele. Se há uma razão legítima para sua preocupação, o Airbnb não lhe aplica multa no caso de um cancelamento.

Independentemente de você ter ou não a Reserva Instantânea ativada, quando se inscreve como anfitrião, concorda em permitir qualquer pessoa em seu espaço, não importa a etnia, o gênero, a idade, a orientação sexual ou qualquer outra coisa. O Airbnb tem tolerância zero com todos os tipos de discriminação.

100   PARTE 2 **Chamando Atenção para Seu Anúncio**

> **NESTE CAPÍTULO**
>
> » **Elaborando uma estratégia para suas fotos**
>
> » **Preparando seu anúncio para as fotos**
>
> » **Obtendo os ângulos certos**
>
> » **Tirando fotos da maneira correta**
>
> » **Examinando o que diferencia os melhores anfitriões**

Capítulo **6**

Fazendo Seu Anúncio Brilhar com Fotografias

Não estamos exagerando quando dizemos que a fotografia é provavelmente o elemento mais importante do anúncio. Fotos marcantes permitem que possíveis hóspedes vejam seu anúncio por dentro e podem fazê-lo se destacar entre os concorrentes (e fotos sem graça fazem o anúncio não mostrar seu verdadeiro potencial). Ter certeza de arrasar nas fotografias é essencial, porque os hóspedes, majoritariamente, decidem se reservarão seu anúncio com base nelas. Ter fotos ruins em comparação a ter fotos incríveis pode ser a diferença entre reservas eventuais ou um calendário lotado.

Não presuma que tudo o que você precisa fazer é tirar algumas fotos boas com seu smartphone. A diferença entre fotografias ruins, boas e fantásticas é gritante. Este capítulo mostra por que as fotos são um dos aspectos mais "pegar ou largar" de seu anúncio. Explicamos como conseguir fotos excelentes para que seu anúncio opere em seu máximo potencial. Fotografias menos que incríveis vendem barato seu anúncio e não permitem que ele atinja o potencial máximo.

CAPÍTULO 6 **Fazendo Seu Anúncio Brilhar com Fotografias** 101

Definindo Sua Estratégia para Fotografar

Suas fotos exibem seu espaço e estimulam possíveis hóspedes a dar uma olhada no anúncio. No entanto, não é bom tirar um monte de fotos de qualquer jeito e postá-las no anúncio. Em vez disso, planeje apresentar seu espaço da melhor maneira que conseguir. Imagens são fundamentais. Não menospreze as fotos de seu anúncio. Elas são um elemento crucial para obter mais visualizações, o que leva a mais reservas de estada e mais dinheiro em seu bolso.

Nestas seções, ajudamos você a entender por que as fotografias fazem tanta diferença no potencial de seu anúncio e como escolher fotos que apresentem os ângulos mais atrativos. Também contamos por que contratar um fotógrafo profissional é a jogada que o destaca entre todos os concorrentes.

Entendendo por que as fotos são tão importantes

Para a maioria dos hóspedes, as fotos são o primeiro passo para salvar ou excluir lugares que desejem reservar. Se quer que seu local fique "bem na foto" para os hóspedes, você precisa de imagens para isso.

Ao pesquisar no Airbnb, as primeiras coisas que os hóspedes veem são a foto de capa e o título. Esses dois itens, ao lado do preço, são os únicos pontos de referência dos hóspedes ao clicarem no anúncio. Naturalmente, sua fotografia diz muito mais sobre seu espaço do que um mero título ou ofertas de taxa diária. Consequentemente, você quer que suas fotos exaltem as qualidades do seu anúncio, porque elas são um fator importante para atrair hóspedes interessados em clicar em seu anúncio logo de cara.

Hóspedes em potencial querem reservar imóveis com base na beleza (ou não) das fotos e se o espaço é como imaginaram. Apenas depois de vasculharem as fotos do anúncio é que eles se aprofundam em outros elementos, como a descrição. Fotografias são uma forma rápida e fácil de eliminarem imóveis que julgam menos atraentes ou que não tenham os itens-chave e as facilidades que estão procurando.

Analisando quais fotos têm melhor e pior desempenho

Testar suas fotos é uma das melhores maneiras de definir quais ficam melhor e como você pode incrementar seu anúncio. Inicialmente, você faz uma estimativa sobre qual foto ficará melhor como *foto de capa*, que é a que os hóspedes

102   PARTE 2 **Chamando Atenção para Seu Anúncio**

veem na página principal de pesquisa entre todos os outros anúncios. Porém, depois de ter o anúncio ativado por alguns meses, provavelmente vai querer testar essa foto de capa comparando com outras. Sua foto de capa é a primeira coisa que os hóspedes em potencial veem e é responsável por fazê-los clicar em todo o anúncio. Muitos aspectos impactam o fato de as pessoas reservarem ou não seu imóvel, mas a foto de capa é um dos principais, porque, basicamente, causa uma primeira impressão nos hóspedes.

Você também pode verificar o desempenho do anúncio em sua conta do Airbnb para ver quantas pessoas estão clicando nele. Fazer isso facilita testar mais fotos diferentes. Após ver uma diferença entre o número de pessoas clicando em seu anúncio e o número de visualizações que você obtém continuamente, é possível usar esses dados para ver qual foto se sai melhor como foto de capa.

LEMBRE-SE

Após testar várias fotos de capa, fique com a que tiver melhor desempenho. Em longo prazo, você conseguirá mais visitantes para o anúncio, o que faz uma diferença exponencial na rentabilidade do imóvel. Presumindo que você configurou adequadamente o restante do anúncio, mais visualizações significam mais reservas. É um efeito dominó. Mais reservas o catapultam para cima nas classificações de busca, o que leva a mais visualizações. Agora você tem um ciclo de feedback em que experimenta resultados melhores e impulso ascendente.

Contratar um fotógrafo profissional: Por que essa é uma decisão inteligente

Uma das decisões mais importantes que você toma quando cria um anúncio no Airbnb é contratar um fotógrafo profissional. Recomendamos que não poupe despesas com fotos; em vez disso, use um fotógrafo profissional para todas as fotos do anúncio. Ponto final.

O que um profissional pode fazer por você e por seu anúncio

A escolha entre tirar suas próprias fotos ou contratar um fotógrafo profissional para registrar seu anúncio pode fazer toda a diferença no número de reservas que você obtém. Um fotógrafo profissional com experiência em fazer fotos para o Airbnb tem as seguintes características que você, muito provavelmente, não tem:

» **Ele tem o melhor equipamento e conhecimento.** Ele tem domínio dos elementos, captando os melhores ângulos, fotografando em diferentes modos, capturando o estilo certo ou usando corretamente a luz. Em geral, um fotógrafo profissional trata de todas as nuances exigidas para conseguir fotos altamente atraentes e chamativas.

CAPÍTULO 6 **Fazendo Seu Anúncio Brilhar com Fotografias**   103

DICA

» **Ele sabe a diferença entre uma foto boa e uma excelente.** Uma foto excelente, em comparação com uma boa, é a diferença entre apenas algumas reservas e um calendário lotado. Suas fotos são uma parte fundamental para conseguir que as pessoas cliquem e reservem seu anúncio. Qualquer diferença provavelmente será igual a rendimentos maiores. Um profissional sabe o que torna uma foto excelente, e é mais provável que você consiga fotos melhores assim do que se fizer por conta própria.

Dê ao fotógrafo o esquema e as instruções adequadas sobre quais ângulos captar para que você receba as fotos de que precisa. O retorno sobre o investimento é enorme.

» **Ele sabe como fotografar para um anúncio no Airbnb.** Fotógrafos do Airbnb fazem fotos que permitem aos hóspedes se imaginar no espaço e ter certa impressão sobre como é ficar aí. O profissional enfatiza não apenas o espaço físico, mas também as facilidades dele. Ele captura o toque do sofá e das camas, bem como o aconchego da sala de jantar e o conforto da sala de estar. Ao contrário de fotógrafos tradicionais de casas, que geralmente exibem a fachada do imóvel, fotógrafos do Airbnb mostram o interior.

Consulte a seção posterior "Como contratar um profissional" para ter conselhos sobre como encontrar um fotógrafo experiente para tirar fotos para seu anúncio.

Por que é má ideia tirar fotos por conta própria

Muitos anfitriões começam pensando que podem fazer fotos boas o bastante por conta própria. Eles podem ter o último smartphone ou mesmo uma câmera DSLR. O que poderia dar errado, não é? Muita coisa. Fotografar um imóvel para o Airbnb é muito diferente de tirar fotos padrão de paisagens ou retratos. Só porque você é fotógrafo amador de paisagens ou tira fotos de alunos do ensino médio para o livro do ano não significa que tem preparo para fotografar um imóvel para o Airbnb.

Muitos anfitriões cometem um erro tentando fotografar o próprio espaço ou contratando um amigo ou fotógrafo profissional que não é especialista em fazer fotos para anúncios no Airbnb. Ao tirar fotos por conta própria (ou pedir a um amigo ou amador), você não está maximizando o potencial do próprio anúncio. Pior ainda, suas fotos podem parecer amadoras e não atrairão possíveis hóspedes que examinem com mais detalhes seu anúncio, resultando em menos reservas, não importa o quanto seja bom.

Como contratar um profissional

Faça um pequeno investimento em fotografia profissional quando configurar um anúncio no Airbnb pela primeira vez. Você obtém ganhos enormes em comparação com anfitriões que não percebem essa oportunidade e vão pelo caminho aparentemente menos dispendioso, fazendo fotos por conta própria ou usando um amigo fotógrafo amador.

LEMBRE-SE

Embora o Airbnb disponibilize fotografias profissionais, usar o serviço não lhe dá o controle desejado para avisar sobre quais ângulos você quer. Para contratar um fotógrafo profissional, faça uma rápida busca online por fotógrafos do Airbnb ou de imóveis em sua região. Deve haver várias opções.

Após encontrar alguns fotógrafos em potencial, dê uma olhada em seus portfólios para decidir quem são os melhores, então solicite alguns orçamentos. Lembre-se, fotografia profissional é um investimento que provavelmente tem um retorno dez vezes maior. Não seja mesquinho procurando apenas a opção mais barata.

Depois que encontrar o fotógrafo certo, você terá de agendar um horário para ele ir ao imóvel e fazer as fotos. É bom fornecer com antecedência a lista de fotos e orientações que abordamos nas seções a seguir. Após tirar as fotos, o profissional escolherá as melhores, as retocará na pós-produção e lhe enviará as fotos finalizadas para o anúncio. Você pode esperar desembolsar algo entre R$250 e R$1.500, dependendo da região em que vive, e o tempo de produção para receber as fotos finalizadas não pode ser maior que uma ou duas semanas.

Preparando Seu Imóvel para as Fotos

Antes de chamar um profissional para fotografar seu imóvel, você precisa se certificar de que ele está adequadamente preparado. Se seu imóvel não estiver incrível, não haverá meios de suas fotos ficarem incríveis. Nestas seções, mostramos por que preparar o imóvel antes das fotos é essencial e como fazer isso como um profissional.

Percebendo por que preparar o imóvel é o "X" da questão

Preparar o imóvel é crucial para a experiência dos hóspedes. Eles devem se imaginar em seu local ao navegar pelo anúncio. Consequentemente, tenha como meta deixar os hóspedes animados quando virem as fotos do anúncio. Prepará-lo é dar aos hóspedes um gostinho do que é ficar em seu imóvel, mas no conforto das casas deles.

Esqueça a fachada da casa. Em vez disso, foque cada cômodo e pequenos toques que os fazem parecer aconchegantes. A maioria dos hóspedes busca um lugar que se alinhe com o espírito do Airbnb, que é viver como um morador. Um hotel é a antítese do Airbnb. Considere o Airbnb algo semelhante a ficar em um local com cara de casa. Ficar como um morador tem muitas pequenas diferenças que surgem à medida que você prepara seu imóvel para torná-lo aconchegante.

Preparando seu imóvel como um profissional

Ao preparar seu anúncio, tenha em mente estas dicas para ajudá-lo a se destacar:

» **Verifique se o espaço está impecavelmente limpo.** Seu banheiro precisa estar higienizado e apresentável. Contrate diaristas para limpar seu espaço antes que as fotos sejam feitas. Assegure-se de que as diaristas deem o melhor de si na limpeza.

» **Organize tudo.** Deixe seu espaço com cara de capa de revista. Faça o seguinte ao prepará-lo:

- Veja se as cadeiras e os tapetes estão adequadamente alinhados, e nada no geral está fora do lugar.

- Esconda todos os cabos, para não serem vistos.

- Afofe almofadas e posicione-as corretamente nos sofás e nas camas.

- Passe os lençóis, para que eles não pareçam enrugados demais.

- Arranque todas as etiquetas de roupas de cama, toalhas ou travesseiros.

- Baixe a tampa do vaso sanitário e feche a cortina do chuveiro. Se tiver um chuveiro bacana, talvez queira abri-la para fotos específicas dele. Porém, na maioria das vezes, mantenha-a fechada, para que o banheiro pareça mais bonito e limpo.

Esses pequenos toques fazem uma apresentação completa de seu imóvel e resultam em fotos fenomenais. Esse nível de detalhe é o que faz seu espaço chegar a 100% e leva os hóspedes a reservar seu imóvel, e não o da concorrência.

» **Incremente tudo.** Em outras palavras, você está dando um "tcham" em seu espaço e fazendo-o se destacar. Por exemplo, adicione almofadinhas convidativas na cama (se não tiver nenhuma, compre algumas com um pouco de cor).

» **Prepare o próximo nível.** Destaque seu espaço preparando-o para ficar com cara de casa. Acrescente algumas plantas ou flores. Deixe um jornal por aí e monte a mesa com uma tigela de frutas e uma caneca de café fresco para que os hóspedes se visualizem sentados à mesa da cozinha tomando o café da manhã e lendo as notícias. Afinal, é o lado mais sutil e detalhado das coisas que realmente faz a integração total.

Tirando Todas as Fotos

De acordo com psicólogos, as pessoas se lembram melhor do início e do fim de uma experiência do que do meio, mesmo que as partes do meio tenham sido tecnicamente mais marcantes do que a experiência geral. Então, qual sua tarefa como anfitrião? Criar inícios e fins marcantes.

A primeira e a última coisa que um possível hóspede provavelmente vê quando se trata de seu anúncio são suas fotos. Além disso, a primeiríssima foto que eles verão é a foto de capa, portanto, é fundamental que ela destaque os melhores aspectos de seu anúncio.

Por esse motivo, tirar todas as fotos de que você precisa para fazer seu anúncio se destacar e definir as expectativas corretas para os hóspedes é particularmente importante. A próxima seção dá orientações sobre os tipos diferentes de fotos de que seu anúncio precisa para conseguir isso.

Tudo junto e misturado: De fotos abertas a detalhadas e em close

Planejar o dia das fotos é essencial, porque seu fotógrafo precisa tirar fotos de diferentes ângulos para mostrar o espaço. Descubra ângulos exclusivos para o profissional e dê sugestões sobre alguns que enfatizem partes diferentes de sua casa. Faça o fotógrafo destacar todas as partes importantes de seu espaço, a fim de não deixar nada para a imaginação do hóspede.

Você vai querer fotos distantes e próximas, por diferentes motivos. Em geral, é bom se certificar de que as fotos cumpram três coisas:

- » **Mostrar tudo.** Deixe que os hóspedes se imaginem em cada cômodo.
- » **Responder a todas as perguntas que os hóspedes possam fazer.** Faça seu fotógrafo usar uma mistura de fotos para responder a quaisquer dúvidas que os hóspedes tenham, como quais facilidades o anúncio oferece.
- » **Ajudar possíveis hóspedes a se imaginar no espaço.** Ao mostrar o interior de seu imóvel, e não apenas a fachada, você permite aos hóspedes que se imaginem no seu local.

CUIDADO

Um dos maiores erros que vemos são pessoas tirando uma única foto do espaço e deixando os hóspedes se perguntarem o que mais há lá. Talvez eles não consigam dizer se há geladeira na cozinha ou não. Talvez não saibam se há mais espaço em um lado do cômodo ou se aquilo, na verdade, é uma parede. Se possíveis hóspedes não têm certeza sobre algo ao visualizar seu local, essa incerteza pode levá-los a reservar outro lugar.

Verifique se seu fotógrafo tira as fotos corretas, para que os hóspedes possam definir com clareza o que é o espaço e como ele está configurado. Veja também se o profissional capta os ângulos de todas as facilidades principais de seu imóvel. Por exemplo, se você mencionar o sofá-cama na descrição do anúncio, não deixe de ter fotos do sofá montado e também arrumado como cama. Dessa forma, as pessoas podem visualizar onde o sofá-cama está e como ele é. Suas fotos devem deixar de fora qualquer mistério para os hóspedes.

Exemplos de fotos distantes

Seu fotógrafo deve usar fotos em plano aberto para mostrar o espaço inteiro. Fotos como essas ajudam a entender a disposição de seu imóvel. Se possível, inclua fotos que mostrem vários cômodos em uma só imagem. Suas fotos devem destacar espaços específicos também, e todas as que exibem corredores dão aos hóspedes uma ideia do layout do imóvel completo. Onde estão os quartos, banheiros e a cozinha? Mostre seus espaços externos, como quintal, churrasqueira, móveis do terraço, varanda, garagem ou estacionamento. Se tiver atrações ou lugares agitados por perto, como um parque, restaurante ou piscina, acrescente fotos deles para agregar ainda mais valor.

Exemplos de fotos a média distância

Dependendo de seu espaço, as fotos a média distância têm o mesmo resultado que as de plano aberto. Para um cômodo grande e conceitual, é bom ter uma foto distante. Porém, em um banheiro não é necessário uma foto muito distante. Você vai querer uma foto de distância padrão ou média para mostrar o espaço todo.

Exemplos de fotos em close

Para responder a eventuais perguntas dos hóspedes, faça seu fotógrafo tirar fotos em close da cafeteira, do liquidificador ou do fogão a gás, para fornecer mais detalhes do tipo de facilidade. Essas fotos ajudam a responder às perguntas dos hóspedes se eles têm interesse em cozinhar. Faça o profissional tirar fotos também de sua TV com a tela da Netflix à mostra. Se você tem uma casa inteligente ou um aparelho de som, inclua esses itens nas imagens em close, assim os hóspedes não precisam ler toda a descrição para saber que você tem certas facilidades desejáveis.

Fazendo uma checklist das fotografias

Faça uma checklist das fotografias do imóvel para assegurar que nenhuma se perca. Seu planejamento também precisa envolver a iluminação específica, a disposição do ambiente e os tipos de fotos que você quer que o fotógrafo registre. Percorra seu anúncio, escreva instruções específicas, descubra exatamente o que você quer, então converse com o fotógrafo a respeito. Olhar outros anúncios no Airbnb, sobretudo de Superhosts, que têm fotos dinâmicas, pode lhe dar alguma inspiração (para ter outras dicas, consulte mais adiante neste capítulo a seção "Identificando Dicas e Truques Usados pelos Melhores Anúncios e Superhosts").

Trabalhando com Seu Fotógrafo para Conseguir Ótimas Fotos

Se contrata um fotógrafo profissional para tirar ótimas fotos, depende de você especificar o que quer e, aí, assegurar que as fotos finalizadas registrem seu imóvel da melhor maneira possível. Nas seções a seguir, fornecemos algumas ideias que podem ajudá-lo a assegurar que seu fotógrafo consiga as fotos necessárias.

Iluminando a foto

Muito provavelmente seu fotógrafo trará o próprio equipamento de iluminação para fotografar seu imóvel, mas você pode cuidar das coisas a seguir para ajudar a ter certeza de que a luz está correta:

» **Em primeiro lugar, agende a sessão de fotos para que ela ocorra durante o dia.** Todas suas fotos devem ter a melhor luz natural sempre que possível. Nunca fotografe um imóvel à noite, porque fotos noturnas são a pior opção para o ambiente. Além disso, você não quer ver escuridão pela janela.

Peça para que todas as fotos exteriores sejam tiradas na hora dourada, quando o Sol está se pondo. Fotos assim são ainda mais bonitas do que as registradas durante as horas de maior luminosidade.

» **Abra persianas ou cortinas para incluir a maior quantidade de luz natural possível.** A maior quantidade possível de luz natural faz todas as suas fotos parecerem mais claras e atraentes.

LEMBRE-SE

» **Para as áreas de baixa ou pouca iluminação, veja se o fotógrafo tem o equipamento apropriado, para que todos seus espaços pareçam aconchegantes e bem-iluminados.** Os únicos espaços que devem ter luz artificial são os que não têm luz natural o suficiente, como um banheiro sem janela ou um porão. Geralmente, em qualquer lugar que você consiga luz natural, mostre-a.

Nenhuma área de seu espaço deve aparecer escura ou oculta. Coisas escuras e não convidativas são a antítese de um espaço acolhedor no Airbnb.

Compondo a foto

Ao compor as fotos, seu fotógrafo deve registrar o espaço da melhor maneira que puder. É bom você apresentar a melhor versão de sua cozinha, quarto, banheiro e espaço de convivência.

Para a composição, seu fotógrafo não precisará de muitas orientações. Ele tem o conhecimento profissional para fazer um ótimo trabalho por conta própria. O mais importante é dar a ele a lista de fotos solicitadas. Consulte a seção anterior "Tirando Todas as Fotos", onde explicamos quais tipos de fotos você quer. Quando seu fotógrafo fizer as fotos, examine-as e avalie os ângulos e as composições. Veja se elas respondem a perguntas de possíveis hóspedes e proporcionam a imagem adequada de seu espaço.

Por exemplo, suponha que você tenha uma sala de estar e uma sala de jantar amplas e integradas, e deseja que seu fotógrafo componha várias fotos que mostrem apenas a sala de estar, e várias fotos exibindo somente a sala de jantar. No entanto, pelo menos uma foto deve mostrar os dois espaços juntos. Essa foto responde a perguntas que seu hóspede talvez tenha sobre a localização de ambos os cômodos. Ao incluir a composição certa, você assegura qual lado de seu espaço está sendo mostrado. Se possível, inclua em sua lista de fotos uma imagem em um ângulo que exiba mais luz natural ou que apresente obras de arte.

Obtendo a exposição adequada

A exposição é outro elemento que seu fotógrafo deve dominar bem. Não deve haver muita orientação nesse aspecto porque, afinal, você contratou um profissional. Isto posto, quando muito, certifique-se de que as fotos estejam subexpostas, em vez de superexpostas. Na pós-produção, é muito mais fácil corrigir imagens subexpostas do que superexpostas.

Como referência, *exposição* relaciona-se à velocidade do disparo da câmera (mais rápido ou mais devagar).

>> **Superexposta:** Se o obturador fica aberto por mais tempo e entra muita luz, as fotos ficam superexpostas, e assim você acaba tendo o mínimo de cores. Todas elas ficarão tão brilhantes, que se perderão e parecerão brancas.

>> **Subexposta:** Se a velocidade do obturador é mais rápida e menos luz entra, então a foto fica subexposta. Você acaba tendo fotos mais escuras, mas nenhuma cor é perdida.

Seu fotógrafo pode facilmente aumentar o brilho dessas fotos subexpostas na pós-produção. Porém, se as fotos ficarem superexpostas, ele não pode trazer as cores de volta.

Além disso, sempre que possível, peça ao fotógrafo que tire fotos em HDR. HDR é a sigla em inglês de High Dynamic Range [Grande Alcance Dinâmico, em tradução livre], e o profissional deve estar familiarizado com esse estilo de fotografia e como fazê-la. Com HDR, suas fotos sairão muito mais vibrantes, com maior profundidade de cores e brilho melhor. O resultado é uma foto rica, nítida e, acima de tudo, linda. Em qualquer espaço, além de utilizar HDR, ter uma boa iluminação e cores melhora muitíssimo suas fotos.

Identificando Dicas e Truques Usados pelos Melhores Anúncios e Superhosts

Ao descobrir quais fotos usar em seu anúncio, consulte estas dicas que muitos Superhosts e outros anfitriões de anúncios marcantes utilizam. Não há nada errado em usar as fotos deles como exemplo. Se esse tipo de foto funciona para eles, a ideia é a de que funcionará para você também.

DICA

» **Teste sua foto de capa e veja qual opção é a mais eficaz.** Consulte a seção anterior "Analisando quais fotos têm melhor e pior desempenho" para ter mais informações.

» **Incluir mais fotos é melhor, mas evite fotos repetitivas.** Foque compartilhar detalhes e responder a possíveis perguntas por meio de suas fotos. No entanto, não coloque fotos demais, para não correr o risco de seu potencial hóspede perder o interesse após passar pela quinta foto da mesa de sua sala de jantar, de todos os ângulos.

A diferença entre 10 e 40 fotos é enorme. Lembre-se, você precisa mostrar o espaço de todos os ângulos necessários para responder a perguntas que os hóspedes talvez façam. Promova esses ângulos em todas as características e vantagens de seu imóvel.

Recomendamos 25 fotos como quantidade mínima. No entanto, às vezes o recomendável é mais de 40. Basicamente, foque a quantidade de fotos e a maneira como elas estão iluminadas e dispostas.

» **Defina se as fotos estão cumprindo o que prometem.** Para isso, pergunte se elas respondem a todas as perguntas que seus potenciais hóspedes possam fazer, se mostram o espaço todo e ajudam os hóspedes a se imaginarem lá. Deixe esses propósitos guiarem você.

» **Comece em um cômodo e mostre as fotos como se os hóspedes estivessem andando pelo seu imóvel.** Comece no andar principal, então guie os possíveis hóspedes por seu imóvel em uma ordem lógica. Não pule da cozinha para o banheiro e o quarto e, depois, de volta à cozinha. Veja se as imagens que dão o tom correspondem aos lugares em que as fotos estão

CAPÍTULO 6 **Fazendo Seu Anúncio Brilhar com Fotografias** 111

no seu espaço. Por exemplo, inclua uma foto de uma revista e uma xícara de café na mesa da sala de jantar com a foto desse cômodo e coloque uma imagem da cafeteira com as fotos da cozinha.

» **Preste atenção à estética e misture as fotos em termos de ângulos abertos e em close.** Não coloque dez fotos em close uma atrás da outra. Se o hóspede vir as fotos em close de sua TV, xícara de café e cafeteira em seguida, ele não terá uma visão precisa de seu espaço como um todo. Em vez disso, intercale diferentes perspectivas na ordem das fotos. Fazer isso mantém os hóspedes envolvidos, e você não corre o risco de aborrecê-los com um monte de fotos das facilidades. Se ficarem aborrecidos com suas fotos ou perderem o interesse, eles poderão sair do seu anúncio e clicar em outro.

APOSTANDO EM ALGUNS EXEMPLOS DE FOTOS QUE SALTAM AOS OLHOS

Uma pesquisa rápida por anúncios PLUS e Luxe no Airbnb (que abordamos mais tarde, no Capítulo 15) em sua região revela uma ampla seleção de anúncios com fotografias de qualidade profissional. Aqui estão alguns resultados de busca que você verá usando Colorado como exemplo de destino [conteúdos em inglês]:

- **"Contemporary Townhouse by Cucumber Gulch Preserve":** `www.airbnb.ca/luxury/listing/29646897`
- **"A Mine Shaft":** `www.airbnb.ca/luxury/listing/20471262`
- **"Characterful Base Camp in Old Colorado City":** `www.airbnb.ca/rooms/plus/25551797`

Você notará imediatamente que as fotos desses anúncios fazem um trabalho fantástico em responder a todas as perguntas que possíveis hóspedes podem ter, bem como em mostrar o espaço total e permitir aos hóspedes que se imaginem no lugar. Há boas chances de que, após ver todos esses anúncios, você se sinta impelido a viajar para o Colorado e ficar em um deles, que é exatamente o que um trabalho com fotografias pode fazer se executado adequadamente.

3

Revelando Fundamentos Importantes sobre Preços

NESTA PARTE. . .

Defina o preço de base do seu anúncio para otimizá-lo e conseguir maiores rendimentos em quase toda a temporada.

Leve em conta eventos especiais e sazonalidade para ajustar os preços em temporadas de alta e baixa demanda, a fim de maximizar os rendimentos.

Use ferramentas automáticas de preços dinâmicos para eliminar suposições e assegurar que seu anúncio esteja sempre com o preço otimizado.

Defina pisos adequados para outras taxas a fim de minimizar os bloqueios de reservas dos hóspedes.

Aumente o potencial de lucro de seu anúncio fazendo ajustes simples nele.

Faça aquisições inteligentes para reduzir despesas operacionais e aumentar os lucros.

Configure o piloto automático para ficar livre de atividades diárias como anfitrião e maximizar seus ganhos por hora gasta com hospedagem.

Entenda o que significa ser um Superhost e como pode aumentar suas reservas, e descubra como fazer parte desse grupo de elite de anfitriões no Airbnb.

> **NESTE CAPÍTULO**
>
> » Entendendo o que determina o preço
>
> » Criando uma estratégia de aceleração
>
> » Levando em conta a sazonalidade
>
> » Monitorando a temporalidade e eventos especiais
>
> » Utilizando o preço dinâmico
>
> » Compreendendo e definindo taxas

Capítulo 7

Definindo o Preço de Seu Anúncio

Há muitos itens envolvidos na definição do preço correto para seu Airbnb: na verdade, muito mais do que se pensa. Muitos anfitriões iniciantes escolhem o preço ao acaso e recorrem a uma mentalidade "configure e esqueça" em relação ao preço, o que com frequência resulta em um anúncio com desempenho abaixo do ideal.

Definir o preço correto exige compreensão de diferentes fatores que impactam os preços no Airbnb. Negligenciar apenas um deles em sua estratégia de preços pode levar a menos reservas e lucros menores.

Estamos aqui para ajudá-lo a ficar atento ao precificar seu anúncio, para que ele tenha um ótimo início e permaneça competitivo no Airbnb. Este capítulo examina cada um dos elementos importantes do preço e mostra as ferramentas e a metodologia para configurar seu próprio preço otimizado para o anúncio.

Focando o Preço de Base

Definir um *preço de base* é encontrar o valor otimizado que você cobra pelo anúncio no Airbnb sob condições típicas de mercado com demanda média. Quaisquer ajustes que você faz nos preços partem desse piso.

Para determinar o preço de base, são analisados anúncios equivalentes no Airbnb para criar uma estratégia de preços que funcione para você. As seções a seguir o ajudam a precificar seu anúncio para que ele seja competitivo onde quer que você more.

Estudando a concorrência: Reúna dados comparáveis de mercado

A melhor maneira de determinar seu preço de base é analisar o que a concorrência está cobrando em sua área. *Área* significa o raio geográfico que lhe permite coletar dados de, pelo menos, uma dúzia de anúncios equivalentes e concorrentes. Por exemplo, em uma área altamente urbanizada, poderia ser um raio de apenas um quarteirão ou mesmo uma caminhada de um minuto. No interior pouco povoado, poderia ser mais de 15km ou um trajeto de 30min de carro. Em um bairro suburbano típico, um ponto seguro de partida é um raio de três quarteirões ou 15min de caminhada. Você precisará fazer os ajustes necessários para sua região específica.

LEMBRE-SE

Sua *concorrência* inclui os anúncios mais semelhantes no Airbnb em sua área — os de tamanho similar (camas, quartos, banheiros), facilidades e posicionamento geral em termos de preço e público-alvo. Por exemplo, se seu anúncio no Airbnb é um imóvel de um quarto que mira o viajante com pouco dinheiro e que não se importa em ficar um pouco longe das atrações principais, então seus concorrentes são anúncios do Airbnb de um quarto e focados na economia. No entanto, se seu anúncio na plataforma é uma casa luxuosa de dois quartos em um condomínio de luxo no centro da cidade, sua concorrência inclui outros anúncios no Airbnb luxuosos e com dois quartos.

Ao estudar a concorrência, reúna pelo menos seis (de preferência doze ou mais) anúncios similares no Airbnb e registre as seguintes informações:

» **Taxas para dias úteis:** Para cada anúncio equivalente no Airbnb e de hotéis, colete a média de taxas para dias úteis (domingo a quinta-feira) para quatro, oito e doze semanas à frente. Faça a média desses cinco dias para cada uma das três semanas e cada anúncio equivalente.

» **Taxas para fim de semana:** Para cada anúncio equivalente no Airbnb e de hotéis, colete a média de taxas para um fim de semana (apenas sexta-feira e sábado) para quatro, oito e doze semanas à frente. Faça a média desses dois dias para cada uma das três semanas e cada anúncio equivalente.

DICA

Se você não conseguir encontrar anúncios equivalentes em sua área (pelo menos seis) no Airbnb para uma análise dos preços de base, pode substituir por anúncios equivalentes de hotéis. Para a maioria dos anfitriões, comparar com ofertas de hotéis econômicos e de preço médio faz mais sentido. Identifique os hotéis de duas e três estrelas mais próximos de seu imóvel e compare seu anúncio de estúdio ou casa de um quarto com a oferta de preço mais baixo deles. Para imóveis maiores, de dois ou três quartos, compare com suítes de hotel de menor preço. Porém, talvez você precise fazer um ajuste de 15% a 30% sobre o que encontrar, porque anúncios de hotéis de preço médio com frequência têm preços maiores que os equivalentes no Airbnb na mesma área.

Quando terminar de coletar essas informações, você terá 6 pontos de medição para cada um dos anúncios que identificou para fazer a comparação — 3 médias para dias úteis e 3 para fins de semana —, resultantes de 21 preços diários para cada uma das composições.

Fazer novamente a média das taxas médias para dias úteis e fins de semana desses anúncios similares dá a você um bom preço de base para o anúncio do Airbnb em sua área. A Figura 7-1 mostra um exemplo com anúncios equivalentes do Airbnb e os pontos de medição correspondentes para preços de dias úteis e fins de semana.

FIGURA 7-1: Aplicações de preços de base.

Nº Anúncio	URL do Anúncio	Tipo de Imóvel	Camas	Salas	Banheiros	DU 1	DU 2	DU 3	FDS 1	FDS 2	FDS 3	Dia útil	Fim de semana
1	www.airbnb.com/room	Imóvel todo	1	1	1	US$70	US$85	US$74	US$104	US$115	US$114	US$76	US$111
2	www.airbnb.com/room	Imóvel todo	1	1	1	US$76	US$95	US$71	US$112	US$117	US$108	US$81	US$112
3	www.airbnb.com/room	Imóvel todo	2	1	1	US$66	US$92	US$79	US$94	US$135	US$110	US$79	US$113
4	www.airbnb.com/room	Imóvel todo	1	1	1	US$69	US$89	US$77	US$119	US$125	US$115	US$78	US$120
5	www.airbnb.com/room	Imóvel todo	1	1	1	US$68	US$86	US$81	US$108	US$131	US$106	US$78	US$115
6	www.airbnb.com/room	Imóvel todo	2	1	1	US$75	US$95	US$80	US$111	US$136	US$103	US$83	US$117
7	www.airbnb.com/room	Imóvel todo	2	1	1	US$67	US$88	US$75	US$106	US$113	US$117	US$77	US$112
8	www.airbnb.com/room	Imóvel todo	1	1	1	US$76	US$93	US$81	US$124	US$141	US$106	US$83	US$124
9	www.airbnb.com/room	Imóvel todo	1	1	1	US$71	US$93	US$71	US$111	US$123	US$107	US$78	US$114
10	www.airbnb.com/room	Imóvel todo	2	1	1	US$67	US$92	US$79	US$114	US$114	US$101	US$79	US$110
11	www.airbnb.com/room	Imóvel todo	1	1	1	US$78	US$83	US$75	US$103	US$110	US$110	US$79	US$108
12	www.airbnb.com/room	Imóvel todo	1	1	1	US$69	US$83	US$76	US$101	US$126	US$104	US$76	US$110
										Média geral		US$79	US$114

© John Wiley & Sons, Inc.

NA INTERNET

Acompanhar informações adicionais para anúncios equivalentes pode ajudar a entender ainda melhor a dinâmica de preços em sua área. Acompanhar informações como URLs do anúncio, tipo de imóvel, número de quartos e banheiros pode auxiliá-lo a ajustar a análise de seu preço de base. Se quiser acompanhar muitos itens para anúncios equivalentes, baixe o modelo de uma planilha no site da Alta Books; procure pelo nome do livro ou ISBN.

Escolhendo uma estratégia de preços de base

Depois que tiver seus dados e uma taxa de preços de base para dias úteis e fins de semana com que você se sinta à vontade, é preciso descobrir como usar essas informações. Aqui estão três estratégias principais de precificação que você pode pensar em adotar para colocar o preço em seu anúncio:

» **Combine as ofertas em sua área e cobre menos.** Se tem intenção de combinar as facilidades e as ofertas gerais da concorrência, você pode obter vantagem cobrando um pouco menos que seus concorrentes. Ao oferecer um desconto pelas mesmas facilidades, você conseguirá garantir mais reservas.

» **Bata as ofertas de sua área e cobre o mesmo.** Se você tem uma clara intenção de cobrir as ofertas dos concorrentes, você pode obter vantagem cobrando o mesmo preço geral que eles. Ao oferecer facilidades melhores pelo mesmo preço, você também conseguirá garantir mais reservas.

» **Faça ofertas exclusivas e cobre mais.** Se seu anúncio no Airbnb oferece algo exclusivo que os hóspedes valorizam e os concorrentes na área não podem oferecer, então você pode cobrar mais. Ao oferecer algo exclusivo e de valor, você conseguirá cobrar mais que a concorrência.

Dependendo da estratégia que mais se adapta a seu anúncio no Airbnb, seu preço de base será menor, mais ou menos o mesmo ou maior que o preço de base que encontrou a partir dos anúncios equivalentes.

Porém, definir o preço de base não significa apenas definir seu preço para esses níveis durante todo o tempo em que seu anúncio estiver disponível. Em momentos variados, é bom baixá-los ou aumentá-los intencionalmente, de acordo com o preço de base. Nas discussões a seguir, analisamos cada um desses momentos.

Incrementando o Preço de Base

A primeira situação em que você coloca preços diferentes do preço de base é durante o período de aceleração, geralmente dos primeiros dois a quatro meses após um anúncio no Airbnb ser ativado na plataforma. Durante esses primeiros meses, seu objetivo é impulsionar seu anúncio o mais rápido possível, não maximizar os lucros de reservas individuais.

DICA

Para isso, obtenha várias reservas e avaliações cinco estrelas de hóspedes o mais rápido que puder. Quando um anúncio é novo na plataforma, ele não tem reservas nem avaliações. Em uma situação normal, hóspedes em potencial sempre reservam anúncios que têm mais avaliações, em vez de anúncios similares sem avaliação.

Durante o período de aceleração, siga este esquema de preços para impulsionar seu anúncio.

1. **Comece com 20% a menos que o preço de base.**

    Fazer isso barateia seu anúncio logo de cara, em comparação com a concorrência.

2. **Espere uma semana e verifique se seu anúncio tem mais reservas para duas semanas.**

    - Se tiver mais reservas para duas semanas, mantenha o plano até que o anúncio tenha mais reservas para quatro semanas — meta de 80% a mais de ocupação.
    - Se não tiver reservas, reduza o preço em 10% por semana até conseguir reservas para quatro semanas.
    - Se mais de quatro semanas forem reservadas na primeira semana, suba o preço em 10% por semana até que fique lotado nas próximas quatro semanas ou atingir o preço de base.

3. **Após atingir o preço de base, assine um software terceirizado de preços dinâmicos para monitorar e ajustar os preços avançando automaticamente.**

    Para saber mais sobre preços dinâmicos, verifique a seção posterior neste capítulo "Usar Preço Dinâmico: Sim ou Não?"

DICA

Não deixe de anotar no título e na descrição do perfil que seu anúncio é "NOVO". Fazer isso ajuda possíveis hóspedes a se sentirem à vontade com a falta de avaliações e os auxilia a entender por que seu anúncio tem um preço tão bom em relação à concorrência — é por conta da novidade, não de algum problema.

Compreendendo e Calculando a Sazonalidade

Ao definir o preço, às vezes você precisa fazer ajustes conforme a sazonalidade. *Sazonalidade* significa que a demanda geral no Airbnb — as taxas médias de ocupação e por noite para anúncios de área na plataforma — pode ser muito

CAPÍTULO 7 **Definindo o Preço de Seu Anúncio** 119

mais alta ou muito mais baixa que suas taxas típicas quando as viagens forem, respectivamente, muito mais altas ou muito mais baixas que a média.

Por exemplo, chalés no Airbnb em uma estação popular de esqui podem ser reservados quase toda noite, mesmo com taxas muito mais altas que a média durante a alta temporada de esqui. Porém, esses mesmos chalés podem ter dificuldade para ter noites reservadas mesmo que ofereçam um desconto significativo durante a baixa temporada, quando a neve derreteu e muito menos hóspedes querem passar o calor do verão nessas pistas de esqui secas e desertas.

Para algumas áreas do Airbnb com atrações sazonais bem definidas, é possível saber facilmente se há sazonalidade no setor. Porém, para muitas áreas sem elementos sazonais óbvios para demanda por viagens, você pode verificar a sazonalidade obtendo os dados relevantes de área dos primeiros doze meses (um ano inteiro). Verifique no Capítulo 3 detalhes sobre como obter uma estatística de rendimentos para sua área.

A sazonalidade de sua área no Airbnb se encaixa em uma destas quatro categorias:

» **Sazonalidade fixa:** Se a demanda é a mesma o ano todo, então a sazonalidade é fixa. Nessas áreas raras, a expectativa é a de que as taxas de ocupação e da média por noite sejam mais ou menos as mesmas ao longo do ano. Com frequência, a sazonalidade fixa é associada à baixa demanda geral de viagens no Airbnb para essas áreas.

» **Somente alta temporada:** Se a demanda dispara em uma parte do ano, mas fica fixa no restante desse período, então a sazonalidade é de alta temporada. Nessas áreas, a expectativa é a de que as taxas de ocupação e da média por noite disparem apenas durante a alta temporada, mas fiquem relativamente constantes no restante do tempo.

» **Somente baixa temporada:** Se a demanda despenca em uma parte do ano, mas fica fixa no restante desse período, então a sazonalidade é de baixa temporada. Nessas áreas, a expectativa é a de que as taxas de ocupação e da média por noite sejam visivelmente inferiores apenas durante a baixa temporada, mas fiquem relativamente constantes no restante do tempo.

» **Alta e baixa temporadas:** Se a demanda despenca em uma parte do ano e dispara em outra parte desse período em comparação com o nível médio no restante do ano, então a sazonalidade é de alta e baixa temporadas. Nessas áreas, a expectativa é a de que as taxas de ocupação e da média por noite caiam durante a baixa temporada e disparem na alta temporada.

A Figura 7-2 mostra como cada uma dessas situações de sazonalidade pode ficar se você traçou as taxas médias de ocupação nessas áreas por mês, onde 100 representa a taxa de ocupação média anualizada. Ao obter os dados de área para um ano civil completo em seu setor, você pode reparar que as taxas de ocupação média ou por noite em sua área se parecerão com uma destas situações.

A Figura 7-2a mostra uma área de sazonalidade fixa; a Figura 7-2b, uma área de sazonalidade de alta temporada apenas; a Figura 7-2c, uma área de sazonalidade de baixa temporada apenas; e a Figura 7-2d, uma área de sazonalidade de alta e baixa temporadas. Para todos os exemplos, a taxa média de ocupação durante épocas normais é de 70%.

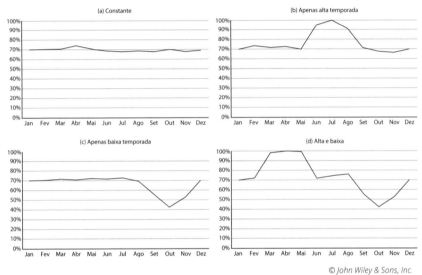

FIGURA 7-2: Diferentes tipos de sazonalidade.

© John Wiley & Sons, Inc.

Levando em Conta Temporalidade e Eventos Especiais: De Alto a Baixo

Ao precificar seu anúncio no Airbnb você precisa considerar a *temporalidade* ou com quanta antecedência o hóspede está fazendo a reserva. Uma pessoa que reserva seu anúncio seis meses antes pode parecer uma coisa boa, mas não se permitiu aos hóspedes que o reservassem por uma taxa muito mais baixa do que poderia conseguir.

Considere um exemplo do setor de aviação. De acordo com um estudo de 2019 da CheapAir.com, que analisou 917 milhões de tarifas aéreas em mais de 8 mil áreas, o melhor momento para reservar um voo e aumentar a chance de uma tarifa aérea o mais baixa possível é por volta de três meses. Reservar muito antes, para os que querem ficar tranquilos, ou reservar nas últimas semanas antes do voo frequentemente resulta em tarifas mais elevadas.

A principal janela de reservas para passagens aéreas é algo entre 20 a 120 dias, em que as melhores taxas ocorrem de 80 a 90 dias do voo. Reservar mais cedo ou mais tarde significa preços mais altos para os consumidores, porém lucros maiores para as linhas aéreas.

Os preços do Airbnb têm uma dinâmica similar quando você otimiza a temporalidade durante datas com demandas de viagem excepcionalmente altas, como quando sua cidade ou região próxima tem um evento especial que atrai um fluxo repentino de viajantes.

Por exemplo, as maiores feiras ou convenções podem atrair centenas de milhares de visitantes, levando a reservas de hotéis e anúncios do Airbnb com meses de antecedência. Anfitriões que erram a mão não subindo os preços para esses eventos podem perder lucros significativos, mas os anfitriões que colocam os preços corretos, aumentando-os para a alta demanda, podem ter lucros extras.

Porém, ao contrário do setor de aviação, geralmente você não verá uma disparada de preços para reservas no Airbnb nas últimas duas semanas antes de um evento especial. Conforme o evento se aproxima, você deve reduzir o preço para garantir uma reserva, em vez de correr o risco de ter um anúncio vago durante um fim de semana movimentado.

DICA

Para precificar seu anúncio durante eventos especiais, comece com valores altos, então reduza aos poucos os preços conforme a data do evento se aproxima. Usando o protocolo a seguir, você pode maximizar suas chances de obter mais lucro durante eventos especiais:

1. **Comece com valores altos.**

    A partir de dois meses ou mais da data do evento, coloque o preço justificável mais alto em seu anúncio até uma ou duas noites antes da noite final do evento. Descobrir o preço certo para começar exige um pouco de suposição, porque ele pode variar de apenas 20% mais alto a mais de 400% mais alto.

2. **Vá reduzindo a cada semana até que seja reservado.**

    Reduza as taxas médias por noite a uma quantidade equivalente para que, na última semana anterior ao evento, você chegue à taxa normal. Muito provavelmente você não atingirá esse preço, porque seu anúncio terá grandes chances de ser reservado com antecedência. Por exemplo, se está cobrando uma taxa premium de mais R$500/noite por um evento dali a oito semanas, reduza essa taxa para R$65/noite a cada semana, até que haja reserva.

GRANDES EVENTOS JULINOS, GRANDES LUCROS

Ao longo de semanas consecutivas em todo mês de julho, a Parada do Orgulho LGBTQIA+ de San Diego e eventos da Comic-Con geram reservas em hotéis e anúncios do Airbnb em um raio de oito quilômetros do Centro de Convenções da cidade.

Estendendo-se por um trecho de 2,4 km, a Parada do Orgulho LGBTQIA+ de San Diego atrai mais de 250 mil pessoas do mundo inteiro a cada ano, tornando-a uma das maiores paradas de Orgulho LGBTQIA+ dos Estados Unidos. Por sua vez, a Comic-Con atrai mais de 130 mil visitantes de mais de 80 países para uma festa de vários dias para fãs de quadrinhos, cosplayers, amantes da cultura pop e inúmeras celebridades fantasiadas.

O Airbnb estima ter recebido 41 mil hóspedes durante esses dois fins de semana movimentados. O anúncio médio pode dobrar suas taxas médias por noite durante esse período. Alguns anúncios, inclusive, conseguem cobrar cinco vezes mais que suas taxas médias por noite, basicamente ganhando em duas semanas o que, em geral, levam dois meses para ganhar.

Porém, de acordo com a `Everbooked`, empresa de pesquisa de dados que rastreia estatísticas de aluguéis temporários e do Airbnb, menos da metade dos anúncios aumentou os preços durante esse período. Isso quer dizer que mais da metade dos anfitriões não ajustou seus preços e provavelmente teve reservas para esses fins de semana com vários meses de antecedência a um valor bem mais baixo do que poderia ter cobrado.

3. **Faça uma redução brusca no caso de um prazo de duas semanas.**

Se você hiperprecificou seu anúncio e ainda não teve reservas a duas semanas do evento especial, recomendamos reduzir mais bruscamente seu preço para garantir uma reserva, em vez de ficar com o anúncio vago. Colocar um preço de 10% a 20% mais baixo que o dos concorrentes que ainda subsistem em geral é o bastante para garantir reservas nessa fase.

Usar Preço Dinâmico: Sim ou Não?

Embora a precificação manual seja útil para definir seu preço de base e compreender ajustes de sazonalidade e eventos especiais, é terrivelmente inadequada para dar conta de um item muito importante nos *preços otimizados*: a oferta e a precificação atuais de seus concorrentes diretos.

Ou seja, os preços para quaisquer noites disponíveis em seu anúncio devem considerar a disponibilidade geral de seus concorrentes e os preços deles para a mesma noite. Por exemplo, se a maioria de seus concorrentes também estiver disponível na mesma noite e o preço atual deles é baixo, você terá dificuldade para colocar uma taxa premium em seu anúncio equivalente. De maneira semelhante, se a maior parte de seus concorrentes já tem reservas, deixando poucas alternativas para os hóspedes em potencial, é mais provável que você consiga cobrar uma premium por essa noite.

Para um anúncio típico em sua maioria disponível para dali a dois meses, são aproximadamente trezentas noites disponíveis para rastrear a ocupação e o preço de anúncios concorrentes. Fazer isso manualmente não é possível, muito menos manter atualizado. É por isso que recomendamos fortemente que você use as *ferramentas de preço dinâmico*, que rastreiam a oferta de mercado e os preços da concorrência, e atualizam automaticamente seus preços em anúncios do Airbnb quase em tempo real.

As seções a seguir analisam por que você deve optar pela ferramenta de Preço Inteligente automatizada do Airbnb e por que um provedor terceirizado é a melhor escolha.

Tendo um desempenho inferior com a ferramenta de Preço Inteligente do Airbnb

O Preço Inteligente do Airbnb otimiza os preços para maximizar o número de reservas pela plataforma, não para maximizar os lucros de qualquer anúncio particular, inclusive o seu.

Afinal, o Airbnb é uma empresa e está empreendendo para ganhar dinheiro cobrando taxas de serviço, tanto dos hóspedes como dos anfitriões, de todas as reservas feitas por meio da plataforma. Mas não cobra ambas as partes de maneira igualitária.

Atualmente, na América do Norte, o Airbnb cobra da maioria dos anfitriões um fixo de 3% das reservas brutas e, da maior parte dos hóspedes, cerca de 13% do subtotal (a taxa por noite + limpeza e quaisquer taxas adicionais). Em outras partes do mundo, as taxas do anfitrião e dos hóspedes variam de 3% a 5% e até 20%, respectivamente.

Aqui está como funciona uma reserva de três noites para um anúncio médio com preço de R$150/noite:

» R$150 por noite x três noites = R$450 de taxa total pelas noites

» 13% de R$450 é a taxa de serviço de R$58,50 do hóspede

124   PARTE 3 **Revelando Fundamentos Importantes sobre Preços**

» 3% de R$450 é a taxa de serviço de R$13,50 do anfitrião

» R$58,50 dividido por R$13,50 = R$4,33

Em junho de 2019, o Airbnb começou a testar um modelo de taxas somente para anfitriões em áreas selecionadas na Ásia, na África, na Europa e no Oriente Médio, a fim de concorrer melhor com empresas que não cobram nenhuma taxa sobre as reservas. Embora um Airbnb do futuro provavelmente não tenha taxas de hóspedes, até o início de 2020, elas ainda estavam sendo cobradas na América do Norte.

O Airbnb obtém quatro vezes mais dos hóspedes do que dos anfitriões. Para maximizar os lucros provenientes de taxas, a plataforma tem incentivos para fazer os hóspedes reservarem o maior número possível de noites, estimulando anúncios com os preços mais baixos possível. E é exatamente isso que o Preço Inteligente automatizado do Airbnb faz em relação às recomendações: ele recomenda consistentemente preços que estejam bem abaixo do que os anúncios poderiam, com frequência, justificar na própria área.

Por meio de nossas interações com milhares de anfitriões do mundo inteiro, vimos muitos deles que tentaram, mas acabaram parando de usar o Preço Inteligente do Airbnb após descobrirem que seus anúncios às vezes estavam onerando 40% a menos que seus preços otimizados. É lucro demais para ser deixado de lado!

Alinhando incentivos com ferramentas de preços dinâmicos terceirizadas

Ao contrário da ferramenta de Preço Inteligente do Airbnb, ferramentas terceirizadas de preços dinâmicos não recebem taxa de serviço dos hóspedes. Essas ferramentas recebem apenas uma taxa de uma porcentagem pequena do que seus clientes ganham. O incentivo deles se alinha com o seu: maximizar os lucros para ambos.

A taxa típica para um provedor de preços terceirizado é de 1% das reservas brutas. Por exemplo, para uma reserva de duas noites a R$150 por noite com reservas brutas totais a R$300, a taxa total para a reserva será R$3. Com frequência, a taxa é ainda mais baixa para anfitriões que têm vários anúncios.

Algumas vantagens de usar uma ferramenta de preços dinâmicos terceirizada para ajudá-lo a perceber por que são uma escolha mais sensata:

» **Preços dinâmicos para todas as disponibilidades:** Sem um serviço automatizado, um anfitrião não consegue avaliar a grande quantidade de pontos de dados todo santo dia e definir o preço otimizado para toda noite disponível nos próximos doze meses. Uma ferramenta de preço dinâmico assegura que as noites de baixa demanda sejam preenchidas com preços mais baixos e as noites de alta demanda sejam reservadas com os maiores lucros de taxas, frequentemente resultando em ocupação mais elevada e lucros gerais mais altos para os anfitriões.

» **Retorno positivo sobre o investimento:** Embora os melhores provedores de preço terceirizados duvidem que seus clientes consigam ver um aumento de renda de até 40% (talvez o anfitrião estivesse vindo do Preço Inteligente do Airbnb), a maioria dos anfitriões com quem conversamos e que haviam mudado para preços dinâmicos terceirizados viu aumentos de 10% a 20% na renda, que ainda é várias vezes o retorno da taxa nominal paga pelos anfitriões.

» **Ganho de visão de área:** Além de ajudar a definir preços dinâmicos para seu anúncio, as ferramentas de preço terceirizadas quase sempre incluem acesso a estatísticas de área, permitindo-o comparar anúncios similares em sua área por todo o ano civil. Essas visões podem ajudá-lo a fazer ajustes manuais além dos preços dinâmicos para contabilizar fatores não abrangidos, como os principais eventos na área.

» **Compatibilidade entre plataformas:** Para os anfitriões que querem anunciar seu imóvel em outras plataformas populares além do Airbnb, a maioria dos fornecedores de preços dinâmicos proporciona integração total com outras principais plataformas, gerenciamento de hospedagens e ferramentas de agendamento.

» **Ferramentas para outras táticas avançadas:** Além de opções para aprimorar suas estratégias de preços para serem mais agressivas ou conservadoras a fim de se adaptar às suas preferências, as principais ferramentas terceirizadas de preços dinâmicos estão sempre adicionando novos conjuntos de recursos para se distinguirem da concorrência. Por exemplo, recentemente a Wheelhouse adicionou recursos que permitem aos anfitriões fazer bons ajustes manuais para descontos de última hora, ajustes de taxas para fins de semana, de sazonalidade e condições dinâmicas para a quantidade mínima de noites.

Veja as desvantagens de usar uma ferramenta de preços terceirizada:

» **A configuração inicial é uma exigência:** Embora o processo tenha se tornado mais fácil ao longo dos anos, a configuração inicial pode ser uma curva de aprendizado acentuada para alguns anfitriões. Recomendamos fortemente que você pesquise sua área para definir seu preço de base e compreender qualquer sazonalidade antes de configurar um preço dinâmico terceirizado.

» **Custo contínuo:** A taxa é de apenas 1%, mas 1% sobre cada reserva feita por meio da ferramenta de reservas ainda pode somar. Porém, mesmo um ganho modesto é mais do que compensador. Ao fazer sua própria pesquisa e definir manualmente seus preços por vários meses, então assinar um provedor de preços dinâmicos terceirizado, você pode perceber rapidamente como seu anúncio conseguirá impulso.

» **Melhor funcionalidade em cidades maiores:** As recomendações da ferramenta de preços são tão boas quanto os dados que o provedor obtém para alimentar seus mecanismos de recomendação de preços. Para anúncios que estão muito fora das áreas populares e ao redor dos principais centros metropolitanos, as recomendações de preços podem ser menos confiáveis. Se você está em uma região menos povoada, definir primeiramente os próprios preços como base de comparação é fundamental.

» **Atualizações 24 horas:** Embora a ferramenta de preços terceirizada seja bem melhor que as atualizações semanais, mensais ou inexistentes feitas por anfitriões que lidam manualmente com os preços, ainda não é frequente o bastante como oferta e demanda, pois algumas datas de viagem podem mudar significativamente em 24 horas. Alguns provedores permitem solicitações de atualização manual, mas até que as ferramentas comecem a fornecer atualizações em tempo real, elas ainda terão de atingir seu potencial total.

A Figura 7-3 mostra um anúncio hipotético no Airbnb com uma média de 15 noites reservadas por mês a uma taxa média por noite de R$150. Portanto, seu rendimento médio mensal de reservas, antes de outras taxas cobradas, é R$2.250. Se esse anfitrião assinou um provedor de preços dinâmicos, o aumento de sua renda pode variar entre 0 e 40%.

Conforme você pode ver na figura, se esse anfitrião percebe um aumento entre 10% a 20% na renda, o que é comum entre anfitriões que mudam para preços dinâmicos terceirizados, ele pode esperar ganhar entre R$200 a R$400 por mês de renda extra. Se o anúncio tivesse um preço drasticamente reduzido por conta do Preço Inteligente e visse um aumento de 40%, o anfitrião teria um rendimento mensal de R$900 a mais!

FIGURA 7-3:
Exemplo de como uma ferramenta de preços terceirizada pode beneficiar um anúncio.

Aumento de Renda	Nova Renda	Taxa de 1%	Ganhos Brutos
0%	R$ 2.250,00	R$ 22,50	R$ (22,50)
5%	R$ 2.362,50	R$ 23,63	R$ 88,88
10%	R$ 2.475,00	R$ 24,75	R$ 200,25
15%	R$ 2.587,50	R$ 25,88	R$ 311,63
20%	R$ 2.700,00	R$ 27,00	R$ 423,00
25%	R$ 2.812,50	R$ 28,13	R$ 534,38
30%	R$ 2.925,00	R$ 29,25	R$ 645,75
35%	R$ 3.037,50	R$ 30,38	R$ 757,13
40%	R$ 3.150,00	R$ 31,50	R$ 868,50

© John Wiley & Sons, Inc.

NA INTERNET

Para ver uma lista atualizada de provedores de preço terceirizados, vá para o site da Alta Books e procure pelo nome do livro ou ISBN. Faça também uma pesquisa online.

Definindo Outros Tipos de Taxas

Como anfitrião do Airbnb, você precisa estar ciente das várias outras taxas que pode definir e cobrar dos hóspedes. Faça isso corretamente e poderá ter reservas e lucros mais consistentes. Cometa equívocos e poderá perder todo o trabalho que dedicou ao anúncio e aos preços.

Aqui, analisamos as taxas adicionais importantes que você pode cobrar dos hóspedes e como criar a estratégia certa para cada uma.

Definindo a taxa de limpeza

A taxa de limpeza muitas vezes é a maior taxa cobrada dos hóspedes e pode variar de zero, quando o anfitrião decide não cobrar pela faxina, até várias centenas de dólares (ou reais), para anúncios maiores e de primeira linha.

No começo, cobre um preço na média ou ligeiramente abaixo da taxa média de seus concorrentes. À medida que seu anúncio ganha impulso e você desenvolve vantagem competitiva sobre a concorrência, é possível aumentar a taxa de limpeza.

DICA

Durante o período de impulsionamento, quando é bom manter os preços bem competitivos, defina sua taxa de limpeza de modo que coincida com o valor mais baixo das taxas cobradas por qualquer um de seus concorrentes. Conforme você aumenta suas taxas por noite, pode também ajustar a taxa de limpeza.

As seções a seguir analisam as diferentes opções de preço que, como anfitrião, você pode colocar na taxa de limpeza.

Não cobrar nada

Poucos anfitriões escolhem essa opção, porque geralmente os hóspedes estão habituados a pagar uma taxa de limpeza e a qualidade da faxina de um imóvel anunciado no Airbnb está mais alta do que nunca. Essa opção elimina o impedimento à reserva, já que o preço que os hóspedes veem é o que pagam (fora a taxa de serviço do Airbnb, claro), mas não cobrar taxa de limpeza significa perder dinheiro.

Os únicos anfitriões para quem essa opção pode funcionar são:

» Anfitriões que operam anúncios pequenos (apenas anúncios de cômodos e imóveis pequenos de um quarto), que gostam de fazer a limpeza e se viram por conta própria.

» Anfitriões cujos anúncios lhes permitem cobrar uma taxa premium sobre a concorrência e, portanto, incluir uma parte do preço da taxa de limpeza no valor cobrado por noite.

Cobrar no mesmo nível da concorrência

Para a maioria dos anfitriões, esta opção é o ponto de partida recomendado. Ela permite a você passar aos hóspedes a maior parte do custo, se não a totalidade dele, ao mesmo tempo em que disponibiliza uma taxa de limpeza alinhada à média da área. Se ficar com essa opção, identifique uns doze anúncios concorrentes mais equivalentes em sua área e cobre ligeiramente menos que a taxa média.

Cobrar no mesmo nível dos concorrentes não cria barreiras contra eles. Porém, talvez a taxa de limpeza nem sempre cubra seus custos, sobretudo se estiver contratando diaristas terceirizadas. Alguns anúncios com facilidades competitivas e ótimas avaliações podem colocar taxas um pouco mais altas por noite.

Cobrar pela duração média da estada

Para muitas áreas, a reserva média é de três a quatro noites. Precifique a taxa de limpeza de modo que os hóspedes que reservam a duração mais frequente de estada em sua área não se sintam desestimulados pela taxa. Essa opção é ideal para anúncios que costumam atender a reservas de estada mais longas de cinco noites ou mais.

Por um lado, essa opção desincentiva estadas mais curtas porque a taxa de limpeza com frequência encarece as estadas de uma ou duas noites. Por outro lado, talvez nem sempre cubra seus custos com faxina, sobretudo se você está contratando diaristas terceirizadas.

Cobrar pelo custo da limpeza

Também é possível cobrar com base em sua taxa mínima por hora x o número de horas que leva para limpar ou a taxa real de limpeza que você paga para contratar uma diarista terceirizada. Essa opção funciona para anúncios consagrados que têm avaliações concretas, em uma área de destaque onde as taxas de limpeza potencialmente mais altas não são o bastante para impactar de maneira significativa as reservas no geral.

CAPÍTULO 7 **Definindo o Preço de Seu Anúncio** 129

Os hóspedes pagam pelo custo total da limpeza em cada reserva. Você não tira nada do próprio bolso. No entanto, usar essa opção frequentemente eleva seus preços em relação à concorrência, sobretudo para anúncios menores, criando barreiras às reservas.

Definindo a taxa para hóspede extra

O Airbnb permite a você que defina uma taxa por noite para sua lotação inicial e determine uma taxa para hóspedes extras acima e além do valor inicial definido. É claro que você ainda pode limitar a quantidade máxima de lotação que seu imóvel consegue acomodar legalmente. Por exemplo, ao definir uma taxa de R$80 por pessoa extra, uma reserva de três noites com um hóspede extra gerará R$240 a mais no aluguel (3 noites x R$80 extra por hóspede, por noite). Consulte o Capítulo 8 para ver uma discussão sobre como definir sua lotação máxima.

Embora muitas redes hoteleiras cobrem taxa por pessoa extra, poucas reforçam essa regra no check-in. A maioria das pessoas que ficam em hotéis sequer sabe dessa taxa. Entre quem viaja pelo Airbnb, ainda menos pessoas estão cientes.

O Airbnb costumava perguntar a possíveis hóspedes a quantidade de pessoas no fim da pesquisa, o que gerava surpresas quando eles viam as taxas por pessoa extra. Porém, hoje a plataforma pede a potenciais hóspedes que coloquem a quantidade de pessoas no início da pesquisa, para que as taxas por pessoa extra sejam adicionadas à totalidade dos resultados da pesquisa, eliminando, assim, a surpresa desagradável no check-out.

Cobrar taxa por pessoa extra: Por que sim

Alguns motivos por que talvez você queira incluir em seu anúncio a taxa por pessoa extra:

» **Uma cabeça a mais significa custos extras.** Ter um hóspede adicional com frequência significa custos mais altos de serviços, maior consumo de lanches e produtos de higiene, mais bagunça e mais danos à mobília e a eletrodomésticos. A taxa pode ajudá-lo a compensar esses custos extras.

» **Você tem mais lucro.** Com o Airbnb facilitando mais do que nunca a cobrança de taxas por pessoas extras, não cobrá-la poderia significar lucros extras deixados de lado. Para um anúncio médio disponível o ano todo, isso poderia significar de R$2.500 a R$5 mil em lucros adicionais anuais.

Cobrar taxa por pessoa extra: Por que não

Talvez você não queira cobrar a taxa por pessoa extra por estes motivos:

» **Os hóspedes ainda veem a cobrança antes de reservar.** Embora a taxa por pessoa extra surpreenda menos hoje do que no passado, no check-out, os hóspedes ainda veem a cobrança por pessoa extra como uma taxa adicional. Em áreas muito competitivas, mesmo um obstáculo pequeno para reservas pode significar menos reservas e, portanto, menos lucros.

» **Lotação média é lotação máxima.** Se a lotação média de reservas para seu anúncio é a lotação máxima de seu imóvel, você não pode adicionar taxa para hóspede extra porque não tem espaço físico para acomodá-lo.

Calculando a taxa por pessoa extra

É bom você se certificar de que a taxa por pessoa extra não esteja muito alta, se comparada à da concorrência. Identifique uns doze anúncios mais equivalentes de sua área e cobre ligeiramente menos que a taxa média. Se metade dos concorrentes não estiver cobrando taxa alguma, você também não deve cobrar.

Se você não tem anúncios equivalentes suficientes para definir um ponto de partida, comece por baixo com as recomendações a seguir e ajuste com um acréscimo de R$5 conforme necessário:

» **Anúncios abaixo de R$150 por noite:** Comece com R$10.

» **Anúncios entre R$150 e R$300 por noite:** Comece com R$15.

» **Anúncios acima de R$300 por noite:** Comece com R$20.

DICA

Durante o período de impulsionamento, não cobre essa taxa, a fim de minimizar obstáculos para as reservas. Conforme seu anúncio se estabiliza e atinge o preço de base, adicione a taxa para pessoa extra.

Definindo o depósito caução

Sendo intencional ou não, coisas de valor podem desaparecer de seu imóvel e os hóspedes podem, sem querer, estragar seus pertences. Um companheiro de viagem pode decidir levar sua cafeteira. Uma criança pode derrubar comida e bebida no sofá ou no colchão, o que exigirá uma limpeza cara ou substituição.

LEMBRE-SE

Para proteger anfitriões e desincentivar roubo e atitudes negligentes por parte dos hóspedes, o Airbnb permite a anfitriões que definam um valor de depósito caução. Ao contrário dos depósitos tradicionais, é mais uma retenção de crédito do que um depósito real de dinheiro ou crédito. Não se cobra dos hóspedes o valor da taxa no momento de reserva.

Basicamente, os hóspedes concordam em colocar um débito no cartão de crédito, no valor do depósito caução, até que o bloqueio seja liberado. Na maioria dos casos, os anfitriões nunca fazem reclamação e o bloqueio é liberado quatorze dias depois que os hóspedes fazem check-out.

Cobrar o depósito caução: Por que é uma boa ideia

Alguns motivos por que cobrar um depósito caução é uma ideia sensata:

» **A maioria dos anfitriões exige depósito caução.** Os hóspedes estão habituados a isso, e cobrar um não será um obstáculo para reservas, a menos que a quantia seja evidentemente ultrajante. De acordo com o iGMS, um conhecido software de aluguéis para férias, 59% dos anúncios no Airbnb têm um depósito caução.

» **Oferece proteção extra rápida.** Embora as chances de você reclamar o depósito caução sejam bem baixas, muito provavelmente precisará fazê-lo em algum momento. Acidentes acontecem, e se receber pessoas por muito tempo, cedo ou tarde encontrará um hóspede infernal. E para a maioria dos incidentes em que o depósito caução basta, também é a maneira mais rápida de receber o pagamento, comparada com reclamar o seguro ou obter mediação do suporte do Airbnb.

Calculando o depósito caução

Assim como em relação às outras taxas, é bom você definir seu depósito caução de um modo que não leve um possível hóspede a hesitar antes de estar prestes a fazer uma reserva com você.

DICA

Sugerimos que identifique uns doze anúncios mais equivalentes em sua área e observe os patamares para o depósito caução que eles definiram. Não seja o mais elevado. Comece, no máximo, com a taxa média. Se você não tem anúncios equivalentes suficientes em que basear seu patamar para o depósito caução, use a regra dos 25%. Mantenha seu depósito caução em não mais que 25% da média de suas reservas totais. Por exemplo, se a média de reservas de seu anúncio é de R$150 por três noites, então 25% de R$450 dá R$112,50.

Para a maioria dos anúncios, o patamar ideal geralmente fica entre R$100 e R$600 por reserva, e o de R$600 é basicamente reservado para anúncios com médias de reservas bem acima de R$2.000.

Lembre-se destas duas outras considerações:

- » **Defina uma taxa mais baixa que o valor de sua média de reservas.** Por exemplo, se seu anúncio cobra R$150 por noite e sua estada média é de três noites, então é bom você definir seu depósito caução abaixo de R$450. Um depósito caução de R$450 para um anúncio de destaque com valor médio de reservas de R$2.500 é muito mais tolerável que a mesma taxa de R$450 para uma reserva de R$450.

- » **Retire objetos de valor desnecessários.** Se você tiver artigos muito caros, como artes ou móveis customizados que provavelmente os hóspedes não apreciam, mas podem danificar, retire-os do imóvel. Ter menos coisas que exijam limpeza, consertos caros ou substituição significa que você conseguirá se virar com uma taxa mais baixa de depósito caução.

LEMBRE-SE

Sim, qualquer incidente que exija uma reclamação do depósito caução provavelmente tomará tempo e será uma chateação. Mas incidentes que exigem reclamação são raros. Então, não deixe que o medo desses incidentes raros influencie sua decisão a ponto de impactar o apelo de seu anúncio para possíveis hóspedes diariamente. A paz de espírito proveniente de um depósito caução alto pode levar a onerosas reservas não realizadas. Para alguns anfitriões, fazer um seguro adicional é uma opção. Dê uma olhada no Capítulo 4 para saber mais sobre seguros.

Reduzindo obstáculos para reservas

Ao tomar a decisão sobre as taxas adequadas, seu objetivo não é, necessariamente, maximizar a renda extra, mas reduzir ao máximo obstáculos para a reserva. Às vezes, pedir taxas muito elevadas pode sair pela culatra e levar potenciais hóspedes a fazer reserva com um concorrente.

Hoje, o Airbnb já tem um desafio em relação a estadas curtas em que o valor total após o acréscimo das taxas com frequência é mais que o dobro do que a taxa noturna anunciada. A Figura 7-4 destaca como geralmente é reservar uma estada de uma noite no Airbnb — irritante!

FIGURA 7-4:
As taxas podem somar.

© John Wiley & Sons, Inc.

Embora este exemplo seja extremo porque as taxas são distribuídas somente por uma noite, não podemos superestimar o impacto das taxas sobre os hóspedes durante o procedimento de check-out. Antes de fazer a reserva final, eles tomarão a decisão olhando o valor total por noite após o acréscimo de todas as taxas extras.

Quanto maior a diferença entre o preço final e o subtotal das taxas por noite, menos provável será que o hóspede acabe fazendo a reserva. Ao definir suas taxas, é bom assegurar que elas não sejam maiores que a média da concorrência.

> **NESTE CAPÍTULO**
>
> » **Identificando oportunidades de lucro fácil**
>
> » **Minimizando custos operacionais**
>
> » **Gastando com sabedoria como anfitrião**
>
> » **Expandindo o potencial de renda**

Capítulo **8**

Aumentando Seu Potencial de Lucro

Após o período inicial de impulsionamento, o desempenho de seu anúncio no Airbnb estabilizará — a renda proveniente das reservas e os lucros começam a entrar em uma faixa previsível. Porém, se você não fizer modificações intencionais no anúncio ou na maneira de receber pessoas, o desempenho de seu anúncio no Airbnb será mais ou menos o mesmo no futuro.

Apesar de ser óbvio que seu anúncio tem condições de melhorar se está lutando para atrair hóspedes e atingir rentabilidade, detectar oportunidades quando o anúncio já está gerando reservas e lucro consistentes pode ser difícil. Você pode deixar o dinheiro escapar e sequer saber disso.

Pergunte a dois anfitriões rentáveis do Airbnb aleatoriamente selecionados sobre como aumentar da melhor maneira possível os lucros na plataforma e quase sempre terá respostas diferentes. Embora você possa testar dezenas de estratégias, todas delas entram em duas categorias básicas. É isso mesmo, você só pode aumentar os lucros de uma forma ou de outra:

» **Reduza custos operacionais.** Se puder gastar menos para operar seu anúncio no Airbnb, mesmo que sua renda permaneça a mesma, você pode aumentar seus lucros.

CAPÍTULO 8 **Aumentando Seu Potencial de Lucro** 135

» **Aumente a renda.** Se sua geração de renda com o anúncio no Airbnb é desproporcionalmente maior que o aumento nos custos operacionais, é possível aumentar seus lucros.

Embora ambas sejam evidentes e fáceis de entender, o modo de implementação de cada uma pode ser bem diferente. Fazer isso exige reflexão para definir quais custos cortar e quais não cortar, bem como quais estratégias mais provavelmente incrementarão sua renda e aumentarão seus lucros. Não se preocupe. Este capítulo ajuda com ambas e analisa como implementá-las usando táticas diferentes. Além disso, explica como você pode verificar se seu anúncio tem potencial máximo de desempenho.

Deixando Dinheiro para Trás

Você não pode verificar o real desempenho de seu anúncio no Airbnb analisando-o isoladamente. Só consegue verificar esse desempenho comparando-o com os anúncios de seus concorrentes diretos, de tamanho similar, com as mesmas facilidades e tendo como alvo os mesmos viajantes da mesma área. Se o desempenho de seu anúncio está melhor que o da concorrência, então provavelmente você está deixando pouco ou nenhum dinheiro para trás. Se está pior que o da concorrência, o dinheiro está escapando. Se está no meio-termo, talvez seu anúncio ainda tenha algumas oportunidades para aprimoramento.

Por exemplo, imagine que esteja anunciando um imóvel confortável de um quarto em uma região boa de sua cidade e consegue tirar R$2.500 mensais em reservas. Você ficaria feliz com esse desempenho?

Considerando que o anfitrião mediano do Airbnb consegue menos de R$500 por mês em reservas, você poderia gritar "sim!". Porém, e se uns doze anúncios quase idênticos no mesmo bairro (em outras palavras, seus concorrentes diretos) estiverem tirando uma média da R$5 mil mensais em reservas? Isso significaria que você está deixando para trás R$2.500 por mês (R$30 mil por ano) de renda com reservas!

Aqui estão três situações diferentes quando se compara o desempenho de seu anúncio ao da concorrência:

» **Mais sucesso que o esperado:** Seu anúncio está deixando pouco dinheiro para trás, ou seja, está obtendo mais renda com reservas, se comparado com o da concorrência, conseguindo cobrar taxas mais elevadas por noite, tendo mais ocupações ou ambas. Isso só é atingível com um perfil de primeira linha e uma execução excelente. Sua meta aqui é manter o desempenho alto.

» **Sucesso equiparável:** Seu anúncio está deixando algum dinheiro para trás. Aqui, o desempenho está próximo do meio-termo em relação à renda proveniente de reservas, em comparação com anúncios similares em sua área. Suas taxas médias por noite e ocupação são medianas, portanto, você está fazendo algumas coisas certas, mas pode ter oportunidade para ganhar mais. Sua meta aqui é procurar oportunidades de fazer mais melhorias no anúncio ou nas operações.

» **Menos sucesso que o esperado:** Seu anúncio está deixando boa parte do dinheiro para trás. Em outras palavras, todos os anúncios similares na área têm melhor desempenho que você em termos de taxas por noite e ocupação. Sua renda total proveniente de reservas está na raspa do tacho — possíveis hóspedes não estão dispostos a pagar as taxas de mercado em seu anúncio ou, para começar, não estão dispostos nem mesmo a reservar. Seu anúncio e suas operações têm oportunidades significativas para melhorar. Sua meta aqui é focar o básico: fazer um anúncio excelente para seu imóvel (veja o Capítulo 5) e oferecer uma ótima experiência aos hóspedes de maneira consistente (veja os Capítulos de 11 a 13).

Para ver uma discussão mais detalhada sobre como pesquisar seus concorrentes e criar parâmetros de referência para seu anúncio, consulte o Capítulo 3.

Começando pelo Mais Fácil

Antes de tentar qualquer estratégia de corte de custos ou aumento de renda para seu anúncio no Airbnb, primeiro você precisa começar pelo caminho mais fácil (as mudanças básicas e simples de implementar que têm potencial imediato para aprimorar seu desempenho no Airbnb). As duas seções a seguir são os pré-requisitos para otimizar seu Airbnb a fim de aumentar os lucros. Não fazer isso é desperdício de tempo e esforço, porque seria como tentar otimizar um carro de corrida que não tem motor nem rodas adequadas.

Fazendo um ótimo perfil de anúncio

Um perfil de anúncio marcante inclui a presença de excelentes fotos, ótimo título, descrições incríveis, facilidades adequadas, políticas favoráveis aos hóspedes e preço otimizado. Sem um excelente perfil no Airbnb, você limita seu potencial de lucro antes mesmo de interagir com qualquer hóspede. Consulte os Capítulos 5 e 6 sobre como criar um anúncio perfeito no Airbnb.

Oferta constante de experiências cinco estrelas aos hóspedes

Se você tem conseguido reservas, mas não avaliações cinco estrelas da maioria dos hóspedes (como 75% ou mais) e tem uma nota geral média de 4,5 ou mais da parte deles, está limitando o potencial de lucro em longo prazo ao reduzir o apelo atrativo para futuros hóspedes. Resolva quaisquer e todas as falhas relacionadas as experiências dos hóspedes. A Parte 4 (veja os Capítulos de 11 a 14) explica como oferecer constantemente uma experiência cinco estrelas aos hóspedes.

LEMBRE-SE

Para cada reclamação que você recebe publicamente em uma avaliação, é provável que muito mais hóspedes tenham tido a mesma impressão, mas nunca a mencionaram diretamente a você. Em vez disso, eles lhe deram uma nota baixa após o check-out. Receba cada reclamação como se representasse a de cinco ou dez outros hóspedes.

Por exemplo, se está recebendo um feedback fraco dos hóspedes, receber mais pessoas antes de resolver suas falhas relacionadas às experiências dos hóspedes prejudicará sua rentabilidade em longo prazo, em vez de ajudá-la. Você continuará a receber avaliações ainda mais fracas de hóspedes, que levarão a uma queda nas classificações de busca, a menos reservas posteriores e, portanto, menos lucros futuros.

Reduzindo Custos Operacionais

Cada real que você poupa ao operar seu Airbnb é um real que coloca no bolso. Portanto, recomendamos primeiro que analise as tentativas de cortar custos antes de verificar como aumentar os lucros por meio do aumento da renda, quando você começa a guardar apenas uma parte de cada real extra que ganha como renda.

LEMBRE-SE

O segredo para cortar custos é reduzir ou eliminar os que são desnecessários ou desnecessariamente altos, sem comprometer a segurança dos hóspedes ou a qualidade da estada. Quando abordado a esmo, o corte de custos pode prejudicar seu desempenho em longo prazo. Às vezes, você pode inclusive escolher aceitar lucros mais baixos em curto prazo gastando mais com facilidades que valem a pena, a fim de maximizar os lucros em longo prazo de seu anúncio no Airbnb.

Nas seções a seguir, você descobre as várias oportunidades de corte de custos disponíveis para anfitriões no Airbnb, inclusive naqueles itens em que você talvez não queira cortar custos de maneira alguma.

Reconhecendo onde tomar cuidados especiais ao cortar custos

Nem todas as oportunidades de corte de custos nascem iguais. Corte custos onde não deve e pode ter dores de cabeça mais fortes e onerosas. Aqui estão algumas categorias em que é preciso tomar cuidado extra antes de cortar custos:

» **Segurança:** Em relação a qualquer custo operacional que tenha impacto na segurança, corte custos apenas se conseguir encontrar alternativas adequadas que proporcionem os mesmos resultados. Por exemplo, você pode contratar outra empresa para consertar seu sistema de AVAC [aquecimento, ventilação e ar-condicionado] por um custo mais baixo, mas não deve interromper por completo a manutenção apenas para poupar custos. Um equipamento AVAC com manutenção deficiente pode gerar custos mais altos com energia, já que perde eficiência e, pior, leva a vazamentos perigosos de gás ou até incêndios.

O BARATO SAI CARO: HISTÓRIA DE UM ANFITRIÃO

James fez reserva para uma estada de cinco noites em uma vivenda de sete quartos e quatro banheiros no centro de Miami para treze hóspedes, com custo total de US$2.444 (US$489/noite). À primeira vista, o imóvel parecia abastecido com todos os itens básicos e alguns extras (tinha uma máquina de expresso!). Mas na segunda noite, James e sua família perceberam que todos os banheiros tinham apenas um rolo de papel higiênico. Quando não conseguiram encontrar os rolos extras em lugar nenhum, James entrou em contato com o anfitrião pedindo ajuda. Para sua surpresa e irritação imediata, o anfitrião disse a ele que a casa fornecia apenas um rolo de papel higiênico para os banheiros e que, se James e sua família precisassem de mais, teriam de comprar seus próprios rolos.

O anfitrião teria gasto um valor simbólico para fornecer alguns rolos de papel higiênico extra, mas ao tentar poupar um pouco, acabou perdendo muito mais com a avaliação pública de uma estrela que James e seus familiares compreensivelmente irritados fizeram.

Se poupar alguns reais é um erro de arredondamento sobre o custo total de reserva e pode chatear seus hóspedes, repense no que está prestes a fazer. Sempre priorize lucros em longo prazo, em vez de ganhos em curto prazo.

» **O básico do Airbnb:** Em relação a itens básicos, como papel higiênico, sabonete (para mãos e corpo), xampu, toalhas, roupas de cama e travesseiros, você sempre precisa ter o suficiente para os hóspedes durante todo o período de estada. Eles não precisam ser caros ou de marcas famosas. Em caso de dúvidas sobre a quantidade, deixe mais. Consulte o próximo quadro sobre o corte de custos de um anfitrião que "deu ruim".

» **Itens de contato intenso:** Para itens de contato intenso, como toalhas, travesseiros e lençóis, priorize mais o conforto do que os custos. Um custo de reposição ligeiramente mais alto vale muito a pena se você acabar recebendo avaliações positivas dos hóspedes. Muitas vezes, eles adoram "toalhas felpudas macias" ou as "camas confortáveis" nas avaliações satisfeitas. É válido gastar um pouco mais em itens de contato intenso e conforto em curto prazo, para ter hóspedes sempre felizes em longo prazo.

» **Wi-Fi veloz:** Com celulares 5G começando a ficar disponíveis com velocidades de conexão mais rápidas que a velocidade da internet de banda larga das casas, as expectativas do consumidor por Wi-Fi veloz só aumentarão. Um Wi-Fi lento pode transformar, sozinho, uma avaliação de estada de cinco estrelas em uma de uma estrela. É importante mesmo. Adquira para seu imóvel a conexão de internet mais rápida disponível e compre o roteador Wi-Fi multibanda mais veloz que puder.

Planejando seus cortes

Examine suas oportunidades de cortar custos por categoria e especifique os passos que pode dar em cada grupo. Para ajudá-lo a reduzir seus custos operacionais e aumentar os lucros o quanto antes, recomendamos reduzir:

» **Taxas de limpeza:** Se está contratando outra pessoa para fazer a limpeza para você, não deixe de negociar, porque os valores da faxina podem variar. Caro não é sinônimo de melhor. Faça testes com, pelo menos, três prestadores, então selecione o custo de faxina mais baixo que atenda a seus padrões de limpeza exigentes. Consulte o Capítulo 9 para ver uma discussão detalhada sobre tudo relacionado à limpeza, inclusive como contratar diaristas da melhor maneira possível.

» **Custos com lavanderia:** Se reduzir a frequência das pilhas de roupa, você pode economizar dinheiro com serviços e facilitar o tempo de espera para você, seu coanfitrião ou o gerente da propriedade. É possível reduzir a frequência das pilhas de roupas ao:

- Investir em uma lavadora e secadora de capacidade maior.

- Ter jogos extras de roupas de cama, lençóis, cobertores e toalhas para duas estadas médias.

Fazer isso lhe permite transformar suas sessões de lavanderia em menos viagens e lhe dá mais flexibilidade para não ter de sair correndo e esperar que a roupa lavada complete seu tempo de espera.

» **Tarifas com lazer:** Embora os hóspedes esperem que você tenha pelo menos uma HDTV em casa, hoje a maioria deles não espera que você disponibilize opções de TV a cabo ou satélite, que muitas vezes custam de R$50 a R$100 por mês. Reduza significativamente esse custo substituindo-o por um serviço de streaming, como Netflix, Hulu ou Amazon Prime, todos com planos que começam com pouco mais de R$20 por mês. Se você não tem uma smart TV, precisa adquirir um aparelho de streaming, como o Amazon TV Stick ou um Roku para cada TV.

» **Custos de serviços:** Hóspedes de férias pelo Airbnb não pensam no uso da energia elétrica, o que pode levar a custos altos com serviços por conta das luzes sempre acesas, do aquecedor ou do ar-condicionado. Use lembretes amigáveis, instale chuveiros e duchas que economizam água e, ao substituir eletrodomésticos, troque-os por outros com eficiência energética. Pense no longo prazo.

» **Despesas de consumo:** Em relação a itens essenciais, desde papel higiênico e sabonete até café, lanches e bebidas, sempre compre grandes quantidades. Os hóspedes querem o que dá certo e se preocupam pouco com marca ou se são caros. Para bebidas e lanches, tenha o suficiente presumindo que cada hóspede consumirá uma bebida e dois lanches pequenos por dia, e deixe o bastante para duas a três noites, nada mais. Tenha mais em estoque para estadas mais longas. Deixar vinte barras de granola para dois hóspedes que ficarão duas noites é desnecessário e um convite a que eles as levem embora. *Dica:* ao adquirir bebidas e lanches, compre em grandes quantidades ou em liquidação.

» **Custos com presentes de boas-vindas:** Cometa exageros. Equipare o valor do presente ao valor total da reserva. Gaste até 3% do valor total da reserva, mas quase nunca exceda R$50 por estada sobre o valor total do presente de boas-vindas. Para ler mais sobre isso, consulte o Capítulo 11.

» **Taxas de gerenciamento de propriedade:** Negocie, consiga várias propostas, verifique referências e baseie a taxa de gerenciamento em aluguéis reais *cobrados* depois de contabilizar lugares vagos. Para anúncios maiores e de preços mais elevados no Airbnb, é comum colocar um limite mais alto sobre taxas, além de uma porcentagem menor para começar. O Capítulo 9 aborda boas práticas para contratar gerentes de propriedade para seu anúncio no Airbnb.

» **Custos de reparos e manutenção:** Descubra como fazer consertos básicos dentro e em torno de seu imóvel (vídeos no YouTube são um ótimo começo) e deixe para profissionais os itens que exigem consertos importantes e que você não sabe fazer por conta própria. Fazer por sua conta e risco pode poupar centenas de reais em um ano.

CAPÍTULO 8 **Aumentando Seu Potencial de Lucro** 141

» **Impostos a pagar:** Você pode reduzir uma parte de suas despesas totais para diminuir seus impostos. Se fez melhorias significativas no imóvel por meio de reformas, equipamentos ou eletrodomésticos novos, talvez consiga amortizar esses aumentos de capital para reduzir posteriormente os impostos gerais a pagar (consulte a legislação). Além disso, pode conseguir requalificar o imóvel, passando-o de uma classificação residencial para uma de eficiência tributária.

CUIDADO

Impostos podem ser uma coisa bem complicada e diferir com base no município, no Estado e até no distrito, portanto, você deve consultar um contador local que conheça os códigos fiscais locais, para verificar qual é melhor para sua situação. Dê uma olhada no Capítulo 19 para ter mais informações sobre impostos do Airbnb.

Gastando com Inteligência: As Melhores Aquisições que Você Pode Fazer Agora para Lucrar no Futuro

Embora você queira minimizar custos desnecessários, pense nessas decisões com base na duração integral de seu anúncio no Airbnb, não apenas na de curto prazo. Às vezes, para cortar custos e aumentar os lucros em longo prazo, é preciso gastar mais em curto prazo.

Essas aquisições inteligentes podem aumentar seus rendimentos com as reservas, fazê-lo ganhar tempo, reduzir custos operacionais, minimizar despesas grandes não planejadas ou aprimorar a experiência geral dos hóspedes, e tudo isso ajuda a aumentar os lucros. Perguntamos a anfitriões do mundo todo quais foram as melhores e mais úteis aquisições para o Airbnb. Fique à vontade para incorporá-las em seu orçamento no Airbnb:

» **Aquisições que aumentam diretamente o potencial de lucro:**
  - Aumentar a ocupação máxima de seu anúncio substituindo um sofá normal por um sofá-cama pode aumentar, de maneira permanente, seu potencial de ganhos. Para ter mais informações, consulte a seção posterior "Aumentando a capacidade de ocupação".
  - Usar preços dinâmicos automatizados de provedores como a Wheelhouse (para preços, consulte o Capítulo 7) pode garantir preços ideais ao longo do ano para incrementar rendimentos provenientes de reservas.

CORRESPONDENDO ÀS FACILIDADES DE UM HOTEL

Do início humilde no Airbnb, quando os fundadores Brian Chesky, Joe Gebbiae e Nathan Blecharczyk alugavam para estrangeiros três colchões de ar baratos no piso da sala de estar para ajudar nas despesas com o aluguel, até as várias ofertas hiperluxuosas na plataforma hoje que colocariam no chinelo muitas ofertas de hotéis cinco estrelas, as experiências dos hóspedes percorreram um longo caminho no Airbnb.

Na época, os hóspedes não esperavam nada além de alguma coisa em que dormir. Com o passar dos anos, conforme mais anfitriões anunciavam imóveis, eles coletivamente se forçaram a subir o nível à medida que competiam pelas reservas. Atualmente, as expectativas para um anúncio no Airbnb frequentemente correspondem ao que esperam de um quarto de hotel equivalente.

Quando você não tem certeza sobre as facilidades em que deve investir para seu anúncio, é só comparar as ofertas de um quarto de hotel equivalente. Se seus hóspedes no Airbnb fossem ficar em um hotel, é mais provável que escolheriam um de três, quatro ou cinco estrelas? Se a probabilidade é a de que ficassem em hotéis três estrelas, então ofereça as mesmas facilidades (ou melhores) que os quartos de hotéis três estrelas.

» **Aquisições que economizam seu tempo e minimizam dores de cabeça:**

- Utilizar fechaduras inteligentes, eletrônicas ou cofres para habilitar check-ins e check-outs remotos pode fazer você e seus hóspedes ganharem tempo.

- Usar ferramentas de mensagens e calendário automáticos como o SmartBNB pode reduzir até 90% de perguntas dos hóspedes. Consulte o Capítulo 9 para uma discussão detalhada sobre automatização no Airbnb.

- Adquirir itens para simplificar a limpeza e a rotatividade pode facilitar sua vida. Por exemplo, colocar um tapete do lado de fora de cada entrada ou uma sapateira no lado de dentro diminui a entrada de sujeira no imóvel. Roupas de cama que não amassam podem aposentar o ferro de passar sem sacrificar a qualidade.

» **Aquisições que conquistam os hóspedes:**

- Gastar um pouco mais com itens de contato intenso (lençóis, travesseiros e toalhas), colchões confortáveis (protetores de colchão podem mascarar colchões abaixo da média) e mesmo uma despensa na parte externa pode lhe dar vantagem sobre outros anúncios.

- Comprar itens ou facilidades que criam uma experiência exclusiva para seu anúncio pode levar seus hóspedes a fazer uma avaliação brilhante — por exemplo, disponibilizar acesso a uma lareira externa para grelhar ostras frescas para um anúncio do Airbnb perto de uma peixaria popular conhecida por suas ostras.

» Aquisições para reduzir as contas de energia:

- Colocar painéis solares em seu imóvel lhe dá a chance de ser mais ecológico e economizar com aquecimento e ar-condicionado.

- Substituir eletrodomésticos antigos que demandam muita energia por outros energeticamente eficientes pode ajudá-lo a economizar com as contas de serviços durante anos.

- Adquirir uma lavadora e uma secadora de capacidade maior pode reduzir significativamente as contas de água e eletricidade, e ao mesmo tempo diminuir o tempo que leva para lavar a roupa, devido à redução da quantidade de ciclos de lavagem e secagem necessários.

- De maneira semelhante, adquirir uma lava-louças de capacidade maior pode reduzir os ciclos necessários para lavar toda a louça, garantindo um retorno mais eficiente.

- Usar controles AVAC eficientes para ligar automaticamente o aquecimento e o ar-condicionado pode ajudá-lo a economizar nos custos com energia. De acordo com a Nest, fabricantes de um conhecido termostato inteligente, os clientes da empresa poupam, em média, de 10% a 12% com aquecimento e 15% com ar-condicionado. Em áreas quentes ou frias, isso pode significar mais de R$500 por ano em economia.

» Aquisições para evitar custos importantes não planejados:

- Colocar capas protetoras em colchões e móveis protege contra líquidos derramados, acidentes e percevejos, o que exige substituições onerosas ou um tempo para descontaminação.

- Retirar ou armazenar todas as obras de arte, itens pessoais caros ou insubstituíveis pode evitar que acidentes aconteçam. A menos que você esteja operando um anúncio ultraluxuoso que obtém as mais altas recomendações no Airbnb, ter itens extremamente caros é uma receita para o desastre. Guarde seu quadro de R$50 mil em algum lugar seguro.

- Ter bancadas para malas ajuda a minimizar e impedir que percevejos se espalhem, evitando que os insetos peguem carona até a bagagem dos hóspedes. Embora isso só seja útil para os hóspedes e o próximo anfitrião deles pelo Airbnb, considere essa aquisição um "favor em cadeia" para seus colegas anfitriões na plataforma.

Aumentando Rendimentos Provenientes de Reservas

Após começar a otimizar seus custos, rapidamente você descobrirá um limite para a quantidade de cortes que pode fazer. Sua próxima melhor opção para impulsionar seus lucros é aumentar a renda proveniente de reservas de seu anúncio no Airbnb. Você pode fazer isso aumentando a taxa de ocupação, sua taxa média por noite, a disponibilidade do anúncio ou todas as alternativas mencionadas. As seções a seguir analisam com mais detalhes cada uma.

Impulsionando a taxa de ocupação

Você pode impulsionar os rendimentos aumentando o número de dias em que seu anúncio é reservado em comparação com o número de dias em que está disponível para reservas. Por exemplo, se seu anúncio está disponível 365 dias por ano, aumentar a quantidade de dias reservados de, digamos, 182 para 274 praticamente elevaria sua taxa de ocupação de cerca de 50% para 75%. Do mesmo modo, impulsionar sua taxa de ocupação aumentará seus rendimentos provenientes de reservas.

Aumentando a taxa média por noite

Você também pode impulsionar os rendimentos aumentando o preço médio de cada noite reservada. Por exemplo, se seu anúncio atual tem reservas de 200 dias por ano a uma taxa média de R$100 por noite, então o rendimento bruto de reservas são 200 dias reservados x R$100 por noite = R$20 mil. Porém, se você pudesse aumentar sua taxa média por noite para R$120, mesmo sem aumentar a quantidade de dias reservados, seu rendimento bruto de reservas seria agora de 200 dias reservados x R$120 por noite, ou R$24 mil. Subir sua taxa média por noite aumentará seus rendimentos provenientes de reservas.

Expandindo a disponibilidade do anúncio

Você pode aumentar os rendimentos disponibilizando seu anúncio para reservas em mais dias do ano, se ele está disponível somente para um trecho do ano civil. Por exemplo, se seu anúncio está disponível apenas para reservas durante os meses de inverno de junho a agosto, disponibilizá-lo para reservas de setembro a novembro dobraria o número de dias disponíveis. Fazer isso pode não dobrar seus rendimentos ou lucros, mas muito provavelmente significará mais reservas. Expandir a disponibilidade do anúncio aumentará seus rendimentos provenientes delas.

Fazer os três: Sim ou não?

Será que não dá para maximizar o potencial de rendimentos maximizando todos os três fatores (taxa de ocupação, taxa média por noite e disponibilidade do anúncio)? Calma lá. Só porque você quer impulsionar cada um deles não quer dizer que seja possível fazer isso acontecer em um passe de mágica.

Você pode descobrir que o regulamento local de sua cidade limita o número de dias em que você pode disponibilizar o anúncio para aluguel em curto prazo e, portanto, escolher receber pessoas apenas durante os períodos mais movimentados do ano, a fim de maximizar os ganhos. Além disso, muitas vezes terá de optar entre aumentar a taxa de ocupação ou a taxa média noturna. As duas medidas são inversamente relacionadas — quando uma sobe, a outra desce.

Isso acontece porque quem viaja pelo Airbnb é sensível a preços. Do mesmo modo, aumentar o preço de um anúncio reduzirá a demanda por ele, porque alguns possíveis hóspedes o acharão supervalorizado e buscarão alternativas mais em conta.

A Figura 8-1 ilustra a relação inversa entre a taxa de ocupação e a taxa média por noite. Como você pode ver, o ponto em que os lucros são maximizados é quando nem a primeira nem a segunda estão no valor máximo. A consequência aqui é que essas duas medidas são inversamente relacionadas — aumente uma e a outra cairá. Em relação a ambas as medidas, subir demais pode levar a lucros menores.

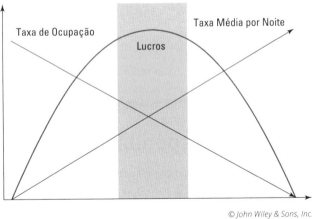

FIGURA 8-1: Relação entre taxa de ocupação e taxa média por noite.

© John Wiley & Sons, Inc.

O ponto ideal para seu anúncio no Airbnb dependerá de como ele está posicionado em comparação à concorrência e da demanda subjacente no Airbnb de acordo com a área. Se a demanda local no Airbnb é baixa e seu anúncio é inferior aos concorrentes, a ocupação ideal e as taxas médias por noite ficarão mais baixas que as taxas médias em sua área. Se a demanda local no Airbnb é alta e seu anúncio é superior aos da concorrência, a ocupação ideal e as taxas médias por noite serão mais altas.

Para compreender o desempenho de seu anúncio e como ele se compara ao da concorrência, você precisa conseguir as seguintes informações:

» **A taxa média de ocupação para anúncios semelhantes em sua área:** De preferência, no primeiro período de doze meses, por mês.

» **A taxa média por noite para anúncios semelhantes em sua área:** De preferência, no primeiro período de doze meses, por mês.

» **A taxa de ocupação estabilizada e a taxa média por noite para seu anúncio:** É preciso que seja, pelo menos, três meses após o período de impulsionamento de preços. Porém, para obter melhores resultados, ter um total de doze meses de dados estabilizados permitirá saber com certeza como está o desempenho de seu anúncio em sua área em comparação com os da concorrência.

Recomendamos obter esses dados de um provedor terceirizado de dados da área, como o AirDNA, em vez de tentar levantar esses números por conta própria. Na melhor das hipóteses, os dados estarão incompletos e desatualizados de uma hora para outra. Na pior, você terá informações imprecisas nas quais basear suas decisões.

De posse dos dados, você pode comparar o desempenho de seu anúncio sobre taxas de ocupação e taxas médias noturnas com as médias de sua área. Se não tem dados mensais, é só usar os índices para o ano todo. Ter dados mensais permite fazer essa comparação a cada mês, possibilitando identificar potenciais oportunidades durante partes diferentes da temporada.

Considerando as quatro situações do desempenho de anúncios no Airbnb

O que você pode descobrir com os dados é que o desempenho de seu anúncio x seus concorrentes diretos cai em uma destas quatro situações (mostradas na Figura 8-2), em termos de como sua taxa de ocupação e a taxa média por noite se comparam com o ponto ideal em sua área.

As seções a seguir analisam essas quatro situações e como sua taxa de ocupação e a taxa média por noite se comparam com as dos concorrentes em sua área. Além disso, você descobre como ajustar seus preços adequadamente se descobrir que o anúncio se encaixa em uma das situações traiçoeiras explicadas posteriormente.

Anúncios obviamente inferiores

Os anúncios obviamente inferiores estão no canto inferior esquerdo, que têm taxas de ocupação e taxas médias por noite menores que a área sugere que seriam capazes de realizar. Quando um anúncio é inferior na área em comparação com os concorrentes, quase sempre ele rende pouco.

FIGURA 8-2: As quatro situações de desempenho de anúncios no Airbnb em comparação com a concorrência.

© John Wiley & Sons, Inc.

Com frequência, esses anúncios têm perfis malfeitos e incompletos, com fotos de baixa qualidade, descrições inadequadas ou difíceis de ler, preços baixos e facilidades abaixo da média. E os anfitriões não estão proporcionando, de maneira consistente, experiências marcantes aos hóspedes, com muitas avaliações de poucas estrelas no perfil. É provável que esses anfitriões tenham começado a receber pessoas antes que eles, seu imóvel ou o perfil de anúncio estivessem prontos para os hóspedes. Esses anúncios estão deixando escapar a maior parte do dinheiro e têm as maiores oportunidades para aumentar os lucros.

DICA

Se você operou seu anúncio por mais de seis meses e o desempenho se encaixa nessa categoria, reveja todas as recomendações básicas dos Capítulos de 4 a 7. Tentar qualquer estratégia de maximização de lucros quando o anúncio é incapaz de cobrar uma taxa boa ou atrair hóspedes suficientes para começar é um esforço inútil.

Anúncios obviamente superiores

Os anúncios obviamente superiores, no quadrante oposto, têm tanto taxas de ocupação quanto taxas médias por noite acima do mercado. Eles não apenas têm mais noites reservadas: os hóspedes também estão dispostos a pagar uma taxa premium para reservá-los. Esses anúncios quase sempre terão perfis profissionalmente executados, com fotos perfeitas, títulos chamativos, descrições detalhadas e fáceis de ler, facilidades atraentes e ótimas avaliações de hóspedes.

Esses anúncios não têm nenhuma chance de render pouco. Os anfitriões estavam prontos desde o primeiro dia, proporcionaram, de maneira consistente, experiências cinco estrelas aos hóspedes e receberam avaliações de cinco estrelas. Esses anúncios estão deixando pouco ou nenhum dinheiro para trás.

DICA

Para aumentar seus rendimentos e lucros, os anfitriões desses anúncios devem pensar de forma criativa, para além de reservas diretas.

Anúncios obcecados por preços

Anfitriões inexperientes frequentemente focam uma taxa mínima por noite arbitrária e bem acima das taxas médias em sua área, levando-os a hipervalorizar o anúncio. É provável que eles digam a si mesmos: "Prefiro que meu imóvel fique vazio a anunciá-lo por menos de [insira uma taxa média arbitrária sem base na realidade]."

Como consequência, eles desfrutarão de uma taxa diária por noite arbitrariamente elevada, mas serão prejudicados por uma taxa de ocupação muito mais baixa conforme possíveis hóspedes optem por alternativas com preços mais razoáveis na mesma área. Os anfitriões desses anúncios podem acabar deixando um lucro de milhares de reais para trás ao ter o anúncio vazio quando poderiam facilmente hospedar pessoas por taxas menores.

A Figura 8-3 analisa um anúncio hipotético, de um imóvel de um quarto no centro de Los Angeles, obcecado por preços, e quanto dinheiro está deixando para trás ao ter uma ocupação inferior por causa da obsessão por uma taxa média por noite elevada.

	Área (Outros Anúncios de 1 quarto)	Anúncio Dominado por Preços	Vs. Área
Ocupação	85%	50%	35% mais baixa
Taxa Média por Noite	US$125	US$175	US$50 mais alta
Renda Mensal Proveniente das Reservas	US$3.188	US$2.625	17,7% a menos US$563 a menos

FIGURA 8-3: Custo de um anúncio obcecado por preços.

Ao supervalorizar o anúncio e, portanto, obter uma taxa de ocupação muito mais baixa, o anfitrião deixou de ganhar mais de US$500 a cada mês.

DICA

Se este é seu quadrante, peça um relatório de área a uma empresa como a AirDNA (veja o Capítulo 3) e redefina suas expectativas de preços para o anúncio. Escolha um preço que seja aceito pela demanda de área, não apenas o que parece bom solicitar.

Anúncios obcecados por ocupação

O último quadrante é outra situação traiçoeira em que os anúncios do Airbnb têm taxas de ocupação muito mais altas que os concorrentes da área, com frequência variando entre 90% a 100%. Esses anúncios são reservados quase todos os dias. Mas a maioria só consegue isso cobrando menos dos hóspedes.

Essa situação é, sem dúvida, a mais problemática e difícil de diagnosticar, porque as taxas de ocupação altas desses anúncios podem dar aos anfitriões uma falsa sensação de desempenho.

"Estou totalmente lotado. Devo estar me saindo muito bem!"

E se os anúncios também forem lucrativos, os anfitriões talvez nunca tenham vontade de descobrir quanto dinheiro estão deixando para trás. Anfitriões de anúncios lucrativos e 100% ocupados geralmente não percebem que estão fazendo isso com o dinheiro.

A Figura 8-4 analisa um anúncio hipotético, de um imóvel de um quarto no centro de Los Angeles, obcecado por ocupações, e quanto dinheiro ele está deixando para trás ao anunciar taxas por noite abaixo do mercado, a fim de atingir taxas de ocupação superiores.

	Área (Outros anúncios de 1 quarto)	Anúncios Dominados por Ocupação	Vs. Área
Ocupação	85%	100%	15% mais alta
Taxa Média por Noite	US$125	US$90	US$35 mais baixa
Renda Mensal Proveniente das Reservas	US$3.188	US$2.700	15,3% a menos US$488 a menos

FIGURA 8-4: Custo de um anúncio obcecado por ocupações.

Observe que a taxa alta de ocupação acontece à custa de uma taxa média por noite mais baixa. Ao cobrar menos na área para conseguir uma taxa perfeita de ocupação, o anfitrião está perdendo US$488 todos os meses!

Além de aumentar os lucros, outro incentivo para subir os preços quando sua taxa de ocupação está bem acima daquela de sua área é que você pode obter os mesmos lucros com menos reservas.

Se, por exemplo, você pode ter os mesmos lucros, mas tem uma redução de oito para seis reservas por mês, essas duas reservas a menos significam duas limpezas, check-ins e check-outs a menos. Sobretudo se está tendo os mesmos faturamentos, obter a mesma renda com menos reservas pode liberar horas de seu tempo sem reduzir os lucros. Conseguir o mesmo lucro com menos esforço sempre é um bom negócio.

Se você se encontra nessa situação, será preciso ajustar os preços para aumentar os lucros. Lembre-se de que o momento em que você maximiza seus lucros não será com 100% de ocupação. Para demandas altas de área, como em centros urbanos ou proximidades, a taxa de ocupação ideal fica geralmente entre 70% a 90%. Em áreas suburbanas ou rurais, ela será menor, e a variação é ampla.

Porém, a única maneira de ter certeza é obter um relatório de área de um provedor de dados terceirizado, a fim de comparar o desempenho de seu anúncio com os de seus concorrentes mais diretos. Consulte o Capítulo 3 para saber mais sobre os relatórios de área.

Quando estiver pronto para ajustar seus preços, recomendamos que os aumente 5% a cada quatro semanas, até começar a ver os lucros caírem novamente. Por exemplo, se você está com 100% de ocupação cobrando R$100 por noite, quando em sua área a taxa é de 80% com cobrança de R$150 por noite, aumente seus preços em R$5 até que a ocupação caia para 80%.

Cobrando uma taxa premium sobre a concorrência

A menos que seu anúncio seja uma oferta rara que justifique uma taxa premium sobre a concorrência, comece escolhendo taxas similares às dos anúncios concorrentes em sua área. Você pode justificar a cobrança de uma taxa premium se tiver os seguintes motivos:

» Seu anúncio é próximo a atrações interessantes (por exemplo, a um minuto a pé da praia).

» Seu anúncio tem facilidades raras e atrativas (como um cinema em casa ou fliperama).

» Seu anúncio é um imóvel premium com facilidades premium voltado para viajantes de primeira linha (como um apartamento de luxo em um edifício alto exclusivo).

DICA

Se seu anúncio está cobrando muito acima das taxas médias de área e você está preocupado com uma redução drástica de preços, é possível começar devagar. Ajuste seu preço abaixo de 5% por vez a cada quatro semanas até sua taxa de ocupação subir e você ficar satisfeito com os lucros a mais.

Por exemplo, se estava cobrando R$200 por noite com 50% de ocupação quando a média na área é R$150 por noite a uma ocupação de 80%, comece reduzindo R$10 de seu preço a cada quatro semanas até que os lucros caiam de novo.

Durante esse ajuste de preços, seu lucro subirá conforme a taxa de ocupação vai ficando igual à taxa por área. Interrompa o ajuste de preços ou anule a mudança mais recente se perceber que os lucros caíram com a mudança mais recente de preços. Por exemplo, se a mudança de R$160 para R$150 por noite não melhorou a ocupação ou os lucros, volte para R$160 por noite, então monitore daí em diante.

Usando preços dinâmicos para eliminar suposições

As recomendações anteriores sobre ajuste de preços para as duas situações traiçoeiras presumem que você está configurando seus preços de forma manual. Porém, como discutimos no Capítulo 5, recomendamos fortemente a todos os anfitriões que adquiram um provedor de preços dinâmicos terceirizado para configurar automaticamente os valores adequados para os anúncios.

Apenas com uma ferramenta de preços dinâmicos que ajuste automaticamente seu anúncio em tempo real para considerar mudanças na oferta e na demanda de espaços concorrentes, inclusive hotéis, e a modificação de suas taxas diárias, você pode de fato maximizar seu anúncio. É impossível fazer isso manualmente.

Maximizando o Potencial Geral de Rendimentos

Além de otimizar seu preço e sua ocupação para as condições atuais do anúncio, você pode fazer pouca coisa para aumentar os rendimentos diretos das reservas, a não ser que altere a oferta no anúncio ou implemente estratégias criativas a fim de gerar para seu anúncio rendas que não sejam provenientes de reservas. Com ambas as estratégias, sua meta é maximizar o potencial geral de rendimentos para seu anúncio.

Aprimorando suas ofertas para aumentar o potencial de rendimentos

Se você não fez nada além de aumentar os preços para conseguir uma taxa por noite mais alta para seu anúncio, então todos os anfitriões fariam isso, e as taxas médias por noite disparariam no Airbnb. Mas apenas o desejo de cobrar uma taxa mais elevada não quer dizer que a área irá aceitá-la.

Para merecer um preço mais alto que o aceito em sua área, é preciso ter bons motivos que justifiquem essa tarifa premium que você deseja cobrar. A seguir, apresentamos algumas estratégias comuns usadas por anfitriões para melhorar as ofertas dos próprios anúncios:

» **Aumentar a capacidade máxima.** Se os hóspedes conseguirem encaixar um ou dois companheiros a mais de viagem em seu anúncio, eles estarão dispostos a pagar mais.

- Para anúncios de pernoite por menos de R$250, considere de R$5 a R$10 a mais por noite por pessoa extra.

- Para anúncios de pernoite entre R$250 e R$500, considere de R$10 a R$25 a mais por noite por pessoa extra.

- Para anúncios de pernoite de R$500 em diante, considere de R$25 a R$50 a mais por noite por pessoa extra.

» **Torne seu anúncio apropriado para crianças e famílias.** Hóspedes que viajam com crianças pequenas pagam taxa premium por anúncios que têm facilidades extras voltadas para famílias com crianças.

» **Crie um anúncio apropriado para pets.** A maioria dos anúncios proíbe totalmente pets, então os poucos que permitem podem verificar mais reservas e, portanto, mais lucros, atraindo viajantes que gostam de pets e têm dificuldade para encontrar anúncios de acomodações para seus companheiros de viagem peludos.

» **Torne seu anúncio apropriado para quem viaja a negócios.** Pessoas que viajam a negócios têm necessidades muito específicas e com frequência estão viajando por conta da empresa, portanto, muitas vezes se dispõem a pagar uma taxa premium por facilidades centradas em negócios que tornem sua viagem a trabalho menos frenética.

» **Atenda a viajantes com necessidades especiais.** Por exemplo, colocando rampas de acesso, banheiros, protetores contra escorregões, grades etc. para atender a hóspedes com mobilidade reduzida que vêm de longe para visitar um hospital popular nas proximidades. Hóspedes pagarão uma taxa premium por anúncios que mais atendam a suas necessidades específicas.

DICA

Nem toda área tem a mesma mistura de segmentos de hóspedes. Algumas atraem apenas grupos de famílias grandes, outras, um segmento maior de pessoas que viajam a negócios. Pergunte-se: "Quais são os motivos principais por que viajantes visitam minha região?" As respostas podem dar ideia sobre quais segmentos você deve mirar em sua área. Consulte o Capítulo 11 para saber como atender aos vários tipos de viajantes.

Aumentando a capacidade de ocupação

Uma das formas mais fáceis e negligenciadas de impulsionar os lucros é aumentar a capacidade de ocupação de seu anúncio. Um anúncio de um imóvel de um quarto que acomoda quatro hóspedes pode cobrar mais que outro anúncio igual que acomoda apenas dois hóspedes, mesmo que isso signifique uma estada mais apertada para eles.

Alguns pequenos grupos com orçamento reduzido que viajam juntos podem preferir se espremer em um espaço menor para economizar dinheiro a pagar mais por um anúncio de um imóvel maior ou reservar vários anúncios, criando um esquema vantajoso para todos em que os viajantes poupam e os anfitriões fazem mais dinheiro.

LEMBRE-SE

O conforto funciona, mas criar uma situação perigosa com camas extras bloqueando as saídas de incêndio não. Siga estas recomendações para aumentar a capacidade de ocupação sem exagerar:

» **Anúncios de quartos privativos:** Recomendamos acrescentar um à ocupação adicional total trocando camas de solteiro por uma de casal ou queen-size.

» **Anúncios de estúdio:** Recomendamos acrescentar um à ocupação adicional total. Se você tem espaço para um sofá comum em algum lugar, tem condição de aumentar a capacidade para, pelo menos, um substituindo-o por um futon ou um sofá-cama que acomode duas pessoas.

» **Anúncios de um quarto:** Recomendamos acrescentar um à ocupação adicional total. Além de colocar um sofá melhor, se houver um espaço vago (mínimo de 4,5m2) disponível, você pode providenciar um colchão de ar de casal como opção extra. Fazer todas essas mudanças pode transformar a capacidade de um quarto de dois para três.

» **Anúncios de dois quartos:** Recomendamos acrescentar dois à ocupação adicional total. A conversão para futon/cama dobrável, colchão de ar extra ou beliches em um quarto poderia, cada um, acrescentar de uma a duas ocupações adicionais.

» **Anúncios de três quartos:** Recomendamos acrescentar dois a três à ocupação adicional total. Oferecemos as mesmas recomendações para o anúncio de dois quartos, mas com um cômodo extra você pode aumentar o tamanho da cama ou substituir uma de solteiro por beliches para a terceira ocupação extra opcional.

CUIDADO

Embora seja fisicamente possível e você possa ficar tentado a apertar a maior quantidade de camas que conseguir para maximizar a capacidade de ocupação, não recomendamos isso. Por exemplo, uma casa de um quarto que acomoda sete pessoas pode não conseguir cobrar uma taxa premium sobre imóveis similares de um quarto que acomoda somente três. Em algum momento, menos viajantes terão disposição para se espremer tanto apenas para economizar dinheiro com despesas de viagem. Essencialmente, é muito provável que você viole os códigos locais sobre incêndio e coloque em risco seus hóspedes.

De acordo com a Administração de Incêndios dos Estados Unidos, em 2017 1,3 milhão de incêndios causaram 3.400 mortes e muito mais ferimentos. Ao exceder a ocupação máxima permitida pelo código de incêndio, você não apenas pode colocar seus hóspedes em risco, como a cidade também pode lhe aplicar multa e cassar sua licença ou permissão de anúncio no Airbnb, se for exigido que você tenha uma.

Para a maioria dos anúncios, montar um futon ou sofá-cama, em vez de um sofá comum para acrescentar mais um hóspede à sua ocupação total, não ultrapassará os limites do código de incêndio local. Para imóveis maiores, acrescentar capacidade extra com beliches em alguns quartos também pode ser possível.

LEMBRE-SE

Você não saberá com garantia até confirmar e verificar seus códigos locais de incêndio, mas é possível estimar a ocupação máxima com a "Regra 2 + 1". Sob essa regra, presuma duas pessoas por quarto mais um ocupante adicional. Portanto, um anúncio de um quarto terá ocupação máxima de três pessoas.

CUIDADO

Porém, alguns municípios, como a cidade de Nova York, têm limites de ocupação extremamente rigorosos para anúncios no Airbnb. Mesmo que um único quarto seja suficiente para adicionar um futon, você pode estar desobedecendo à lei se fizer isso. Por conseguinte, recomendamos que consulte as portarias de seu município que regem o Airbnb.

Criando Fontes Adicionais de Renda

Embora a maior parte de seus lucros venha de reservas diretas, elas não são a única maneira de fazer dinheiro com seu anúncio. Viajantes que ficam em sua casa provavelmente estarão interessados em opções de lazer e outros serviços relacionados a viagens, o que oferece aos anfitriões espertos oportunidades extras de aumentar a renda geral proveniente do anúncio.

Algumas outras fontes criativas de geração de renda que você pode usar para aumentar a sua:

» **Serviços extras mediante taxa:** Ofereça serviços relevantes e úteis pelos quais seus hóspedes estão dispostos a pagar.

- **Translado ida/volta até o aeroporto:** Translado é o serviço de transporte particular normalmente oferecido por meios de hospedagens. Em áreas com pouca ou nenhuma existência de caronas solidárias, os hóspedes gostarão de ter a opção de translado de ida e volta até o aeroporto, mesmo por uma taxa extra.

- **Limpezas extras para estadas mais longas:** Quando os hóspedes ficam por uma semana ou mais, você pode oferecer a opção de limpezas extras durante a estada deles.

- **Aluguel de equipamentos:** Você pode alugar de tudo, desde bicicletas, equipamentos de mergulho, para esportes, e assim por diante. *Lembrete:* Não deixe de fazer todos os hóspedes assinarem um termo de responsabilidade antes de liberar o equipamento. Ferramentas de assinatura digital e uma trava inteligente permitem fazer isso de forma remota.

- **Guarda-volumes para o dia do check-out:** Considere oferecer isso de graça.

- **Frigobar:** Como um minibar de hotel com uma seleção mais ampla, você pode usar uma lista de preços e solicitar pagamento digital por meio de apps como PayPal, Square e Venmo.

- **Quase tudo à venda:** Inclua qualquer item extra ou serviço em que conseguir pensar usando o tablet e a plataforma YourWelcome para transformar seu anúncio em uma vitrine virtual para os hóspedes.

» **Airbnb de X ofertas:** Com o crescimento da economia compartilhada, há muitas imitações do Airbnb que permitem alugar outras coisas além do espaço onde mora.

- **Alugue espaço extra para armazenamento.** Se você tem um barracão, uma garagem, um cômodo ou um terreno vago, é possível usar um dos vários apps para ajudá-lo a alugar seu espaço para quem busca depósitos locais. O espaço está em estágio inicial ainda sem um vencedor geral específico, portanto, encontre um que tenha força em sua área. Aqui estão algumas das opções mais populares disponíveis atualmente [conteúdos em inglês]:

- CityLab.com

- Neighbor.com

- Roost.com

- Spacer.com
- Sparefoot.com
- StoreAtMyHouse.com
- **Alugue seu carro sem uso no Turo.** É como o Airbnb, só que para carros.
- **Organize uma refeição caseira pelo BonAppetour.** É como o Airbnb para jantares organizados.
- **Receba campistas em seu imóvel pelo Hipcamp.** É um Airbnb para acampamento.
- **Alugue seu trailer pela Outdoorsy.** Airbnb para trailers.
- **Alugue seu barco pela Antlos.** Airbnb para barcos.
- **Alugue seu espaço para home office na Pivot Desk.** Airbnb para quem faz home office.
- **Alugue seu estúdio de gravação para músicos pela Studio Time.** Airbnb para estúdios de gravação.
- **Alugue seu equipamento fotográfico na KitSplit.** Airbnb para equipamentos de fotografia profissional.
- **Alugue seus equipamentos externos na Spinlister.** Airbnb para equipamentos externos.
- **Alugue seu espaço extra para estacionamento na Carmanation.** Airbnb para espaços em estacionamentos.

  Se você tem qualquer espaço ou coisa útil e sem uso, é provável que algumas plataformas inspiradas no Airbnb estejam disponíveis para você alugar.

» **Seja anfitrião de uma Experiência Airbnb.** Ao criar uma Experiência Airbnb atraente, você pode fazer dinheiro sem sequer ter um imóvel para alugar. Alguns anfitriões oferecem apenas Experiências, enquanto outros fazem isso em acréscimo ao aluguel de seu imóvel. Exploramos mais as Experiências no Capítulo 18.

LEMBRE-SE

Nem todos os imóveis em todas as áreas podem implementar as mesmas estratégias. Reveja todas elas e determine qual provavelmente dará mais certo para seu imóvel em sua área. Se estiver inseguro, analise os anúncios de melhor desempenho em sua área e leia as descrições e as avaliações dos hóspedes. Os melhores anfitriões do Airbnb fazem uso de facilidades criativas ou ofertas que atraem possíveis hóspedes, e hóspedes felizes frequentemente mencionarão com entusiasmo essas facilidades em suas avaliações.

No entanto, talvez você não queira cobrar por facilidades extras para proporcionar experiências excepcionais aos hóspedes e ganhar mais avaliações de cinco estrelas. Cobranças extras por cada pequena facilidade a mais pode parecer mesquinharia e desestimular os hóspedes.

DICA

Para decidir quando cobrar por um serviço extra, faça a si mesmo estas duas perguntas:

» Acrescentar a facilidade me custa, como anfitrião, uma quantidade não banal de custos extras?

» A maioria dos hóspedes do Airbnb esperaria pagar a mais por isso?

A menos que responda sim a ambas as perguntas, considere oferecer um serviço extra como um bônus-surpresa complementar aos hóspedes.

NESTE CAPÍTULO

» Analisando a compensação entre tempo, energia e lucros

» Sabendo o que eliminar

» Implementando sistemas para facilitar sua vida

» Obtendo ajuda com sua hospedagem

Capítulo 9

Ligar o Piloto Automático e Ainda Fazer Dinheiro

Como anfitrião, seu objetivo é implementar todos os sistemas à disposição para que seu Airbnb funcione praticamente sozinho. De fato, você pode automatizar muita coisa no anúncio. Depois da automatização, seu envolvimento como anfitrião será do jeito que quiser. Na verdade, receber pessoas exigirá apenas uma interação mínima. Em vez de se envolver totalmente em todos os aspectos, você conseguirá interferir uma vez ou outra, quando as automatizações ou a terceirização forem insuficientes ou desejar.

Este capítulo detalha como usar ferramentas diferentes para facilitar seu trabalho como anfitrião e aborda o que você pode eliminar, automatizar e terceirizar, a fim de que não passe tempo demais nas operações diárias e maximize dinheiro enquanto minimiza as horas.

Um dos maiores desafios para os anfitriões é que eles automatizam minimamente ou não sabem qual software e oportunidades estão disponíveis. Eles não sabem o que eliminar e o que pode ser terceirizado. Ao tentar encarar todos os aspectos da atividade como anfitrião no Airbnb, você ficará desgastado e frustrado, o que pode gerar menos reservas ou interromper por completo a atividade. Incluímos três quadros com exemplos de anfitriões diferentes e seu nível de automatização e desgaste.

Escolhendo a Saúde Mental em Vez dos Lucros: Fique Longe do Desgaste

Como anfitrião no Airbnb, uma de suas escolhas principais é priorizar a saúde mental em vez dos lucros, para evitar o desgaste. Em outras palavras, é bom você se certificar de que seus lucros sejam proveitosos *e* viáveis. Quase todas as pessoas têm um momento de desgaste, e você chegará a ele muito mais rápido se não estiver cuidando adequadamente da saúde mental. Durante toda sua vida como anfitrião, você terá, na verdade, menos lucros se não cuidar da própria saúde, porque não conseguirá se manter nessa atividade por tempo suficiente para colher tudo o que plantou.

As seções a seguir ajudam a definir com quantas coisas você consegue lidar como anfitrião. A partir daí, nós o auxiliamos a ver essa atividade como um negócio, para que tome as decisões corretas, evite o desgaste e tenha sucesso em longo prazo.

Descobrindo o que você consegue resolver

A linha tênue do desgaste difere de pessoa para pessoa. O que leva uma pessoa a se desgastar pode não afetar você. É importante conhecer essa linha, para que não ultrapasse o próprio limite do desgaste. Para tanto, separe o que você realmente quer fazer do que sente que precisa fazer ao receber pessoas, o que é particular de cada anfitrião no Airbnb.

LEMBRE-SE

Analise o esforço que está investindo na atividade de anfitrião e veja se esse esforço está agregando valor ou levando o estresse embora. Se estiver fazendo algo que está agregando valor ou alegria em sua vida e você está tirando vantagem disso, então continue. O lado B é você fazer dinheiro e ele o afastar de si mesmo, de sua família e amigos, causando estresse, ansiedade e frustração. Você está passando esse tempo como anfitrião quando deseja fazer outra coisa. É aí que o desgaste chega e você para de hospedar pessoas.

FAZENDO O QUE AMA E TERCEIRIZANDO O QUE NÃO AMA: OS ANFITRIÕES QUE ADORAVAM HOSPEDAR

Eu (James) fui à Florida e fiquei na casa de dois anfitriões que amavam de paixão receber pessoas. Eles haviam se aposentado há pouco tempo e implementaram todos os sistemas para automatizar o processo. Havia diaristas que ajudavam na rotatividade dos cômodos, mas eles assumiam toda a comunicação com os hóspedes. Durante minha estada, eles apareceram para me ver e até compraram um presente. Os anfitriões eram simpáticos e gostavam de conhecer gente nova. Eles deram dicas sobre a região e me fizeram sentir acolhido. Em geral, eles agregaram um valor imenso à minha estada. Adorava tê-los por perto, mesmo que fosse apenas pelo pouquíssimo tempo livre que tinham na agenda.

No começo, eles estavam fazendo a limpeza por conta própria, mas o trabalho acabou sendo excessivo. Embora tivessem muito tempo livre, eles começaram a olhar para a limpeza como uma obrigação, e não como algo que queriam continuar fazendo. Eles gostavam da renda extra do Airbnb, mas não necessariamente precisavam dela, portanto, em termos gerais, continuar fazendo faxina por conta própria não estava valendo a pena. Só que eles adoravam receber pessoas e perceberam que podiam lidar com as outras responsabilidades pelo celular. Eles se tornaram o exemplo perfeito de anfitriões que conseguiram terceirizar esse elemento do negócio de que não gostavam e ainda permanecer ativos e envolvidos como anfitriões, o que lhes permitiu continuar recebendo pessoas e proporcionar experiências maravilhosas para os hóspedes.

Por exemplo, consulte neste capítulo o quadro "O anfitrião 100% automatizado" para ver como um único anfitrião usou a automatização a fim de evitar desgaste mental. Ele contratou um assistente virtual para cuidar da comunicação com os hóspedes e uma diarista para limpar o imóvel. Se ele estivesse extremamente envolvido em gerenciar todos os imóveis, é provável que tivesse ficado louco e parado de receber pessoas, ou mudado para aluguéis definitivos, o que teria significado uma perda enorme de lucros. Para manter a saúde mental e ao mesmo tempo maximizar os lucros, ele teve de se retirar completamente da equação.

Não é necessário contratar ajuda de fora para tudo, como ele fez. Você pode decidir contratar certas tarefas, como fez o casal de aposentados no quadro "Fazendo o que ama e terceirizando o que não ama: os anfitriões que adoravam hospedar". Para manter a sanidade, eles pararam de fazer a limpeza e contrataram uma diarista para cuidar dessa responsabilidade. Se não tivessem contratado uma, muito provavelmente teriam parado por completo de hospedar no Airbnb. Ser anfitrião não teria valido a pena para eles.

No entanto, como ambos os grupos de anfitriões implementaram as automatizações que funcionaram para eles, agora podem hospedar pessoas por tempo indeterminado. Eles conseguiram fazer isso sem lhes custar a saúde mental ou física, podem desfrutar do ato de hospedar e, ao mesmo tempo, gerar lucros.

Automatizar as operações diárias é ter liberdade para fazer as coisas relacionadas à hospedagem que você quer quando tem vontade, e não deixar de ser anfitrião. Se quiser voltar atrás, pode, mas a maioria dos anfitriões gosta de um pouco de envolvimento. O essencial é estar envolvido porque escolheu se envolver, e não porque tem de se envolver.

LEMBRE-SE

Ao descobrir do que você consegue cuidar, é bom encontrar o equilíbrio adequado. De preferência, você quer que seu esquema de hospedagens seja implementado de um jeito que exija pouco ou nenhum sacrifício de sua parte. Em vez de ser algo de que você não gosta, mas que dá dinheiro, hospedar deveria ser uma coisa de que você gosta e lhe faz ganhar dinheiro.

Minimizar tempo e estresse é tão importante quanto maximizar lucros

Para continuar a ser anfitrião em longo prazo, você precisa realmente gostar de receber pessoas. Se ser anfitrião gera muito estresse e você vê isso como uma coisa que toma seu tempo, em vez de algo que aprecia fazer, inevitavelmente abandonará a atividade em algum momento. Ao deixar de ser anfitrião, sua renda minguará, portanto, é claro que, a fim de maximizar seus lucros, você desejará hospedar pessoas pelo maior tempo possível. Fazer isso significa reduzir ou eliminar qualquer parte dessa atividade que você ache estressante demais.

Pense desta forma: ao receber pessoas, você está pagando a si mesmo uma soma de dinheiro para realizar cada tarefa, em vez de obter uma renda proveniente de hospedagens. Por exemplo, supondo que uma limpeza custasse R$60 por turno, ao escolher fazê-la por conta própria, você está se pagando R$60 para limpar o imóvel. Ao optar pelos lucros, em vez da saúde mental, é preciso se perguntar se vale a pena gastar tempo limpando seu local por R$60. Talvez você goste de fazer limpeza e ache isso relaxante, além de agregar valor. De outra forma, a resposta é não. Se for, você deve pagar outra pessoa para fazê-la. Se você se pega pensando ou dizendo "Não quero continuar fazendo limpeza, então preciso deixar de ser anfitrião", diga "Se não quero limpar, preciso terceirizar a faxina".

Pensando em sua atividade de anfitrião como um negócio

Ser anfitrião é como ter um negócio em que você pode terceirizar componentes diferentes para ser mais lucrativo ou deixar de fazer tarefas de que não gosta. Digamos que você tenha uma companhia de limpeza de janelas, mas não goste de ir à loja toda semana para comprar sabão. Em vez de fechar seu negócio por não gostar da obrigação de ir atrás de produtos de limpeza, é só terceirizar a tarefa. Ao contratar um serviço de entregas que traga o sabão todas as semanas, você ainda pode gostar do ato de limpar janelas e gerir com sucesso seu negócio. Fechar sua empresa simplesmente porque não gosta de ir comprar sabão todas as semanas seria ridículo. Pense da mesma maneira em relação a ser anfitrião.

LEMBRE-SE

Alguns anfitriões teimam em ver a própria renda como lucro. Quando você enxerga toda a sua renda proveniente de hospedagens como um lucro, vê custos como pagar por um serviço de limpeza, usar um software ou contratar um assistente virtual para se comunicar com os hóspedes como taxas que saem de seu bolso. Na realidade, são apenas custos para manter seu negócio de hospedagens funcionando. Toda empresa tem custos e rendimentos, e ter despesas é simplesmente um aspecto necessário no gerenciamento de seu negócio.

ELA TENTOU DAR CONTA DE TUDO: A ANFITRIÃ DESGASTADA

Eu (James) fiquei em uma casa exótica de uma anfitriã em Vancouver Island. Ela morava no imóvel e tinha uma casa de hóspedes onde recebia pessoas pelo Airbnb. Ela e a filha faziam todas as manutenções da casa. Quando a filha foi embora para fazer faculdade, a anfitriã ficou sozinha, lidando com tudo por conta própria.

Ela era uma anfitriã muito envolvida. Ficava acima e além do que se esperava de um anfitrião, fazendo coisas como trazer frutas frescas todas as manhãs. Conversando com ela, descobri que realmente fazia tudo sozinha: a limpeza, os turnos, a comunicação com os hóspedes e todas as outras coisas que o imóvel exigia.

Perguntei se podia deixar minhas malas por uma hora e fazer o check-out um pouquinho mais tarde. Ela ficou nervosa e disse que não havia como, porque outro hóspede estava prestes a chegar para o check-in. Ela tinha de fazer a limpeza, então tudo precisaria ser disponibilizado imediatamente.

Durante nossa conversa, ela me disse o quanto adorava receber pessoas, mas que começaria a reduzir. Ela não dava conta desses vários turnos, além do estresse de uma janela de apenas quatro horas entre os hóspedes. Além do tempo que gastava enviando mensagens a eles, ela sentia que sempre tinha de estar conectada. Ela estava fazendo tudo isso além de trabalhar em período integral. Era simplesmente demais.

Automatizar algumas dessas tarefas poderia ter reduzido o estresse que ela estava sentindo e o tempo que gastava gerenciando o anúncio. Ela era uma ótima anfitriã, mas como a atividade estava drenando seu tempo e estressando-a, teve de recuar.

Identificando o que Você Pode Eliminar

A melhor maneira de identificar o que você pode eliminar em seu esquema de hospedagens é mudando de mentalidade. Você precisa ser crítico em relação a tudo o que disponibiliza e identificar quaisquer suposições que estiver fazendo sobre o que é 100% necessário para seu anúncio ter sucesso. Se você não tem evidências conclusivas para mostrar que algo é totalmente necessário, então pode considerar eliminá-lo.

LEMBRE-SE

Desenvolva uma mentalidade crítica em relação ao que você pode eliminar no que diz respeito a despesas, vantagem para os hóspedes e o que é mais ideal para sua situação. Dependendo do tipo de imóvel que você anuncia no Airbnb, os hóspedes terão expectativas diferentes. Por exemplo, se tem uma vivenda cinco estrelas com um chef pessoal, muito provavelmente os hóspedes desejarão ser recebidos por alguém em pessoa. Se tem um belo imóvel que é perfeito para uma escapada romântica, então é provável que os hóspedes queiram uma garrafa de champanhe ou outro tipo de presente. Infelizmente, descobrir o que você pode eliminar varia de caso para caso. Não existe uma lista definitiva de coisas que se pode excluir.

Por exemplo, muitos anfitriões acreditam que não podem eliminar os check-ins em pessoa. Eles presumem que todos os hóspedes têm de ser recebidos pessoalmente e conduzidos até o imóvel. Porém, na maioria dos casos, isso não é verdade. A maioria dos hóspedes, na verdade, prefere entrar por conta própria no imóvel, porque é mais conveniente e eles podem chegar no horário que quiserem. Se você acredita que isso pode valer para seu anúncio, é possível testar a teoria e pedir feedback dos hóspedes. É possível entrar em contato com eles para verificar se preferem check-in em pessoa ou que você deixe um cofre na casa com as chaves dentro, para que possam entrar sozinhos. Talvez você descubra que, na esmagadora maioria, os hóspedes preferem entrar sozinhos no imóvel. Talvez descubra que pode providenciar instruções para o uso do cofre e eliminar por inteiro o processo de recepção dos hóspedes. O Capítulo 12 discute mais sobre como você pode tornar perfeito o processo de check-in.

Tente analisar o que você não pode eliminar. Considere a escolha de nunca limpar o imóvel. Você não precisa testar essa teoria porque pode concluir com bastante certeza que, se parasse de limpar sua casa, teria hóspedes insatisfeitos. Você pode ver facilmente o impacto se eliminasse a limpeza. Em relação a algo mais ambíguo, como um presente de boas-vindas, faça testes. Pergunte aos hóspedes ou elimine-o de fato, e veja o que acontece. Apenas atualize seu anúncio sempre que eliminar algo. Se prometeu um presente de boas-vindas na descrição do anúncio, não deixe de excluí-lo do anúncio antes de realmente eliminar o presente.

O ANFITRIÃO 100% AUTOMATIZADO

Considere o anfitrião em cujo imóvel eu (James) fiquei em San Diego. Embora tenha ficado lá por meses, nunca conheci o dono daquele imenso complexo. Seu perfil diz que ele morava em Nova York. Esse anfitrião é um exemplo da automatização total da experiência de hospedagens no Airbnb. Comunicava-me com um assistente virtual, e uma empresa de limpeza mantinha o imóvel. O assistente virtual sabia tudo sobre o imóvel e respondia a todas minhas perguntas. Fiz o check-in sozinho e recebi um manual do hóspede, bem como instruções sobre o imóvel. Tudo de que eu precisava estava destacado com clareza e adequação, ou era respondido pelo assistente virtual.

Automatizando para Facilitar Sua Vida

Em última instância, a automatização lhe dá mais flexibilidade e, por sua vez, facilita sua vida. Você faz as tarefas porque quer, e não porque precisa. A automatização tem duas vantagens:

» **Ela lhe dá um plano de contingência.** Talvez você não se importe em enviar mensagens aos hóspedes ou fazer os check-ins pessoalmente, mas o que acontece com esse envio de mensagens se você tiver uma emergência familiar ou com a recepção dos hóspedes quando seu carro quebra?

» **Ela lhe dá opções e, no fim, fornece um serviço melhor.** Você pode obter os mesmos resultados com mais facilidade, eficiência e consistência. Geralmente, máquinas são muito mais consistentes e eficazes que seres humanos.

Por exemplo, em relação às mensagens aos hóspedes, você pode configurar um software que lê automaticamente uma mensagem recebida, analisa-a e responde de acordo. Se o hóspede está pedindo a senha do Wi-Fi, o software a envia automaticamente. Compare isso com a necessidade de pegar o telefone, ver a notificação e depois responder, o que pode levar cinco ou dez minutos, ou talvez uma hora antes de conseguir responder e o hóspede ficar frustrado esperando se conectar à internet.

O resultado da automatização adequada é que seus hóspedes ficam mais satisfeitos e você tem mais tempo e flexibilidade. Automatizar não é tirar o corpo fora por completo e criar um anfitrião-fantasma ou uma experiência robotizada e impessoal para os hóspedes. Automatizar é focar tempo e energia onde isso é mais valioso tanto para você como para seus hóspedes.

As seções a seguir identificam algumas formas de automatização de anúncios para tornar sua vida menos caótica e a experiência dos hóspedes mais descontraída.

Automatizando os check-ins

Embora você tenha opções se decidir automatizar seu processo de check-in, o mais importante é que qualquer processo que escolha funcione o tempo todo. Você não quer ter de se preocupar se o funcionamento for parcial e os hóspedes não conseguirem entrar no imóvel. Aqui estão as opções disponíveis para automatizar seus check-ins, cada uma com níveis diferentes de segurança e confiabilidade, do mais alto para o mais baixo:

Trava inteligente

Trava inteligente é uma trava que pode ser operada remotamente e, na maioria dos casos, ser destravada pelos hóspedes por um app para celular ou código numérico personalizado. Algumas travas inteligentes, como a August, até se integram à sua conta no Airbnb para que, quando uma pessoa reserva seu imóvel, ela automaticamente nomeie-a e a registre como hóspede. Travas que têm essa funcionalidade são incrivelmente seguras, porque os hóspedes só podem entrar no imóvel do horário de check-in até o horário de check-out. Além disso, você não precisa interagir com ela de modo algum. No entanto, esses tipos de travas que funcionam sozinhas tendem a ter o nível mais inferior em termos de confiabilidade. Às vezes, os hóspedes podem não ter um smartphone ou fazer o download do app antes de chegar, e na chegada talvez não tenham Wi-Fi ou acesso à internet. Também é possível que o sinal de sua trava inteligente não funcione.

Em relação à maioria das travas inteligentes, é bom você comprar um keypad compatível, que aumentará a confiabilidade para seus hóspedes. Se eles não conseguirem acessar seu imóvel usando só o app, você terá o keypad como backup. Via de regra, é possível adicionar um código ao keypad que seja utilizável por um período curto de tempo e fácil de trocar. Em relação à segurança, travas inteligentes são as melhores, porque os hóspedes só conseguem acesso ao seu imóvel na duração da estada, e você nunca precisa visitar o local para trocar códigos, já que pode fazer tudo remotamente.

Código de porta

Esta opção lhe permite usar uma trava eletrônica em sua porta, em vez de uma trava com chave padrão. Você pode fornecer o código aos hóspedes para que eles consigam fazer o check-in por conta própria. É bom trocar o código quantas vezes forem necessárias para você se sentir à vontade e seguro. Mudar o código é uma coisa que deverá ser feita com frequência no imóvel, o que reduz a conveniência dessa opção, porque isso não pode ser feito à distância. É só estar atento ao fato de que, se você opta por não trocar o código com regularidade, os hóspedes podem conseguir acesso à sua casa antes e depois da reserva.

Cofre

Um cofre é a opção menos tecnológica, mas a melhor em termos de confiabilidade. Você anexa um cofre a uma maçaneta ou grade e os hóspedes podem abri--lo com um código para terem acesso à chave física. Por serem mecânicos, e não eletrônicos, o único momento em que um cofre pode ser pouco fiável é quando fica emperrado ou congelado pelo frio. Outra desvantagem: alguns cofres não permitem mudar o código, e é pouco provável que você queira ficar toda hora refazendo cópias das travas, portanto, fornecer uma chave aos hóspedes gera um risco maior à segurança de seu imóvel. Os hóspedes poderiam copiar a chave ou voltar e abrir o cofre no futuro.

Qual é o adequado para você

A melhor opção para você depende de sua operação e necessidades específicas. Recomendamos uma trava inteligente como melhor opção, e nossa favorita é a August (`https://august.com`, conteúdo em inglês). Ela oferece o melhor equilíbrio em termos de confiabilidade, segurança e facilidade de uso, e lhe permite uma otimização de 100% de confiabilidade. Ter um plano de contingência no local é importante no caso de algo dar errado. Se usará uma trava inteligente ou uma com código eletrônico em sua porta, recomendamos como opção reserva um cofre em algum outro lugar do imóvel como opção.

Automatização de preços

Automatizar preços significa usar um software para que você não precise ficar sempre atualizando seus preços para temporadas ou eventos diferentes que acontecem em sua região. O software automatiza por inteiro o processo e faz cálculos internamente para assegurar que seu anúncio esteja com preços otimizados — portanto, você não perde dinheiro. Nosso favorito é o Wheelhouse (`www.usewheelhouse.com`, conteúdo em inglês).

Otimizar preços não significa simplesmente atualizar seus números uma vez na vida e outra na morte. Você precisa pesquisar os eventos e as temporadas, enquanto mantém o calendário atualizado, pelo menos, seis meses adiante. Atualizar o calendário consome bastante tempo, e é por isso que automatizar o processo faz sentido.

Outra vantagem de usar esse tipo de software é que seus preços serão atualizados de maneira consistente. Se estiver atualizando manualmente os preços, então é mais que provável que, com o tempo, cometerá erros que acabarão custando sua renda, porque a vida tem dessas coisas. O software dá menos margem a erros do que se você estivesse fazendo sozinho a tarefa. Consulte o Capítulo 7 para ter mais detalhes sobre como definir o preço do anúncio.

Terceirizando Tarefas Diferentes

Terceirizar significa contratar alguém para fazer as tarefas que você não pode ou não quer fazer. Às vezes, faz mais sentido ter outra pessoa para executar uma tarefa. Ao decidir se terceirizar faz mais sentido para você, considere o mesmo ponto que mencionamos na seção anterior, "Minimizar tempo e estresse é tão importante quanto maximizar lucros". Se você não está pagando outra pessoa para fazer a tarefa, está pagando a si mesmo. Se não está se pagando o suficiente por seu tempo, então não deveria estar fazendo isso.

Você pode terceirizar várias tarefas, incluindo comunicação, avaliações de hóspedes, serviços de limpeza e administração do imóvel, que abordamos com mais detalhes nestas seções.

Ao escolher terceirizar, considere estes três fatores:

» Você precisa encontrar a(s) pessoa(s) certa(s).

» Precisa treiná-las para prestar serviços que correspondam às suas expectativas.

» Precisa dar a elas as ferramentas e os sistemas de que precisam para corresponder às suas expectativas de maneira consistente.

Terceirizando a comunicação com os hóspedes

A comunicação com os hóspedes, que implica responder a todas as mensagens deles antes, durante e depois da estada, é uma tarefa que você pode automatizar. Como essa responsabilidade pode ser terceirizada por mais ou menos R$10 a R$15 por hora, é o preço que você pagará para si se fizer por conta própria. Pergunte-se se vale a pena dedicar seu tempo para lidar com a comunicação com os hóspedes ou se deve terceirizá-la.

Contratar um assistente virtual (AV) pode ser uma tábua de salvação para lidar com a comunicação com os hóspedes. Com a maioria dos AVs, você só paga pelo tempo que eles passam respondendo às mensagens dos hóspedes, portanto, o custo total será bem pouco. Nosso local favorito para encontrar assistentes virtuais para comunicação com os hóspedes no Airbnb é o UpWork (www.upwork.com, conteúdo em inglês), uma plataforma digital para freelancers em que você pode aliviar a carga por um valor razoável.

Você desejará usar uma combinação de software e assistentes virtuais para eliminar a comunicação com os hóspedes de suas tarefas, porque utilizar apenas o software trará alguns contratempos. Por exemplo, seu hóspede pode perguntar algo do tipo: "Como ajusto o termostato? Não está funcionando agora". A maioria dos softwares não conseguirá responder com eficácia a essa pergunta. Para perguntas mais básicas, como "Qual é o Wi-Fi?", um software como o SmartBNB (www.smartbnb.io, conteúdo em inglês) fará um trabalho excelente. Porém, para perguntas mais particulares ou complexas, você precisará de um assistente virtual. Contratar um geralmente custa de R$10 a R$15 por hora.

No entanto, não poderá presumir que seu AV fará o trabalho como você faria. Usar um AV tem uma curva de aprendizado. Você precisa dar a ele as ferramentas e o sistema para operar de forma consistente e eficaz. Ao criar um documento geral sobre como exatamente comunicar-se com os hóspedes, seu AV pode lidar com todas as perguntas e preocupações comumente existentes. Seu AV precisa saber tudo sobre seu imóvel para que consiga consultar as informações quando necessário. Logo, se houver uma informação de que ele precise, mas ela não estiver disponível, você terá de instruí-lo sobre como fazer a melhor pesquisa possível para encontrar as respostas.

Por exemplo, um hóspede pode perguntar onde fica a piscina pública mais próxima. Seu AV precisará saber quais instruções passar e como comunicar essa informação de maneira eficaz. Isso talvez exija entrar no Google para pesquisar o endereço ou instruir os hóspedes como fazer isso. Oriente seu AV em relação a tudo o que possa gerar perguntas, para que ele tenha um conjunto sólido de sistemas em que confiar para fazer seu trabalho com eficiência. Depois que tiver os sistemas concluídos, você não terá de interferir. Se não tiver os sistemas adequados, terá de interferir com mais frequência.

LEMBRE-SE

Quanto melhor você se sai em treinar as pessoas que terceiriza no início, menos terá de interferir e se envolver futuramente.

Terceirizando avaliações dos hóspedes

Assim como os hóspedes são solicitados a dar uma nota aos anfitriões após a estada, você também avalia os hóspedes. Essa é outra tarefa que pode ser terceirizada a AVs. Ao avaliá-los, faça seu AV se comunicar com as diaristas para garantir que não haja problemas com os hóspedes que poderiam influenciar sua aceitação ou não no futuro por outro anfitrião. A partir daí, seu AV pode compor e enviar uma avaliação positiva para hóspedes excelentes, ou uma negativa para qualquer um que tenha causado problemas ou danos.

Seus hóspedes podem receber uma avaliação fraca se causaram problemas com a equipe de comunicação ou não respeitaram seu imóvel deixando o espaço sujo ou danificado. Quando a equipe de comunicação com os hóspedes abre um canal de comunicação com as diaristas, é possível unir os conhecimentos em comum para escrever uma avaliação precisa.

CAPÍTULO 9 **Ligar o Piloto Automático e Ainda Fazer Dinheiro**   169

Contratando uma diarista profissional

Limpar e lidar com os turnos é uma das terceirizações mais comuns feitas por anfitriões no Airbnb. Diaristas vêm a sua casa após o check-out de cada hóspede e fazem um turno completo, de cima para baixo, de seu anúncio. Na maioria dos casos, as diaristas farão de tudo, de organizar o espaço e lavar roupas de cama até reabastecer miudezas como papel higiênico, papel-toalha e sabonete. Contratar profissionais para cuidar dessas tarefas aliviará várias de suas horas de trabalho para cada hóspede. Outra vantagem de terceirizar a limpeza é que essa é uma das poucas tarefas que exigem sua presença física no imóvel. Delegá-la a outra pessoa significa que você pode cuidar remotamente de seus outros afazeres como anfitrião, não importa o lugar do mundo em que esteja.

Antes de contratar diaristas, faça a si mesmo estas perguntas para ajudá-lo a consolidar suas necessidades e expectativas:

>> Você deseja notificar ou agendar suas diaristas para todas as limpezas? É mais provável que queira integrá-las em seu calendário, para que elas mesmas cuidem da agenda toda vez que um hóspede fizer check-out. Isso reduz a comunicação constante e permite que elas trabalhem de forma autônoma.

>> A que horas você quer que elas venham? Quais expectativas está colocando? Ao salientar os horários de check-out e check-in para cada hóspede, você percebe claramente o que quer.

>> De quais tarefas você quer que elas cuidem? Muito provavelmente, desejará que assumam tudo, da limpeza e lavanderia ao reabastecimento de produtos. Especifique isso logo de cara e encontre diaristas que atenderão suas necessidades.

Após salientar essas responsabilidades e expectativas específicas, você pode elaborar um anúncio detalhado em plataformas de classificados online como a Craigslist (no mundo todo), Kijiji (Canadá) ou GumTree (Europa). Você também pode fazer uma pesquisa no Google por diaristas de Airbnb em sua região.

LEMBRE-SE

Durante a entrevista, exponha com clareza suas necessidades e expectativas. Muitos anfitriões presumem que as diaristas saberão o que eles esperam. No entanto, o trabalho implica muito mais que simplesmente ir ao imóvel e esfregar os pisos. Pelo fato de cada imóvel e cada anfitrião serem únicos, apenas você sabe como limpar ou consertar certos elementos de sua casa. As diaristas não terão seu conhecimento ou sua experiência com o espaço.

Por exemplo, talvez as diaristas deixem as toalhas na cama, em vez de deixá-las no banheiro. Se quer que algo seja feito de um jeito específico, você precisa compartilhar essa informação. É preciso ser claro em relação a todos esses meandros e identificar quais são inegociáveis e quais não são um problema. Talvez você não se importe que as toalhas fiquem no banheiro ou no quarto, contanto que estejam limpas e dobradas com cuidado.

Diaristas diferentes podem ou não atender às suas necessidades e expectativas. Algumas regiões têm equipes de limpeza específicas para Airbnb, como a MaidThis (www.maidthis.com, conteúdo em inglês), ou uma companhia grande de limpeza que oferece aquilo de que precisa e é uma ótima aposta. Essas duas opções podem não estar disponíveis em algumas regiões, portanto, você pode descobrir que trabalhar com uma diarista independente é a melhor alternativa. Faça perguntas detalhadas sobre a experiência dela e peça referências. Dependendo de sua situação particular, você encontrará a que melhor se adapta às suas necessidades.

Após contratar as diaristas, o próximo passo é treiná-las. Descubra tudo o que não for negociável e defina expectativas. Destaque os itens inegociáveis e, depois, expresse-os à equipe de limpeza. Dê-lhe instruções sobre como fazer qualquer coisa que possa ser mais técnica ou particular. Elabore uma checklist para que não deixem nada para trás sempre que vierem limpar.

DICA

Recomendamos acompanhá-las durante algumas limpezas, para que você possa revisar tudo e garantir que entendam exatamente o que quer. Se tentar dizer às diaristas para simplesmente chegarem e limparem, elas farão isso do próprio jeito. Haverá falhas de comunicação ou algo de sua lista será esquecido. Ao comparecer pessoalmente e ficar lá durante a faxina, você pode definir expectativas claras.

Após ficar com as diaristas algumas vezes, você pode deixá-las por conta própria, depois fazer sua própria inspeção de controle de qualidade. Assim, pode garantir que elas ainda estão mantendo a mesma qualidade de trabalho quando você não está presente.

Seus hóspedes também lhe darão feedback. Tente comparecer pessoalmente para verificar ou faça sua equipe de comunicações com os hóspedes verificar com eles o nível de satisfação com o imóvel. Anote todos os problemas para poder dar feedback às diaristas e, então, corrigir imediatamente a situação, a fim de evitar qualquer avaliação ruim.

Contratando um administrador de imóveis profissional

Outra opção de terceirização é ter um administrador de imóveis ou empresa de administração de imóveis, com base em sua situação particular. Um administrador profissional ou uma empresa lidarão basicamente com todos os aspectos referentes à hospedagem para você, ficando relaxado em seu canto. Essa opção é ideal para anfitriões que não querem absolutamente nenhum envolvimento com as hospedagens, mas desejam os retornos especiais que os aluguéis temporários podem oferecer.

LEMBRE-SE

Decidir contratar alguém para assumir essa função implica uma melhor compreensão do que significa administrar sozinho um imóvel. Administrar seu imóvel exige o máximo de trabalho nas fases iniciais, quando você está precificando manualmente seu anúncio, encontrando e treinando suas equipes de limpeza e de comunicação com os hóspedes, então, criando sistemas para que possam cumprir suas expectativas. Se seu único anúncio é de um quarto vago em sua residência ou uma casa de hóspedes atrás da sua, um administrador de imóveis não faz sentido. Porém, se tem um ou vários investimentos ou imóveis de férias, contratar um profissional como esse pode ser uma escolha sábia.

Faça estas perguntas a si mesmo ao considerar contratar um administrador de imóveis:

» **Você quer ficar totalmente fora da atividade de anfitrião?** Se realmente gosta de se envolver e agir como anfitrião para seus hóspedes, contratar uma empresa de administração de imóveis pode não fazer sentido. A empresa desejará autonomia para operar de maneira adequada.

» **Você quer evitar passar sozinho pelo processo de configuração?** A maior diferença em termos de tempo de contribuição é durante o processo de configuração inicial. Colocar todos os processos e sistemas em seus lugares para que sua hospedagem seja relativamente pragmática pode levar alguns meses.

Se a resposta for sim a ambas as perguntas, contratar uma empresa de administração de imóveis é ideal. Embora você tenha capacidade de fazer essas tarefas por conta própria, se não tiver tempo ou energia para isso ou quiser distância dos hóspedes, considere contratar tal empresa. Uma empresa de administração de imóveis pode assumir todas essas tarefas, e suas contribuições não serão mais necessárias em pouco tempo.

A empresa de administração de imóveis específica que você contratar dependerá de suas necessidades particulares. A maioria dos anfitriões tenderá para uma empresa pequena que gerencie entre cinco e setenta imóveis. Esse tipo de empresa provavelmente é uma boa opção para qualquer pessoa que tenha menos de vinte imóveis que precisam de administração. Se você tiver mais de vinte imóveis, é bom entregá-los a uma única empresa grande que presta serviços para milhares de propriedades. O desafio em relação a empresas grandes é que elas não oferecem os serviços customizados que a maioria dos anfitriões deseja.

Por exemplo, se você é investidor imobiliário, provavelmente se importa sobretudo com as cifras. Você nunca quer saber da empresa de administração do imóvel. Deseja relatórios mensais precisos e espera que a empresa maximize seus lucros. Por outro lado, se é proprietário de uma casa de férias, talvez também se importe com essas coisas, mas elas não são sua prioridade. Mais importante, você quer garantir que suas diaristas sejam minuciosas e o imóvel esteja sendo bem cuidado. Você quer se manter informado sobre sua segunda casa, portanto, no fim, se comunica mais com a empresa de administração de imóveis para ter certeza de que ela está selecionando os hóspedes de forma eficaz e cuidando bem do imóvel.

DICA

Ao procurar uma empresa de administração de imóveis, verifique sites de companhias. Defina se cada uma delas pode garantir que de fato atenderá suas necessidades e oferecer soluções para seus problemas. Se você não aplicar o devido cuidado a esse processo seletivo e acabar com a empresa errada, trabalhar em conjunto com ela muito provavelmente será desafiador e consumirá tempo, porque ela pode não ser capaz de atender suas expectativas nem suas necessidades específicas.

O FUTURO DA AUTOMATIZAÇÃO NO AIRBNB

Com softwares automatizados e a inteligência artificial se aprimorando constantemente a uma taxa exponencial, é muito provável que o que você faz no dia a dia como anfitrião seja facilmente automatizado muito em breve. Hoje, várias tarefas diárias que exigem muito investimento de tempo do anfitrião podem ser facilmente automatizadas com um alto nível de confiabilidade. À medida que a tecnologia se aprimora, muito provavelmente serão disponibilizados novos hardwares e softwares que farão um trabalho ainda melhor em ajudar a tornar a atividade com hospedagens mais fácil para todo mundo.

Uma vantagem extra da automatização é que muitas vezes ela proporciona uma experiência melhor para os hóspedes. Erros humanos são drasticamente reduzidos quando os anfitriões se munem das ferramentas certas, significando menos erros cometidos que impactem negativamente a experiência dos hóspedes.

NESTE CAPÍTULO

» **Entendendo as vantagens de ser um Superhost**

» **Tornando-se um Superhost: o que você precisa fazer**

» **Recuperando-se da perda do status de Superhost**

» **Considerando alternativas ao Superhost**

Capítulo **10**

É um Pássaro? É um Avião? Não, É um Superhost!

O Airbnb criou várias designações diferentes dentro de sua plataforma para identificar anfitriões que atendem a certos critérios, sendo o mais prestigiado deles o status de Superhost.

Os diferentes status, incluindo o Business Travel Ready e o Family Friendly [respectivamente, Pronto para Viajantes de Negócios e Próprio para Famílias, em tradução livre], são a maneira como o Airbnb categorizou anúncios e anfitriões diferentes com base em facilidades e medidas de desempenho que eles atingiram. Essas categorias ajudam possíveis hóspedes a identificar em quais imóveis e com quais anfitriões desejam ficar, e fornecem mais consistência à plataforma. Os hóspedes podem ter certeza de que esses anfitriões e anúncios atenderão às suas necessidades específicas ao procurar um lugar para ficar.

Obter o status de Superhost é a meta final para todos os anfitriões que buscam fazer tanto sucesso quanto possível. O status de Superhost oferece várias vantagens, inclusive mais tráfego para seu anúncio e, na maioria dos casos, mais reservas. Atingir esse status depende de seu sucesso como anfitrião em diversos setores. Neste capítulo, examinamos o que significa o status de Superhost e o que você pode fazer para consegui-lo ou recuperá-lo se perdê-lo. Também analisamos outros dois status: Business Travel Ready e Family Friendly.

O que É um Superhost: Colocando o Hóspede em Primeiro Lugar e Acima de Tudo

A principal diferença entre Superhosts e anfitriões que não são Superhosts é que aqueles se concentram em proporcionar uma estada excepcional para seus hóspedes. O hóspede vem sempre em primeiro lugar. Em vez de se concentrar em si mesmos e como tirar vantagem das hospedagens e fazer dinheiro, os Superhosts priorizam os hóspedes. Eles se perguntam coisas como: "Como posso melhorar a estada dos hóspedes? Como torná-la mais incrível, mais especial?"

COMPREENDENDO COMO O STATUS DE SUPERHOST PODE AJUDÁ-LO A GANHAR MAIS DINHEIRO

Um estudo feito pela AirDNA mostrou que anfitriões que tinham status de Superhosts, em comparação aos que não tinham, tiveram um aumento de até 53% em sua renda geral (consulte a imagem a seguir).

Superhost	Rendimento	ADR	Taxa de Ocupação	RevPAR
Não	US$19.936	US$170	26%	US$45
Sim	US$30.457	US$153	47%	US$72
Δ	53%	−10%	81%	60%

Fonte: https://www.airdna.co/blog/airbnb_superhost_status

Esse aumento na renda acontece, em parte, porque o algoritmo do Airbnb favorece os Superhosts. Um Superhost tem melhor desempenho geral e oferece uma experiência de maior valor para os hóspedes. Como consequência, o processo de obtenção do status de Superhost também ajuda a melhorar sua classificação de busca no Airbnb, mesmo antes de se conseguir o status propriamente dito. Quanto melhor desempenho você tiver como anfitrião, por exemplo, como responde as mensagens dos hóspedes e obtém avaliações excelentes, mais as classificações de busca o promoverão. Basicamente, é uma bola de neve.

Ser um Superhost se resume a dar um passo extra para levar a experiência para o alto e além. Fazer isso transparece em todos os indicadores de Superhost que abordamos na próxima seção. Se sua meta principal é proporcionar aos hóspedes a melhor experiência possível, então provavelmente você será um anfitrião de primeira linha e atingirá o status de Superhost.

Preenchendo os Requisitos de um Superhost

Para receber o status de Superhost, há alguns critérios que você, como anfitrião, precisa atender, e esses requisitos se atualizam ou mudam de tempos em tempos. Ser um Superhost não é tão fácil quanto ter um belo imóvel, arrumá-lo e esquecê-lo. O Airbnb distingue e diferencia anfitriões que estejam fazendo um trabalho realmente excepcional.

O primeiro passo para tirar vantagem de todos os benefícios de ser um Superhost é se tornar um Superhost de verdade. As seções a seguir explicam os requisitos e sugerem como atingir o status.

Tornando-se Superhost: Procedimentos

Para atingir a posição de Superhost, sua conta precisa atender a certos requisitos. O Airbnb examina seus últimos doze meses como anfitrião, embora você não precise, necessariamente, ter sido anfitrião durante o ano inteiro para se qualificar para o status de Superhost.

De acordo com o `www.airbnb.com`, estes são os requisitos específicos que você deve preencher se deseja ser um Superhost:

» Ter completado pelo menos dez viagens ou três reservas que totalizem cem noites, no mínimo.

» Ter mantido uma taxa de respostas de 90% ou mais.

» Ter mantido uma taxa de cancelamento de 1% (1 cancelamento por 100 reservas) ou menos, com exceções para circunstâncias atenuantes.

» Ter mantido uma classificação geral de 4.8 (essa classificação analisa os últimos 365 dias de avaliações com base na data em que o hóspede fez uma avaliação, não na data de check-out).

O Airbnb analisa seu perfil trimestralmente, nos dias 1º de janeiro, 1º de abril, 1º de julho e 1º de outubro, todos os anos. Ao mensurar seu desempenho anterior, o Airbnb o notifica, após cada um desses períodos de análise, sobre se você atingiu ou não o status de Superhost.

Por exemplo, se durante o primeiro semestre como anfitrião você cumpriu os requisitos necessários, ainda pode atingir o status de Superhost, embora tenha hospedado pessoas apenas nos últimos três meses. Porém, a mera obtenção do status de Superhost no primeiro trimestre não significa necessariamente que você o manterá no segundo trimestre. Mesmo que tenha mantido o status de Superhost nos últimos seis trimestres, é possível perdê-lo se o desempenho for baixo. Você precisa estar sempre cumprindo os requisitos e mantendo seu desempenho para permanecer Superhost.

O que você pode fazer para atingir o status de Superhost

Ao tentar melhorar seu desempenho e atingir o status de Superhost, sugerimos que faça o seguinte:

Fique em seu próprio imóvel

Reveja a experiência geral de ficar em seu próprio imóvel. Como é o check-in? Tente encontrar a chave e usar a trava. Garanta que nada esteja faltando em seu anúncio, como frigideiras ou rolos extras de papel higiênico. Passe alguns dias como hóspede em seu próprio imóvel. O que você gostaria de ter? Anote tudo o que achar que esteja faltando e que melhoraria sua própria experiência, para poder fazer acréscimos futuros.

Peça a um amigo próximo para ficar em seu imóvel

Peça a um amigo que fique como hóspede em seu imóvel e reveja a experiência geral. Peça a ele que faça observações cuidadosas e honestas sobre tudo o que poderia ser melhorado, desde o check-in até o check-out. Ter uma opinião objetiva de terceiros pode ser uma ótima forma de evitar a possível parcialidade de rever a experiência por conta própria.

Fique com um anfitrião comum e um Superhost

Você pode perceber rapidamente as diferenças quando fica com um Superhost e quando fica com anfitriões que não têm esse status. Sugerimos que escolha um Superhost experiente, que tenha centenas de avaliações. O que perceberá na maior parte das vezes é que o Superhost se importa imensamente com você como hóspede. Como parte de sua visita, faça anotações sobre tudo o que acha legal ter. Não registre expectativas, mas concentre-se nas coisas em que o Superhost se saiu excepcionalmente bem e elevaram sua experiência.

Por exemplo, o Superhost pode ser muito receptivo e rápido para responder suas mensagens. Talvez tenha deixado um presentinho quando você chegou ou um carregador ao lado da cama, junto com adaptadores diferentes para celulares variados, para que o espaço fosse acessível a todos os hóspedes. Talvez ele tenha garrafas d'água extras na geladeira ou uma cartela de ovos, para que você não tenha de sair e fazer compras ou o café da manhã quando chegar.

Você notará todas essas coisas, que não são atos grandiosos mas, ao contrário, pequenas coisas que acabam fazendo uma grande diferença para você como hóspede. Depois, fique com um anfitrião comum, veja o que ele faz e compare as duas experiências. Fazer isso é a melhor maneira de entender o que significa se importar imensamente com os hóspedes e experienciar, em primeira mão, como é ser um hóspede que o anfitrião coloca em primeiro lugar. Em vez de pesquisar o que faz com que um Superhost seja um Superhost, tenha você mesmo essa experiência.

Mantendo o Status de Superhost

Manter o status de Superhost exige ter sua meta em mente e saber sob quais critérios você está operando. Depois que o tem, perdê-lo depende de você. Se você é capaz de fazer o necessário para se tornar um Superhost, deve ser relativamente fácil manter esse status.

A boa notícia é que, depois que um anfitrião manteve o status de Superhost por um tempo, é menos provável que ele o perca, por dois motivos:

» É possível que os anfitriões tenham os sistemas e os processos necessários para manter seu status de Superhost. Eles sabem o que é preciso para se tornar um e são capazes de operar continuamente dessa forma.

» Quanto mais pontos de dados os anfitriões têm, mais difícil fica desequilibrar a classificação geral. Quanto mais avaliações um anfitrião obtém, menos impacto uma avaliação fraca terá sobre a quantidade total de estrelas dele. Por exemplo, se você tem apenas 10 reservas e 10 avaliações 5 estrelas, uma avaliação fraca pode reduzir sua classificação geral para uma média de 4.9 (ou menos). Por outro lado, se tem 100 avaliações 5 estrelas, precisaria de uma quantidade substancial de avaliações fracas para baixar sua média para 4.9. Quanto melhor seu histórico, mais difícil fica desequilibrá-lo e mais provavelmente você manterá seu status de Superhost.

Para manter seus status de Superhost, é bom monitorar os três principais aspectos a seguir referentes à sua hospedagem e assegurar que esteja dentro dos limites aceitáveis para Superhosts.

Sua taxa de resposta

A *taxa de resposta* significa a velocidade com que você responde às perguntas sobre a reserva e aos hóspedes que lhe enviam mensagens pela plataforma

Airbnb. Fazer isso não é um bicho de sete cabeças. É só garantir que nunca deixe uma mensagem sem resposta. Mesmo um simples "obrigado" ainda é considerado resposta. Talvez você não esteja interessado em uma pergunta e não queira aceitar a reserva, mas em vez de deixar a questão sem resposta, você precisa responder por que não está aceitando a reserva.

LEMBRE-SE

Ao deixar mensagens sem resposta, você está prejudicando sua taxa de resposta geral, o que pode afetar sua elegibilidade para o status de Superhost. Manter a taxa de resposta acima de 90% é só uma parte de ser um anfitrião responsável. Você pode usar um software automatizado para garantir que os hóspedes obtenham respostas sem demora, o que tira o fardo de suas costas, sobretudo se você tem muitas obrigações. Usar esse tipo de software significa que você não precisa estar sempre conectado ao celular ou monitorando pelo computador e respondendo mensagens de hóspedes. O Capítulo 9 discute com mais detalhes a automatização.

Sua taxa de cancelamento

O que mais faz os anfitriões perderem o status de Superhost é sua *taxa de cancelamento*, calculada dividindo-se o número de reservas que você cancelou pelo número total de reservas. Para conservar o status de Superhost, você precisa manter uma taxa de 1% de cancelamento, ou menos. Mesmo se completar cem reservas sem um único cancelamento, você perderá o status de Superhost se cancelar apenas duas. Mesmo com uma quantidade alta de reservas bem-sucedidas, alguns deslizes podem arruiná-lo, e você pode perder seu status, frustrando-se, compreensivelmente.

Uma taxa alta de cancelamento gera um impacto muito negativo nos hóspedes. O Airbnb está mantendo-o em um padrão elevado por conta do impacto que isso tem sobre seus hóspedes e, portanto, sobre o Airbnb como empresa quando você cancela uma reserva. Consequentemente, as políticas do Airbnb fornecem a margem de manobra necessária. Acima de tudo, o Airbnb quer manter o equilíbrio entre tolerância com os anfitriões e o impacto sobre os hóspedes, evitando grandes inconveniências sem motivo para hóspedes que fazem reservas pela plataforma.

Evitando cancelamentos

A melhor maneira de manter uma taxa baixa de cancelamento é planejar com antecedência. Fique atento e certifique-se de que, sempre que abrir datas no calendário, elas estejam 100% disponíveis. Você pode não querer abrir seu calendário com seis meses de antecedência se isso significar um potencial cancelamento. Por exemplo, imagine que você tenha familiares ou amigos que podem estar chegando e precisam de um lugar para ficar. Você está anunciando uma casa de férias ou uma suíte para hóspedes que provavelmente terá de usar?

DICA

Se sim, sua melhor linha de ação é analisar o calendário e bloquear quaisquer datas suspeitas. Você sempre pode abri-las posteriormente. Decidir depois que você quer uma data de volta após um hóspede ter feito a reserva exigirá que cancele a reserva desse hóspede, portanto, planeje com antecedência agora para ficar tranquilo no futuro.

Entendendo a política de causas de força maior do Airbnb

A boa notícia é que essa política de 1% não se aplica a cancelamentos feitos por meio da política de causas de força maior do Airbnb. Você pode ler sobre essa política em www.airbnb.com/help/article/1320. Ela cobre situações como morte, doença ou acidentes, determinações governamentais, danos graves ao imóvel, fechamento de aeroportos e estradas, cancelamentos de viagens e outras circunstâncias que exijam análise especial.

Se sua situação se encaixa em uma dessas forças maiores, você não será negativado por cancelar com os hóspedes. Essas situações na política são os únicos momentos em que o cancelamento não afeta negativamente seu perfil como anfitrião. Se possível, é bom evitar cancelar com os hóspedes por qualquer motivo. Porém, o Airbnb permite o cancelamento sob essas circunstâncias porque, nessas situações, provavelmente os hóspedes não teriam uma das melhores experiências em sua casa se lhes fosse permitido ficar.

Por exemplo, digamos que um cano tenha estourado e causado uma inundação, resultando em danos graves no imóvel. Embora um cancelamento seja inconveniente para os hóspedes, ficar em um imóvel inundado seria ainda pior. Em geral, se você está cancelando por causa de algo totalmente fora de controle que o impede de proporcionar uma experiência de qualidade para os hóspedes, muito provavelmente isso será coberto pela política de causas de força maior do Airbnb, e você não será penalizado.

Porém, se seu cancelamento não atende a essa política e seus hóspedes serão incomodados, o Airbnb o penalizará. Por exemplo, se seus familiares chegarem à cidade sem avisar, é melhor você conseguir um hotel ou um Airbnb para eles, em vez de cancelar no último instante a reserva já feita pelos hóspedes.

Suas avaliações gerais feitas por hóspedes

Manter uma classificação de 4.8 estrelas é o último obstáculo a enfrentar para manter seu status de Superhost. Tudo se resume à classificação, e para que a sua seja alta, você precisa proporcionar constantemente uma experiência de ótima qualidade aos hóspedes. Como fazer isso? Dê uma olhada nestas dicas (embora a lista esteja longe de ser completa):

» **Você oferece um espaço limpo e bem conservado.** Ninguém se sente à vontade em um espaço sujo ou mal conservado. Se os hóspedes estão desconfortáveis, isso aparecerá em suas avaliações. O Capítulo 14 abrange tudo o que você precisa saber sobre limpeza e manutenção.

» **Você é simpático e comunicativo ao responder a todas as perguntas ou preocupações dos hóspedes.** Hóspedes gostam de anfitriões simpáticos e responsáveis, portanto, tome cuidado com o tom que você usa ao enviar mensagens e sempre dê retorno sem demora a eles. Verifique o Capítulo 11 para saber mais sobre isso.

» **Seu imóvel tem o básico.** Tenha as facilidades básicas que os hóspedes esperam e acrescente algumas boas de se ter e que eles poderão apreciar. No Capítulo 4, discutimos quais facilidades acertarão em cheio.

» **Você e seu anúncio são honestos.** Seja sempre honesto com os hóspedes e não deixe de definir as expectativas adequadas em seu anúncio, para que eles não acabem frustrados ou decepcionados. Dê uma olhada no Capítulo 5 para ter orientações sobre como definir seu anúncio da maneira correta.

» **Você pede aos hóspedes uma avaliação de cinco estrelas.** Sabemos que isso pode ser estranho no começo. Mesmo que você esteja fazendo um excelente trabalho, seus hóspedes talvez não pensem em avaliá-lo, a menos que queiram. Talvez alguns hóspedes não façam espontaneamente avaliações de cinco estrelas, e nesse caso é bom deixar clara a importância do sistema de classificações do Airbnb e por que uma avaliação de quatro estrelas pode impactá-lo de forma negativa.

» **Você faz o monitoramento de todas as avaliações dos hóspedes.** Analise o que você está fazendo bem e o que os hóspedes mencionaram nas avaliações como problemas. Envie uma mensagem simpática no app sobre qualquer avaliação com menos de cinco estrelas e pergunte o que você poderia ter feito melhor. Agradeça a eles pelo retorno e tente assimilar os comentários e implementá-los, a fim de melhorar sua atividade como anfitrião. O Capítulo 13 dá mais conselhos sobre como lidar com as avaliações dos hóspedes.

Basicamente, você está fazendo um ótimo trabalho como anfitrião.

LEMBRE-SE

Ao lutar por avaliações de cinco estrelas, erros ou problemas muitas vezes não o farão sofrer. Em geral, a maneira como você lida com essas questões é o que pode afetar sua classificação. A maioria dos hóspedes compreende que problemas podem surgir e se importará muito mais com a maneira como você reage a eles. Lidar com problemas é muito mais importante ou tão importante quanto tentar eliminar ou minimizar essas questões propriamente ditas.

Por exemplo, se seu ar-condicionado pifa durante o verão, é provável que os hóspedes entendam que um problema como esse pode acontecer e está fora de seu controle. Somente isso provavelmente não gerará uma avaliação negativa.

Se você se comunicar e for rápido para resolver o problema, seus hóspedes reconhecerão e muito possivelmente não responderão de forma negativa à situação. Sugerimos que também ofereça suas sinceras desculpas e, em algumas situações, um presentinho. Avaliações negativas acontecem quando você não resolve imediatamente o problema, leva horas para responder e deixa os hóspedes entregues à própria sorte.

Felizmente, o Airbnb reserva um tempo para monitorar a validade das avaliações de seus hóspedes. Se houver uma que seja questionável ou feita pelos motivos errados, você pode entrar em contato com o Airbnb e solicitar que eles a analisem. Se for considerada improcedente ou não merecida, o Airbnb a removerá de seu anúncio ou excluirá a nota, a fim de que ela não atrapalhe sua elegibilidade para o status de Superhost.

Perdendo e Recuperando o Status de Superhost

Se um dia você perder seu status de Superhost, recuperá-lo é de extrema importância. Sugerimos as ações a seguir para ajudar a retomar o status de Superhost se você o perdeu:

LEMBRE-SE

» **Continue objetivo.** Sabemos que anfitriões podem ficar emotivos e frustrados com o processo de Superhost e a plataforma. Considere que a plataforma Airbnb é gerida por dados e tem base em estatística mensurável e quantificável.

Ficar calmo é mais fácil na teoria do que na prática, mas não se preocupe demais. Talvez você não consiga os resultados de antes, mas provavelmente verá apenas uma pequena diminuição em sua renda geral, se houver alguma, presumindo que continua fazendo o trabalho que no início lhe concedeu o status de Superhost. Você verá declínio em sua renda geral se deixar as emoções impactarem sua atividade como anfitrião. Quando você entra em uma espiral descendente, torna-se um anfitrião pior e agrega menos valor aos hóspedes, o que gera menos renda para você.

» **Identifique e isole o problema.** Analise qualquer indicador — sua taxa de cancelamento, avaliação de hóspedes ou taxa de resposta — que possa tê-lo levado a perder o status de Superhost. Se foram vários problemas, concentre-se em cada um deles e analise interiormente o que você pode fazer para melhorar esses indicadores. Pergunte-se, de maneira crítica, se você fez tudo o que podia para manter seu status de Superhost. Você estava sendo um excelente anfitrião? Estava de fato respondendo aos hóspedes? Como pode garantir que continue a se aprimorar para obtê-lo de volta? Como ter certeza de que não cancelará com os hóspedes no futuro?

Se não está obtendo avaliações cinco estrelas de maneira consistente, o que você pode fazer para garantir que isso mude? Como pode aprimorar a experiência dos hóspedes em termos gerais? Descubra como garantir que seus hóspedes estejam tendo ótimas estadas e deixando avaliações de cinco estrelas. Em vez de ficar frustrado e emotivo, encare isso como uma oportunidade para melhorar.

» **Resolva o problema.** O que quer que tenha feito você perder o status de Superhost, dê os passos necessários para desfazer o estrago. Infelizmente, talvez você não consiga fazer isso da noite para o dia. Ao identificar adequadamente o problema, pode bolar um plano e definir o que precisa fazer diferente daqui em diante para garantir que recupere e mantenha o status no futuro.

LEMBRE-SE

No fim das contas, quer você tenha ou não o status de Superhost, trabalhar para recuperá-lo melhorará drasticamente seus resultados como anfitrião. Pense no treinamento para uma maratona. Quer você vença ou não, estará mais em forma, mais saudável e capaz de correr muito mais rápido e mais longe do que quando começou. Ao atingir a linha de chegada, ganhará muito mais do que apenas o título ou um prêmio. Também terá uma saúde melhor, uma forma melhor e dará um grande passo para se tornar o melhor corredor que puder.

De maneira semelhante, atingir o status de Superhost não é um só momento, e sim meses e meses de esforço exigido para chegar lá. Então, um dia você pode ser recompensado com o status de Superhost. Mesmo que não o atinja, ainda será um anfitrião bem melhor e oferecerá uma experiência geral melhor a todos os que ficarem em sua casa.

MANTENHA SEU STATUS DE SUPERHOST: EVITE DESGASTES COMO ANFITRIÃO

Muitas vezes, anfitriões que se desgastaram com a atividade são levados até o limite quando perdem o status de Superhost. Eles investiram esforço demais e despenderam energia fazendo tudo por conta própria. Quando perdem o status de Superhost, eles jogam a toalha.

Ser um anfitrião excelente é mais difícil quando você está fazendo tudo sozinho e não tem serviços automatizados. Se estiver no limite do desgaste, é só uma questão de tempo até um gatilho o levar além desse limite — perdendo o status de Superhost ou tendo de limpar toda a bagunça de um hóspede terrível. Se você está oscilando no limite há muito tempo, acabará atingindo um ponto crítico.

Analise como pode eliminar o estresse alocando sistemas melhores, obtendo ajuda externa ou usando um software de automatização (consulte o Capítulo 9). Assim, você só fará o trabalho que quer fazer como anfitrião. Em longo prazo, conseguirá gostar dessa atividade e fará um ótimo trabalho.

De Olho em Alternativas ao Superhost: Business Travel Ready e Family Friendly

Além do status de Superhost, há outras duas designações centrais na plataforma Airbnb: Family Friendly e Business Travel Ready. Você pode obter uma das qualificações ou ambas para seu anúncio, e conseguir as duas em conjunto com o status de Superhost. Hóspedes em potencial podem pesquisar anúncios por qualquer requisito, portanto, adaptar seu espaço para acomodar famílias e pessoas que viajam a negócios é interessante. A lista a seguir analisa com mais detalhes essas duas alternativas ao Superhost.

» **Family Friendly:** Isso significa que o espaço é próprio para famílias. Para tornar seu anúncio Family Friendly, ele precisa ser apropriado para grupos familiares e crianças. Tenha travas de segurança para crianças, berços, portões e nenhuma escada grande. Com essa designação, famílias saberão que podem ficar em seu imóvel sem nenhum problema e ter as próprias necessidades atendidas. O Airbnb analisa automaticamente anúncios para o status Family Friendly, portanto, você não precisa se registrar após cumprir as exigências. Muitos destinos de férias terão mais ou menos 60% de hóspedes voltando todos os anos. Se você deixar as famílias felizes, com frequência elas voltarão para seu imóvel por anos a fio.

» **Business Travel Ready:** Significa que o espaço é bem equipado para pessoas que viajam a negócios. Seu imóvel deve incluir uma estação de trabalho e tábua de passar, além de itens adicionais que essas pessoas possam querer.

   Considere que homens e mulheres de negócios viajam para os mesmos locais em várias ocasiões. Depois que encontram um lugar de que gostam, é provável que desejem reservá-lo para cada visita. Em vez de uma localização bacana ou um espaço exclusivo que um hóspede de férias talvez deseje, pessoas que viajam a negócios frequentemente querem consistência e paz de espírito sabendo que terão tudo aquilo de que precisam.

LEMBRE-SE

Em relação a ambas as designações, o Airbnb analisa automaticamente os anúncios para que você não precise se registrar após cumprir as exigências.

Em termos práticos, a vantagem de ter um dos dois status é que você pode obter mais reservas. Os hóspedes podem filtrar especificamente esses tipos de anúncios, portanto, o seu aparece em mais resultados de busca. Além disso, o algoritmo de busca do Airbnb favorece seu anúncio porque ele é próprio para mais hóspedes. Adicionar essas facilidades e cumprir esses critérios também significa que você está melhorando a experiência dos hóspedes e agregando valor. Obter uma ou mais dessas variações é bem simples: as exigências são similares às do status de Superhost. Você precisa ser um bom anfitrião, mas se já é Superhost, pode facilmente acrescentar esses outros títulos incluindo certas facilidades.

Dependendo de sua área e do imóvel, pode fazer mais sentido atrair famílias ou pessoas que viajam a negócios. Em geral, cidades grandes como Toronto ou Nova York atraem, sobretudo, quem viaja a negócios, que às vezes vai também para curtir com a família, enquanto as Ilhas Caribenhas ou a Flórida podem atrair mais famílias do que quem viaja a negócios.

O mesmo vale para seu tipo de imóvel. Se você tem uma casa de cinco quartos no centro de Toronto, terá mais famílias tentando reservar. Se tem uma casa de condomínio de apenas um quarto no mesmo local, provavelmente conseguirá mais viajantes a negócios do que famílias, porque poucas delas ficam em uma casa de condomínio com apenas um quarto ao viajar. De maneira geral, é bom ter em mente a região e o imóvel.

Obter ambos os status é vantajoso, se possível, mas qual deles acaba sendo mais útil depende de sua localização e do imóvel.

4 Dominando a Experiência dos Hóspedes

NESTA PARTE. . .

Entenda os parâmetros básicos de um hóspede satisfeito para proporcionar de forma consistente experiências cinco estrelas para os hóspedes.

Coloque-se no lugar do hóspede para identificar oportunidades de ser um anfitrião melhor e mais atencioso.

Crie uma estada perfeita para os hóspedes que minimize estresse e conflitos para eles.

Garanta que seu espaço esteja pronto para receber hóspedes planejando uma primeira impressão que envolva todos os sentidos.

Elabore um processo perfeito de check-in e check-out que os hóspedes prefiram e seja fácil para você como anfitrião.

Automatize o processo de check-in e check-out tornando-o remoto com o uso de travas e ferramentas inteligentes.

Gerencie e responda com elegância às avaliações dos hóspedes para obter mais avaliações cinco estrelas e minimizar o impacto das negativas.

Domine o processo de limpeza para reduzir dores de cabeça, não importando se você o faz por conta própria ou contrata ajuda externa.

> **NESTE CAPÍTULO**
>
> » Olhando mais atentamente a experiência de pesquisa do hóspede
>
> » Desconstruindo essa experiência
>
> » Criando uma estratégia centrada no hóspede
>
> » Identificando seu grupo de hóspedes ideal

Capítulo **11**

Compreendendo o que Significa Ser um Bom Anfitrião

O fato de que os hóspedes acabarão gostando da estada em seu imóvel no Airbnb depende da comparação entre a experiência real e as expectativas iniciais deles. Fique aquém de uma mera, mas crucial expectativa, e pode dizer adeus à avaliação de cinco estrelas. Por outro lado, supere as expectativas deles de forma consistente e definirá o sucesso de longo prazo para seu anúncio no Airbnb.

Neste capítulo, exploramos uma fórmula simples para proporcionar uma experiência excelente aos hóspedes, como se colocar no lugar deles e elaborar seu próprio plano centrado nos hóspedes para ser anfitrião no Airbnb.

Compreendendo a Experiência de Pesquisa do Hóspede

Quando os hóspedes reservam suas próximas férias no Airbnb, eles não vão para o perfil de seu anúncio como um passe de mágica ao abrirem o navegador e clicarem no botão "Reservar". Por mais que você queira que seja tão fácil assim, os hóspedes dão vários passos antes de chegar lá. Compreender esses passos pode ajudá-lo a captar melhor o que eles vivenciam durante a experiência de pesquisa no Airbnb.

Analisando os passos para chegar à reserva

Quantos passos um hóspede tem de dar para confirmar uma reserva em seu anúncio? Muito mais do que você imagina. Os itens a seguir analisam como uma experiência de pesquisa para um hóspede pode acontecer na plataforma até chegar à etapa de reserva. O hóspede:

1. **Vai para** `www.airbnb.com.br`.

2. **Coloca um destino na barra de pesquisas para restringir a busca por "Lugares para ficar".**

    Essa pesquisa omite Experiências e Restaurantes nos resultados de busca. Por exemplo, um usuário que queira ficar em Tóquio, no Japão, digita esse destino na barra de pesquisa.

3. **Clica na opção "Datas" abaixo da barra de pesquisa para selecionar as datas da viagem.**

    Fazer isso limita os resultados de busca para anúncios disponíveis todos os dias entre as datas de check-in e check-out. Por exemplo, se um hóspede coloca uma reserva para quatro noites de 1º de junho de 2021 a 5 de junho de 2021, apenas anúncios disponíveis para toda a reserva aparecerão nos resultados de busca.

4. **Clica na opção "Hóspedes" abaixo da barra de pesquisas para inserir a quantidade de adultos, crianças e bebês da viagem.**

    Isso limita os resultados da pesquisa a anúncios que podem acomodar o número solicitado de hóspedes e crianças, se houver. Por exemplo, se um hóspede insere duas crianças e um bebê, apenas anúncios que acomodem tanto crianças como bebês aparecerão nos resultados de busca.

5. **Clica na opção "Airbnb for Work" no canto inferior esquerdo da tela.**

190   PARTE 4 **Dominando a Experiência dos Hóspedes**

Fazer isso limita os resultados de busca a anúncios que receberam avaliações cinco estrelas de pessoas que viajam a negócios (esses anúncios têm facilidades adequadas para negócios, voltadas para seu público).

6. **Clica na opção "Tipo de lugar" abaixo da barra de pesquisa para selecionar se quer reservar um imóvel inteiro, um quarto privativo, um quarto compartilhado ou mesmo um quarto de hotel — já que alguns hotéis também anunciam quartos no Airbnb —, ou qualquer outra combinação.**

Novamente, fazer isso restringe os resultados de busca que se encaixem na seleção. Por exemplo, se um usuário seleciona um quarto privativo e um imóvel inteiro, apenas esses tipos de anúncios disponíveis aparecem nos resultados da pesquisa.

7. **Clica na opção "Preço" abaixo da barra de pesquisa para limitar os resultados de busca a anúncios que se enquadrem em certa faixa de preços.**

Embora os usuários possam colocar limites baixos e altos, a maioria ajusta o limite alto para o preço máximo que estão dispostos a pagar por noite para a viagem.

8. **Clica na opção "Reserva Instantânea" abaixo da barra de pesquisa para limitar os resultados de busca que permitem ao hóspede reservar instantaneamente sem ter de esperar a aprovação do anfitrião.**

Na era digital da satisfação instantânea, poucos hóspedes querem esperar 24 horas se há opções imediatas disponíveis.

9. **Clica na opção "Mais filtros" abaixo da barra de pesquisa para limitar outros resultados de busca.**

Essas opções incluem quantidade de camas, quartos, banheiros, o status de Superhost do anfitrião, tipos de imóveis, facilidades, características das instalações, regras específicas da casa, bairro e até o(s) idioma(s) do anfitrião. Selecionar qualquer combinação limita ainda mais os resultados de busca para atender exatamente ao que os hóspedes estão procurando.

10. **Ajusta o mapa dos resultados de busca para um raio geográfico mais restrito a fim de limitar ainda mais os resultados da pesquisa.**

Para os hóspedes que sabem exatamente onde querem ficar em um mapa, a pesquisa pode ser feita ajustando-se o mapa no Airbnb, em vez de mudando os filtros de pesquisa. Por definição, a opção "Buscar enquanto eu movo o mapa" é selecionada, e os resultados de busca mudarão automaticamente conforme o hóspede ajusta o mapa.

CAPÍTULO 11 **Compreendendo o que Significa Ser um Bom Anfitrião** 191

11. **Vai rolando a tela e compara os resultados de busca analisando fotos, títulos, taxas por noite, custos totais de viagem e avaliações para cada anúncio.**

Nessa etapa, o hóspede pode passar menos de um segundo em cada resultado de busca; cada possível hóspede enfatiza determinado elemento em vez de outro.

12. **Clica com o botão direito nos anúncios e abre os perfis em novas abas no navegador.**

Clicar direto em um resultado de busca abre automaticamente o perfil de anúncio em uma nova aba, mas também leva o usuário a essa aba, em vez de mantê-lo na aba de pesquisas. Aqui, os hóspedes podem abrir mais ou menos uns doze anúncios para examinar mais tarde.

13. **Para as novas abas, é provável que o hóspede clicará nas fotos de cada anúncio selecionado, rejeitando rapidamente e fechando as abas no navegador daqueles que, por qualquer motivo, não preenchem os requisitos.**

Preferências pessoais aparecem em uma fração de segundo nas abas do navegador.

14. **Com apenas alguns anúncios que preencheram os primeiros requisitos, o hóspede investigará mais a fundo os anúncios restantes ao examinar as descrições, ler algumas avaliações recentes de outros hóspedes e analisar a divisão das classificações feitas por eles.**

Talvez ele compare regras da casa ou políticas de cancelamento. As coisas com que o hóspede mais se importa serão diferentes aqui. Ele pode enviar o anúncio aos companheiros de viagem para um feedback, a fim de ajudá-lo a tomar a decisão.

15. **Se houver perguntas para as quais o hóspede não consegue encontrar respostas no mesmo instante, ele enviará uma mensagem aos anfitriões e perguntará.**

Alguns hóspedes podem tentar pedir desconto aos anfitriões, sobretudo se estiverem fazendo reserva para estadas longas de uma semana ou mais.

16. **O hóspede prossegue para completar a reserva e confirmá-la.**

Nem todos os hóspedes dão todos os dezesseis passos ao fazer uma reserva, mas percorrem vários momentos desses passos. Embora haja muitos passos em potencial no processo que levam a uma reserva, há poucas ocasiões para os anfitriões influenciarem no processo de decisão dos hóspedes além de elaborar um excelente anúncio para o imóvel que minimize obstáculos à reserva.

192   PARTE 4 **Dominando a Experiência dos Hóspedes**

Eliminando atritos do processo de reserva

Durante o processo de busca, os hóspedes levam apenas alguns segundos para avaliar cada anúncio em potencial. Além de se destacar com um ótimo anúncio em meio ao mar de concorrentes, você precisa se livrar de outros pontos de atrito que podem evitar que hóspedes reservem seu anúncio.

Veja os obstáculos mais comuns que anfitriões podem eliminar ou minimizar:

» **Fazer o hóspede trabalhar:** Se seu anúncio dificulta que possíveis hóspedes coletem as informações que estão procurando para compará-las com anúncios concorrentes, muito provavelmente você perderá a reserva. Por isso é tão importante ter fotos bem feitas, um título conciso e uma descrição que seja tão informativa quanto atraente. Isso é crucial sobretudo para anúncios mais recentes que ainda não receberam dos hóspedes centenas de avaliações cinco estrelas em que se apoiar. Consulte os Capítulos 5 e 6 para ver detalhes sobre como elaborar o anúncio perfeito e tirar fotos excelentes.

» **Colocar um preço muito alto no anúncio:** Preços são importantes. Cobrar mais que a concorrência ou adicionar taxas excessivas que aumentem de forma significativa o valor total da reserva sem um motivo convincente para os hóspedes levará a eliminações precoces no processo de busca. Vá para o Capítulo 7 para definir a melhor estratégia de preços para seu anúncio.

» **Demorar para se comunicar:** Na fase inicial do Airbnb, o site publicava tanto a taxa de respostas como o tempo médio de respostas dos anfitriões — por exemplo, "95%" e "dentro de uma hora". Embora a empresa não publique essa informação hoje, é provável que ainda esteja registrando esses indicadores, porque os hóspedes estão mais propensos a reservar e receber um ótimo serviço dos anfitriões mais responsáveis. O objetivo da época era responder a 100% de todas as dúvidas em 60 minutos, e esses ainda são bons alvos atualmente.

LEMBRE-SE

Talvez você se pergunte: "Como é possível ter um tempo médio de respostas de menos de 60 minutos?" Na fase inicial, sua única opção viável era contratar um assistente virtual do outro lado do mundo para gerenciar e responder a todas as dúvidas dos hóspedes enquanto você dormia. Hoje, há muitas ferramentas automáticas do Airbnb disponíveis para anfitriões a preços razoáveis que podem ajudar a automatizar até 90% das mensagens. O Capítulo 12 aborda quais mensagens automatizar e o que é preciso para tirar o máximo proveito das ferramentas de mensagens automáticas.

» **Dar respostas fracas a avaliações ruins:** É doloroso receber uma avaliação fraca de um hóspede sobre seu anúncio e sua atividade como anfitrião. Você sentirá na pele essa dor e isso refletirá nas reservas por algum tempo. Embora você se sinta tentado a deixar uma réplica irritada em sua resposta, fazer isso só afastará futuros possíveis hóspedes — ninguém quer lidar com um anfitrião agressivo ou irritado. Consulte o Capítulo 13 sobre estratégias para minimizar tanto a ocorrência como o dano de avaliações fracas feitas por hóspedes.

Identificando Elementos Básicos para Deixar um Hóspede Satisfeito

O segredo para receber constantes avaliações cinco estrelas de hóspedes felizes no Airbnb é simples. Defina expectativas adequadas aos hóspedes e supere-as durante a estada real. Sim, percebemos que a ideia pode ser simples de entender mas, às vezes, desafiadora de executar com consistência.

Reconhecendo os fatores que podem afetar a satisfação dos hóspedes

Muitos fatores podem ajudar os hóspedes a criar expectativas em relação a seu imóvel e a você como anfitrião, desde o instante em que o anúncio chama a atenção deles nos resultados de busca até o momento em que confirmam e pagam para garantir a reserva com você.

Os fatores a seguir ajudam a definir as expectativas dos hóspedes:

» **Fotos do anúncio:** As fotos são, de longe, o elemento mais importante para definir as expectativas dos hóspedes. Muitos deles com frequência fazem reserva com base puramente no que veem nas fotos. Mostre o que você pode proporcionar de forma consistente. Veja o Capítulo 6 sobre como tirar as melhores fotos para seu anúncio que sejam condizentes com seu imóvel e o mostrem de maneira detalhada.

» **Descrição do anúncio:** Nem todos os hóspedes leem sua descrição completa, e menos ainda se lembram dos detalhes, mas as pessoas a consultarão se perceberem que não corresponde às expectativas delas. "Bem, você mencionou ar-condicionado na descrição e tinha só um ventilador grande" ou "Você não comunicou o fato de que o prédio não tem elevador para chegar até seu imóvel no 20° andar". Hóspedes incomodados procurarão argumentos na descrição de seu anúncio para respaldar pedidos de reembolso ou avaliações péssimas.

» **Comunicação inicial com os hóspedes:** Embora cada vez mais hóspedes estejam fazendo reservas e não enviando nenhuma dúvida aos anfitriões à medida que cada vez mais anúncios estão ativando a Reserva Instantânea, todas as primeiras interações definirão o tom na maneira como os hóspedes esperam se comunicar com você. Ser cortês e responsável os estimula a ser também.

Caindo na real

Há uma linha tênue entre mostrar o anúncio em seu melhor aspecto e exagerar; você quer que suas fotos, descrição e comunicação estimulem as reservas, e não que o deixem pronto para o fracasso ao definir expectativas irreais para os hóspedes. Seu anúncio e comunicação inicial com os hóspedes definirão expectativas que serão baixas demais, altas demais ou simplesmente adequadas.

Depois que um hóspede fez a reserva, cumprir ou superar as expectativas dele exigirá que você:

>> **Disponibilize um processo tranquilo de check-in:** Nada acelera mais o mau começo de uma estada do que um processo frustrante de check-in. Fazer seus hóspedes esperarem por você para check-ins em pessoa, enviar informações confusas ou incompletas, ou enviar tarde demais os detalhes de check-in pode causar mais estresse ao que já é, em geral, uma parte estressante da viagem — apenas chegar e se instalar no imóvel reservado.

>> **Crie uma estada perfeita para o hóspede:** Muito antes do check-in tranquilo até bem depois do check-out tranquilo, tudo o que você proporciona e faz nesse meio-tempo determina a qualidade da estada de seus hóspedes, bem como se cumpriu ou superou as expectativas deles.

Nos Capítulos 12 e 13, exploramos com mais detalhes como criar um processo tranquilo de check-in e check-out, e também uma estada perfeita e sem estresse para seus hóspedes do início ao fim.

Você pode definir expectativas baixas demais, adequadas ou altas demais, então a estada real pode ficar aquém, na medida ou além dessas expectativas. A Figura 11-1 mostra situações diferentes entre definir e cumprir as expectativas dos hóspedes.

Experiência Proporcionada aos Hóspedes

Expectativas dos Hóspedes		Faltou	Cumpriu	Superou
	Muito altas	Trabalhou demais e foi punido	Trabalhou demais e foi subvalorizado	Desgastou-se mas foi valorizado
	Justas	Imóvel e/ou anfitrião despreparado(s)	Anfitrião mediano Resultados medianos	Valorizado e recompensado
	Muito baixas	Por que está hospedando pessoas?	Anfitrião abaixo da média Resultados abaixo da média	Anfitrião que vende pouco deixa dinheiro para trás

© *John Wiley & Sons, Inc.*

FIGURA 11-1: Matriz de expectativas dos hóspedes.

CAPÍTULO 11 **Compreendendo o que Significa Ser um Bom Anfitrião**

Aqui, analisamos as combinações e por que há somente um lugar que você deve objetivar estar — definir expectativas adequadas aos hóspedes e superá-las.

Reduzindo as expectativas dos hóspedes — Deixando-as baixas demais

"Prometer menos e cumprir mais!" Esse conselho comum dado como um modo certeiro para conseguir clientes felizes deixa passar um ponto muito importante: prometer menos em sua oferta também fará com que ela venda menos.

CUIDADO

Usar essa abordagem no Airbnb significa não exibir o anúncio em sua melhor forma. E com mais anúncios aparecendo online diariamente, o seu precisará de cada vantagem para se destacar na concorrência cada vez mais acirrada. Vendê-lo mais barato para reduzir as expectativas do hóspede resultará em menos reservas do que seu anúncio merece.

Exagerando as expectativas dos hóspedes — Deixando-as altas demais

O oposto de vender barato é o exagero, o que pode ser igualmente ruim, mas por um motivo diferente. Assumir essa estratégia pode gerar mais reservas iniciais, mas eleva as expectativas dos hóspedes a níveis descabidos e insustentáveis.

CUIDADO

O resultado é que você cumpre muito pouco essas expectativas altas e irreais, gerando avaliações fracas por parte dos hóspedes, portanto tem um desempenho fraco em longo prazo para seu anúncio, ou terá de continuar indo sempre além apenas tentando cumprir essas expectativas. Sentir-se sobrecarregado ou subvalorizado é um ótimo modo de ficar desgastado como anfitrião.

Entrando na zona habitável — Definindo expectativas adequadas

Para não prejudicar a capacidade de seu anúncio em adquirir reservas nem se expor a um desgaste, você precisa definir expectativas adequadas para os hóspedes, prometendo, a todos eles e para todas as reservas, apenas o que pode cumprir.

Cumprir as expectativas dos hóspedes será fácil, mas superá-las será possível, e seus esforços serão reconhecidos. Aqui você obtém o melhor resultado — receber avaliações brilhantes de hóspedes felizes e sem sobrecargas insustentáveis de sua parte. Embora definir expectativas irracionalmente baixas ou altas para os hóspedes apresente incentivos sedutores, ambas têm um custo, independentemente da estada real que você proporciona. A melhor coisa é definir expectativas adequadas para os hóspedes e, então, superá-las.

Elaborando um Plano Centrado nos Hóspedes

Ser um anfitrião centrado nos hóspedes significa antecipar e lidar proativamente com pontos de estresse que podem ocorrer quando há pessoas em seu imóvel do Airbnb. Um dos maiores fatores de estresse para os hóspedes é não saber, ou seja, não saber fazer algo ou não saber onde encontrar alguma coisa.

Ao acrescentar no guia todos os detalhes relevantes e buscar oportunidades para criar pequenos momentos de interação positiva com os hóspedes, você pode minimizar possíveis estresses para eles, enquanto aprimora suas chances de receber avaliações cinco estrelas.

Minimizando com um guia o estresse dos hóspedes

Elaborar um guia para hóspedes acessível, fácil de ler e detalhado, com todas as informações para eles, é a melhor maneira de abordar perguntas frequentemente feitas e minimizar o estresse dos hóspedes durante a estada.

Aqui estão itens básicos para incluir em seu guia para hóspedes:

LEMBRE-SE

- » **Informações de contato:** Inclua seu número de celular e e-mail.
- » **Informações sobre Wi-Fi:** Recomendamos colocar pequenos adesivos com o nome de sua rede e senha em cada andar e cômodo, logo ao lado dos interruptores principais.

  Para a maioria dos hóspedes, acesso fácil e tranquilo a um Wi-Fi rápido é mais importante que água. Se eles não conseguem entrar instantaneamente ou notam um atraso na velocidade durante o uso normal, o processo de registro é complicado demais, e a velocidade, baixa demais.

- » **Informações extras fundamentais:** Especifique onde encontrar artigos extras de higiene, toalhas, roupas de cama, lençóis, travesseiros ou quaisquer outros produtos que tenham suprimento extra.
- » **Informações de emergência:** Adicione um contato local de emergência, os lugares onde estão os kits de primeiros socorros e o extintor de incêndio, endereço e telefone do hospital mais próximo com pronto-socorro, do corpo de bombeiros e da delegacia de polícia.
- » **Regras da casa:** Essas regras incluem itens como horário de silêncio, ocupação máxima, regras para pets, a não permissão de festas, regras sobre fumar, multas por violar portarias locais sobre barulho ou taxas adicionais de limpeza. Veja o Capítulo 5 para ter mais dicas sobre as regras da casa.

» **Informações sobre o trânsito local:** Disponibilize direções e informações básicas (endereços, números de telefone e horários de funcionamento) das estações de trem, metrô e ônibus mais próximas, incluindo mapas. Ofereça quaisquer informações relevantes ou dicas sobre apps de carona compartilhada na região.

» **Instruções especiais:** Isso inclui controles remotos para qualquer aparelhagem de som, eletrodomésticos na cozinha, lavadora e secadora, lareiras, cozinhas externas, sistema de aquecimento e ar-condicionado e qualquer outra coisa que não seja tão óbvia como um botão liga/desliga. Acrescente qualquer instrução específica sobre o imóvel, e também como acessar o terraço.

» **Informações gratuitas e à venda:** Deixe claro o que é complementar e o que custará dinheiro extra, e quanto. Diga que tudo na cesta de presente de boas-vindas aos hóspedes é complementar, mas avise-os de que a carta de vinhos no bar está disponível para venda por um valor "x". Você precisa fazer anotações claras em tudo o que estiver à venda, para evitar hóspedes infelizes e avaliações fracas.

» **Instruções para check-out:** Especifique qual é o horário de check-out, o que fazer com as chaves, o que fazer com o lixo e como deixar os lençóis. Inclua, de forma explícita, o que deseja que os hóspedes façam e o que não quer que eles façam.

» **Atrações e eventos locais:** Forneça uma lista de atrações (favoritas de turistas, moradores e preciosidades escondidas) e um calendário completo de eventos locais que possam interessar aos hóspedes. Inclua dicas e truques informativos e códigos ou cupons de desconto para essas recomendações.

Conforme vai hospedando mais pessoas, você observará novas oportunidades para incluir outras informações úteis. Pense em seu guia como um "trabalho em andamento" que você atualizará com frequência.

NA INTERNET

Coloque uma cópia física de seu guia em uma pasta ou arquivo em um lugar visível, que os hóspedes avistem imediatamente ao entrar no imóvel, e uma versão digital que eles possam acessar do celular. Para a versão digital, descobrimos que é mais fácil compartilhar um link somente para visualização no Google Doc — assim, você pode atualizar e mudar coisas em tempo real, sem ter de mudar o link compartilhado com os hóspedes. Para baixar o modelo de guia para hóspedes que criamos para nossos leitores, você pode acessar o material no site da Alta Books. Procure pelo nome do livro ou ISBN.

Criando surpresinhas agradáveis

Para superar as expectativas dos hóspedes, crie ocasiões que sejam uma grata surpresa para eles durante a estada, dando-lhes algo que não estavam esperando e de que gostem.

Aqui estão algumas maneiras eficazes de fazer exatamente isso:

» **Um presente de boas-vindas:** Embora a maioria dos anfitriões dê alguma forma de pacotes de boas-vindas, você ainda pode fazer uma surpresa agradável aos hóspedes quando eles não estão esperando muito no check-in. Você não precisa exagerar e oferecer itens caros. Mantenha a coerência com seu anúncio. Na maioria dos anúncios, anfitriões devem gastar no máximo R$50 ou 5% do valor total da reserva, se o período for mais curto. Itens populares incluem lanchinhos, bebidas, uma garrafa de vinho, chocolates, frutas e suvenires locais.

» **Um presente de despedida:** O presente de partida deve ser diferente dos itens que você forneceu na cesta de boas-vindas. Guarde-o em um armário e o dê aos hóspedes, para abrirem na manhã do check-out. Pense em algo pequeno e fácil de carregar, como cartões-postais locais, marcadores de livro ou qualquer suvenir pequeno cujo custo seja eficiente para você e conveniente para os hóspedes.

» **Um toque pessoal:** Deixar um toque pessoal é mais difícil, mas muito mais impactante. Exige que você descubra algo sobre seus hóspedes, por exemplo, com quem eles estão viajando, qual o propósito da estada ou quais são os interesses deles; depois, deixe um bilhete pessoal com recomendações específicas apenas para eles. Por exemplo, um casal pode ter vindo comemorar seu aniversário, e você reúne uma lista de restaurantes e destinos românticos e, quem sabe, até uma reserva cancelável nos que frequentemente ficam superlotados. Em casos de comemorações para casais, um bom diferencial é deixar uma surpresa no quarto do casal, como um espumante, pétalas de rosas, ou chocolates. Além disso, tentar encontrar um dos membros nas redes sociais te permite encontrar uma foto do casal para pôr em um porta-retratos na cabeceira, o que tornará a experiência mais especial e memorável.

DICA

O segredo para fazer essas atitudes funcionarem é a surpresa. Não mostre fotos da cesta de presentes, presentes de despedida ou toques pessoais. Quando hóspedes ficam sabendo disso com antecedência, o ato de ajudar você a superar as expectativas deles perde a utilidade. Então, mantenha-os como surpresas e deixe os hóspedes desfrutarem deles como presentes inesperados.

Atendendo a Seu Tipo Ideal de Hóspede

Seu guia responde a dúvidas que seus hóspedes talvez tenham. O que faz seu anúncio se destacar entre os concorrentes para obter mais reservas e mais avaliações empolgadas cinco estrelas é compreender quem são seus hóspedes e atender às necessidades específicas deles, além das páginas do guia para hóspedes.

Cada área atrai uma combinação diferente de hóspedes que viajam para lá. Quanto melhor você entende os viajantes mais propensos a ficar em seu imóvel, melhor pode atender às necessidades de viagem deles.

DICA

Embora não seja óbvio à primeira vista exatamente quais tipos de viajantes sua área atrai de forma predominante, isso ficará mais claro conforme você for recebendo mais hóspedes. Tenha um registro particular dos visitantes e não confie apenas na memória. Os resultados podem surpreendê-lo ou não. Depois que surgir uma tendência, busque formas de aprimorar suas facilidades e adicionar toques extras para atender às necessidades específicas deles.

As seções a seguir exploram os grupos principais de hóspedes no Airbnb e como atender de maneira mais eficaz, como anfitrião, a cada tipo.

Pessoas que viajam a negócios

À medida que mais empresas estimulam seus sócios a usar o Airbnb, em vez de opções mais caras de hotéis, não surpreende que a maioria dos anfitriões esteja acrescentando facilidades próprias para quem viaja a negócios, para atrair esse grupo de viajantes. De acordo com o AirDNA, o principal provedor de análises do Airbnb e de aluguéis temporários, os anúncios no Airbnb voltados para pessoas que viajam a negócios fazem uma média de R$10 mil a mais nas principais áreas. Internet com velocidade super-rápida é imprescindível. Em áreas carentes de lugares para estacionar, alguns anfitriões oferecem passes de estacionamento em garagens.

LEMBRE-SE

Anúncios voltados para quem viaja a negócios devem ter como objetivo se espelhar na experiência, nas facilidades e na limpeza dos hotéis. Em áreas mais competitivas de viagens a negócios, alguns anfitriões até adicionam uma área de trabalho equipada com um segundo monitor, uma estação de ancoragem para laptop, teclado e mouse sem fio, e um scanner com impressora conectada, apenas para se destacarem.

Viajantes da terceira idade

Usuários tardios tanto como hóspedes quanto como anfitriões na primeira fase do Airbnb, os viajantes da terceira idade hoje são um dos grupos que mais crescem em ambos os lados da plataforma. Quase sempre aposentados e com muito tempo e renda disponíveis, esse grupo considera o Airbnb uma nova maneira de viajar, comparada com as favoritas mais tradicionais da terceira idade, como cruzeiros e resorts. Usuários mais velhos de primeira viagem no Airbnb às vezes chegam esperando uma experiência completa tradicional do tipo B&B [bed &

breakfast, cama e café, em tradução livre] com café da manhã, o que demanda esclarecimentos para definir as expectativas adequadas.

LEMBRE-SE

Cuidado com as automatizações, porque alguns viajantes da terceira idade precisam de um pouco de ajuda com novas tecnologias, como as mais recentes travas inteligentes. Esse grupo de viajantes muitas vezes espera e aprecia conversas mais frequentes e cara a cara, tornando a hospedagem remota menos ideal ao servir esse segmento com maior prioridade. Ter itens de segurança adicionais, como barras de apoio no banheiro, tapetes antiderrapantes nos chuveiros e banheiras, e chinelos antiderrapantes ou sanitários portáteis ao lado da cama também podem ser uma mão na roda. Embora poucos anfitriões talvez afirmem que alguns dos hóspedes mais desafiadores de receber foram os da terceira idade, é uma alegria receber a maioria dos hóspedes mais velhos.

Viajantes estrangeiros

Muitas vezes, o Airbnb é a maneira mais econômica e localmente autêntica de ter experiências em uma nova cidade. Esse grupo é fácil de agradar se você se colocar no lugar dele. Frequentemente com jet-lag (termo para definir alterações biológicas como sonolência, insônia, cansaço e etc) por conta de um voo longo, os hóspedes estrangeiros querem encontrar seu imóvel e fazer o check-in com tranquilidade. Forneça opções de instruções traduzidas por um profissional e um guia em línguas diferentes (ao lado de unidades de medida internacionais, quando relevantes) que cubram a maior parte das regiões de onde seus hóspedes estrangeiros estão vindo.

DICA

Envie as instruções para check-in antes da partida deles, porque talvez não tenham acesso à internet pelo celular. Alguns anfitriões até fornecem detalhes do Wi-Fi antes do check-in, para que os hóspedes possam acessá-lo perto do imóvel, no caso de não terem acesso pelo celular. Espere possíveis barreiras relacionadas à língua e diferenças culturais, e tenha paciência com hóspedes que chegam sem entender por inteiro os protocolos locais e as normas de sua cidade. Disponibilize adaptadores de tomada universais. Também faça recomendações locais de comida, atrações e lazer.

Famílias com crianças pequenas

Pais e mães que viajam com crianças pequenas muitas vezes sofrem com o valor que precisam pagar pelas viagens. Às vezes, o simples fato de saber que as coisas de que precisam já estão disponíveis no Airbnb pode ser tudo o que é preciso para garantir reservas desse público.

Esse grupo prefere mais privacidade e cozinhas de casas inteiras que também cumpram os padrões de segurança da Safe Kids Worldwide (`www.safekids.org/safetytips`, conteúdo em inglês), que incluem a presença de detectores de fumaça e monóxido de carbono em todos os andares e dormitórios, um kit de primeiros socorros totalmente abastecido, um berço portátil com lençóis que sirvam bem, persianas sem corda, portões de segurança para escadas e piscinas, armazenamento seguro de produtos químicos, móveis e eletrodomésticos seguros para evitar quedas e água quente até 49 °C apenas. Além disso, quem viaja com familiares gosta de livros, brinquedos e jogos de tabuleiro próprios para famílias. Tenha em estoque alguns itens frequentemente esquecidos em viagens, como artigos de higiene infantis e filtro solar.

Viajantes jovens

Viajantes jovens que entendem de tecnologia foram os primeiros usuários do Airbnb e continuam sendo a base da plataforma. Esse grupo prefere a comodidade e o uso de tecnologias inteligentes. Embora possam ter menos dinheiro para acomodações do que os colegas mais velhos, também são mais dispostos a gastar com experiências. Esses hóspedes gostam de recomendações de experiências exclusivas.

Donos de pets

Alguns viajantes precisam levar seus companheiros de serviço peludos nas viagens e outros donos de pets apenas preferem mesmo viajar com seus amiguinhos. Com opções limitadas próprias para pets, você pode atrair facilmente esse público-alvo. Porém, fazer isso pode gerar um maior risco de responsabilidade e, provavelmente, mais turnos de faxina (pelos de animais podem se esconder em fendas e são difíceis de limpar). Além disso, você pode correr o risco de mais solicitações de reembolso de futuros hóspedes que sejam alérgicos a pets. Os anfitriões precisam limitar tipos e tamanhos de pets permitidos como adequados para seus anúncios.

Viajantes em busca de refúgio

Alguns viajantes buscam silêncio e sossego, em vez de diversão e agito. Por exemplo, gente de cidade grande pode estar em busca de uma escapada relaxante no fim de semana. Ou talvez um paciente de um hospital local esteja buscando um refúgio para acompanhar sua recuperação. Lugares silenciosos e remotos, longe da cidade e de barulhos de rua, são os preferidos. Eles gostam de salas de meditação ideais para ioga ou atenção plena. Outros itens incluem cortinas tipo blackout, aparelhos de ruído branco e infusores de óleos essenciais.

NESTE CAPÍTULO

» Focando um processo de check-in para hóspedes

» Preparando-se para o check-in

» Executando um check-in perfeito

Capítulo **12**

Criando um Processo Perfeito de Check-in

Você ficou esperando a hóspede chegar às 16h para o check-in e agora são 17h. Você envia uma mensagem pelo app do Airbnb pedindo que o avise 30 minutos antes de chegar, para que possa encontrá-la e fazer o check--in. Você sai, esperando a mensagem a 30 minutos de distância.

Enquanto isso, o voo atrasado de sua hóspede estrangeira chega quatro horas mais tarde. Há atraso para pegar a bagagem, para entrar no táxi e chegar à sua casa. Na pressa louca de sair do aeroporto, ela se esquece de comprar um cartão SIM para ter um plano de dados no novo país. E está chovendo.

Conforme puxa a mala ensopada de chuva até a entrada, ela percebe que não tem como entrar em contato com você. Com frio, molhada e desesperada, ela bate à porta do vizinho. Depois de uma conversa bizarra, finalmente ela acessa o Wi-Fi e lhe envia uma mensagem. Então espera um pouco mais antes de você finalmente chegar para deixá-la entrar.

Você poderia se sair melhor como anfitrião em uma situação dessas? Sim. Com as estratégias certas funcionando, poderia ter impressionado sua hóspede desde o início. Em vez disso, ela passou frio e ficou encharcada no escuro. Um começo terrível para a estada de sua hóspede, mesmo que a culpa não seja sua, prejudica suas chances de obter a classificação cinco estrelas.

Mesmo quando as circunstâncias estão fora de seu controle, você ainda pode proporcionar uma experiência perfeita e tranquila de check-in para seus hóspedes. Neste capítulo, compartilhamos algumas estratégias que você precisa usar para antecipar e, portanto, eliminar possíveis dores de cabeça durante o check-in, a fim de causar uma ótima primeira impressão.

Comunicando aos Hóspedes as Informações sobre o Check-in

Para criar um check-in perfeito e tranquilo para os hóspedes, primeiro você precisa entender o que eles querem e o que não querem vivenciar durante o processo. Só depois é possível fazer as preparações necessárias para um check-in tranquilo e sem sofrimento para todos os hóspedes.

Assim como foi responsável e pontual ao conversar com possíveis hóspedes antes que fizessem a reserva, você precisa se comunicar com eles depois da reserva e antes do check-in. Nesta seção, abordamos os pormenores da comunicação dos detalhes do check-in com seus hóspedes.

Enviando mensagens aos hóspedes antes do check-in

Um erro comum que vemos anfitriões novatos cometerem com frequência é enviar excesso de informações cedo demais. Nenhum hóspede quer ler um ensaio completo como mensagem de confirmação de reserva, sobretudo se a viagem será dali a semanas ou meses. Coloque nessa mensagem apenas o estritamente necessário.

Além de responder às perguntas dos hóspedes antes que eles cheguem, aqui estão as duas mensagens que você deve enviar a todos eles e o que incluir em cada uma.

Mensagem de boas-vindas

Envie uma mensagem acolhedora de boas-vindas a todos os hóspedes depois que eles finalizarem uma reserva com você, para agradecer e confirmar a reserva. Por conta de os hóspedes reservarem viagens com semanas de antecedência, você não precisa compartilhar informações demais neste momento.

Aqui está a fórmula para uma mensagem consistente de boas-vindas:

» **Deixe-a casual.** Comece com um "Oi" ou um "Olá", em vez de uma saudação fria e informal como "A quem interessar possa". Hóspedes que escolhem fazer reservas no Airbnb em vez de em hotéis estão em busca de uma experiência mais tranquila e casual.

» **Agradeça a eles por terem escolhido você.** Demonstre um pouco de gratidão aos hóspedes. Eles não precisavam reservar com você. Poderiam ter escolhido qualquer uma das alternativas em sua região.

» **Diga a eles o que precisa.** Embora o Airbnb tenha muito mais viajantes repetidos, a plataforma ainda está adicionando muitas pessoas novas que estão reservando sua primeira estada e não sabem o que esperar. Com sua mensagem de boas-vindas, você pode dizer isso a eles. Avise-os que enviará instruções importantes para o check-in e outros detalhes quando a chegada deles estiver mais próxima. É bom já deixar especificado o horário permitido para check-in, para que eles planejem o horário de voos e/ou outras conduções de acordo.

» **Seja receptivo a perguntas.** Ao avisá-los de que eles podem entrar em contato com você nesse meio-tempo se tiverem perguntas, você ajudará a reduzir uma possível ansiedade, sobretudo se eles forem novos no Airbnb.

A Figura 12-1 é um modelo de amostra para a mensagem de boas-vindas que você pode enviar a todos os hóspedes. Repare que você não precisa segui-la ao pé da letra. Ajuste-a conforme necessário para se adequar à sua personalidade e ao seu tom. É só deixá-la curta e simples.

Oi, *Jane*

Obrigado por escolher ficar conosco em sua viagem para *Los Angeles*!

Informamos que o horário de check-in é a partir das 15h00.
Não precisa fazer nada agora. Entraremos em contato com instruções detalhadas para o check-in quando a data de chegada estiver próxima.

Mas se tiver perguntas até lá, entre em contato a qualquer momento.

Obrigado,

James

FIGURA 12-1: Modelo de mensagem de boas-vindas.

© *John Wiley & Sons, Inc.*

CAPÍTULO 12 **Criando um Processo Perfeito de Check-in** 205

Mensagem de instruções para o check-in

A mensagem que você envia aos hóspedes com as instruções para o check-in é a mais importante de todas. Se elaborada corretamente, pode evitar muitas dores de cabeça para você e seus hóspedes. Se mal elaborada, pode gerar estresse desnecessário para ambos.

DICA

Compartilhe informações sobre o check-in antes de os hóspedes saírem em viagem, que geralmente é o dia anterior. Alguns anfitriões optam por enviar aos hóspedes as informações na manhã do registro, a fim de evitar a situação rara de chegadas indesejadas enquanto outro hóspede ainda está no imóvel. Mas enviar essas informações no dia gera estresse e ansiedade desnecessárias aos hóspedes. Por exemplo, viajantes estrangeiros talvez não tenham acesso aos dados até a chegada e, portanto, ficarão preocupados com o check-in durante a viagem. Elimine o estresse enviando informações antes da partida.

LEMBRE-SE

No entanto, anfitriões que redefinem remotamente os códigos de acesso para cada hóspede, usando travas inteligentes, ou que trocam o segredo do cofre para cada hóspede diferente podem e devem enviar informações sobre o check-in 48h antes do registro. Fazer isso dá aos hóspedes, sobretudo viajantes estrangeiros, um bom tempo para processar as informações e planejar de acordo antes do caos da viagem.

Aqui estão os detalhes mínimos para incluir em sua mensagem com instruções sobre o check-in:

» **Confirmação dos detalhes sobre a reserva:** Seus hóspedes devem ter várias reservas futuras no Airbnb, portanto, é útil lembrá-los das datas e do endereço da reserva.

» **Horário do check-in:** Inclua o horário e uma mensagem curta sobre por que você não pode aceitar check-ins antecipados, se eles os solicitaram. Mais adiante neste capítulo, abordamos estratégias para lidar com chegadas antecipadas dos hóspedes na seção "Lidando com O Processo de Check-in".

» **Direções até o imóvel:** Inclua instruções detalhadas até seu imóvel a partir de aeroportos, estações de trem ou outras estações de transporte público. Adicione quaisquer instruções especiais sobre partes do trajeto que possam confundir a maioria dos hóspedes ou seus motoristas.

» **Instruções para estacionamento:** Mesmo que você tenha instruções de estacionamento óbvias no local, explicite-as em sua mensagem. Para qualquer outra coisa, seja o mais específico possível em relação à localização, ao pagamento e às restrições, se houver.

» **Instruções para o check-in:** Aqui, inclua todos os detalhes e etapas relevantes de que os hóspedes precisam para ter acesso a seu imóvel. Comece por onde eles estacionarão o carro ou por onde descerão.

» **Detalhes sobre o Wi-Fi:** Inclua-os aqui e avise os hóspedes que eles podem acessá-los de fora, se necessário. Inclua um nome de rede e senha que combinem com o título do anúncio. Por exemplo, em vez de usar nomes de rede genéricos que vêm com o roteador, como "LinkSys1283", você pode colocar "Loft da Jane no Centro da Cidade".

» **Suas informações de contato:** Inclua um endereço de e-mail que você verifica com frequência e um número de celular direto para o qual os hóspedes possam enviar mensagens de texto.

» **Perguntas adicionais:** Recomendamos pedir aos hóspedes o número do voo e o horário previsto de check-in, sobretudo para anfitriões que estão fazendo pessoalmente o processo de check-in. Essa informação permite que você verifique se o voo está atrasado e evite ficar esperando os hóspedes chegarem enquanto eles estão presos em um voo atrasado, sem conseguirem avisá-lo.

A Figura 12-2 é um modelo de mensagem com instruções para check-in que você pode usar como ponto de partida para a sua. Substitua as informações da amostra pelas suas e ajuste-as conforme necessário.

Oi, *Jane*

Estamos ansiosos para recebê-la e queremos lhe dar boas-vindas antecipadas a *Los Angeles*!
Algumas coisas rápidas antes de seu check-in no dia *13 de janeiro de 2021*.

Cozy Main Street Loft
123 Main Street #33
Los Angeles, CA 91108

HORÁRIO DO CHECK-IN: 15h
Nossa equipe de diaristas precisa do horário das 11h às 15h para garantir que o imóvel esteja impecável quando você chegar.

COMO ACESSAR O IMÓVEL:
A entrada para o prédio fica na esquina da *Broadway Road com a Main Street*. Pegue o elevador à sua direita e vá para o terceiro andar. Ao sair, siga à esquerda até ver o apartamento 33.

Código de acesso: **Os quatro últimos dígitos de seu celular**

ESTACIONAMENTO:
Há muitas vagas para estacionar nas ruas na Broadway. Obs: As ruas são lavadas às sextas-feiras, na parte leste das 9h às 12h, e na parte oeste das 12h às 15h.

WI-FI:
Rede: **Cozy Main Street Loft**
Senha: **#9Cozy_Loft%7**

Se tiver outras perguntas/dúvidas, fique à vontade para nos contatar em **cozymainstloft@gmail.com** ou envie mensagem de texto/ligue para **+1 (323) 555 -1234**.

Obrigado,

James

FIGURA 12-2: Modelo de mensagem com instruções para check-in.

© John Wiley & Sons, Inc.

NA INTERNET

Como recurso extra para nossos leitores, temos modelos extras para outras mensagens comuns que você deve preparar com antecedência. Você pode acessar o material no site da Alta Books. Procure pelo nome do livro ou ISBN para localizar os modelos de mensagens para baixar e ajustar conforme sua necessidade.

Evitando possíveis problemas antes do check-in

Para identificar melhor possíveis problemas que talvez aconteçam antes que os hóspedes façam o check-in, pergunte-se: "Quais barreiras posso eliminar ou minimizar para ajudar meu hóspede a ir do aeroporto (ou qualquer lugar do qual esteja vindo) até a porta da minha casa?"

Pensar em todas as coisas possíveis pode auxiliá-lo a antecipar e mitigar potenciais problemas para os hóspedes. Aqui estão alguns problemas comuns que muitas vezes frustram viajantes do Airbnb antes do check-in, e o que você, como anfitrião, pode fazer para ajudar:

» **Enviar o endereço errado:** É raro, mas acontece. Anfitriões que gerenciam vários anúncios na mesma região com endereços semelhantes podem facilmente misturar as coisas ao se comunicarem com os hóspedes. Verifique duas vezes o endereço completo antes de enviá-lo em todas as mensagens para os hóspedes.

» **Mapas de navegação para o lugar errado:** Um mau começo para seus hóspedes é eles chegarem no local do mapa usando o endereço que você forneceu e descobrirem que não estão no lugar certo. Muitas ferramentas de navegação se baseiam no Google Maps, portanto, garantir que o Google marcou corretamente seu imóvel no mapa pode evitar esse problema para praticamente todos os hóspedes. Procure seu endereço e verifique se o marcador vermelho no mapa está no lugar certo. Se ele estiver marcando seu imóvel em uma localização diferente, encontre na tela a opção "Reportar problema em *[SEU ENDEREÇO]*" e reporte o problema, para que seja resolvido.

» **Dificuldade para encontrar o imóvel:** Os hóspedes podem ficar frustrados pensando que finalmente poderão fazer o check-in e relaxar após o longo dia de viagem e, em vez disso, ficam arrastando malas pesadas para cima e para baixo, sem conseguirem encontrar o imóvel. Se sua casa não é imediatamente visível no estacionamento ou na descida do táxi, forneça instruções detalhadas a eles.

» **Instruções pouco claras sobre prédios:** Se seu imóvel fica em um prédio de vários andares, forneça detalhes específicos para evitar qualquer confusão por conta de convenções diferentes em relação a andares usadas mundo afora. Por exemplo, na América do Norte, o andar térreo é o primeiro andar, enquanto na Europa o andar térreo é o nível zero. Disponibilize informações como: "Após entrar pela porta principal, suba dois lances de escada, então vire à esquerda."

» **Fechamento inesperado de vias:** Seja por causa do clima, de construções, seja mesmo um desfile, fechamentos de vias ou de passagens de trânsito perto do imóvel ou de qualquer lugar, e que afetam o deslocamento até sua casa, podem causar atrasos estressantes. Se souber com antecedência de quaisquer fechamentos ou atrasos, não deixe de avisar os hóspedes e recomende trajetos alternativos ou soluções na mensagem com instruções para o check-in, a fim de que eles possam planejar adequadamente.

» **Código de acesso ou chaves que não funcionam:** Apesar de recomendarmos que você use travas inteligentes para simplificar o processo de check-in, a tecnologia pode falhar. Ter uma solução de backup é crucial para evitar um hóspede irritado durante o check-in. Deixe uma chave física sobressalente com um vizinho de confiança ou em um cofre próximo que o hóspede possa acessar. Ao lado da chave extra, inclua um pequeno gesto de desculpas pela inconveniência, como um cartão de R$10 da Starbucks.

» **Não conseguir contatar o anfitrião:** Ter problemas com o check-in é frustrante o suficiente. Não conseguir entrar em contato com o anfitrião, além de ter problemas para entrar na casa, é a receita para um hóspede irritado e uma nota baixa. Certifique-se de não deixar acidentalmente seu celular no silencioso nesse dia, mas sobretudo durante as três horas antes e depois do check-in, quando é mais provável que surjam problemas.

Esforçar-se mais para ajudar os hóspedes desde quando chegam em sua cidade até a entrada no imóvel pode ajudá-los a evitar dores de cabeça desnecessárias antes do check-in. Quem costuma viajar observará e agradecerá seu esforço.

Preparando o Check-in dos Hóspedes

Apenas ajudar os hóspedes a chegar até sua casa sem problema algum não é o bastante para um check-in perfeito; tanto você como seu espaço também devem estar prontos para recebê-los. Aqui, abordamos a preparação muitas vezes pequena e negligenciada que pode ajudar ou atrapalhar o processo.

Preparando seu imóvel para o check-in

A primeira impressão é a que fica. Quando os hóspedes entram no imóvel pela primeira vez, os primeiros segundos definem se eles pensam que o local cumpre as expectativas colocadas no perfil de seu anúncio.

Por exemplo, o anúncio se parece com o que viram nas fotos? Ele parece ter tudo o que estão esperando? Preparar seu imóvel para o check-in dos hóspedes significa garantir que ele cumpre ou supera as expectativas deles.

Para garantir uma ótima primeira impressão no check-in, faça o seguinte:

» **Deixe o anúncio atualizado e preciso.** A primeira impressão começa com a definição das expectativas certas, especificamente o perfil do anúncio. Garanta que as fotos e descrições sejam exatas. Se você mudou a decoração ou substituiu a mobília ou facilidades, atualize o anúncio. A maioria dos hóspedes prefere entrar em um lugar que estejam esperando a ver outro diferente. Reveja as características de um excelente perfil de anúncio no Capítulo 5.

» **Dê boas-vindas calorosas.** Garanta que o presente de boas-vindas e o manual da casa estejam imediatamente visíveis logo ao entrar no imóvel. Se você precisar colocá-los em outro lugar fora do alcance da vista, pendure uma foto emoldurada com uma seta e a frase "Comece por Aqui", para que os hóspedes saibam por onde começar.

» **Dê uma última olhada na limpeza dos locais.** Basta uma única oportunidade perdida de limpar para arruinar um imóvel que, de outra forma, estaria 99,9% limpo. Faça as diaristas tirar o pó das superfícies ao lado e atrás das mesas de cabeceira, verificar cabelos nos lençóis, procurar por sujeira ou cabelo ao redor de pias ou vasos sanitários, e examinar máquinas de café para ver se há borras ou filtros.

» **Deixe informações sobre o Wi-Fi disponíveis em todos os lugares.** Emoldure as informações sobre o Wi-Fi ao lado do manual da casa e coloque-as em todos os andares do imóvel. Também inclua detalhes sobre o Wi-Fi nas instruções para o check-in. Vez ou outra, dê uma olhada para garantir que o roteador esteja funcionando adequadamente e a velocidade da internet tenha o nível esperado.

» **Verifique e neutralize odores.** Aparência limpa não é o bastante. Seu imóvel tem de ter cheiro de limpeza. Areje o local e use um neutralizador de odores conforme necessário. Evite velas com perfume forte, óleos essenciais ou produtos à base de incenso, porque alguns hóspedes podem ser sensíveis a cheiros fortes.

» **Reabasteça e complete o estoque de suprimentos.** De lanchinhos e bebidas a papel higiênico e toalhas, reabasteça todos os itens e garanta que haja extras disponíveis.

Consulte nossa página de recursos online no site da Alta Books. Procure pelo nome do livro ou ISBN para uma lista de facilidades recomendadas e quantidades.

Preparando-se para o check-in

Você também precisa se preparar para o check-in dos hóspedes, sobretudo se planeja fazer isso pessoalmente. Estar despreparado como anfitrião pode anular toda a preparação feita em outros pontos.

Faça o seguinte para garantir que esteja pronto para causar uma primeira impressão perfeita:

» **Esteja apresentável.** Se está fazendo check-ins pessoalmente, você está representando seu anúncio. Uma aparência desleixada, como se você não tomasse banho há uma semana, pode fazer seus hóspedes se perguntarem até que ponto seu imóvel é limpo. Você não precisa de um traje de negócios formal; coloque-se no lugar dos hóspedes e vista-se adequadamente. Se você for um anfitrião remoto, comunique-se de forma apropriada e respeitosa em todas as mensagens.

» **Limpe o calendário para evitar conflito.** Se você está fazendo os check-ins pessoalmente, não agende compromissos importantes na hora anterior ou posterior ao horário agendado. Não é bom correr o risco de se atrasar e fazer os hóspedes esperarem ou correr com o check-in se eles chegarem tarde. Avise também familiares e amigos que você estará indisponível nesses horários.

» **Deixe o celular ligado e à mão.** Garanta que o celular não esteja no silencioso e mantenha-o por perto no dia de um check-in, para que consiga enviar respostas. Os hóspedes podem ter perguntas no início do dia antes de pegarem o voo ou horas após o check-in.

» **Tenha o app do Airbnb no celular.** Alguns hóspedes usam apenas o app para conversar com o anfitrião. A menos que você cheque o computador com frequência, é preciso ter o app instalado no celular com as notificações ativadas, para responder aos hóspedes conforme necessário.

» **Tenha um plano B.** Emergências podem acontecer. Se algo o impedir de ir até o imóvel receber o hóspede, você pode apelar para o plano B para receber e assumir o papel de anfitrião até você voltar.

» **Salve as mensagens usadas com frequência.** Prepare e salve suas mensagens para perguntas que os hóspedes frequentemente fazem. Salve-as em sua conta no Airbnb em Mensagens Salvas e no celular, para que consiga responder rapidamente de qualquer lugar sem ter de digitar uma resposta coerente todas as vezes. Verifique no Capítulo 9 como terceirizar por inteiro as comunicações.

Embora essas preparações se apliquem mais a anfitriões que fazem check-ins pessoalmente, elas também são úteis para anfitriões remotos. Cedo ou tarde, você, como anfitrião, interagirá com os hóspedes de alguma forma, e a maneira como se apresenta a eles durante as interações pode melhorar ou prejudicar um processo excelente de check-in.

Lidando com o Processo de Check-in

Para elaborar o processo de check-in, você precisa decidir se quer fazê-lo pessoalmente ou de forma remota. Cada opção tem prós e contras, e considerações para executá-las sem contratempos, abordadas nas próximas seções.

Fazendo check-ins pessoalmente

Viajar pode ser divertido e estimulante, mas chegar ao destino desejado pode ser caótico e estressante. Após uma longa viagem de carro ou avião, mais a espera pela bagagem, e a espera para entrar em um táxi ou carona compartilhada, os hóspedes só querem chegar ao Airbnb reservado e relaxar.

Check-ins presenciais estão se tornando mais raros entre os anfitriões do Airbnb hoje do que na primeira fase da plataforma, quando tecnologias de gerenciamento remoto como travas inteligentes eram menos confiáveis. Entretanto, em algumas das situações a seguir, check-ins presenciais podem ser a aposta correta:

» **Imóveis muito grandes:** Para imóveis muito grandes com grupos amplos de hóspedes, fazer check-in pessoalmente pode ajudá-los a relaxar e tomar conhecimento dos detalhes do imóvel. Uma agradável visita guiada pode auxiliar um grupo grande de hóspedes a se instalar com mais tranquilidade.

» **Acesso complicado:** Se seu anúncio tem um trajeto complicado da rua até o imóvel e, por fim, para entrar, e instruções claras por escrito exigiriam várias páginas, faça o check-in pessoalmente.

» **Elementos ou facilidades complexas:** Você tem uma nova banheira de hidromassagem luxuosa que leva vinte etapas para preparar, ligar e aquecer? Se tiver uma facilidade como essa, provavelmente é preciso orientar os hóspedes no processo, com instruções detalhadas. Inclua fotos ou gráficos conforme necessário, para ajudar os hóspedes a se sentirem à vontade para usar a facilidade. Para etapas muito complicadas, alguns anfitriões chegam até a elaborar vídeos instrucionais, postá-los no YouTube como vídeos particulares e compartilhá-los com os hóspedes.

» **Potenciais riscos de catástrofe:** Se você tem algo como um forno para pizzas que funciona com propano ou uma lareira a gás que exige acender um fósforo grande em um local específico, pode fazer uma demonstração presencial para os hóspedes, com instruções claras. Se estiver inseguro, consulte seu representante legal para decidir a melhor forma de limitar seu risco de responsabilidade civil, inclusive a exigência de um comprovante assinado pelos hóspedes antes de permitir o uso da facilidade. Certas facilidades e atividades de alto risco podem não ter cobertura do Seguro de Proteção ao Anfitrião do Airbnb. Verifique as últimas informações sobre condições, limitações e exclusões no site da empresa em www.airbnb.com/host-protection-insurance.

» **Muitos usuários novos no Airbnb:** Se seu imóvel atrai usuários novos no Airbnb, especialmente viajantes mais velhos e que entendem menos de tecnologia, check-ins presenciais podem valer a pena.

» **Seu fascínio:** Se sua personalidade como anfitrião tem papel importante em atrair os hóspedes para ficar em seu imóvel, faça pessoalmente o check-in.

Fazer check-ins presenciais pode consumir muito tempo, porque eles exigem que você esteja no local quando os hóspedes chegarem. Você também precisa planejar passar aproximadamente de dez a vinte minutos para mostrar o imóvel aos hóspedes, fazer algumas demonstrações e responder perguntas.

DICA

Não tente fazer check-ins presenciais se você não mora perto de seu imóvel do Airbnb. As viagens extras de ida e volta para cada check-in podem acrescentar várias horas à sua atividade como anfitrião e custos adicionais, como combustível e desgaste do veículo, além de agregar muito pouco valor. Se você está a mais de quinze minutos de seu imóvel no Airbnb, recomendamos fortemente que o configure para check-ins automáticos remotos.

Fazendo check-in automático remoto

Com o uso crescente de travas inteligentes nos últimos anos, configurar seu anúncio para os hóspedes fazerem check-ins automáticos ficou mais fácil do que nunca. E para a maioria dos anfitriões, as vantagens do esquema remoto serão bem maiores que as do presencial. Estes são os motivos para configurar check-ins automáticos remotos:

» **Eles proporcionam flexibilidade.** Os hóspedes podem fazer o check-in no horário ou depois da hora designada. Se as pessoas aparecem depois do horário pretendido para o check-in, o que frequentemente acontece por conta de atrasos imprevistos, você não ficará plantado esperando até que elas cheguem.

» **Eles poupam seu tempo.** Mudar de check-ins presenciais para remotos automáticos pode ajudá-lo a poupar centenas de horas por ano, que poderiam ser mais bem aproveitadas e divertidas para você mesmo.

» **A maioria dos hóspedes prefere.** Entre os viajantes experientes no Airbnb, a maioria prefere a opção flexível de check-in remoto automático a encontrar pessoalmente o anfitrião para fazer o check-in. Os hóspedes preferem não ter de coordenar seus horários de chegada com os anfitriões.

CAPÍTULO 12 **Criando um Processo Perfeito de Check-in** 213

HOSPEDANDO QUARENTA ANÚNCIOS DO OUTRO LADO DO MUNDO

Apenas um ano depois de se tornar anfitrião do Airbnb, James estava co-hospedando quarenta anúncios na plataforma enquanto viajava pelo mundo. Usando travas inteligentes e automação, ele se libertou de uma das maiores perdas de tempo da atividade como anfitrião. Seus anúncios frequentemente estavam entre os 5% principais, com alguns entre o 1% principal, dos anúncios campeões em suas respectivas áreas.

> » **Eles permitem que você viaje mais.** Além de liberar seu tempo, fazer check-ins remotos automáticos libera você de ficar atrelado ao imóvel. Com a automatização adequada em funcionamento, você até pode estar do outro lado do mundo e ainda receber pessoas.

Ao escolher o caminho do check-in remoto automático, você tem duas opções de travas: de baixa tecnologia ou de alta tecnologia. Reflita sobre as seguintes vantagens e desvantagens de cada uma.

Usando travas de baixa tecnologia

Um método de baixa tecnologia para executar check-ins remotos automáticos é o uso de aparelhos puramente mecânicos que não exijam bateria, Wi-Fi ou conexão bluetooth para funcionar.

A opção simples, sem ter de mudar as travas da porta, é usar cofres portáteis para guardar as chaves em segurança logo à porta da frente. Muitas vezes, os anfitriões prendem esses cofres em torno de uma barra de metal ou os parafusam em uma superfície. Frequentemente eles têm uma combinação de quatro dígitos ou contam com um teclado numérico de dez dígitos. A Figura 12-3 mostra exemplos de cofres populares, para uso em postes e superfícies.

FIGURA 12-3: Cofres portáteis. Para uso em postes   Para uso em superfícies

© John Wiley & Sons, Inc.

Simples e confiáveis, esses cofres portáteis são os favoritos de anfitriões do mundo todo para um processo de check-in fácil e sem firulas.

A grande vantagem dos aparatos de baixa tecnologia é sua confiabilidade. Esses cofres têm menos partes móveis e, portanto, menos chances de as coisas darem errado, ao contrário de opções de alta tecnologia em que as baterias exigem troca, o Wi-Fi pode cair e o bluetooth pode funcionar mal, e tudo isso leva os hóspedes a terem uma experiência frustrante.

Se você não é fã de ficar substituindo baterias a cada seis ou doze meses e não tem uma internet confiável nem sinais para celular em sua região, considere a opção de baixa tecnologia.

DICA
Como bloqueios podem acontecer e você não quer que os hóspedes fiquem esperando no frio enquanto aguardam o serralheiro chegar até sua casa, mantenha no local um segundo cofre com um molho de chaves reserva. Você pode colocar esse segundo cofre em um lugar menos visível e configurar um código diferente, para revelar aos hóspedes somente em uma emergência, se necessário.

Usando travas de alta tecnologia

As travas inteligentes progrediram muito nos últimos anos. O que começou como uma trava futurista sofisticada que fazia de tudo, menos funcionar corretamente como fechadura, hoje está entrando na quarta geração, com muito mais opções e falhas corrigidas.

Estas são as principais vantagens em usar uma trava inteligente de alta tecnologia:

- » **Você pode gerenciar o acesso remoto pelo celular.** Por poder gerenciar tudo pelo app, você consegue gerir o acesso de praticamente qualquer lugar do mundo. E sempre sabe se você, sua diarista ou os hóspedes trancaram ou não a porta do imóvel.

- » **Você pode criar acessos múltiplos para várias pessoas.** Por serem programáveis, a maioria das travas inteligentes permite acesso autorizado a várias pessoas ao mesmo tempo. Você pode garantir acesso a seus hóspedes, familiares, amigos e diaristas, todos com códigos de acesso diferentes fáceis de rastrear.

- » **Você recebe notificações de acesso não autorizado.** Ao contrário de travas tradicionais, as inteligentes o notificam imediatamente quando há acesso não autorizado a seu imóvel.

- » **Elas eliminam a recodificação para chaves perdidas.** Chaves de casa estão entre os itens mais frequentemente perdidos. Hóspedes também são humanos. Com travas inteligentes, você não precisa mais se preocupar com chaves perdidas e substituições.

CAPÍTULO 12 **Criando um Processo Perfeito de Check-in**   215

DICA

Existem travas inteligentes de todas as formas, tamanhos e combinações de funcionamento com Wi-Fi ou bluetooth, e todas elas vêm com os respectivos apps para smartphones. Porém, recomendamos que você adquira uma trava inteligente que não exija que os hóspedes baixem o app para entrar no imóvel. Recomendamos adquirir uma trava inteligente com um teclado ou uma interface que exija apenas que eles coloquem o código de acesso para entrar. Exigir download é uma etapa extra que pode levar a confusão e erros, sobretudo entre viajantes menos adeptos da tecnologia.

Antes de decidir usar uma trava inteligente, pense também sobre estas potenciais desvantagens:

- » **Elas exigem etapas extras para os hóspedes.** Algumas travas inteligentes exigem que os hóspedes baixem o app no celular, implicando, portanto, uma etapa a mais que pode gerar confusão.

- » **Elas exigem bateria.** Travas inteligentes precisam de alimentação para funcionar, portanto, dependendo do uso, você precisará substituir regularmente as baterias. Os modelos mais atuais podem durar mais de doze meses, muito mais que os primeiros modelos de alguns anos atrás.

- » **Podem ser hackeadas.** Embora aperfeiçoadas, travas inteligentes são hackeáveis. Algumas marcas e modelos demonstraram ser alvos fáceis no passado, portanto, não deixe de pesquisar e descobrir os modelos mais atuais no mercado.

- » **Elas são mais caras.** Ao contrário das travas tradicionais, as inteligentes são mais complexas e, portanto, muito mais caras. Os modelos mais atuais podem custar entre R$400 e R$800.

Embora as travas inteligentes não deixem de ter algumas desvantagens, elas ainda são a melhor opção para a maioria dos anfitriões em grande parte dos lugares. Elas proporcionam flexibilidade para os anfitriões gerenciarem seus anúncios de forma remota e, ao mesmo tempo, criarem processos perfeitos de check-in para os hóspedes. A Figura 12-4 mostra quatro marcas populares de travas inteligentes, e cada uma oferece vários modelos para anfitriões. Repare na interface diferente, algumas exigindo um celular para acessar, enquanto outras têm um teclado.

Lidando com chegadas antecipadas

Como anfitrião, cedo ou tarde você lidará com solicitações para chegadas antecipadas ou, pior, o raro hóspede inesperado que aparece horas antes de o imóvel estar pronto e antes que o hóspede anterior tenha feito o check-out! Com frequência, sem que seja culpa deles, hóspedes do Airbnb se encontram nessas situações.

Talvez eles estivessem esperando encontrar os amigos antes do check-in, mas não conseguiram. Em vez de ficarem andando pela cidade arrastando a mala, eles ligam para você a fim de fazer o check-in mais cedo. Mas você ainda não terminou de limpar o lugar. O que fazer?

FIGURA 12-4: Exemplos de quatro travas inteligentes.

© John Wiley & Sons, Inc.

Como você pode ver, chegadas antecipadas podem ser estressantes tanto para o hóspede como para o anfitrião. Siga estas dicas para preparar e minimizar o impacto delas:

Minimize o potencial de chegadas antecipadas

A melhor maneira de evitar chegadas antecipadas é prevenir que elas aconteçam. Ter de lidar com essas chegadas é estressante, portanto, mostre que não está disposto a aceitá-las.

LEMBRE-SE

Deixar claro no anúncio que você não pode acomodar quem chega com antecedência é um ótimo primeiro passo para desestimular qualquer pedido de chegada antecipada. Escreva algo como: "O horário do check-in é 16h, ou mais tarde apenas. Para garantir que minha diarista tenha tempo suficiente para fazer uma limpeza adequada entre um hóspede e outro, infelizmente não consigo deixar os hóspedes entrarem antes das 16h."

Prepare recomendações para os hóspedes

Mesmo com um horário de check-in claramente definido no anúncio, você ainda pode receber pedidos de chegadas antecipadas. Quando isso acontecer, lembre gentilmente os hóspedes de que eles não podem fazer o check-in mais cedo porque você precisa de tempo para limpar adequadamente o espaço e reabastecer os suprimentos para eles.

No entanto, você pode preparar uma lista de lugares recomendados a que eles podem ir ou coisas para fazer enquanto esperam:

» **Restaurantes:** Hóspedes adoram recomendações de comida. Tenha uma lista de restaurantes locais para recomendar a eles, onde possam fazer uma boa refeição enquanto esperam. Seja específico ao recomendar pratos especiais nos restaurantes.

» **Lazer:** Procure de três a cinco atividades interessantes nos arredores que possam ser uma distração divertida para os hóspedes enquanto esperam.

» **Locais populares para fotos:** Com o crescimento das mídias sociais, cada vez mais viajantes estão em busca da foto perfeita enquanto viajam. Descubra e recomende alguns dos locais "dignos de Instagram" próximos a seu anúncio. Não deixe de incluir exemplos de fotos.

Fique com as malas dos hóspedes

Se de qualquer forma os hóspedes acabarem chegando cedo, ofereça-se para ajudá-los com a bagagem. Ninguém gosta de ficar arrastando malas pesadas pela cidade toda até o horário do check-in.

Se houver lugar na sua casa, instalar um guarda-volumes grande na parte externa, ao lado de um cadeado com combinação, pode ajudá-lo a receber os hóspedes que chegam mais cedo e tirar um peso das costas deles. Esse guarda-volumes permite aos hóspedes que saiam sem ter de levar a bagagem e dá tempo para que você faça a limpeza adequada no imóvel.

Considere uma mala grande e uma mochila do tamanho de uma mala de mão para cada hóspede. Portanto, se você geralmente tem quatro hóspedes, garanta que o guarda-volumes seja grande o suficiente para armazenar quatro malas grandes e quatro mochilas pequenas. Use uma combinação de quatro dígitos que possa reprogramar de vez em quando.

Se você mora no imóvel ou perto dele e tem espaço para os hóspedes, é possível guardar as malas em seu quarto ou no próprio imóvel. Para anfitriões remotos, se você não tem o espaço necessário para um guarda-volumes na parte externa ou se preocupa com possíveis roubos em sua região, veja se consegue recomendar serviços de guarda-volumes em sua área. Esses serviços proporcionam bom custo-benefício para guardar bagagens e estão se tornando amplamente disponíveis na maior parte dos lugares urbanizados e nos centros das cidades; procure pelo provedor mais estabelecido em sua região e recomende-o aos hóspedes.

NESTE CAPÍTULO

» **Causando uma ótima primeira impressão**

» **Garantindo uma estada agradável**

» **Criando um check-out tranquilo**

» **Lidando com o pós-check-out**

» **Gerenciando as avaliações dos hóspedes**

Capítulo **13**

Continuidade a uma Estada sem Estresse Após o Check-in até o Check-out

Embora você tenha feito todo o possível para ajudar os hóspedes a chegarem até sua casa sem confusão, o trabalho de garantir uma estada sem estresse está apenas começando depois que eles conseguem fazer check-in no imóvel.

Desde criar a melhor primeira impressão quando os hóspedes entram pela porta até o que você precisa fazer para gerenciar e responder às avaliações deles após o check-out, pequenas decisões aparentemente insignificantes podem afetar seu sucesso em longo prazo como anfitrião.

Este capítulo aborda estratégias sobre como aproveitar ambas as oportunidades e evitar as armadilhas desde que os hóspedes entram pela primeira vez no imóvel até bem depois do check-out.

Definindo o Tom para a Chegada dos Hóspedes

Assim como as pessoas têm primeiras impressões de outras nos primeiros minutos em que se encontram, os hóspedes também terão as primeiras impressões de seu anúncio no Airbnb nos primeiros instantes em que entram no imóvel. Durante esses minutos cruciais, os hóspedes definem, de maneira inconsciente, como o imóvel se compara às expectativas deles. É por isso que sua casa precisa deixá-los boquiabertos.

Aqui estão algumas sugestões que você pode aproveitar para causar uma ótima impressão e definir um tom positivo para toda a estada dos hóspedes:

» **Proporcionar uma visão agradável:** Na maioria das vezes, o que os hóspedes veem logo quando entram define a maneira como percebem que o imóvel corresponde ao perfil do anúncio. Além das recomendações que destacamos no Capítulo 12 sobre como preparar seu imóvel para o check-in e garantir que ele se pareça com o apresentado no perfil, também recomendamos manter a área de entrada bem iluminada, deixando as luzes acesas. Use uma lâmpada bulbo LED de alta eficiência e quente (com uma faixa de temperatura entre 1.800 e 2.700K), para minimizar o uso de energia e criar um clima confortável e acolhedor. Garanta que o kit de boas-vindas esteja visível ou o caminho até ele esteja bem iluminado e evidente.

» **Ficar atento ao barulho:** Barulhos altos e incômodos podem poluir um espaço que, do contrário, é calmo e acolhedor. Seu imóvel fica perto de uma rua barulhenta e movimentada durante os horários típicos de check-in? Se sim, feche as janelas perto da entrada e coloque uma playlist instrumental relaxante ou em estilo cafeteria em um pequeno rádio digital ou alto-falante portátil. Deve ser possível ouvir a música apenas na entrada, e não do lado de fora. Não deixe de incluir instruções para os hóspedes colocarem sua própria música ou desligá-la.

» **Criar um aroma agradável:** Ambientes sujos podem arruinar uma ótima primeira impressão para seu imóvel. Nenhuma vista consegue ser bonita o suficiente para mascarar um cheiro ruim. Você pode arejar sua casa abrindo as janelas e usar um neutralizador de odores conforme necessário. Evite usar fragrâncias fortes como disfarce, porque fazer isso pode irritar hóspedes com sensibilidade olfativa. A maioria dos hóspedes gosta de biscoitos recém-assados ou frutas frescas. Se usar flores frescas, escolha variedades hipoalergênicas, com pouco ou nenhum pólen, para não causar alergias nos hóspedes. Na dúvida, é melhor escolher algo simples e esterilizado a algo antiquado e conservador.

220   PARTE 4 **Dominando a Experiência dos Hóspedes**

Quer você planeje ou não, seu imóvel transmite às pessoas uma atmosfera com base na aparência, nos sons e nos cheiros percebidos assim que os hóspedes passam pela porta.

Garantindo que os Hóspedes Gostem da Estada

Embora a situação ideal seja quando os hóspedes não têm nenhuma pergunta ou preocupação durante a estada, a ocasião quase sempre envolve algumas chances de lidar com perguntas ou preocupações da parte deles.

A questão não é se você terá algo a responder ou resolver, mas como abordará isso enquanto garante uma estada geral agradável para eles.

Definir um caminho claro para deixar os hóspedes à vontade para se comunicarem com você e descobrir maneiras de agregar valor durante a estada pode ajudar a adquirir mais avaliações cinco estrelas.

Compreendendo por que os hóspedes não se queixarão diretamente

No mundo dos negócios, especialistas em marketing estimam que, para cada queixa de consumidor, há outros dez ou mais clientes insatisfeitos. Mesmo que quem reclama em alto e bom som represente a maioria dos clientes insatisfeitos, eles são apenas uma pequena fração.

O mesmo vale para hóspedes no Airbnb: a maioria deles não enviará mensagens diretas ao anfitrião, mesmo que descubram que há algo errado com o imóvel após terem feito o check-in.

Veja os motivos comuns por que a maioria dos hóspedes não se queixará diretamente com você:

» **Exige esforço.** Ainda que pouco, entrar em contato com anfitriões exige esforço da parte dos hóspedes. A menos que eles realmente estejam incomodados com alguma coisa, muitos ficarão quietos e anotarão mentalmente as falhas do imóvel e do anfitrião para postar depois na avaliação.

» **Eles não querem incomodar o anfitrião.** Ninguém gosta de reclamões e ninguém quer ser considerado um. A menos que o anfitrião dê uma abertura amigável durante as conversas para os hóspedes expressarem os problemas, eles não tomarão a iniciativa sozinhos.

» **Eles já formaram as próprias opiniões.** Muitos hóspedes já decidiram na primeira noite se seu imóvel corresponde às expectativas deles. Tirando alguma coisa explicitamente boa ou ruim, a opinião deles permanecerá a mesma.

Para romper essas barreiras e criar uma linha de comunicação aberta e acolhedora entre você e os hóspedes, é preciso tornar as conversas fáceis e naturais para eles.

Abrindo a comunicação com os hóspedes

A melhor maneira de conseguir que os hóspedes contem a você no que estão pensando é fazer perguntas diretas. Porém, há uma linha tênue entre as mensagens acolhedoras e as irritantes. Deixe-as breves, agradáveis e pouco frequentes.

Aqui estão algumas sugestões para ajudá-lo a manter abertas as linhas de comunicação com os hóspedes:

» **Enviar uma mensagem após o check-in na primeira noite:** De duas a três horas após os hóspedes fazerem o check-in, que deve ser um tempo mais que suficiente para se instalarem no local, envie a eles uma mensagem curta como: "Ei, Joe! Só para saber se vocês já estão instalados no local. Estou aqui se precisar de alguma coisa. É só me mandar mensagem ou ligar para este número. Obrigado, Sam."

» **Contatá-los a cada dois ou três dias, no caso de estadas longas:** Para estadas longas, sua meta deve ser entrar em contato com os hóspedes a cada dois ou três dias, com uma mensagem curta. De preferência, tente encontrar algumas informações úteis para compartilhar com eles, a fim de dar uma sequência mais natural às mensagens. Por exemplo: "Oi, Joe. Só para avisar que amanhã a Main St. estará interditada. Pegue a Broadway. Tudo bem aí? Se precisar de algo, é só gritar!"

Quando os hóspedes se sentem à vontade para falar com você, eles não guardam para si as queixas ou, pior, as colocam na avaliação virtual de seu anúncio.

Mantendo um livro dos hóspedes para eles assinarem

Diferentemente do manual da casa, que fornece todas as informações relevantes sobre o imóvel e instruções para os hóspedes, um livro dos hóspedes é mais para diversão. Porém, um livro como esse também pode estimulá-los a focar os pontos positivos da estada.

DICA

Inclua um livro dos hóspedes em seu anúncio do Airbnb para obter as seguintes vantagens:

» **Ele mostra que você os valoriza.** Ao eternizar a estada em um livro dos hóspedes bem concebido, você está mostrando aos seus, de forma indireta, que os valoriza. Ao registrar seus nomes, a data da visita e comentários, fica patente que você deseja se lembrar deles — que eles não são só mais um grupo de estranhos dos quais logo se esquecerá.

» **Ele condiciona os hóspedes a enxergarem coisas positivas.** Quase nenhum hóspede deixará comentários negativos em um livro dos hóspedes durante a estada, portanto, seu livro basicamente ficará cheio de mensagens positivas dos hóspedes anteriores. Mesmo entre os hóspedes que, no fim, não assinem o livro, muitos o lerão, mais provavelmente para ver a própria estada sob uma luz positiva semelhante.

» **É algo que você pode guardar e do qual se orgulhar.** Mesmo que ser anfitrião no Airbnb apresente várias recompensas, isso não acontece sem alguma dor de cabeça. Conseguir olhar para um livro de hóspedes cheio de pessoas felizes e agradecidas pode ajudá-lo a se lembrar das coisas positivas e se concentrar nelas.

DICA

Encontre um livro de hóspedes com páginas que você consiga separar com facilidade ou com uma encadernação que lhe permita tirá-las. Nas raríssimas ocasiões em que receber comentários inapropriados ou negativos, é possível remover essa página sem ter de recomeçar tudo em um livro de hóspedes novinho em folha.

Indo mais longe pelos hóspedes

Um jeito infalível de conquistar os hóspedes é dar a eles mais do que estão esperando. Além de ter as informações básicas no manual da casa e no pacote de boas-vindas, estas são estratégias que os anfitriões usam para ir mais longe pelos hóspedes:

» **Ajudá-los a economizar dinheiro.** "Odeio economizar dinheiro!" Nenhum hóspede disse isso, nunca. Hóspedes adoram uma boa oferta. Se houver destinos de compras ou atividades populares perto de sua casa, tente ganhar alguns cupons para eles.

» **Ajudá-los a obter acesso especial.** Obter acesso a um evento com ingressos esgotados ou difíceis de conseguir deixará feliz a maioria dos hóspedes. Você tem um relacionamento pessoal com um restaurante popular, um bar, clube de comédia stand-up ou coisas do tipo? Ganhar ingressos ou conseguir reservas para algo que os hóspedes queiram, mas não conseguiriam obter por conta própria, pode contar muitos pontos.

» **Incluir algo adequado à estação.** Está recebendo hóspedes nas férias de inverno? Se sim, adicione ofertas específicas, quando possível, como um latte com toques de abóbora, entre as opções de café.

» **Incluir algo regional.** Sua cidade ou região é famosa por alguma coisa? Carne seca? Pão de milho? Sorvete? Identifique o que um turista está louco para provar e, se for barato, inclua uma amostra em seu pacote de boas-vindas. Ou se for muito caro para oferecer, recomende aos hóspedes o melhor lugar onde comprar a guloseima.

DICA

Muito provavelmente, na maioria das vezes os hóspedes notarão seus esforços, mas não se arrisque! Se está oferecendo algo além do que os hóspedes geralmente esperam, como água e lanches básicos, obtenha o crédito que merece por atrair a atenção deles pelo esforço extra. Por exemplo, se está oferecendo uma garrafa de vinho, inclua um bilhete simpático como: "Oi, Natalie e Josh, aqui está uma garrafa de vinho como cortesia para ajudar vocês a relaxar e descontrair. Bom proveito!"

No fim das contas, fazer os hóspedes sentirem que receberam mais do que estavam esperando é uma ótima forma de deixá-los felizes durante a estada. E os esforços que você faz depois do check-in podem criar um canal para os hóspedes expressarem seus desejos ou preocupações e, portanto, uma oportunidade para impedir qualquer problema antes que ele vire uma bola de neve.

Garantindo um Check-out Tranquilo

De acordo com psicólogos, as pessoas se lembram melhor do início e do fim de uma experiência do que do meio dela, ainda que esse meio tenha sido tecnicamente a parte mais marcante da experiência. Então, o que você fará como anfitrião? Criar inícios e fins marcantes.

Todo o esforço dedicado ao seu anúncio até agora culmina no fim da estada dos hóspedes, quando finalmente eles saem do imóvel. Uma escorregada grande aqui pode anular todo o trabalho duro, deixando os hóspedes com uma impressão ruim — como encontrar uma mosca em uma sopa que, sem o inseto, seria deliciosa.

Aqui, abordamos como você pode planejar um processo excelente de check-out e também avaliar os contratempos em fazer o processo de forma presencial ou remota.

Planejando o check-out

Seu objetivo ao elaborar um processo de check-out, assim como aconteceu com o processo de check-in que destacamos no Capítulo 12, é minimizar incômodos para os hóspedes. Não os faça trabalhar mais que o necessário.

Siga estas estratégias para preparar seu check-out e encerrar em grande estilo:

» **Seja específico em relação ao horário do check-out.** Se você não deixar claro um horário específico para o check-out, o Airbnb o padronizará para as 12h conforme o fuso local. Porém, esse horário de 12h talvez não dê a você ou a sua diarista tempo suficiente para limpar e entregar o imóvel antes de o próximo hóspede chegar, geralmente às 15h ou às 16h. Recomendamos à maioria dos anfitriões que comecem com um horário de 11h para o check-out. Qualquer horário mais cedo e você tornará seu anúncio pouco atraente a possíveis hóspedes. Não deixe de explicitar o horário de saída em seu anúncio, no manual da casa e em suas comunicações sobre o check-out.

» **Seja específico com instruções detalhadas.** Antes de finalizar suas instruções para o check-out, distribua-as a familiares e amigos, e faça-os repassarem o processo para verificar se há pontos confusos ou falta de clareza. Para as etapas que seriam mais fáceis de explicar com ilustrações, inclua-as no manual da casa.

NA INTERNET

Para ter um modelo de instruções sobre check-out em que se inspirar, acesse o material no site da Alta Books e procure pelo nome do livro ou ISBN.

» **Desestimule check-outs tardios.** Garantir um check-out tranquilo vale tanto para você como para os hóspedes. Um caminho certeiro para ter um check-out estressante é quando eles chegam tarde e causam atraso na entrega do imóvel para o próximo hóspede. Uma forma de evitar check-outs tardios é desencorajá-los, definindo uma multa tanto no perfil do anúncio como no manual da casa para cada hora de atraso na saída. Uma multa sobre a taxa diária total por cada hora é mais do que suficiente para motivar os hóspedes a sair no horário.

» **Disponibilize um pequeno presente de despedida.** Feche com chave de ouro disponibilizando um presente de despedida dentro de uma gaveta perto da saída. Pode ser um pequeno suvenir local com alguns lanchinhos leves para a viagem de volta. Inclua um bilhete curto do tipo: "Foi ótimo receber vocês! Aqui está um presentinho para uma boa viagem!"

» **Envie lembretes simpáticos.** No dia anterior ao check-out, envie um lembrete simpático no início da noite, antes das 20h, como: "Oi, Jane. Espero que sua noite esteja ótima! Avise-me se precisar de algo ou se tiver perguntas antes do check-out amanhã de manhã, por volta das 11h. Obrigado(a)!" Na manhã do check-out, envie uma última mensagem cerca de duas horas antes (9h para um horário de check-out às 11h): "Bom dia, Jane. Foi maravilhoso receber você e seu grupo. Se tiver alguma pergunta sobre o check-out, por favor avise. Ah, quando estiver indo embora, dê uma olhada também na gaveta superior direita ao lado da saída! :)".

CUIDADO

Fazer os hóspedes devolverem as chaves ao cofre e trancarem as portas ao sair é razoável. Esperar e pedir a eles que coloquem a lava-louças para funcionar, juntem e levem todo o lixo para fora, tirem toda a roupa de cama, coloquem na máquina de lavar e a liguem, e depois enviem mensagem quando saírem, aí é pedir demais. Os hóspedes não gostam de sentir que estão fazendo a maior parte da faxina após já terem pago a taxa adicional de limpeza no ato da reserva. Sim, saber se saíram cedo seria muito bom, mas aborrecê-los com mensagens pedindo para avisá-lo faz com que eles se sintam obrigados.

Fazendo check-outs remotos

Para a maioria das situações no Airbnb, recomendamos um processo remoto de check-out para o bem dos hóspedes e dos anfitriões. Para muitos hóspedes, um anfitrião passando pela casa no final pode criar um desfecho estranho para uma estada que, de outra forma, seria excelente.

Estes são os motivos para configurar um processo remoto de check-out:

» **Check-out flexível:** Nem todos os hóspedes farão o check-out aos 45 do segundo tempo. Com frequência, muitos deles saem mais cedo por diversos motivos, talvez para pegar um voo. Com um check-out remoto, os hóspedes não têm de esperar para coordenar a saída com você.

» **Libera tempo:** Ter um processo remoto de check-out pode ajudá-lo a poupar muitas horas por ano — das quais você pode fazer melhor uso.

» **É o favorito dos hóspedes:** Quanto mais viajantes se familiarizam com o uso do Airbnb, mais deles começam a preferir opções remotas de check-in e check-out a procedimentos presenciais. Um check-out remoto é menos estressante e exige menos coordenação e comunicação.

» **Libera você para viajar:** Além de mais tempo, os check-outs remotos livram você de ficar atrelado ao imóvel. Ao criar um processo remoto para check-in e check-out, é possível atuar como anfitrião em qualquer lugar.

Assim como na escolha por check-ins remotos, como anfitrião você tem a opção de usar travas de baixa ou alta tecnologia para os check-outs remotos. Veja no Capítulo 12 os prós e os contras de cada uma e por que recomendamos travas inteligentes à maioria dos anfitriões.

Fazendo check-outs presenciais

Embora recomendemos um processo remoto de check-out para a maioria dos anfitriões, fazer check-out presencial faz sentido em certas situações. Se alguma das seguintes situações se aplica a você, considere fazer seus check-outs presencialmente:

» **Você teve problemas recorrentes de roubo ou danos.** Se no passado você vivenciou incidentes recorrentes de roubo ou dano, anunciar e fazer check-outs presenciais pode servir como forte impedimento contra falcatruas de hóspedes, porque eles sabem que você notará logo de cara qualquer dano ou item faltando.

» **Seus hóspedes apreciarão a ajuda.** Se você tem algum hóspede com deficiência ou um idoso com muita bagagem, ofereça-se para ajudar com o check-out. Embora a maioria não vá aceitar sua oferta, os poucos que aceitam saberão apreciar seu gesto valioso.

» **Você tem um procedimento complicado de saída.** Quando os hóspedes estão prontos para sair com a bagagem, o processo de check-out não deve levar mais de três minutos. Se for muito mais longo, como diversas etapas e várias travas e portões para sair do prédio e do imóvel, considere estar presente para aliviar o fardo de seus hóspedes.

DICA

Fazer check-outs presenciais é bom, porém, avise os hóspedes sobre os procedimentos no dia anterior, se você planeja estar presente durante o check-out. Saliente no manual da casa que você pode estar por perto para ajudá-los na saída, deixando a opção, mas não a obrigação, de estar presente.

Sabendo O que Fazer Depois que os Hóspedes Vão Embora

Depois que o hóspede faz o check-out, seu trabalho como anfitrião ainda não terminou. As horas e os dias posteriores são uma oportunidade para acrescentar toques finais a uma reserva bem-sucedida.

O período pós check-out é ótimo para acompanhar os hóspedes e providenciar alguns incentivos a fim de estimular potenciais reservas futuras. Você também deve checar as condições de seu imóvel, sobretudo se suspeita de algum possível dano ou roubo.

Avaliando o estado de seu imóvel

Independentemente de estar cuidando do turno por conta própria ou contratando uma diarista para fazê-lo por você, garanta que você ou ela avalie o estado do imóvel após o hóspede ir embora. Uma lista de conferência simples para contabilizar a presença e a condição dos principais eletrodomésticos e móveis dará conta do recado.

Dando queixa no Airbnb

Se descobrir algum estrago ou item faltando, tire boas fotos para registro e arquivo, e dê queixa no Airbnb, solicitando imediatamente o depósito caução e/ou a Garantia ao Anfitrião do Airbnb. Inclua todas as conversas por escrito entre você e o hóspede que corroborem ou respaldem sua queixa, sobretudo para quaisquer danos retaliativos.

LEMBRE-SE

Você tem até o próximo check-in de um hóspede ou quatorze dias para dar queixa, o que acontecer primeiro. Na maioria dos casos, sua janela para dar queixa são apenas as poucas horas desde o check-out do hóspede anterior até o check-in do próximo hóspede, geralmente entre 11h e 16h, o que faz com que seja uma boa decisão avaliar seu imóvel durante cada turno. Depois que seu próximo hóspede entrar, você não pode fazer uma queixa bem-sucedida, porque o dano ou o roubo agora pode ser atribuído a esse hóspede.

Para queixas menores sobre o depósito caução, você pode seguir estas etapas:

1. Vá para www.airbnb.com.br/resolutions.
2. Clique em "Solicitar dinheiro".
3. Selecione a reserva apropriada para registrar a queixa.
4. Entre as opções "Selecionar motivo", escolha "Solicitar compensação por danos".
5. Clique em "Continuar".
6. Digite com detalhes os danos ou os motivos específicos para a queixa e o valor de compensação solicitado.
7. Envie para finalizar seu pedido.

Seu hóspede terá 72 horas para aceitar sua solicitação, que então deverá ser paga a você em aproximadamente sete dias úteis. Porém, se o hóspede não responder ou se recusar a aceitar dentro de 72 horas, você pode logar de volta em sua conta no Airbnb, acessar a Central de Resoluções e escolher a opção "Envolver o Airbnb", a fim de convocar a plataforma para ajudar na resolução da queixa. O Airbnb pode pedir informações adicionais, como recibos ou provas sobre a condição do item danificado antes da reserva em questão, os quais você deve providenciar em 72 horas. De acordo com o Airbnb, a maioria das queixas sobre depósitos caução é resolvida em uma semana.

Acompanhando os hóspedes

Por conta de os hóspedes receberem várias notificações de quase todo lugar do mundo, muitos anfitriões hesitam em adicionar uma mensagem a mais nas caixas de entrada deles. Mas enviar uma nota complementar de agradecimento faz toda a diferença em seu desempenho.

DICA

Envie uma nota de agradecimento dentro de 12 a 24 horas após o check-out e inclua estes três itens importantes.

Expressar agradecimentos sinceros

Compartilhe com os hóspedes seus sinceros agradecimentos por terem escolhido ficar com você. Eles poderiam ter optado por qualquer outro anúncio na região, mas escolheram ficar com o seu.

DICA

Agradeça a eles por terem sido ótimos hóspedes, se deixaram seu imóvel em boas condições e, além disso, se foi agradável recebê-los. Essa atitude não somente melhorará o humor dos hóspedes ao lerem sua nota, mas também os estimulará a olhar em retrospecto para a estada com uma visão mais positiva.

Pedir uma avaliação aos hóspedes

Com base em nossa própria pesquisa com anfitriões, a porcentagem dos hóspedes que deixam avaliações pode variar de menos de 30% até quase 100%. Embora hoje o Airbnb envie e-mails automáticos para lembrar os hóspedes de fazer avaliações após o check-out, essas mensagens podem se perder nas caixas de entrada ou os hóspedes podem simplesmente ignorá-las. Pedir aos hóspedes que reflitam sobre avaliá-lo pode aumentar drasticamente a porcentagem das pessoas que acabam fazendo avaliações.

LEMBRE-SE

Pedir é crucial sobretudo se seu anúncio é novo, com poucas avaliações ou nenhuma. Avise aos hóspedes que você é totalmente novo como anfitrião e que cada avaliação é de extrema ajuda. Hóspedes que gostaram da estada geralmente têm muita disposição para atender a pedidos.

Além disso, o Airbnb tem muitas exigências para avaliar um anfitrião em busca do status Superhost. Uma é que, pelo menos, 50% dos hóspedes que ficaram na casa desse anfitrião o avaliem. Se você não pedir uma avaliação aos hóspedes, correrá o risco de ficar abaixo dos índices desde o início (consulte o Capítulo 10 para ter mais informações sobre como ser um Superhost).

Providenciar incentivos para estadas futuras

Uma boa maneira de terminar sua nota de agradecimento aos hóspedes é oferecer a eles um incentivo para reservar uma futura estada com você (como mostra a Figura 13-1). Muitos anfitriões oferecem um desconto de 5% a 15% a antigos hóspedes e também a seus familiares e amigos.

FIGURA 13-1: Amostra de nota complementar de agradecimento a hóspedes.

> Olá!
>
> Nosso MUITO OBRIGADO por ter escolhido ficar conosco. Foi um prazer imenso receber você — gostaria que todos os meus hóspedes fossem assim! Avisarei futuros anfitriões escrevendo uma avaliação positiva para você logo, logo. :)
>
> Se também gostou da estada, você se importaria em deixar uma avaliação pelo Airbnb? Só leva dois minutos e fará enorme diferença para um anfitrião novo como eu.
>
> Se você visitar novamente a região no futuro, ficarei honrado em hospedá-la. Como um pequeno presente de agradecimento, gostaria de oferecer 10% de desconto (15% se ficar mais de uma semana!) para você, familiares ou amigos. É só me mandar uma mensagem antes da reserva, e responderei com uma oferta especial.
>
> Obrigado novamente por ser uma excelente hóspede.

© John Wiley & Sons, Inc.

Essa amostra de nota de agradecimento contempla três pontos: expressar agradecimentos sinceros, pedir avaliações e agregar incentivos. Use esse exemplo para elaborar a sua.

Hóspedes que viajam para visitar a família uma vez por ano podem muito bem acolher sua oferta. Durante épocas de baixa temporada, conseguir referências pode ajudá-lo a preencher algumas noites que, de outra forma, ficariam vagas.

Bloqueando um ou dois dias antes e depois das reservas para ter um tempo de preparação

Em situações raras, você pode precisar bloquear um ou dois dias entre as reservas para ter tempo suficiente de voltar e preparar o imóvel para os próximos hóspedes.

DICA

Considere bloquear um ou dois dias antes e depois de cada reserva se seu imóvel precisa de um tempo extra para uma entrega adequada. Por exemplo, se está anunciando um imóvel grande e muitas facilidades em uma construção ampla que você e suas diaristas levam mais de quatro ou cinco horas para limpar e entregar de maneira adequada, adicione dias extras (um ou dois) entre as reservas.

Se você não está em busca de maximizar seus lucros e prefere uma experiência mais tranquila para os hóspedes, adicionar esses dias extras entre reservas reduz o caos que pode ocorrer em entregas no mesmo dia.

CUIDADO

Porém, adicionar essa margem extra significa abrir mão dos dias de renda em potencial, porque você estaria bloqueando esses dias com cada reserva que aparecesse. Se a duração de suas reservas típicas é curta, digamos, três dias em média, bloquear um dia antes e depois faz seus dias disponíveis para reservas caírem 25%. O impacto é menos acentuado se os hóspedes, em geral, reservam estadas longas, como perder um dia ou dois para uma duração média de três semanas.

Para bloquear um ou dois dias entre as reservas, siga estas etapas:

1. **Entre em sua conta do Airbnb.**
2. **Selecione "Configurações Disponíveis" no Calendário.**
3. **Selecione o menu suspenso sob a aba "Tempo de preparação" com o ícone da xícara de café.**
4. **Selecione "Bloquear 1 noite antes e depois de cada reserva" ou "Bloquear 2 noites antes e depois de cada reserva".**
5. **Selecione Salvar.**

DICA

Escolha primeiro a opção de um dia, para verificar se é tempo suficiente para você. Não é preciso bloquear mais dias que o necessário, a menos que prefira uma pausa extra entre os hóspedes.

Gerenciando e Respondendo às Avaliações dos Hóspedes

Ao seguir e adaptar as boas práticas que apresentamos neste capítulo e no livro, você pode esperar que pelo menos um em cada dois hóspedes deixe uma avaliação pela estada.

Independentemente de estar impulsionando um anúncio novo ou mantendo um desempenho marcante para um anúncio já elaborado, gerenciar e responder adequadamente às avaliações dos hóspedes é crucial para desempenhos em longo prazo. Embora a maioria das avaliações de hóspedes no Airbnb seja positiva, cedo ou tarde todos os anfitriões receberão sua cota de avaliações negativas quando merecerem.

Nestas seções, abordamos por que as avaliações tendem a ser positivas no Airbnb e como responder a avaliações positivas e negativas. Embora a maioria dos anfitriões possa esperar receber sobretudo avaliações positivas ao seguir as boas práticas da hospedagem, inevitavelmente receberão uma ou outra avaliação negativa. Mesmo que não consiga evitá-las, você pode minimizar as chances de elas acontecerem e dos danos causados quando, de fato, ocorrerem.

Entendendo o caráter da tendência positiva das avaliações no Airbnb

Uma das características exclusivas do Airbnb é o aspecto bidirecional das avaliações, em que hóspedes e anfitriões podem atribuir notas uns aos outros após uma reserva, ao contrário de muitas outras plataformas de viagem em que apenas os hóspedes dão notas aos lugares e aos anfitriões.

Essa pequena funcionalidade gera respeito mútuo e explica por que os mesmos imóveis que aparecem em várias plataformas recebem notas mais generosas no Airbnb do que em outros lugares. Quando os anfitriões podem avaliar de volta, os hóspedes são mais atenciosos e, com frequência, mais benevolentes nas avaliações que deixam no Airbnb. O procedimento de atribuição das notas é cego: você só consegue ver a avaliação da outra pessoa depois que deixa a sua.

Estes são alguns dos outros motivos para a tendência positiva das notas:

» **Pessoas são mais simpáticas com pessoas.** Se você navegar pelas avaliações no Yelp.com, um site que reúne avaliações de clientes para empresas de todos os portes, talvez note que as avaliações de negócios locais muitas vezes são mais positivas que as de marcas de grandes redes. Por quê? As pessoas entendem que pequenas empresas são o ganha-pão de indivíduos reais, cujo próprio nome muitas vezes é o nome de seu negócio. De maneira semelhante, os hóspedes do Airbnb compreendem que eles não estão apenas dando nota a um imóvel, mas a outra pessoa.

» **Anfitriões são seletivos.** Algumas seleções por conta própria ocorrem na plataforma porque os anfitriões podem rejeitar pedidos de estadas de hóspedes que tenham identidade duvidosa ou avaliações anteriores negativas de outros anfitriões. Os anfitriões que aceitam mais reservas de hóspedes que têm menos probabilidade de causar problemas e estejam mais dispostos a obter suas próprias notas altas criam um círculo de feedback mútuo e positivo entre si e os hóspedes.

» **Anfitriões se esforçam mais.** Como a plataforma em si se tornou mais popular e, portanto, mais competitiva para receber pessoas, os anfitriões sempre se esforçam mais para adquirir todas as vantagens que conseguem. Obter avaliações excelentes ajuda nas classificações de busca e a ganhar dinheiro com reservas.

O fato de as avaliações no Airbnb tenderem para o lado positivo implica que anfitriões que implementam as boas práticas destacadas neste livro podem obter, na maioria das vezes, avaliações positivas dos hóspedes. Porém, também implica que seu colega anfitrião em sua área provavelmente terá, na maior parte das vezes, avaliações positivas, elevando o padrão para todos os envolvidos.

Respondendo a avaliações positivas dos hóspedes

Embora a maioria das avaliações dos hóspedes provavelmente seja positiva, você ainda precisa responder a cada uma delas. Inclusive, avaliações positivas dão aos anfitriões uma chance de atrair futuros possíveis hóspedes que estejam lendo essas avaliações.

Eis alguns motivos para responder a todas as avaliações positivas dos hóspedes:

» **Abordar problemas velados.** Avaliações cinco estrelas são ótimas, mas muitas podem conter uma queixa disfarçada de elogio. Responder com gentileza permite demonstrar apreço aos hóspedes e atender à queixa. Por exemplo, se uma hóspede elogiou muito a estada mas também mencionou que poderia ter usado um travesseiro mais confortável, você deve agradecer a ela por ser uma excelente hóspede e incluir uma observação de que melhorou todos os travesseiros. Outros possíveis hóspedes que lerem a avaliação saberão que não precisam se preocupar com travesseiros desconfortáveis.

» **Ajudar ex-hóspedes a se sentirem valorizados.** Ver a confirmação de que você não apenas leu mas reservou um tempo para responder a uma avaliação ajuda seus antigos hóspedes a se sentirem ouvidos e valorizados, o que pode auxiliá-lo a garantir reservas e recomendações futuras deles.

» **Mostrar um padrão consistente de envolvimento.** Possíveis hóspedes que veem que o anfitrião reservou tempo para responder a cada avaliação feita percebem que você é um anfitrião atencioso que realmente se importa.

» **Derrubar avaliações negativas.** Avaliações de hóspedes aparecem na parte inferior dos perfis de anúncios e em uma quantidade de apenas seis a doze em cada página, dependendo da extensão dessas avaliações e das respostas dos anfitriões. Ao responder a todas as avaliações positivas, sobretudo se elas já estão na primeira página, você pode empurrar as negativas para as últimas páginas. Avaliações que aparecem nas primeiras páginas geralmente são as mais recentes, mas algumas mais antigas aparecem de vez em quando.

» **Revelar mais facetas dos anfitriões.** Se você responder apenas a avaliações negativas, que quase sempre exigem um pedido de desculpas, possíveis hóspedes o verão apenas se desculpando por erros em suas respostas.

Ao responder a todas as avaliações mais positivas, você pode mostrar a potenciais hóspedes seu lado gentil e divertido com muito mais frequência.

Responder a avaliações positivas não exige muito esforço. Na maioria das vezes, uma resposta simples como esta dará conta do recado: "Obrigado(a), Nicole! Foi um prazer enorme receber você e sua família. Se tem planos futuros de visitar a região, ficarei honrado(a) em hospedá-la de novo!" Se os hóspedes tiverem uma queixa ou um problema, não invente desculpas, mas resolva-os de maneira direta. Por exemplo, "Lamento por meu AC novo ter quebrado bem no meio da madrugada. Já o substituí por um modelo recente, mais potente, e há um reserva portátil guardado."

Minimizando a ocorrência de avaliações negativas

Mais cedo ou mais tarde, você receberá sua primeira avaliação negativa feita por um hóspede. Embora possa tomar providências para minimizar o dano após receber uma, a melhor maneira é evitá-la logo no início.

Para minimizar a ocorrência delas, você precisa compreender os motivos diferentes por que os hóspedes as fazem, os quais abordamos na lista a seguir:

» **Eles não obtiveram aquilo por que pagaram.** O principal motivo por que os hóspedes fazem avaliações negativas é a estada ter ficado muito aquém das expectativas deles.

» **Eles não se sentem ouvidos.** Hóspedes desejam que os anfitriões ouçam e validem suas experiências, sobretudo se tiveram uma negativa. E por mais que alguns anfitriões pensem que os hóspedes deixam avaliações negativas apenas para feri-los, na maioria das vezes eles querem ajudar outros possíveis hóspedes a evitar a experiência ruim que tiveram.

» **Eles são impossíveis de agradar.** Embora bem raro, alguns hóspedes têm expectativas tão irracionais e irrealistas que não conseguem ficar satisfeitos, não importa o que você faça como anfitrião.

» **Eles estão revidando.** Certos hóspedes podem, raramente, revidar com uma avaliação negativa que muitas vezes inclui exageros ou mentiras deslavadas depois que os anfitriões se recusam a acatar suas solicitações esdrúxulas. Ao responder às outras avaliações positivas mais numerosas, você também pode mostrar a possíveis hóspedes seu lado divertido e amigável.

Cumprindo as expectativas dos hóspedes

Cumprir ou superar as expectativas dos hóspedes durante a estada é a melhor forma de evitar avaliações negativas da parte deles. Isso implica cumprir as promessas que você fez no perfil do anúncio. Consulte o Capítulo 11 para compreender melhor os elementos básicos da satisfação dos hóspedes.

Porém, às vezes, mesmo com a melhor das preparações, você pode ficar aquém das expectativas dos hóspedes sem que haja culpa nenhuma de sua parte. Por exemplo, seu ar-condicionado novo em folha pode quebrar no meio da madrugada ou obras inesperadas nos arredores podem causar muito barulho para os hóspedes.

LEMBRE-SE

Embora você não consiga prever ou evitar muitos problemas que podem surgir, é possível mostrar aos hóspedes que fará qualquer esforço razoável para ajudá-los a melhorar a estada, dadas as circunstâncias imprevistas. Enquanto espera o novo ar-condicionado chegar, consiga ventiladores para eles e ofereça um desconto na estada. Para reduzir o barulho das obras, providencie protetores auriculares ou uma máquina de ruído branco. Os gestos não precisam ser grandiosos nem caros; apenas seja proativo e mostre aos hóspedes que você levou a sério o conforto deles. A melhor maneira de evitar uma queixa é resolver a questão antes que ela possa virar uma reclamação.

Ajudando os hóspedes a se sentirem ouvidos

Proporcionar um canal acolhedor para os hóspedes enviarem mensagens a você e lhe dizer o que está faltando ou pedir que resolva problemas pode ajudá-lo a impedir muitas avaliações potencialmente negativas da parte deles.

DICA

Para os hóspedes que têm vergonha de se comunicar diretamente com os anfitriões, é possível providenciar uma caixa de sugestões para eles enviarem, de forma anônima, um feedback e recomendações. Tudo o que você precisa é de uma caixa fechada para envelopes, um formulário simples e uma caneta. Garanta que a caixa já tenha outros formulários dentro. Uma caixa digital de sugestões em forma de pesquisa online anônima também pode funcionar. Providencie instruções impressas com uma URL curta que os hóspedes possam acessar.

Para hóspedes com queixas ou problemas menores, ter um canal para expressá-los pode atender a necessidade deles de ser ouvidos. E ao interceptar o feedback por meio de sua própria caixa de sugestões, você pode impedir que várias queixas cheguem ao perfil do Airbnb, porque muitos hóspedes não terão mais vontade de escrevê-las de novo.

Lidando com hóspedes impossíveis de agradar

Os hóspedes mais problemáticos chegam com expectativas irracionais para a estada no Airbnb. E, muitas vezes, eles são hóspedes de primeira viagem na plataforma, sem nenhuma experiência anterior no Airbnb. Talvez anteriormente eles tenham ficado apenas em hotéis ou outras ofertas de hospedagem com serviço completo.

DICA

Para evitar esses hóspedes de primeira viagem no Airbnb, você pode definir a opção Reserva Instantânea para exigir que seus hóspedes tenham viajado pelo menos uma vez pelo Airbnb e nunca tenham recebido avaliação negativa de anfitriões anteriores. E a menos que tenha tido experiências ruins repetidas com hóspedes que fazem reserva instantânea, recomendamos manter esse item ativado, porque sua renda provavelmente será prejudicada se você o desativar. O Airbnb dá prioridade a anúncios com a Reserva Instantânea ativada em relação aos que não a têm. Consulte o Capítulo 5 para ver os prós e os contras da Reserva Instantânea.

Protegendo-se de avaliações retaliativas

Em relação a avaliações negativas retaliativas, uma chantagem e discursos como "Dê-me 'x' ou farei uma avaliação negativa!" quase sempre as precedem.

Hóspedes infernais chegam ao imóvel que reservaram no Airbnb com intenção de intimidar os anfitriões para que eles lhes façam concessões não merecidas, como um reembolso significativo para queixas insignificantes ou aparentemente inventadas.

Tome as precauções a seguir para se proteger, caso tenha o azar de um hóspede desses cruzar seu caminho:

» **Realize todas as comunicações por escrito.** Padronize a comunicação direta por meio do app do Airbnb, mensagens de texto e e-mail, ou outras formas de mensagens escritas, para que tenha registros. Se houver necessidade de litígio, você terá provas para respaldar o caso.

» **Evite ou minimize interações presenciais.** Se houver algum motivo para suspeitar que os hóspedes podem fazer uma chantagem presencial, evitar ou minimizar chances de encontros interativos os forçará a enviar mensagens para você. Se eles telefonarem, rejeite a ligação e envie uma mensagem de volta: "Desculpe, não posso falar, mas posso ver mensagens ou e-mail. O que houve?"

» **Fique calmo e na sua.** Se eles o pegarem desprevenido e tentarem pedir uma concessão pessoalmente, é compreensível que você fique chateado; ninguém gosta de se sentir encurralado. Mas sugerimos que, no início, você banque o idiota e responda com: "Nunca me pediram esse tipo de coisa antes. Vou pensar em como proceder e contatá-los de novo mais tarde."

O que você pode fazer depois é mandar uma mensagem por escrito a eles com uma pergunta de confirmação, como: "Oi, só para ter certeza de que entendi você agora há pouco. Você quer um reembolso meu de 50% em dinheiro pela estada, e você promete que não fará uma avaliação negativa? Preciso saber se manterá a promessa se eu concordar." Mesmo que enviar esse tipo de mensagem nem sempre funcione, a tentação de estar tão perto de ver a cor do dinheiro pode levar alguns a enviarem respostas a você, dando-lhes todas as provas de que precisa para contatar a Central de Resoluções do Airbnb.

Minimizando o impacto de avaliações negativas

Mesmo que faça todas as coisas certas, você pode apenas minimizar, e não evitar, a ocorrência de avaliações negativas feitas pelos hóspedes. Quando receber a primeira avaliação negativa deles, ficará abalado. Porém, a maneira como responde pode minimizar ou aumentar o dano.

Se receber uma avaliação negativa, siga os passos a seguir para reduzir o estrago:

» **Espere antes de responder.** Não responda se as emoções estiverem alteradas. Espere. Acalme-se. Se precisar, escreva uma resposta no papel. Depois, jogue-o na lata de lixo. Apenas quando se sentir calmo e na sua você deve começar a esboçar uma resposta bem pensada.

» **Responda com gentileza.** Embora você fique tentado a atacar o hóspede pela nota injustamente negativa, lançar uma resposta agressiva só irá prejudicá-lo. Passar a imagem de um anfitrião combativo ou agressivo somente afastará possíveis hóspedes. Em vez disso, responda em um tom neutro, não invente desculpas e mostre o que você fez para ajudar o hóspede e mitigar o problema para futuros hóspedes.

» **Ofereça um pedido de desculpas sincero.** Seja honesto consigo mesmo. Se seu imóvel ou sua atividade como anfitrião ficar aquém, peça desculpas de forma sincera. Desculpe-se até por alguma coisa fora de seu controle. Possíveis hóspedes verão como você é complacente e como seu hóspede foi injusto.

» **Conteste a avaliação negativa.** Se o hóspede fez uma avaliação negativa por você não ter conseguido cumprir as expectativas impossíveis e irracionais dele, como esperar serviços completos de concierge da sua parte, você deve tentar contestá-la pelo Airbnb. Embora a plataforma exclua avaliações negativas com expectativas claramente irracionais de hóspedes, as provas escritas que você consegue reunir são cruciais.

» **Deixe-as para trás.** Após fazer tudo o que estiver a seu alcance, você precisa levantar e sacudir a poeira. Embora avaliações negativas no Airbnb possam afetar seu desempenho de curto prazo na plataforma, avaliações positivas superarão as negativas no longo prazo. Além disso, a maioria dos possíveis hóspedes consegue saber quando as avaliações negativas não têm sentido.

CAPÍTULO 13 **Continuidade a uma Estada sem Estresse [...]** 237

Retribuindo a avaliação dos hóspedes

Assim como deseja que os hóspedes sejam generosos ao avaliarem você como anfitrião, escolha ser generoso ao avaliá-los no Airbnb. A menos que tenham violado as boas maneiras, causado danos muito além da cobertura do depósito caução, cometido furtos ou algo de dimensão semelhante, tente encontrar algo que tenha apreciado neles e escreva sua avaliação com base nisso.

Seja como for, recomendamos que você sempre escreva uma avaliação sobre os hóspedes, para contribuir com a comunidade em termos gerais. A maior parte dos hóspedes será excelente, e é útil para outros anfitriões saber o quanto eles são maravilhosos. Sobre os poucos que são ruins, é ainda mais importante que você também avise aos outros anfitriões.

Quando fazemos uma enquete com nossos alunos e leitores, os anfitriões deixam avaliações positivas para mais de 90% dos hóspedes, refletindo de perto a experiência positiva geral que eles têm como anfitrião no Airbnb.

Aqui estão alguns exemplos simples que você pode usar para fazer avaliações boas de experiências com hóspedes:

> » "Jason e sua família foram hóspedes maravilhosos; foi um prazer recebê-los. Eles se comunicaram bem e tomaram muito cuidado com minha casa. Eu os receberia de novo sempre!"
>
> » "Tive uma agradável experiência em receber Jane e Michael. Do início ao fim, foi um prazer conversar e interagir com eles. Hóspedes perfeitos!"
>
> » "Atenciosos, limpos e respeitosos, Jack e Liz foram hóspedes ideais. Qualquer anfitrião terá sorte em tê-los como futuros hóspedes!"

DICA

Sempre use o primeiro nome do hóspede na avaliação, para deixá-la mais personalizada.

Para os raros hóspedes que precisarem de feedback negativo, permaneça profissional e seja específico.

> » "Embora tenha sido ótima a comunicação com Jason, fiquei desapontado(a) por ele ter tentado colocar à minha revelia dois hóspedes extras e um cachorro grande na casa, sendo que conversamos sobre as regras da casa em várias ocasiões. Não o recomendaria a outros anfitriões."
>
> » "Jane e Michael reservaram minha casa sob o pretexto de uma visita tranquila em família, mas, em vez disso, deram uma festa que resultou em mais de R$2.500 em danos ao imóvel. Anfitriões, cuidado."
>
> » "Após me recusar a dar a Jack um reembolso total em dinheiro na chegada por ele ter 'mudado de ideia', o hóspede tratou de deixar uma avaliação negativa e mentirosa. Anfitriões, tomem cuidado e evitem a qualquer custo!"

NESTE CAPÍTULO

» Garantindo a manutenção do seu espaço

» Mantendo o imóvel limpo para cada hóspede

» Colocando em prática um plano B de limpeza

Capítulo **14**

Mantendo o Espaço para Continuar Recebendo Reservas

Um dos elementos mais importantes da atividade como anfitrião no Airbnb é a limpeza e a manutenção do imóvel. Ao concentrar toda a atenção na própria área e na automatização de preços, algumas vezes os anfitriões podem ficar envolvidos em todos esses aspectos secundários da atividade e se esquecer da importância da limpeza e da manutenção. Porém, a função do anfitrião é proporcionar ótimas experiências ao receber hóspedes em seu local, e ter um imóvel limpo e bem conservado é imprescindível.

Garantir que o espaço seja exatamente o que os hóspedes estão esperando é essencial. Se você cumprir ou superar essas expectativas, os hóspedes sairão satisfeitos. Porém, não cumpri-las nem superá-las pode deixá-los desiludidos e desapontados com seu espaço, podendo afetar muito a experiência deles de modo geral (e suas notas). Uma parte muito importante da atividade de anfitrião é limpar o local. Este capítulo analisa com mais profundidade como você pode garantir que seu espaço esteja imaculadamente limpo e bem conservado, para sempre estar pronto para receber hóspedes e fazê-los gostar da estada.

Conservando Seu Espaço para Garantir Sucesso de Longo Prazo no Airbnb

Para assegurar sucesso de longo prazo no Airbnb, você precisa garantir um espaço bem cuidado para que os hóspedes, em última análise, fiquem felizes por estar nele. Não interessa o quanto sua estratégia de preços é incrível se seu local não está conservado.

Por exemplo, imagine que o verão esteja no ápice e seu ar-condicionado quebrou. A destreza com que otimiza seus preços e a rapidez com que responde às dúvidas dos hóspedes são irrelevantes. Eles ainda passarão por maus bocados e deixarão avaliações péssimas se você não resolver o problema do AC quebrado. Em outras palavras, conservar os elementos de seu anúncio listados a seguir pode garantir que os hóspedes saiam felizes. Se não fizer a manutenção desses itens, poderá esperar que os hóspedes deixem avaliações negativas, que o prejudicarão em longo prazo.

Detectores de fumaça e monóxido de carbono

Garantir que o espaço esteja seguro para todos os hóspedes é sua prioridade principal, e ela começa com detectores de fumaça e monóxido de carbono. Verifique isso com regularidade para ver se estão funcionando.

DICA

A solução mais fácil é orientar suas diaristas a verificar regularmente se os detectores estão em boas condições e se a bateria não acabou.

Além disso, é bom ter extintores de incêndio em todo o imóvel. Não deixe de conferir as leis locais sobre exigências para a prevenção a incêndios e dispositivos de detecção em seu espaço. O total pode ser diferente de local para local, portanto, é bom garantir que esteja cumprindo as exigências de sua jurisdição.

Portas e janelas

Conservar portas e janelas é fácil, mas se você não estiver atento a possíveis problemas, elas poderão causar um impacto negativo na experiência do hóspede. Em relação elas, veja se todas estão funcionando. Todas as janelas devem fechar de forma correta e por inteiro, sem correntes de ar. Suas portas também devem se fechar com facilidade e ter travas adequadas funcionando. Verifique se você não tem nenhuma porta ou janela difícil de abrir ou fechar. Por serem usadas com muita frequência, é bom priorizar que elas permaneçam funcionando.

Por exemplo, se uma porta está sempre emperrada ou uma porta corrediça não desliza nos trilhos muito bem, ela não apenas pode indicar potenciais riscos à segurança, mas também não é eficiente em termos de energia. Também é um enorme entrave à experiência dos hóspedes quando algo que usam com tanta frequência não funciona.

Aquecimento, ventilação e ar-condicionado (AVAC)

Esse componente envolve todo o sistema de aquecimento e ar-condicionado em seu lar, e provavelmente é o item mais importante que você deseja manter, porque contribui muitíssimo para a experiência geral dos hóspedes e pode fazer da estada um lixo ou um luxo. Não importa o quanto um imóvel seja lindo, limpo ou exclusivo, a experiência será horrível para os hóspedes se o aquecimento não funcionar direito no inverno ou o AC não funcionar no verão.

Em nenhuma dessas situações os hóspedes ficarão satisfeitos. Nada compensa o fato de que eles estão tremendo ou transpirando de madrugada. Eles não desejarão ficar em seu espaço nem por um instante se o AVAC não estiver funcionando, e olha que eles estão pagando para ficar no imóvel!

LEMBRE-SE

Se o AVAC quebrar durante uma reserva, sua prioridade é consertá-lo e, ao mesmo tempo, garantir o cuidado com os hóspedes nesse ínterim. Em primeiro lugar, verifique se eles estão seguros e, depois, se estão confortáveis. A melhor maneira de refletir sobre a situação é: "Do que você gostaria, como hóspede, em um imóvel sem AVAC funcionando?" Se é primavera e você não usaria tanto o AC porque não está extremamente quente ou frio, pode ser o bastante enviar um pedido simpático de desculpas ou um presentinho, ou compensar uma noite.

Por outro lado, se o inverno está no auge e não há aquecimento, ou se o dia está quente e você não consegue consertar o AC, é bom colocar os hóspedes em um hotel nessa noite. Compensar a noite não resolve de fato o problema, portanto, coloque-se no lugar deles. Mesmo que você os compense por essa noite, eles ainda ficarão infelizes ao tentar dormir.

Talvez você pense que é loucura colocar os hóspedes em um hotel por uma noite. No entanto, na maioria das situações é apenas sensato. O que você prometeu a eles quando reservaram foi uma estada confortável, e é sua responsabilidade disponibilizar isso. Se você estivesse nessa situação, provavelmente desejaria o mesmo. Os pormenores têm ligeiras variações, dependendo do problema em particular. Se estiver totalmente inseguro, seus hóspedes lhe dirão como querem que seja sua abordagem. Se houver um problema com que você não esteja seguro para lidar, proponha soluções diferentes aos hóspedes e pergunte quais eles preferem. Por exemplo, se o ar-condicionado quebra durante o verão e o dia não está excepcionalmente quente, os hóspedes podem ficar perfeitamente satisfeitos se você apenas disponibilizar um ventilador. Porém, talvez eles prefiram ficar em um hotel nessa noite. A única maneira de garantir que os hóspedes consigam o que de fato querem é conversar e perguntar.

Água quente

Outro item relacionado ao bem-estar dos hóspedes é verificar se o sistema de água quente e fria está funcionando corretamente. Embora algumas pessoas possam preferir um banho frio logo de manhã, para outras essa pode ser a pior maneira de começar o dia. Sua função é garantir que isso não aconteça. De modo semelhante, se seu chuveiro é conhecido por escaldar ou congelar a água ao virar a torneira um milímetro a mais, é bom consertá-lo.

LEMBRE-SE

Faça tudo o que puder para que situações desagradáveis como essas não aconteçam com seus hóspedes. Chuveiros e pias são similares a portas e janelas em termos de uso frequente da parte dos hóspedes, e podem causar um grande impacto na qualidade da estada deles. A maioria das pessoas tem a expectativa básica de que essas coisas funcionarão quando pagarem para ficar em algum lugar. Seus hóspedes talvez não as notem quando funcionam corretamente, mas sem dúvida notarão quando não estiverem funcionando.

Outros aspectos em que pensar

No geral, garanta que seu anúncio seja apresentável e não mostre nenhum estrago. Aqui estão outras coisas que você precisa fazer para assegurar uma estada agradável aos hóspedes:

- » **Verificar e evitar vazamentos de água:** Água vazando pode ser uma visão desagradável. Seus hóspedes podem se preocupar com o risco de mofo.
- » **Cuidar das plantas:** Embora não haja nada errado com algumas folhas ou plantas a mais, você quer mostrar que seu espaço — interno e externo — é bem conservado. Quer que seus hóspedes tenham uma ideia geral de que alguém cuida do imóvel de maneira proativa. Você não deseja que eles pensem que ninguém o visita há três semanas por conta da grama não aparada e das ervas daninhas crescidas.
- » **Proteção contra insetos e roedores:** Poucas coisas fazem um lugar parecer menos salubre do que insetos e roedores. A última coisa que você quer que seus hóspedes sintam no local é nojo, portanto, fique de olho nisso.
- » **Áreas comuns e eletrodomésticos bem conservados:** Os hóspedes estarão constantemente usando suas áreas comuns e eletrodomésticos, logo, mantenha tudo em bom estado e funcionando. Se está anunciando um quarto vago em sua casa, fazer isso é muito importante — embora os hóspedes passem o tempo principalmente no quarto, eles ainda esperam que todos os espaços compartilhados estejam bem preservados.

>> **Cuidado com o lixo:** Garanta que não haja lixo pelo imóvel e tenha uma lixeira adequadamente tampada, que não deixe o cheiro sair.

De modo geral, não conservar esses itens demonstra falta de cuidado com o imóvel e pode levar os hóspedes a pensar, de maneira consciente ou não, sobre o que mais está sem cuidados. Se você mantém seu espaço limpo e conservado, seus hóspedes se sentirão muito mais à vontade. Talvez tenha passado pela experiência de entrar em um local sujo e descuidado. Você não se sente à vontade ali e não quer se sentar nem dormir naquele lugar. Você só quer sair. Ao lidar com a manutenção do imóvel anunciado, garanta que os hóspedes nunca tenham essas sensações.

Limpando o Local: Dor de Cabeça Nº 1

Com frequência, o que rouba mais tempo e causa os maiores transtornos para os anfitriões é lidar com os turnos de entrega e a limpeza. Se você não mora no imóvel anunciado, esses são os únicos momentos em que precisa estar presente na casa. Quando executada da maneira correta, a limpeza consome uma quantidade significativa de tempo, comparada com todas as outras implicações da atividade de anfitrião.

Embora limpar e gerenciar a entrega do imóvel para o próximo hóspede consuma tempo, isso é necessário depois que os hóspedes saem e antes que os próximos cheguem. Na maioria das vezes, você não quer fazer esses trabalhos. Eles não são glamorosos e provavelmente não eram o que você tinha em mente quando começou a pensar em ser anfitrião. Mas não dá para ignorar e trapacear nessas tarefas.

Nas seções a seguir, abordamos como fazer a entrega de forma adequada — independentemente de estar fazendo por conta própria ou contratando um profissional. Não importa quem está limpando ou cuidando do turno de entrega, essas tarefas precisam ser feitas extremamente bem. Depois da manutenção do espaço, a limpeza dele vem em segundo lugar em termos de importância. Porém, limpeza e manutenção estão atreladas. Se o imóvel não estiver limpo o bastante, seus hóspedes ficarão incomodados.

Dominando o turno de entrega

Quando hóspedes entram em seu imóvel, você quer despertar uma sensação. Quer controlar a reação deles para que vivenciem certas emoções ao ficarem em sua casa. A melhor forma de fazer isso é durante o turno de entrega.

Uma limpeza de turno é muito mais que uma faxina típica de uma casa particular. Por conta de os hóspedes esperarem uma apresentação digna de hotel, tudo — sério, *tudo* — precisa estar impecável.

Por exemplo, a MaidThis, uma empresa de faxinas do Airbnb, contribuiu com mais de 50 mil limpezas de turno e elaborou uma lista sobre as principais coisas em que prestar atenção ao entregar um imóvel para obter uma avaliação cinco estrelas. A Figura 14-1 mostra essa lista.

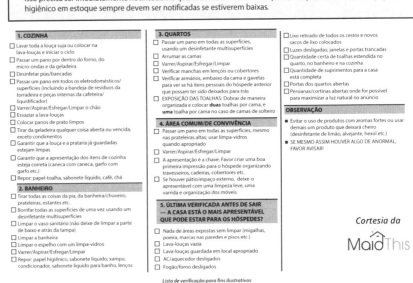

FIGURA 14-1: Checklist útil para turnos.

Verificando danos

O primeiro passo para fazer a entrega do imóvel de um hóspede para outro é verificar danos. Às vezes, as pessoas são descuidadas com aquilo que não lhes pertence, logo, é comum quebrarem coisas ou que itens básicos do dia a dia sofram um desgaste maior que a média.

Se você tem itens valiosos, talvez opte por incluir um depósito caução no anúncio e avisar os hóspedes de que eles pagarão por quaisquer danos. Nesse caso, é imprescindível fazer registros quando ocorrerem danos, a fim de não culpar o hóspede errado. O Capítulo 5 aborda com mais detalhes como você pode usar um depósito caução.

LEMBRE-SE

Se um hóspede causar danos equivalentes a menos de R$20, sugerimos deixar passar. Uma toalha manchada ou um copo quebrado pode ser considerado "ossos do ofício". Fazer questão de cobrar ninharias dos hóspedes por esses tipos de objetos criará uma experiência negativa para eles e exigirá mais de seu tempo do que vale a pena.

DICA

Um dos danos mais comuns são manchas em lençóis. Recomendamos não usar sempre lençóis muito brancos, porque as manchas são mais difíceis de tirar e você terá de substituí-los com mais frequência. Se encontrar manchas ao remover os lençóis para lavar, deixe os manchados fora de uso e substitua-os por um novo jogo.

Reabastecendo suprimentos

Alguns suprimentos são essenciais, como papel higiênico e sabonete, e você sempre deve ter um estoque de itens extras facilmente acessíveis. Em contrapartida, artigos como lenços demaquilantes, papel-toalha e artigos de higiene pessoal para viagem não são 100% necessários, embora os hóspedes gostem deles. Hóspedes não necessariamente reparam nessas coisas, até que não estejam disponíveis quando precisam delas.

Reorganizando os cômodos

Sempre que uma limpeza para entrega do imóvel acontecer, não deixe de percorrer cada cômodo e garantir que ele esteja o mais apresentável possível. Seu local deve parecer totalmente inabitado para novos hóspedes.

Identificando o que precisa ser limpo em uma faxina de turno: Sua preciosa checklist

Decidir as partes de seu imóvel no Airbnb que precisam ser limpas não exige mais que dois neurônios. Assim, o processo de limpeza nessas partes precisa de mais vigilância e atenção aos detalhes.

LEMBRE-SE

Para ter mais eficiência, assim que você chegar, concentre-se primeiro nestas duas tarefas que levam mais tempo:

1. **Tire toda a roupa de cama e as toalhas dos quartos e comece a lavá-las.**
2. **Encha a lava-louças e ligue-a.**

   Depois, você pode se concentrar em um cômodo de cada vez e fazer a limpeza. A lista a seguir pode ajudá-lo a descobrir o que precisa ser limpo:

Cozinha

Faça o seguinte, nesta ordem:

1. **Se está usando um limpa-fornos, borrife-o no forno, porque o produto precisa de tempo para fazer efeito.**

2. **Passe um pano com desinfetante em *todas* as superfícies — bancadas, a parte externa de todos os eletrodomésticos e armários, e por dentro da pia.**

3. **Limpe a parte interna de todos os eletrodomésticos e também o forno, em média, a cada três meses.**

4. **Verifique toda a louça e lave todas as que tiverem um mínimo sinal de sujeira.**

5. **Varra e esfregue o chão.**

Banheiro

Quando passar para o banheiro, faça estas tarefas:

1. **Garanta que não haja cabelos no vaso sanitário, no piso ou no chuveiro.**

   Fios de cabelo espalhados são a queixa principal!

2. **Desinfete todas as superfícies — pia, chuveiro, banheira e porta do box — e esfregue o vaso (cuba, assento, tampa e parte externa).**

3. **Limpe o espelho.**

4. **Varra e esfregue o chão.**

Quarto(s)

No(s) quartos(s), faça o seguinte:

1. **Comece passando pano nas superfícies.**

2. **Varra e esfregue, se não tiver carpete.**

   Passe aspirador se tiver carpete.

3. **Refaça as camas, com lençóis limpos.**

Área(s) comum(ns)

Depois, foque as áreas comuns e faça o seguinte:

1. **Passe pano em todas as superfícies.**

2. **Varra e esfregue o chão, ou passe aspirador, se tiver carpete.**

3. **Dobre e organize todos os cobertores e almofadas.**

Sistematizando o processo de limpeza

Acontece muita coisa em uma limpeza de turno bem executada. Aqui estão três dicas para manter a organização e dominar o próprio processo.

» **Adote uma checklist.** Se você não é o tipo de pessoa que faz listas, a hora é agora. Porém, ter uma checklist de faxina não é o bastante. Do check-out ao próximo check-in, escreva um processo passo a passo do que precisa acontecer para proporcionar aos hóspedes a melhor experiência possível.

» **Prepare-se antecipadamente para contratempos.** As coisas acontecem. Fique preparado. Procure e crie relações com fornecedores confiáveis para coisas como problemas de encanamento de última hora ou hóspedes trancados.

» **Fique bem abastecido.** Suprimentos que acabam rápido, como papel higiênico e lenços de papel, são fáceis de guardar em um armário. Compre em grandes quantidades ou quando houver liquidação. Além disso, adquira roupas de cama em promoção, para que esteja pronto para substituí-las a qualquer momento, se necessário.

Se você está estressado com a ideia de limpar o imóvel a cada turno, considere contratar um(a) diarista profissional. Diaristas especialistas em Airbnb lidam com tudo e ajudam a garantir que você sempre supere as expectativas dos hóspedes. Consulte a próxima seção para conselhos sobre a contratação de um(a) diarista profissional.

Se fará a limpeza por conta própria, compreenda a realidade de que isso exige esforço. Fique atento ao seguinte:

» **Quanto tempo isso de fato exige:** Limpeza é algo que precisa ser feito com certa qualidade. Não é possível trapacear ou ganhar tempo sem diminuir a qualidade. Dependendo do tamanho de seu espaço, planeje gastar pelo menos algumas horas em cada turno.

» **O nível de orientações detalhadas exigido:** Você precisa estar preparado para o trabalho de qualidade que deve ser feito.

CAPÍTULO 14 **Mantendo o Espaço para Continuar Recebendo Reservas**

» **Possíveis limitações de tempo:** Não se pode fazer limpeza quando você achar conveniente. Você terá tempo entre um hóspede sair e o outro entrar, e essa janela pode ser de apenas algumas horas.

DICA

Desenvolva um sistema e um processo para garantir certo nível de consistência. Todo hóspede que chega deve receber um espaço com as mesmas qualidades. Se você não tem um sistema e faz os turnos de um jeito diferente a cada vez, é difícil manter esse controle de qualidade. Sempre que um hóspede tem problemas em relação ao modo como algo é feito, é bom você saber exatamente o que é, para poder corrigir e assegurar que nunca aconteça de novo.

Utilizando Diaristas Profissionais

Na maioria dos casos, recomendamos contratar um profissional de limpeza. Ter um profissional libera boa parte de seu tempo e lhe dá espaço e flexibilidade para se concentrar em partes mais influentes da hospedagem. Contratar um(a) diarista profissional lhe dá liberdade e flexibilidade para que não precise ficar limpando seu imóvel em um período determinado. Poucos outros elementos da atividade de anfitrião, além da limpeza, exigem que você trabalhe em horários específicos ou impõem um senso de urgência e restrição de tempo em sua vida. Ao contratar um(a) profissional, considere quatro fatores importantes:

» **Saiba de que tipo de profissional você precisa.** Mesmo que você não planeje fazer limpezas de turno em longo prazo, faça algumas por conta própria ao começar a atuar como anfitrião, para que saiba exatamente o que quer e como quer que essas tarefas sejam executadas. Fazê-las sozinho algumas vezes também lhe dá uma ideia do escopo do trabalho e quanto tempo deve levar para a limpeza do imóvel finalizar.

» **Tenha um sistema para encontrar a pessoa certa para limpar seu espaço.** Esse fato se resume a saber com exatidão o que você está procurando e fazer uma lista de critérios. Passe um tempo fazendo pesquisas para encontrar diaristas que mais se encaixam em suas necessidades. Uma das maneiras mais fáceis para encontrar um(a) profissional excelente em sua região é pedir referências a amigos ou colegas anfitriões.

» **Elabore um sistema para treinar o(a)s diaristas e garanta que esteja(m) pronto(a)s para cumprir suas expectativas e fazer uma limpeza que o deixe satisfeito.** Comunique logo no início o que você quer (e o que não quer). Quanto mais específico for, melhor. Reserve um tempo no começo para percorrer o local e garantir que o(a)s diaristas esteja(m) fazendo as coisas do jeito certo. Não espere que ele(a)s se saiam extremamente bem logo de cara, e tudo bem também se não executar(em) pormenores sem importância de uma forma específica.

EMPRESAS DE LIMPEZA ESPECÍFICAS PARA O AIRBNB

Hoje, muitas empresas de limpeza oferecem faxinas para o Airbnb como parte de seus serviços, e algumas companhias, inclusive, se especializaram exclusivamente em limpezas para a plataforma. A empresa MaidThis, de Neel Parekh, é um ótimo exemplo desse último caso. Essa companhia, que elaborou a lista de limpeza da Figura 14-1, foca somente limpezas de turno em imóveis do Airbnb para anfitriões nos Estados Unidos.

Limpezas para imóveis do Airbnb são bem diferentes de outras faxinas, porque em geral precisam ser finalizadas entre 11h e 15h. Além disso, devem ser feitas de um jeito específico. Diaristas precisam agir rápido e terminar antes que novos hóspedes cheguem.

Ademais, as limpezas para o Airbnb são o elemento fundamental da preparação, para que o imóvel anunciado esteja pronto para os hóspedes a caminho. Por conta das necessidades particulares da hospedagem pelo Airbnb, contratar uma companhia de limpeza tradicional para a faxina pode apresentar certos desafios. Usar uma empresa que foca especificamente limpezas de turno para o Airbnb o deixará confiante em que o(a)s diaristas sabem exatamente o que estão fazendo e atendem às suas necessidades particulares.

DICA

» **Tenha um sistema para realizar o controle de qualidade.** Elabore o próprio sistema para fazer um controle de qualidade e verificar a excelência da limpeza em seu imóvel. No entanto, não microgerencie seus profissionais. Não presencie todas as limpezas, olhando por cima dos ombros deles e anotando tudo o que deixaram para trás.

Peça à equipe de limpeza que tire fotos do espaço e envie-as a você quando terminarem, para que possa assegurar que fizeram tudo da maneira adequada. As fotos também servem como registro da limpeza. Você também pode fazer check-ins esporádicos após as limpezas e antes da chegada dos hóspedes para verificar duas vezes se tudo está sendo feito com qualidade.

Mesmo que tenha contratado profissionais, você, como anfitrião, não pode negligenciar a limpeza. Você não pode arrumar diaristas e "lavar as mãos". Fique atento ao feedback e às avaliações dos hóspedes. Após trocar ideias com eles, se receber algum feedback negativo sobre a qualidade da limpeza do imóvel, cuide disso imediatamente pedindo aos(às) diaristas que prestem uma atenção especial ao problema em questão e acompanhe para garantir que o resolveram.

Adotando um Plano B para a Limpeza

Não importa quem está fazendo a limpeza, o principal é garantir que o turno aconteça antes que os novos hóspedes cheguem. Eles esperam um espaço limpo quando fazem o check-in. Sem exceções. Às vezes, acontecem emergências que podem atrapalhar o cronograma, motivo pelo qual você precisa adotar um plano B para a limpeza, por precaução.

Pode dividir seu plano B em duas situações com motivos diferentes, dependendo de como está cuidando da limpeza no imóvel. São as seguintes:

>> Se você está fazendo a limpeza por conta própria.

>> Se você contratou diaristas profissionais para limpar.

As seções a seguir analisam quando pode ser preciso recorrer ao plano B e o que precisa incluir nele.

Quando um plano B pode ser necessário

Se está fazendo a limpeza por conta própria, você precisará de um plano B para qualquer momento em que sua agenda não lhe permita entregar o imóvel a tempo para um hóspede a caminho. Melhor ainda, adotar um plano B significa que você não é mais escravo de sua atividade como anfitrião. Se um dia você simplesmente não estiver com vontade de limpar, ter um plano B lhe dará liberdade para não fazer isso, e ponto final.

Se contratou profissionais para limpar o imóvel, também precisará de um plano B para todos os momentos em que eles não conseguirem comparecer. Isso pode ser tão simples quanto contratar uma companhia de limpeza com diaristas suficientes para garantir a finalização do turno todas as vezes. Porém, se você contratar uma só pessoa para limpar o local, é bom ter pelo menos mais uma a quem recorrer no caso de sua primeira opção ficar cheia de serviço, doente ou, então, não conseguir finalizar um turno.

O que incluir no plano B

O mais importante a se lembrar é de que limpezas para o Airbnb são exclusivas e se baseiam em tempo. Qualquer diarista que você tiver como plano B precisa entender isso e também estar familiarizado(a) com seu espaço.

Independentemente de quem finaliza o turno, ele precisa ser feito da maneira adequada. Garanta que o profissional do plano B compreenda exatamente o que você está buscando e o que seu espaço exige. Ter um profissional plano B que exija que você esteja no local durante a limpeza para explicar como as coisas devem ser feitas não adiantará muito.

250   PARTE 4 **Dominando a Experiência dos Hóspedes**

5

A Próxima Fase da Experiência como Anfitrião no Airbnb

NESTA PARTE. . .

Entenda por que anúncios de categoria luxo no Airbnb são uma oportunidade em expansão para anfitriões usufruírem mais do próprio imóvel.

Explore oportunidades não tradicionais de anúncios no Airbnb e conheça várias maneiras pelas quais as pessoas se tornam anfitriãs sem ter casa, apartamento ou casa de condomínio.

Saiba quando e como subdividir o anúncio no Airbnb para maximizar o potencial de ganhos com seu imóvel.

Elabore e seja anfitrião de uma experiência proveitosa no Airbnb sem ter um imóvel.

NESTE CAPÍTULO

» Entendendo o Airbnb PLUS

» Anunciando seu imóvel no Airbnb PLUS

Capítulo **15**

Passando de Fase no Jogo do Anfitrião com o Airbnb PLUS

Talvez você já esteja recebendo pessoas há algum tempo no Airbnb e procurando levar suas responsabilidades como anfitrião para outro nível. Se seu imóvel anunciado é incrível (poderia aparecer nas revistas) e você é um anfitrião igualmente incrível, é possível considerar se candidatar para um dos mais recentes programas do Airbnb, o Airbnb PLUS.

O programa é bem recente ainda, então você talvez esteja se perguntando do que se trata. Veio ao lugar certo. Aqui, abordamos alguns pontos fortes e fracos do Airbnb PLUS e explicamos como e quando usá-lo para incrementar seu anúncio. Esse recurso não é adequado para todos, mas se seu imóvel proporciona uma estada especial aos hóspedes, pode dar certo para você.

Neste capítulo, analisamos os prós e os contras para cada anfitrião. Você pode usar essa informação para decidir se irá se candidatar e se estar no programa faz sentido para você e seus objetivos como anfitrião. Também damos detalhes sobre qual a melhor maneira de configurar seu anúncio para que ele seja aceito no Airbnb PLUS.

O que É Airbnb PLUS

De acordo com a plataforma, Airbnb PLUS é um programa que destaca casas cuidadosamente projetadas de anfitriões incríveis, cuja qualidade é verificada. O Airbnb considera esses imóveis exclusivos, bem conservados e acolhedores. As casas do Airbnb PLUS têm detalhes memoráveis, mobília excelente e oferecem facilidades. A cereja do bolo é que os anfitriões fazem um excelente trabalho ao manter a casa consistentemente limpa e funcional. Para hóspedes mais seletivos, estes são os aspectos mais atraentes para os imóveis anunciados: cuidadosamente projetados, bem equipados e conservados.

Compreender o objetivo do Airbnb PLUS é importante. Para aspirantes a anfitrião, conhecer esse objetivo ajuda a definir se o Airbnb PLUS é para você. Você também pode levar vantagem ao se alinhar com esses padrões em sua jornada rumo ao Airbnb PLUS.

Nas seções a seguir, explicamos como é a aparência real de um anúncio no Airbnb PLUS, bem como alguns prós e contras de mudar para esse programa. Assim pode decidir não apenas se você e seu anúncio se qualificam para o Airbnb PLUS como, também, se é ou não é de fato a jogada certa a fazer.

Reconhecendo a aparência de um anúncio no Airbnb PLUS

O Airbnb tem uma singularidade que faz dele verdadeiramente incrível. Essa singularidade é a proposta de valor em ficar em um imóvel anunciado na plataforma em comparação com ficar em um hotel. Não é uma experiência genérica e, sim, particular, que é um ponto tanto positivo como negativo das estadas no Airbnb. Por mais que essa especificidade atraia pessoas para a plataforma, ela também tem desvantagens claras — para o Airbnb como empresa e para os hóspedes.

Após ouvir vários feedbacks de hóspedes sobre como era ficar em um imóvel pelo Airbnb, a empresa percebeu que tinha de fazer alguma coisa. Os hóspedes estavam relatando uma falta geral de consistência entre estadas, em que umas eram fantásticas e outras, medíocres.

A companhia estava em um mato sem cachorro: alguns anúncios não continham certos elementos. Outros eram gerenciados por anfitriões inexperientes ou ineficazes, que não se comunicavam bem, frequentemente fazendo os hóspedes se virarem sozinhos. Os imóveis não tinham as facilidades adequadas e

254 PARTE 5 **A Próxima Fase da Experiência como Anfitrião no Airbnb**

outros elementos fundamentais — por exemplo, não havia acesso à geladeira ou ao fogão, ou então a casa não tinha ar-condicionado. Algumas vezes, esses imóveis ficavam aquém do que vários hóspedes queriam e esperavam, de experiências ruins no check-in a espaços que não eram bem conservados e limpos, com facilidades danificadas ou inexistentes.

O Airbnb decidiu que o PLUS é um modo de a plataforma manter a singularidade da empresa e resolver o problema da inconsistência. Embora os hóspedes do Airbnb não queiram a experiência insípida e "dentro da caixinha" dos hotéis, eles também adoram e valorizam os aspectos bons e consistentes desse tipo de hospedagem. O PLUS é para esses viajantes mais seletivos. Eles não precisam se preocupar com detalhes porque sabem que seu imóvel verificado tem tudo de que precisam, e ainda assim as casas são exclusivas e interessantes para estadas.

Ao mesmo tempo, hóspedes que reservam um anúncio PLUS sabem que estão adquirindo uma estada consistente, não importa qual PLUS eles reservem. Aqui estão algumas coisas que um anúncio PLUS faz (e bem), com destaque para a alta qualidade e a uniformidade:

» Garantia de facilidades essenciais, como secador, xampu e sabonete.

» Check-ins e check-outs simples e tranquilos.

» Espaços extras confortáveis e bem organizados.

» Estilo único no anúncio todo.

» Limpeza impecável para todos os hóspedes.

EXPERIÊNCIA DE HÓSPEDES NO AIRBNB PLUS

Eu (James) reservei um Airbnb PLUS, e minha experiência foi homogênea e exclusiva ao mesmo tempo. Eu me senti um morador e fiquei em um imóvel elegante e incomum. Porém, eu ainda tinha todas as comodidades para garantir uma estada confortável e sem estresse.

Como hóspede, reservei um Airbnb PLUS e sabia o que esperar. Tendo ficado centenas de noites em Airbnbs tradicionais, não é novidade para mim que a experiência de um hóspede pela plataforma pode ser tudo, menos consistente. Quando fico em um Airbnb típico, estou ciente de que devo verificar certos elementos, itens e facilidades. Porém, ao reservar um Airbnb PLUS, sei que o Wi-Fi é rápido, as roupas de cama são de ótima qualidade e haverá uma tábua de passar disponível para uso. O passo a passo do check-in é confiável. Todos esses itens importantes estavam lá, o que tornaram minha estada muito mais previsível e muito menos estressante.

CAPÍTULO 15 **Passando de Fase no Jogo do Anfitrião com o Airbnb PLUS** 255

De certa forma, os hóspedes valorizam essa uniformidade. Ela elimina muito do trabalho de pensar e planejar a viagem. Os hóspedes podem contar com anúncios PLUS e saber que eles são impecavelmente limpos e bem conservados. Para ver exemplos de casas certificadas pelo PLUS, vá para `www.airbnb.com/s/plus_homes`. Você notará que todas as propriedades listadas no PLUS cumprem esses padrões muito claramente.

Identificando as vantagens do Airbnb PLUS

As vantagens do Airbnb PLUS do ponto de vista de um anfitrião variam um pouco. Como anfitrião, rastrear e mensurar os resultados por conta própria é importante, porque o Airbnb PLUS ainda é um programa recente. O Airbnb divulga, em seu site, que o programa gera um aumento significativo em retornos durante o ano após a inscrição, o que, se for verdade, faria o programa valer muito a pena para anfitriões.

O programa ainda é recente demais, portanto, há poucos dados estatísticos ou concretos à disposição, e o que há de disponível provém de uma parte relativamente tendenciosa, porque o Airbnb quer que as pessoas se inscrevam no programa. Não obstante, a plataforma antecipa que os anfitriões do Airbnb PLUS experimentarão algumas destas vantagens:

» **Um potencial aumento de ganhos:** A expectativa do Airbnb é que anfitriões PLUS recebam aproximadamente 22% a mais em ganhos. Porém, para ser um anfitrião PLUS, você pode anunciar apenas no Airbnb (veja a próxima seção para saber as desvantagens do programa PLUS), portanto, se uma boa parte de suas reservas provém de outras plataformas que você não pode mais acessar, esse aumento de 22% pode não compensar a renda de que terá de abrir mão.

» **Um selo de verificação PLUS em seu anúncio:** Com o tempo, é provável que esse selo fique mais expressivo conforme a marca Airbnb PLUS se valorize. Quanto mais os hóspedes o conhecem, o experimentam e compreendem o que significa o Airbnb PLUS, mais pessoas confiarão no que a marca representa.

» **Um design moderno para a página do seu anúncio:** Isso permite que seu anúncio se destaque no Airbnb.

» **Mais tráfego:** O Airbnb proporciona mais tráfego aos usuários com Airbnb PLUS, da mesma forma que em relação aos Superhosts. Na maioria dos casos, mais tráfego e visualizações significam mais reservas e mais dinheiro no bolso.

Por você obter mais tráfego e as pessoas desejarem seu local, podemos presumir que o ideal é conseguir cobrar mais. Na teoria, uma demanda maior é igual a um preço maior que pode ser cobrado. Porém, com base em dados objetivos e terceirizados, ainda não está claro que essa é uma verdade universal. Potencialmente, você conseguiria não apenas obter mais tráfego, mas também mais reservas e, portanto, aumentar o preço.

» **Hóspedes fiéis:** O maior impacto poderia ser hóspedes vivenciarem algumas experiências de estada no Airbnb PLUS e perceberem a diferença. Isso constrói confiança entre os hóspedes, e eles compreendem por que esse selo PLUS e uma potencial diferença de preços valem a pena. Esses hóspedes estão dispostos a fazer um esforço extra e se tornarem leais à plataforma, analisando exclusivamente imóveis com certificação PLUS ou pagando uma taxa premium por estadas.

DICA

» As vantagens do Airbnb PLUS variam de anfitrião para anfitrião. Nossa recomendação é fazer um inventário dos dados de desempenho de seu anúncio atual antes de se inscrever. Conheça o desempenho de seu imóvel quando otimizado ao longo do ano, incluindo a quantidade de possíveis hóspedes que olham seu anúncio em comparação com o número real dos que fazem reservas. Assim você tem um parâmetro com que comparar após se inscrever no Airbnb PLUS e consegue decidir se o PLUS é a jogada certa no seu caso.

No futuro, depois que o programa PLUS estiver em voga por tempo suficiente, uma companhia como a AirDNA poderá fazer análises adequadas e liberar dados objetivos e de terceiros. Esses estudos mostrarão as diferenças de desempenho entre anfitriões comuns e anfitriões que anunciam no Airbnb PLUS. Eles também disponibilizarão detalhes contextualizados sobre coletas de dados. Após visualizar os dados brutos e tirar conclusões com base nessa informação, é possível determinar, a partir de seu lugar como anfitrião, se você deve ter o Airbnb PLUS como meta.

Identificando as desvantagens do PLUS

Pelo fato de o PLUS ainda estar engatinhando, anfitriões que se qualificam para o programa ainda estão tentando entendê-lo. Com base no que se conhece, aqui estão algumas potenciais desvantagens em ser um anfitrião PLUS:

» **Exclusividade:** Você não poderá anunciar seu imóvel em outros sites, como HomeAway, VRBO, booking.com ou em nenhum outro lugar, se quiser ser anfitrião PLUS. Se essa for sua vontade, precisa excluir seu anúncio de todas as outras plataformas. É difícil definir se as vantagens do Airbnb PLUS superam as possíveis desvantagens dessa exigência.

Se uma boa parte de sua renda provém de sites diferentes de aluguel de imóveis, descobrir se o Airbnb PLUS é vantajoso para você pode ser ainda mais desafiador. Você pode experimentar um aumento de 22% em reservas no Airbnb como anfitrião PLUS, mas a que custo? Pergunte-se quantas de suas reservas provêm de outros sites de reservas, além do Airbnb. Pergunte-se que diferença real isso faz no seu caso. Neste exato momento, essa informação é inconclusiva. Sem nenhum respaldo ou contexto, é difícil tirar qualquer conclusão com base no suposto aumento de 22%.

» **Hóspedes mais seletivos (em outras palavras, chatos):** Embora esses hóspedes estejam dispostos a pagar mais por seu imóvel, eles também esperarão obter aquilo pelo que pagaram, portanto, como anfitrião, você precisa estar preparado para cumprir essas expectativas em um alto nível, o tempo todo e mesmo quando forem inconvenientes para você.

A DIFERENÇA ENTRE SER ANFITRIÃO AIRBNB PLUS E SUPERHOST

À primeira vista, você pode notar que as exigências básicas para o Airbnb PLUS parecem incrivelmente similares ao que se exige para se tornar um Superhost, que abordamos com mais detalhes no Capítulo 10. Entretanto, há várias razões por que um proprietário de imóveis pode não se qualificar para o Airbnb PLUS apesar de ser Superhost. Ser um Superhost depende totalmente de você como anfitrião e de seu desempenho. Por outro lado, o Airbnb PLUS também depende de seu anúncio específico, motivo pelo qual espaços compartilhados, como um sofá-cama na sala, não podem ser anunciados como parte do Airbnb PLUS.

Outras exigências do Airbnb PLUS diferentes daquelas do Superhost incluem check-in 24/7. Isso quer dizer um check-in automatizado, um cofre ou um app. Praticamente, qualquer anfitrião pode fazer isso. Porém, um Superhost pode ser alguém que gosta de fazer check-ins por conta própria, pessoalmente.

Anfitriões do Airbnb PLUS também precisam oferecer facilidades extras para os hóspedes, como bebidas, incluindo água de garrafa ou filtrada, filtros para café e uma cafeteira, e um bule de chá com açúcar. Esses são os itens básicos. Também é necessária uma geladeira completa para uma cozinha completa, ou um frigobar para uma quitinete. Você precisa de um fogão de duas bocas para uma cozinha completa, ou um micro-ondas e um cooktop com uma chapa quente para uma quitinete.

Outra exigência que diferencia o Airbnb PLUS é que você não tenha reservas canceladas no ano anterior, a menos por circunstâncias de força maior. Como Superhost, você pode ter uma taxa de cancelamento de 1%. Para o Airbnb PLUS, não há margem de segurança.

Tornando-se Certificado pelo Airbnb PLUS: Procedimentos

Para ser anfitrião Airbnb PLUS, primeiro você precisa descobrir se cumpre as exigências. O Airbnb analisa uma série de fatores para a elegibilidade para o PLUS. O processo de inscrição tem alguns aspectos subjetivos, e ao mesmo tempo solicita itens e facilidades específicos. Conclusão: o Airbnb quer garantir que todos os anúncios PLUS unifiquem e padronizem as experiências na plataforma.

Nesta seção, abordamos os procedimentos sobre o Airbnb PLUS, o que a plataforma busca em possíveis anfitriões PLUS e explicamos o processo de inscrição. Verifique em `www.airbnb.com.br` as exigências e as qualificações mais atuais para o PLUS.

Identificando um PLUS em potencial

Antes de se inscrever para ser anfitrião PLUS, você precisa cumprir alguns requisitos, porque o Airbnb criou essa plataforma para ter consistência. A lista a seguir aponta os itens básicos. Para uma ver lista mais completa (e longa) para a elegibilidade, verifique `www.airbnb.ca/help/article/2188/how-can-my-listing-qualify-for-the-airbnb-plus-program` [conteúdo em inglês].

» **Você tem uma nota média de 4.8 estrelas, sem nenhuma reserva cancelada, e uma taxa de aceitação de 95% de agendamento de reservas no último ano.** A menos que tenha cancelado por circunstâncias de força maior, você não pode ter nenhum cancelamento no último ano registrado, além de 95% de taxa de aceitação.

Mesmo que nunca tenha anunciado seu espaço no Airbnb, você é elegível para se inscrever. Porém, após ser aceito no PLUS, deve manter esse padrão.

» **Seu anúncio cumpre os padrões de hospitalidade da plataforma PLUS.** De acordo com o site do Airbnb, os anfitriões precisam "preocupar-se, de forma genuína, em receber os hóspedes de maneira acolhedora e encantá-los com detalhes que lhes mostrem que eles pensaram em tudo" e "proporcionar serviço impecável, sendo gentis, responsáveis e comprometidos em fazer as coisas da maneira correta".

» **Seu espaço é um imóvel inteiro ou quarto privativo com banheiro privativo.** Ou seja, o anúncio mínimo é de um quarto privativo em sua casa, com banheiro próprio. Nada de espaços compartilhados, como um sofá-cama na sala, ou quartos privativos que compartilham o banheiro com outras pessoas. Além disso, o Airbnb afirma que seu espaço precisa ser

> "bem concebido, de forma que mostre o estilo e a personalidade únicos do anfitrião", seja "totalmente equipado, com facilidades como Wi-Fi, café e roupas de cama de qualidade" e também "de conservação impecável, extralimpo e sem bagunça".

Certifique-se de que o Airbnb PLUS esteja disponível em sua região. No momento da escrita deste livro, o PLUS estava disponível em apenas cerca de quatrocentas cidades no mundo todo. Se tiver interesse, faça uma pesquisa adiantada e veja se você preenche os critérios. Se for elegível, poderá se registrar e pagar a taxa de inscrição de US$149 (aproximadamente R$790).

Candidatando-se para o Airbnb PLUS

Você não pode anunciar seu espaço no Airbnb PLUS do mesmo jeito que o anuncia na plataforma principal do Airbnb. Em vez disso, anfitriões esperançosos precisam passar por um longo processo de inscrição e ser aceitos no programa.

Esta é uma visão geral de como funciona o processo de inscrição:

1. **Conheça as exigências PLUS para se sair bem como anfitrião.**

O primeiro passo para ser anunciado no Airbnb PLUS é cumprir os requisitos destacados na seção anterior.

2. **Receba um convite para se registrar no Airbnb PLUS.**

No momento da escrita deste livro, o Airbnb varia entre ser um programa autêntico, somente para convidados, e que às vezes permite aos anfitriões que "solicitem um convite" e, assim, sejam cogitados para o PLUS. Se no momento da leitura deste capítulo o Airbnb estiver permitindo a anfitriões que solicitem convite, fazer essa solicitação é o próximo passo. Se não, a próxima etapa é simplesmente esperar até que o Airbnb o convide para se inscrever no programa.

3. **Pague a taxa de inscrição de US$149 e inscreva-se no Airbnb PLUS.**

Isso implicará uma inscrição inicial seguida por uma visita presencial a seu imóvel de um dos representantes do Airbnb. O representante analisará uma lista de verificação com cem itens, a fim de garantir que seu espaço cumpra todas as exigências específicas para ser anunciado no Airbnb PLUS. No momento da escrita deste livro, essa lista específica não estava publicada no site do Airbnb, porém, recomendamos pesquisar online ou pedir essa lista ao Airbnb antes de sua inspeção, para cumprir todas as exigências.

AIRBNB LUXE: PARA O ALTO E AVANTE

Se seu anúncio é realmente exclusivo e de primeiríssima linha, talvez queira considerar dar uma olhada no Airbnb Luxe. Recentemente, a plataforma adquiriu uma empresa chamada Luxury Retreats [Refúgios Luxuosos, em tradução livre] e criou a marca Airbnb Luxe. Todas as milhares de casas que figuram no Airbnb Luxe são luxuosas e com serviço completo, que ultrapassam trezentos itens da inspeção.

Quando hóspedes reservam um imóvel Luxe, eles têm as vantagens do planejamento da viagem do início ao fim por meio de seu próprio concierge de viagens para facilidades premium e sob demanda, como serviços de spa, chefs, copeiros e, em alguns casos, até mesmo um helicóptero próprio.

Não é preciso dizer que o Airbnb Luxe é uma opção exclusiva somente para um pequeno grupo de anfitriões, porém, se acha que pode ser um deles, definitivamente vale a pena dar uma verificada.

NESTE CAPÍTULO

» **Explorando anúncios não tradicionais**

» **Assumindo pequenos anúncios para ter grandes lucros**

» **Elaborando uma história convincente**

Capítulo **16**

Explorando as Várias Oportunidades de Anúncios Não Tradicionais

Embora a maior parte dos anúncios no Airbnb seja de quartos e casas inteiras em imóveis residenciais típicos, como casas ou apartamento para uma só família, muitos dos anúncios de melhor desempenho e mais desejados não são tradicionais — eles são incomuns e memoráveis.

De encantadoras casas em árvores e antigos castelos a caravanas de ciganos boêmios e aviões de verdade, existem anúncios não tradicionais de todos os tamanhos, formatos e locais. Por que alguns adquirem o melhor desempenho, atraindo hóspedes ávidos do mundo inteiro e propondo reservas com meses de antecedência? Este capítulo responde a essa pergunta. Aqui, abordamos por que e quando você pode ser não tradicional, explicamos as vantagens e as armadilhas de anúncios não tradicionais, e analisamos exemplos diferentes pelo mundo.

Compreendendo os Anúncios Não Tradicionais

Com frequência, anúncios não tradicionais resultam de necessidades, quando obstáculos impostos pelo próprio imóvel ou local força os anfitriões a pensar em soluções criativas para fazer as hospedagens pelo Airbnb funcionarem para eles.

Não vemos muitos anfitriões investindo tempo e recursos para transformar em algo não tradicional um anúncio antes tradicional em uma área sólida no Airbnb. Nenhum anfitrião substituirá, da noite para o dia, seu apartamento de dois quartos altamente lucrativo em um anúncio de uma barraca.

Porém, anúncios não tradicionais do Airbnb podem se sair bem sob determinadas circunstâncias, que exploramos mais nestas seções.

Sabendo quando considerar o não tradicional

Você deve ir pelo caminho não tradicional se não houver opção para fazer sucesso com um anúncio tradicional. Se seu imóvel tem uma destas características, talvez seja melhor criar um anúncio não tradicional no Airbnb.

Se seu imóvel

» **Tem um espaço subutilizado:** Você pode criar anúncios não tradicionais para ganhar dinheiro pelo Airbnb com um espaço subutilizado, como um terreno aberto em um rancho particular ou um pátio grande privativo no meio de uma área urbana cheia. Ser não tradicional pode lhe poupar dinheiro, porque construir um novo imóvel tradicional custará o olho da cara; uma barraca estilosa ou uma casa minimalista custa uma fração da nova casa extra.

» **Está situado longe dos centros de viagem:** Se seu imóvel fica em um lugar remoto fora do circuito central de viagens no Airbnb, seu anúncio terá demanda limitada de viagens, sem atrações próximas suficientes para atrair viajantes à sua região.

» **Tem uma característica distintiva:** Para alguns imóveis com traços distintivos que não podem ser mudados, é possível transformar algo antes negativo em positivo. Um castelo será um castelo, e um moinho, um moinho. Quando você não pode mudar uma coisa, destaque-a e a transforme no ponto de distinção.

A lista a seguir pode dar uma ideia mais clara do que pode ser um anúncio não tradicional. Ela inclui as vinte categorias atuais de "estadas exclusivas" que o Airbnb disponibiliza para os hóspedes durante seu processo de pesquisa. Temos certeza de que o Airbnb aumentará essa lista:

- » Celeiro
- » Barco
- » Casa sobre rodas/trailer
- » Casa particular (Cuba)
- » Castelo
- » Caverna
- » Casa em formato de cúpula
- » Casa ecológica
- » Hotel-fazenda
- » Casa flutuante
- » Cabana
- » Iglu
- » Ilha
- » Pensão (Coreia do Sul)
- » Barraca
- » Casa minimalista
- » Tendas
- » Trem
- » Casa na árvore
- » Iurte

As vantagens de ser não tradicional

Parte do que impulsionou o crescimento rápido do Airbnb foi o fato de proporcionar algo totalmente diferente da mesmice dos quartos de hotel. O mero conceito de ficar em casas de estranhos no mundo todo foi o bastante para criar uma experiência de viagem particularmente distinta.

CAPÍTULO 16 **Explorando as Várias Oportunidades de Anúncios [...]**   265

Porém, essa novidade já passou. Para criar uma estada realmente exclusiva e memorável, os anfitriões precisam de um anúncio também exclusivo e memorável, o que explica o aumento recente de anúncios não tradicionais. Além do fator novidade, aqui estão outras vantagens:

» **Apenas opções viáveis:** Às vezes, um lugar pode servir apenas para um anúncio não tradicional: uma casa na árvore no quintal, um veículo de lazer na frente de casa, uma barraca em terreno aberto em um rancho. Quando custos e leis limitam anúncios tradicionais, opções não tradicionais frequentemente são as únicas.

» **Alto retorno sobre o investimento:** Uma barraca elegante, uma casa na árvore, um contêiner ou uma casa minimalista custa bem menos que comprar ou construir uma casa tradicional, mas ainda pode gerar níveis de renda similares no Airbnb. Uma barraca de acampamento conectada a conveniências, aquecimento e ar-condicionado pode restituir o investimento em meses, enquanto a compra de uma casa nova levará anos, se não décadas, para conseguir o mesmo.

» **Virar atração:** Os anúncios não tradicionais de melhor desempenho são destinos de viagem por si sós — os hóspedes reservam o imóvel anunciado somente para experimentar a casa em si, e não para ficar perto de outros destinos de viagem. Esses anúncios podem conseguir mais reservas, às vezes por uma taxa premium significativa, em ocasiões que seu local teria, de outra forma, pouca demanda de viagem.

» **Cobertura midiática:** Fazer uma pesquisa virtual rápida por "anúncios populares no Airbnb" gera resultados sequenciais de sites de viagem diferentes, revelando que os anúncios mais populares no mundo todo frequentemente são casas na árvore, iurtes, casas flutuantes, naves espaciais ou outros anúncios não tradicionais. Quanto mais incomuns, mais provável é que recebam cobertura da imprensa. Quanto mais cobertura, mais hóspedes buscam essa experiência única.

A boa execução de um anúncio não tradicional pode se mostrar lucrativa. Por exemplo, em 2016, uma pequena casa na árvore com um banheiro anexo em um quintal afastado de uma casa no centro de Atlanta foi nomeada o anúncio nº 1 entre os mais desejados no Airbnb. Por conta da experiência exclusiva e da extensa cobertura da mídia, esse anúncio de um quarto em uma casa na árvore (www.airbnb.com/rooms/1415908) cobra US$375 por noite, quando anúncios de um quarto na área geralmente cobram de US$60 a US$80 por noite. Em geral, ela também fica lotada com mais de seis meses de antecedência.

As desvantagens de ser não tradicional

Cuidar de um anúncio não tradicional também tem desvantagens. Estas são duas importantes para considerar:

» **Grupo restrito de hóspedes:** Quanto mais diferente e incomum o anúncio, mais restrito o grupo de possíveis hóspedes, o que pode ser aceitável para um anúncio distante que, de outra forma, conseguiria apenas poucos hóspedes. Porém, para um anúncio no meio do trânsito congestionado em um bairro central, você pode se sair melhor competindo como anúncio tradicional para um grupo de viajantes bem mais amplo.

» **Mais dificuldade para definir as expectativas dos hóspedes:** Com um anúncio não tradicional, certas facilidades amplamente esperadas podem não ser práticas. Mesmo que haja possíveis hóspedes empolgados para reservar uma experiência nova em seu anúncio exclusivo, definir expectativas adequadas pode exigir mais trabalho nas conversas. Por exemplo: "Só para deixar claro, não teremos chuveiro com água corrente, banheiro ou internet de alta velocidade em nosso iurte no meio do deserto."

Se tem um anúncio tradicional bem localizado em uma área de alta demanda, você pode adicionar a opção não tradicional, em vez de substituir seu anúncio tradicional, a fim de aumentar o potencial de ganhos de seu imóvel já existente.

ANÚNCIOS NÃO TRADICIONAIS — ALGUNS EXEMPLOS

Antes de decidir publicar seu anúncio não tradicional, é bom ter uma boa ideia de quais tipos de imóveis outros anfitriões estão anunciando no Airbnb. Aqui estão alguns anúncios reais não tradicionais do mundo inteiro [conteúdos em inglês]:

- **"Casa de Adobe Não Convencional no Deserto":** Apresentada no *Mighty Tiny Houses,* do HGTV, essa casa de barro movida a energia solar em Terlingua, no Texas, permite aos hóspedes desfrutar de noites estreladas épicas em "uma das poucas áreas remanescentes sob um céu escuro" (www. airbnb.com/rooms/457547).

- **"Carroça do Heward de 1920 Totalmente Reformada, nº 1":** Uma carroça totalmente reformada permite aos hóspedes desfrutar de uma "experiência real e rústica do velho oeste" em meio à natureza e a flores silvestres em um rancho familiar privativo de 263km² em Shirley Basin, Wyoming (www. airbnb.com/rooms/1377174).

- **"Moinho perto de Amsterdã!!":** Um moinho de 1874 transformado em uma casa de três quartos oferece aos hóspedes uma experiência exclusiva do Airbnb nos arredores de Amsterdã, na Holanda (www.airbnb.com/rooms/2107131).

- **"Viva como um Rei em Meu Castelo":** Hóspedes podem dar vida a suas fantasias de *Game of Thrones* em um castelo medieval de verdade do fim dos anos 1400 em Galway, na Irlanda (www.airbnb.com/rooms/658697).

(continua)

CAPÍTULO 16 **Explorando as Várias Oportunidades de Anúncios [...]** 267

(continuação)

- **"Ônibus Lady Bluebird Convertido no Norte de Portland":** Elegante espaço de 320m² e um quarto, convertido de um ônibus Bluebird de 1984. O ônibus proporciona uma estada exclusiva para até cinco hóspedes no coração de Portland, Oregon (www.airbnb.com/rooms/6389334).

- **"Durma em Um Avião de Verdade!":** Este anúncio exclusivo em St Michel Chef Chef, França, permite aos hóspedes que durmam em um avião de verdade transformado em uma casa de um quarto, além de cozinha e banheiro (www.airbnb.com/rooms/1405703).

- **"Dirigível Exclusivo e Isolado com Vistas do Planalto de Tirar o Fôlego":** Este anúncio exclusivo do Airbnb Plus com vista panorâmica para as águas nas Terras Altas da Escócia é uma combinação de imóvel exclusivo e localização épica que atrai muitos hóspedes dispostos a fazer o longo trajeto apenas para chegar aqui. Fica literalmente no meio do nada, mas tem tudo de que os hóspedes precisam para um período tranquilo e inesquecível. Quanto mais tempo e esforço são exigidos dos hóspedes apenas para chegarem ao seu local, mais você precisa oferecer para ser único e épico (www.airbnb.com/rooms/plus/19997279).

- **"O Livro Aberto — Um Feriado na Livraria!":** Hóspedes que ficam neste anúncio de um quarto no topo de uma charmosa livraria brincam de "dono de uma livraria à beira-mar" durante a estada inteira. Cercar-se de livros e interagir com os moradores do vilarejo ajuda a mergulhar os hóspedes no papel das próprias fantasias. Este anúncio criou uma categoria própria — não admira que ele fique quase 100% reservado, com uma fila de espera de três anos! (www.airbnb.com/rooms/7908227)

- **"Hotel Campera — Suíte em Forma de Bolha, 2":** Suítes futuristas em formato de bolha em uma vinícola, com cama completa, banheiro privativo e outras facilidades bem selecionadas, levam os hóspedes a outro nível de acampamento de luxo. A operação de várias unidades na mesma vizinhança baixa os custos iniciais e também custos operacionais em andamento, permitindo a restituição do investimento em meses, não em anos. O anfitrião nem precisa ser dono do terreno; ele pode alugá-lo da vinícola pagando uma taxa fixa ou uma parte dos rendimentos (www.airbnb.com/rooms/17605808).

- **"Lhamasté — Um Paraíso Boêmio nas Montanhas para Quem Ama Animais":** Situado no meio da floresta, este santuário para animais convida os hóspedes a relaxar em meio à natureza na companhia de "lhamas e cabras, três cachorros mansos, um gato, perus, ursos etc.". Para anfitriões com acesso a coisas ou lugares raros, garantir esse acesso como parte do anúncio pode ajudá-los a obter mais reservas (www.airbnb.com/rooms/19992336).

E o Airbnb tem muito mais anúncios diferentes que proporcionam uma experiência única para os hóspedes.

Investindo Pouco para Ganhar Muito

Você preferiria gastar R$100 ou R$10 para ganhar R$200? A quantidade que você obtém como retorno por aquilo em que investe é tão importante no Airbnb como em qualquer outra oportunidade de investimento. O *retorno sobre o investimento (ROI)* mede o que você ganha em um investimento como um percentual da quantia que teve de aplicar inicialmente ao investir. Por exemplo, a compra de um apartamento de R$100 mil que recebe R$10 mil em renda de aluguéis com todas as despesas pagas forneceria um retorno de 10% sobre o investimento (R$10 mil dividido por R$100 mil). Como anfitrião do Airbnb, é preciso considerar essa ideia ao decidir como e quando receber pessoas na plataforma, e quando um anúncio de um imóvel menor pode lhe dar o melhor ROI.

Esse exemplo mostra como o ROI impacta um aspirante a anfitrião que mora perto do centro de Los Angeles e tem uma casa sem nenhum cômodo vago para anunciar no Airbnb. No entanto, ele ainda quer ser anfitrião na plataforma e está estudando estas opções para elaborar um anúncio no centro da cidade:

» **Opção 1 — Comprar um imóvel de 1 quarto em um condomínio de luxo:** Ele encontra um de que gosta por R$600 mil, e exige-se uma entrada de 25%. Ele precisaria gastar mais R$10 mil para mobiliar. O investimento inicial seria de R$160 mil, excluindo a mobília.

» **Opção 2 — Alugar um apartamento de luxo de um 1 quarto:** Ele encontra um imóvel semelhante por R$2.500 mensais. Com um contrato de 12 meses e adiantamento do primeiro e do último meses de aluguel, um depósito caução de um mês e R$10 mil para mobiliar, seu investimento inicial seria de R$17.500.

» **Opção 3 — Montar no quintal uma barraca chique em formato de redoma:** Os custos são de R$1.500 para adquirir e mais R$3.500 para incrementar. O investimento inicial é de R$5 mil.

Anúncios Plus e Luxe no Airbnb no centro de Los Angeles saem por aproximadamente US$125 (cerca de R$665 por noite, enquanto ofertas de barracas incrementadas saem por US$60 (ou R$320 por noite (consulte o Capítulo 15 para saber mais sobre Plus e Luxe). A barraca também é mais funcional e, portanto, tem um custo percentual operacional mais baixo, se comparada com as outras opções, porque a casa de condomínio e o apartamento exigirão utilidades e despesas com faxina mais altas. Confira a Figura 16-1 para ver por que a opção da barraca é mais atraente, pela metade da taxa média por noite.

CAPÍTULO 16 **Explorando as Várias Oportunidades de Anúncios [...]**   269

	Opção 1	Opção 2	Opção 3
Investimento Inicial	US$160.000	US$17.500	US$5.000
Taxa Média por Noite	US$125	US$125	US$60
Despesas Operacionais %	45%	45%	35%
Ganhos por Ano	US$18.820	US$18.820	US$10.676
Retorno sobre o Investimento	11,8%	107,5%	213,5%

FIGURA 16-1: O dobro do retorno pela metade do preço.

© John Wiley & Sons, Inc.

Do ponto de vista do ROI, a opção 3 é a vencedora óbvia: seu investimento inicial bem mais baixo, ao lado de uma margem de lucros mais alta, mais do que compensa a baixa taxa média por noite.

Comprar um imóvel de luxo exige um investimento inicial substancialmente mais alto para pagar a entrada. Alugar um apartamento similar permite ao anfitrião ter o mesmo potencial de ganhos, aplicando apenas um décimo do investimento inicial. Mas é muito difícil encontrar um apartamento que permita integralmente uma sublocação, muito menos sublocar no Airbnb. Comparada com essas opções, uma barraca chique vale o custo-benefício e é imediata.

Analisando as Várias Maneiras de Investir Pouco

Por conta dos baixos custos e da maior mobilidade, opções menores de moradia continuam a ganhar popularidade no Airbnb. Estas são algumas alternativas não tradicionais e pequenas:

» **Casa sobre rodas/trailer:** Uma casa sobre rodas/trailer é móvel e pode caber com facilidade na maioria das calçadas, dos quintais e até na rua (embora provavelmente você precise de licença). Para locações de longo prazo, você pode instalar energia e encanamento permanentes. Pelo fato de as facilidades e os banheiros serem do tipo que as pessoas usam no próprio lar, trailers e casas sobre rodas são uma boa opção para anfitriões que atuam dentro ou perto de cidades mirando o viajante de baixo orçamento em regiões movimentadas. Cogite adquirir e reformar modelos mais antigos por uma fração do custo de modelos novos equivalentes. Tenha como objetivo gastar não mais que R$50 mil para comprar e reformar.

» **Cabana:** Essas casinhas sobre rodas, simples e de um só andar, são como casas sobre rodas sem o motor. Elas são feitas para durar mais em um lugar fixo do que na estrada; cabanas novas customizadas podem custar até US$50 mil, embora as opções mais baratas saiam por menos de US$5 mil. A maioria das cabanas tem compostagem ou sanitários alternativos, para se adaptarem melhor em lugares distantes da cidade.

» **Iglu:** Essas cabanas de neve compactas são mais comuns em países de clima gelado, como a Islândia e a Finlândia. São uma experiência única para os hóspedes e econômicas para os anfitriões elaborarem. Alguns são iglus tradicionais clássicos, totalmente encaixados na neve ou no gelo, e outros podem ter um teto de vidro, ideal para observar o céu à noite.

» **Barraca:** Uma barraca está entre as formas mais baratas e rápidas de começar um anúncio no Airbnb, com potencial de retorno sobre o investimento pelo valor pago. Porém, dá mais certo quando ela está bem situada em um local atrativo ou interessante, como o terraço de um loft no centro da cidade ou um rancho particular com vista panorâmica para uma paisagem épica. A maioria dos anfitriões encontra sua barraca ideal por algo entre R$800 e R$1.600. Assim como para outras opções sem encanamento, em geral os anfitriões precisam disponibilizar aos hóspedes acesso aos banheiros em suas casas.

» **Casa minimalista:** Como o aumento do preço dos imóveis continuou a superar o aumento salarial, um segmento crescente de compradores está optando por viver em casas minimalistas, geralmente com menos de 200m2. Naturalmente, alguns desses proprietários descobriram que suas casinhas alugam tão bem quanto anúncios tradicionais, se não melhor. A maioria fica na faixa de R$50 mil a R$70 mil.

» **Tenda:** Irmãs mais velhas das barracas, as tendas são mais resistentes ao vento e permitem o uso de fogão na parte de dentro. Porém, elas não têm piso, portanto, frequentemente os anfitriões as montam em uma plataforma elevada. Para regiões com animais assustadores e cobras venenosas, um invólucro pode ser útil. Tendas chiques incrementadas muitas vezes têm energia, aquecimento, ar-condicionado e camas macias. Em geral, os anfitriões podem encontrar tendas por R$1 mil a R$2 mil.

» **Casa na árvore:** É divertido ficar no meio da natureza. Não é de admirar que muitos anúncios de melhor desempenho mundo afora sejam de casas na árvore. Elas são especialmente belas quando situadas em um cenário de cidade como santuário privativo para nômades urbanos. O preço varia: unidades pequenas do tipo "faça você mesmo" custam cerca de R$5 mil para construir, enquanto itens de vários andares no topo de várias árvores podem custar até R$250 mil.

» **Iurte:** Iurtes são tendas grandes estilizadas em formato cilíndrico, inspiradas nas moradias de grupos nômades da Ásia Central. No Airbnb, eles são basicamente projetados para uma experiência fora do comum, com mobílias típicas de uma casa. Em geral, um iurte custa entre US$11.500 e US$44 mil. Considerando o custo muito mais alto, em comparação com tendas e barracas, os iurtes precisam estar em locais que permitam, de forma consistente, uma ocupação mais alta e taxas médias por noite mais elevadas.

Embora essas opções proporcionem a aspirantes a anfitriões no Airbnb um bom custo-benefício e praticidade para receber pessoas, não é seu tamanho reduzido que as ajuda a fazer sucesso, mas, sim, a experiência nova que os hóspedes gostam de desfrutar.

Se você tem interesse em adquirir um espaço pequeno não tradicional para anunciar no Airbnb, comece pesquisando em sua região anúncios de imóveis pequenos não tradicionais, para ver como os viajantes reagem a eles. Estão conseguindo reservas? É possível obter avaliações excelentes? Eles conseguem cobrar taxas por noite que tornariam o investimento atraente? O que os hóspedes que estão deixando avaliações adoram e odeiam neles? Reunir essas informações pode ajudar a decidir o que você precisa fazer para elaborar um anúncio pequeno não tradicional que funcione em sua área.

O simples fato de sua área não ter nenhum anúncio pequeno não tradicional não significa, necessariamente, que não haja demanda por esse tipo de anúncio. Só significa que você estará se arriscando. Você pode buscar inspiração em anúncios pequenos de alto desempenho em outras regiões e que sejam passíveis de replicar em sua área.

Elaborando uma História para os Hóspedes

Anúncios não tradicionais no Airbnb podem ser interessantes por conta de seus formatos e tamanhos atípicos, mas com frequência isso não é o bastante para o sucesso. Você precisa ser capaz de contar uma história para os hóspedes levarem para casa.

Quando voltarem para casa e encontrarem amigos e familiares, como você acha que os hóspedes, animados, completarão esta frase? "Você nunca vai adivinhar o que eu fiz durante minha estada no Airbnb: Eu *[insira uma história interessante, de dar inveja em crianças e adultos]*."

Aqui estão algumas estratégias que ajudarão a elaborar histórias interessantes para seu anúncio não tradicional:

» **Faça do lugar a estrela principal.** Sobretudo quando é anfitrião de uma das opções pequenas e móveis, você precisa unir o anúncio a um lugar chamativo e torná-lo o ponto central. Por exemplo, anúncios não tradicionais podem ser alternativas mais baratas em locais populares, como uma casa sobre rodas na calçada de uma casa localizada em um centro turístico. Ou podem se tornar a maneira de os hóspedes experimentarem um lugar, como os iglus de vidro no norte da Finlândia, que dão às pessoas a oportunidade de ver a aurora boreal. Se puder escolher o lugar, escolha-o com sabedoria, para complementar o anúncio.

» **Destaque o elemento característico.** Se está anunciando um lugar raro e incomum, como um castelo, um avião, um armazém subterrâneo da época das guerras ou qualquer outra coisa que com certeza atrai o interesse de quem busca novidades, destaque o elemento característico. De certa forma, a função desses imóveis é direta: você trabalha com aquilo que tem.

» **Elabore uma Experiência.** Com o incrível aumento de Experiências Airbnb na plataforma, cada vez mais os hóspedes estão reservando primeiro a Experiência e depois o quarto. Uma excelente maneira de diferenciar facilmente seu anúncio é elaborar uma Experiência na estada. Não precisa ser uma Experiência Airbnb oficial, embora isso não seja nada ruim. Por exemplo, um santuário de animais pode oferecer aos amantes da fauna a oportunidade de ajudar a cuidar dos bichos por meio de trabalho voluntário. Um agricultor orgânico poderia incluir uma experiência de jantar "da horta para a mesa" para hóspedes que reservam uma estada em seu celeiro. Para saber mais sobre Experiências Airbnb, consulte o Capítulo 18.

» **Acrescente um toque pessoal.** Sua família é proprietária e administra o rancho há centenas de anos? Alguém famoso (ou conhecido) viveu ou morreu em seu imóvel? Você comprou toda a mobília ou objetos de decoração em uma cidade específica? Transmita um sentido pessoal no anúncio contando sua história na descrição.

Praticamente toda história interessante, inclusive uma perturbadora, pode se tornar a primeira atração para os hóspedes. Por exemplo, imóveis tradicionalmente estigmatizados que, supõe-se, são "assombrados" por espíritos irados do passado têm muita dificuldade para serem vendidos ou alugados. Porém, apesar de poucas pessoas quererem adquirir essas casas assombradas e viver nelas, um número muito maior parece ávido por alugar e passar uma ou duas noites para ver os tais espíritos com os próprios olhos. Verifique este anúncio de um imóvel assombrado muito popular de Nova Orleans `www.airbnb.com/rooms/914581` [conteúdo em inglês].

274   PARTE 5 **A Próxima Fase da Experiência como Anfitrião no Airbnb**

NESTE CAPÍTULO

» **Compreendendo a estratégia da subdivisão**

» **Decidindo quando subdividir**

» **Definindo subdivisões econômicas**

» **Considerando uma unidade habitacional acessória (ADU)**

Capítulo **17**

Subdividindo Seu Airbnb

No mundo dos aluguéis temporários, em raras situações a soma das partes é maior que o todo, e ter vários anúncios no Airbnb de quartos privativos e compartilhados é melhor que ter o anúncio de um imóvel inteiro na plataforma. Se você tem interesse em descobrir como fazer isso em seu imóvel, continue lendo. Porém, subdividir provavelmente não é a melhor opção para a maioria das casas no Airbnb. Anunciar o imóvel inteiro geralmente é melhor que anunciar quartos individuais e integrantes para grande parte dos hóspedes, na maioria das áreas.

Neste capítulo, analisamos como um anúncio no Airbnb pode ser subdividido, em que situações isso faz sentido, a economia da subdivisão e como pesar vantagens e desvantagens ao tomar uma decisão como essa.

Compreendendo o que Significa Subdividir Seu Anúncio no Airbnb

Ter um imóvel de dois quartos não quer dizer que sua única opção no Airbnb seja anunciar a casa inteira. Você tem à disposição diferentes opções que podem ajudá-lo a obter mais reservas e lucros com seu imóvel fazendo vários anúncios com ele.

Por exemplo, o anúncio de uma casa inteira de dois quartos poderia se tornar:

» **Um anúncio de um quarto privativo com banheiro próprio:** Para o quarto principal que tem banheiro privativo, este anúncio pode acomodar até dois hóspedes e, muitas vezes, atingir taxas similares de anúncios de imóveis inteiros, sobretudo se a demanda for alta e anúncios de imóveis de um quarto já estiverem com taxa de ocupação elevada.

» **Um anúncio de um quarto privativo com banheiro compartilhado:** Este anúncio é bom para o segundo quarto que precisa dividir um banheiro comum. Também acomoda até dois hóspedes, mas tem como alvo viajantes com orçamento mais limitado em busca de opções mais econômicas de quarto privativo. Ele obtém taxas ligeiramente mais baixas por noite do que anúncios de quartos privativos com banheiro próprio.

» **Um anúncio de quarto compartilhado:** Com um sofá-cama ou um futon que se transforma em cama, a sala de estar pode se tornar o anúncio de um quarto compartilhado. Essas opções são o anúncio mais econômico no Airbnb e atraem, na maioria das vezes, quem viaja sozinho e se sente à vontade com o conceito de couch surfing.

Um anúncio único no Airbnb de uma casa de dois quartos poderia, em vez disso, se transformar em um anúncio de dois quartos privativos e de um quarto compartilhado. Ou o anfitrião poderia adicionar esses três anúncios ao anúncio já existente, terminando, assim, com quatro anúncios no Airbnb para seu único imóvel de dois quartos. Algumas vezes, o proprietário de uma casa grande que vive no local e usa somente um dos quartos pode anunciar os quartos restantes como anúncios de quartos privativos. Porém, a fim de evitar qualquer surpresa desagradável para os hóspedes, você sempre deve deixar claro em seu anúncio e mensagem de boas-vindas aos hóspedes que eles compartilharão espaços comuns e, se apropriado, os banheiros, com o anfitrião e/ou outros hóspedes.

CUIDADO

Embora muitos sofás-cama ou futons acomodem duas pessoas, recomendamos manter a ocupação de quartos compartilhados para uma só, a fim de atender aos códigos locais contra incêndio. Na maioria das áreas, normas de códigos de incêndio restringem a ocupação máxima para a "Regra do 2 + 1", em que você supõe duas pessoas por quarto, mais um ocupante extra. Logo, uma casa de dois quartos geralmente tem máxima ocupação de cinco (2 + 2 + 1 = 5). Consulte os códigos locais de sua cidade para verificar a ocupação máxima para seu imóvel, que podem seguir fórmulas diferentes de cálculo.

Ter mais anúncios significa sempre mais lucros? Não necessariamente. A subdivisão de vários anúncios no Airbnb tem vantagens e desvantagens.

Identificando as vantagens da subdivisão

Nenhum anfitrião dedica um esforço extra para configurar e gerenciar muito mais anúncios para o imóvel se não há benefícios nisso. Aqui estão as principais razões por que anfitriões subdividem anúncios no Airbnb.

» **Mais opções para hóspedes:** Em muitas áreas, um grupo amplo de viajantes viaja sozinho ou em casal, preferindo economizar reservando um quarto, em vez de um imóvel inteiro. Ao oferecer várias opções de anúncios, você maximiza as chances de conseguir uma reserva para cada dia disponível no anúncio.

» **Mais impulsionamento de reservas:** Mais opções para hóspedes podem gerar mais reservas, e mais reservas significam mais avaliações e notas de hóspedes, levando a perfis mais consistentes de anfitriões e anúncios que obtêm maior visibilidade na plataforma e, portanto, mais reservas.

» **Mais renda e lucros:** Sem dúvida, o maior incentivo para os anfitriões subdividirem é a possibilidade de gerar mais renda e lucros com o imóvel no Airbnb. Nas áreas certas, uma subdivisão bem-sucedida pode aumentar de forma significativa a renda proveniente de reservas.

» **Mais eficiência no gerenciamento:** Gerenciar quatro anúncios no mesmo imóvel é bem mais fácil que gerenciar quatro anúncios em quatro imóveis distintos em trechos diferentes da cidade. Você ainda tem mais trabalho, em termos gerais, mas trabalha menos por cada anúncio. A eficiência extra em ter todos os anúncios sob o mesmo teto significa que passar de um para quatro anúncios não é sinônimo de trabalho quadruplicado de gerenciamento.

Identificando as desvantagens da subdivisão

Subdividir não garante vantagem alguma para você, a menos que faça isso sob as condições adequadas à área. Porém, as desvantagens da subdivisão se aplicam a todos os anfitriões que empregam essa estratégia. Estes são os principais motivos para anfitriões não subdividirem seu anúncio no Airbnb:

- **Mais despesas futuras e atuais:** Ter mais anúncios tanto de quartos privativos como de quartos compartilhados implica fazer investimentos extras para garantir facilidades adequadas. Além dos básicos que abordamos no Capítulo 4, os anúncios mais bem-sucedidos de quartos privativos também incluem travas independentes, sistemas de áudio e vídeo, frigobares e controles de temperatura. Subdividir também significa mais despesas operacionais atuais por conta do uso maior de suprimentos, presentes de boas-vindas e utilidades. É provável que móveis e eletrodomésticos precisem de substituições mais frequentes devido ao desgaste maior.

- **Mais trabalhos futuros e atuais:** Leva tempo configurar anúncios totalmente novos, cada um com as próprias fotos, descrições, disponibilidade e preço. Também implica gerenciar muito mais perguntas de hóspedes e conversas. Agendar e administrar faxinas fica mais complexo com reservas acumuladas e escalonadas, não importa se você está limpando por conta própria ou contratando ajuda de fora.

- **Maior probabilidade de hospedar hóspedes que são um pesadelo:** Se você perguntar à maioria dos anfitriões ativos como eles classificariam os hóspedes, provavelmente diriam a você que noventa em cada cem são maravilhosos, e que dos outros dez, nove são razoáveis. Mas há por aí eventuais hóspedes dignos de um pesadelo. Não importa quantas precauções você toma para impedir e minimizar as chances, não é possível eliminar os riscos integralmente. Com mais hóspedes, suas chances de conseguir um desses aumenta. O Capítulo 13 fornece mais sugestões sobre como minimizar dores de cabeça ao lidar com hóspedes problemáticos.

- **Maior possibilidade de conflito entre vizinhos:** Com mais reservas provenientes de mais anúncios, você terá mais hóspedes entrando e saindo de seu imóvel. Essa maior circulação de pessoas em sua casa e na rua pode aumentar as chances de conflito com a vizinhança. Consulte o Capítulo 4 sobre como minimizar conflitos com vizinhos.

Não leve pouco a sério a opção da subdivisão, porque subdividir implica compromisso de tempo extra no futuro e no presente, além de dinheiro para administrar corretamente. Então, primeiro defina se você está atuando em uma área na qual subdividir seu anúncio no Airbnb tem uma alta probabilidade de compensar.

Definindo Quando Subdividir

Assim como quem vende comida na rua deve armar as barracas de alimentos na esquina de uma rua movimentada com muito trânsito de pedestres para fazer sucesso, um anfitrião do Airbnb que visa uma subdivisão bem-sucedida precisa ter um imóvel em uma área que seja boa para subdivisões.

As áreas boas para subdivisão têm estas qualidades essenciais:

» **Demanda relativamente baixa por anúncios de casas inteiras:** Um anúncio de uma casa inteira de três quartos terá dificuldades para conseguir reservas em uma área onde viajantes estão sobretudo em grupos de dois ou três, e em busca de anúncios de quartos privativos ou estúdios pequenos. Logo, um forte indicativo para uma subdivisão bem-sucedida é quando casas inteiras têm uma taxa de ocupação relativamente baixa, comparada com as médias da área, não conseguem cobrar uma taxa premium para anúncios menores, ou ambos os casos.

» **Períodos de demanda excepcionalmente alta:** Em algumas áreas onde grandes festivais ou eventos atraem centenas de milhares de visitantes, as taxas médias por noite durante essas datas especiais com frequência podem ser mais de cinco vezes maiores que as taxas habituais, tornando esse período propício para implementar a estratégia da subdivisão.

» **Baixa temporada para imóveis grandes:** Para imóveis grandes durante a baixa temporada, pode ser mais vantajoso ter vários anúncios menores para atrair grupos menores de viajantes, quando grupos grandes são poucos e dispersos.

» **Acordo ideal entre vizinhos:** Uma comunidade que já é hostil a seu único anúncio no Airbnb ficaria ainda mais com vários anúncios. Como seus vizinhos reagiriam a mais estranhos entrando e saindo de sua casa, usando o estacionamento na rua e, além disso, causando mais agitação? Mesmo que seu senhorio tenha permitido anunciar o apartamento no Airbnb, isso não implica consentir com vários anúncios na plataforma. Veja no Capítulo 4 considerações sobre como firmar e manter relações amigáveis com vizinhos e senhorios.

DICA

A melhor maneira de identificar a relativa força ou deficiência de anúncios de casas inteiras em uma área é obter um relatório de mercado por meio de um provedor de dados terceirizados. Porém, você pode ter uma ideia aproximada fazendo uma pesquisa rápida por anúncios já existentes na área e comparando as taxas médias por noite dos anúncios Superhost de melhor desempenho em cada segmento.

A Figura 17-1 analisa como examinar as taxas médias noturnas de alguns dos melhores anúncios de Superhost pode mostrar a demanda relativa por anúncios de imóveis inteiros em comparação com anúncios de quartos privativos em determinada área.

	Centro de Sacramento	Centro de Los Angeles
Quarto Privativo	US$79/noite	US$100/noite
Estúdio/1 Quarto	US$89/noite	US$150/noite
2 Quartos	US$95/noite	US$176/noite
3 Quartos	US$119/noite	US$275/noite
2 Quartos Premium/Quarto Privativo	25%	76%
3 Quartos Premium/Quarto Privativo	51%	175%

FIGURA 17-1: Um conto de duas áreas.

© John Wiley & Sons, Inc.

A Figura 17-1 mostra a média real de taxas por noite em anúncios Superhost em um pequeno bairro central de cada uma das cidades, para uma reserva de quatro dias da semana em março de 2020. Cada item é a média de três anúncios Superhost na categoria. Observe que a taxa por noite divulgada em cada parte do anúncio — restrita para os anúncios de Sacramento e muito mais ampla para os anúncios de Los Angeles — mostra demandas relativas bem diferentes para anúncios de imóveis inteiros em ambas as áreas. Em Sacramento, verifica-se apenas uma margem de US$20/noite entre o anúncio de dois quartos de melhor desempenho e o anúncio de um quarto privativo de melhor desempenho, enquanto em Los Angeles a margem equivalente é de US$76/noite. Isso se converte em uma bonificação de 26% e 76% entre o anúncio de dois quartos e o anúncio de quarto privativo em cada área.

LEMBRE-SE

Anúncios Superhost de melhor desempenho com a maior quantidade de notas de hóspedes podem servir como um indicador rápido e seguro para taxas locais da área. Quando os anúncios de melhor desempenho de dois e três quartos não conseguem cobrar bonificações consideráveis sobre os anúncios de quartos privativos de melhor desempenho, é sinal de que existe uma demanda relativamente fraca por anúncios de imóveis inteiros.

Entenda as bonificações para imóveis grandes ao decidir subdividir:

» **Bonificações para dois quartos:** Uma demanda favorável por anúncios de dois quartos em uma área se converterá em bonificações favoráveis que anúncios de dois quartos podem cobrar sobre anúncios de quartos privativos. Com taxas de ocupação similares, uma bonificação de menos de 75% mostra um forte candidato à subdivisão na área. Algo maior que 150% implica que provavelmente uma subdivisão não é econômica. É mais difícil definir entre esses dois valores.

» **Bonificações para três quartos:** Uma demanda favorável por anúncios de três quartos em uma área se converterá em bonificações favoráveis que anúncios de três quartos podem cobrar sobre anúncios de quartos privativos. Com taxas de ocupação similares, uma bonificação de menos de 100% mostra um forte candidato à subdivisão na área. Se for maior que

200%, provavelmente uma subdivisão não é econômica. Entre esses dois valores, é mais difícil definir.

Aprofundando a Economia da Subdivisão

Se você optar pela subdivisão, será preciso definir em seguida o retorno provável de sua decisão. É possível esperar ter mais lucro com mais anúncios? Se sim, quanto? E valeria a pena todo o esforço extra? Nestas seções, analisamos e fazemos as contas para ajudá-lo a responder a essas perguntas.

Calculando seu retorno com a subdivisão

Para uma estimativa de seu provável retorno com a subdivisão, compare com vários anúncios o que você pode esperar ganhar após fazê-la e o que espera ganhar com um único anúncio de um imóvel inteiro.

NA INTERNET

O exercício de cálculo a seguir envolve um pouco de matemática. Apesar de cobrirmos todos os detalhes necessários para você fazê-lo por conta própria, também incluímos para nossos leitores uma calculadora para acompanhar e uma demonstração em vídeo. Você pode encontrar o recurso no site da Alta Books. Procure pelo nome do livro ou ISBN. Pesquise Calculadora_Avançada_Airbnb.

Siga estas etapas para finalizar o cálculo da subdivisão:

1. **Colete os dados.**

    Reúna a taxa média de ocupação e as taxas médias por noite para anúncios de quartos privativos, quartos compartilhados e imóveis inteiros como o seu (por exemplo, anúncios de dois quartos, se seu imóvel anunciado tiver dois quartos). Consulte o Capítulo 3 para ver métodos e ferramentas para coletar dados da área.

2. **Calcule os lucros mensais para o cenário de anúncios de imóveis inteiros.**

    Multiplique a taxa de ocupação, a taxa média por noite e trinta para a quantidade média de dias por mês para estimar a renda mensal bruta proveniente de reservas para um anúncio de um imóvel inteiro. Depois, multiplique por um índice de despesas apropriado. Para anúncios autogerenciáveis de casas inteiras, o índice de despesas geralmente ficará na faixa de 45% a 65%. Para anúncios terceirizados que usam coanfitriões profissionais e serviços de limpeza, o índice de despesas geralmente fica na faixa de 65% a 85%. Anúncios premium em áreas que cobram taxas médias mais elevadas terão índices de despesas mais baixos por conta da renda proveniente de reservas muito mais elevadas.

Por exemplo, um anúncio de dois quartos em uma área com ocupação média de 75% e uma taxa média por noite de R$220 terá uma renda bruta mensal proveniente de reservas de aproximadamente R$3.375 (0,75 x 150 x 30 = R$3.375). Um índice de despesas operacionais de 75% implica uma margem de lucro de 25% e um lucro mensal estimado de R$844 (R$3.375 x 0,25 = R$844).

3. **Calcule os lucros mensais para o anúncio de um quarto privativo.**

Multiplique a taxa de ocupação, a taxa média por noite e trinta para a quantidade média de dias do mês para uma estimativa da renda bruta mensal proveniente de reservas para um anúncio de um quarto privativo. Então, multiplique por um índice de despesas apropriado — semelhante, mas geralmente de 5% a 10% menor que anúncios de imóveis inteiros por causa dos ganhos de eficiência em compartilhar várias despesas com outros anúncios de quartos.

Por exemplo, um quarto privativo na mesma área com uma ocupação média de 85% e uma taxa média por noite de R$90 terá uma renda bruta mensal proveniente de reservas de aproximadamente R$2.295 (0,85 x 90 x 30 = R$2.295). Um índice de despesas operacionais de 65% implica uma margem de lucro de 35% e um lucro mensal estimado de R$803 (R$2.295 x 0,35 = R$803).

4. **Calcule os lucros mensais para o anúncio de um quarto compartilhado.**

Multiplique a taxa de ocupação, a taxa média por noite e trinta para a quantidade média de dias do mês para uma estimativa da renda bruta mensal proveniente de reservas para um anúncio de um quarto compartilhado. Então, multiplique por um índice de despesas apropriado — semelhante, mas geralmente de 5% a 10% menor que anúncios de quartos privativos, porque o anúncio atrai, na maior parte das vezes, ocupações para uma só pessoa. Por exemplo, um quarto compartilhado na mesma área com uma taxa de ocupação de 85% e uma taxa média noturna de R$70 terá uma renda bruta mensal proveniente de reservas de aproximadamente R$1.785 (0,85 x 70 x 30 = R$1.785). Um índice de despesas operacionais de 60% implica uma margem de lucro de 40% e um lucro mensal estimado de R$714 (R$1.785 x 0,4 = R$714).

5. **Calcule lucros combinados da subdivisão.**

Defina sua combinação de quartos privativos e compartilhados. Por exemplo, uma casa inteira de dois quartos se transforma em um anúncio de dois quartos privativos e outro de um quarto compartilhado. Uma casa inteira de três quartos torna-se um anúncio de três quartos privativos e outro de um (ou dois) quarto(s) compartilhado(s). Multiplique sua combinação pelos lucros nos passos 3 e 4 para cada tipo de anúncio. Por exemplo, em nossos exemplos, dois anúncios de quartos privativos e um anúncio de um quarto compartilhado até agora renderão: 2 x R$803 + 1 x R$714 = R$2.321.

6. Compare a subdivisão com os lucros estimados para imóveis inteiros.

Você pode comparar a estimativa dos lucros totais da subdivisão (R$2.321) com a estimativa de lucros do anúncio do imóvel inteiro (R$844). Em nosso exemplo, um candidato muito forte à subdivisão em que anúncios de imóveis inteiros de dois quartos não conseguem cobrar uma bonificação substancial sobre anúncios de quartos privativos, é possível ver uma vantagem nítida em subdividir o anúncio único em anúncios de vários quartos.

Esse exemplo mostra uma área em que a economia indica uma subdivisão para o anfitrião que poderia ganhar cerca de 2,75 vezes mais em lucros (R$1.477/mês) transformando um anúncio de um imóvel inteiro de dois quartos em dois anúncios de quartos privativos e um anúncio de um quarto compartilhado. Ainda que gerenciar os novos anúncios exija duas vezes mais trabalho, este anfitrião descobrirá que a subdivisão é uma decisão que vale a pena.

Dividir o lucro pós-subdivisão pelo lucro pré-subdivisão lhe dá um índice para definir até que ponto é interessante subdividir seu anúncio. Nosso exemplo tem um índice de 2,75, mas você não precisa desses números extremos para considerar a subdivisão.

Para considerá-la, é bom ter os seguintes índices de subdivisão:

» **1,5 ou mais para anúncios autogerenciáveis:** Se você é um anfitrião do tipo "faça você mesmo" que gerencia o próprio anúncio e faz os turnos, recomendamos subdividir apenas se conseguir ter um índice de 1,5 ou maior antes de escolher a subdivisão. A estimativa de seus lucros pós-subdivisão deve ser pelo menos 1,5 vez maior que seus lucros pré-subdivisão.

» **1,75 ou mais para anúncios gerenciados:** Se você é um anfitrião que contrata ajuda de fora para gerenciar seu anúncio e fazer as limpezas de turno, recomendamos que consiga um índice de 1,75 ou mais antes de optar pela subdivisão. A estimativa de seus lucros pós-subdivisão deve ser pelo menos 1,75 vez maior que seus lucros pré-subdivisão. A margem adicional ajuda a garantir uma cobertura adequada das despesas gerais operacionais extras e daquelas de gerenciamento para os anúncios a mais.

Embora o método presuma uma estratégia de troca quando você está substituindo o anúncio de seu imóvel inteiro por anúncios novos de quartos privativos e compartilhados, é possível implementar uma estratégia, em que os novos anúncios do quarto privativo e do compartilhado são um acréscimo ao anúncio de seu imóvel inteiro.

DICA

O Airbnb permite aos anfitriões operarem ao mesmo tempo o anúncio de um imóvel inteiro e anúncios de quartos compartilhados para a mesma propriedade. Um anúncio anterior de um imóvel inteiro com dois quartos pode se transformar em quatro anúncios: um anúncio de imóvel inteiro, com dois quartos, um de um quarto privativo, outro de um quarto privativo e um anúncio de quarto compartilhado.

CUIDADO

No entanto, como cada anúncio aparecerá na plataforma com o próprio calendário de dias disponíveis, vincular os calendários para evitar reservas duplas é fundamental! Se não vinculados, um hóspede pode reservar a casa inteira em paralelo ao período em que outros hóspedes já reservaram os quartos particulares durante as mesmas datas.

DICA

Para vincular seus calendários recém-criados, siga estas etapas:

1. **Registre-se em sua conta no Airbnb em www.airbnb.com.br.**
2. **Vá para "Anúncios".**
3. **Clique em qualquer anúncio do imóvel.**
4. **Clique em "Disponibilidade".**
5. **Clique em "Vincular" próximo a "Calendários do Airbnb vinculados".**
6. **Clique em "Criar calendários vinculados".**
7. **Selecione o anúncio do imóvel inteiro para vincular a todos os outros anúncios de quartos.**
8. **Clique em Próximo.**
9. **Selecione todos os anúncios de quartos dentro do anúncio do imóvel inteiro.**
10. **Clique em Salvar.**

Com os calendários adequadamente vinculados, sempre que um hóspede fizer uma reserva do imóvel inteiro, o Airbnb impedirá automaticamente que hóspedes reservem qualquer um dos anúncios de quarto privativo e compartilhado desse imóvel durante as mesmas datas. O contrário também é válido; o Airbnb impedirá automaticamente os hóspedes de reservarem o imóvel inteiro para todas as datas em que as pessoas já tenham reservado qualquer um dos anúncios de quarto privativo ou compartilhado.

Adicionando uma Unidade Habitacional Acessória (ADU)

Como o Airbnb continua a enfrentar contratempos regulamentares, com pressão das cidades para remover anúncios atuais ilegais e reforçar novos limites para os anúncios legalizados em cada área, a plataforma está buscando novas formas de reabastecer o fornecimento de anúncios.

Uma forma de tentar fazer isso é incentivar proprietários vigentes a investir na construção de *unidades habitacionais acessórias* (ADUs, na sigla em inglês), que são basicamente cômodos independentes ou apartamentos de um quarto situados em uma propriedade já existente que tem um imóvel maior.

Ao adicionar uma ADU para fins de uso no Airbnb, proprietários de imóveis podem aproveitar a crescente demanda por aluguéis temporários e adicionar valor de longo prazo ao próprio imóvel. Nesta seção, analisamos os prós e os contras de adicionar uma ADU para usar no Airbnb.

Vantagens de uma ADU

De acordo com Rafi Hayon, proprietário da Foundation to Roof, Inc., especialista em construções de ADU sediada em Los Angeles, pedidos de projetos de ADU feitos por proprietários com a intenção de alugar a unidade aumentaram significativamente nos últimos dois anos. Com a possibilidade de os proprietários financiarem uma ADU por US\$500 a US\$750 por mês e lucrarem de duas a três vezes mais alugando-as, pedidos de ADU dispararam nos últimos anos, e algumas cidades viram os números de apenas alguns anos atrás mais que dobrarem.

Mesmo com o custo muito mais elevado envolvido na adição de uma ADU, comparado com a mera subdivisão de uma unidade maior já existente, as seguintes vantagens dessa adição podem valer a pena o esforço:

» **Renda com o aluguel:** Sem dúvida, a maior vantagem é o fato de que a ADU hoje pode proporcionar ao proprietário uma fonte de renda permanente por meio de aluguel. Na área certa, usá-la como anúncio no Airbnb pode gerar substancialmente mais renda proveniente de aluguel do que um aluguel tradicional.

» **Opcionalidade:** Se as regulamentações locais restringem os aluguéis temporários, a ADU sempre pode ser considerada um aluguel tradicional. Ou pode sempre ser usada como um espaço flexível de convivência para pais, avós ou filhos adultos.

CAPÍTULO 17 **Subdividindo Seu Airbnb** 285

» **Valorização:** Ter mais espaços habitáveis e uma fonte de renda por meio de aluguel no imóvel agrega valor à propriedade já existente. Nas áreas certas, a valorização total do imóvel pode exceder o custo da construção de uma ADU desde o início.

Desvantagens de uma ADU

Buscar uma ADU para fins de uso no Airbnb tem, de fato, alguns contras importantes. Proprietários devem considerar com seriedade os fatores a seguir antes de ir em frente:

» **Custo:** Sem dúvida, a maior barreira e ponto fraco da construção de uma ADU é o custo. Dependendo do tamanho e do tipo da ADU adicionada, o custo pode variar de dezenas de milhares a centenas de milhares de reais. De acordo com a Foundation to Roof, Inc., o projeto típico de uma ADU em Los Angeles ficará na faixa de US$150 mil a US$300 mil.

» **Disrupção:** Obter a licença e construir a ADU leva tempo, e pode durar de seis a dezoito meses do início ao fim, dependendo da cidade e da complexidade do projeto. Morar no imóvel durante o processo de construção pode ser impossível, por conta do barulho e da poeira.

» **Regulamentação incerta:** Com muitas cidades considerando ou aprovando novos regulamentos para aluguéis temporários, uma ADU recém-concluída pode não ser permitida para uso futuro no Airbnb, limitando, portanto, a renda proveniente do aluguel que pode gerar ao proprietário do imóvel.

DICA

Embora seja importante gerir suas previsões com base no potencial de renda no Airbnb ao decidir por uma ADU para usar na plataforma, garanta que os números ainda façam sentido se você tiver de utilizar a ADU como fonte de aluguel tradicional. Geralmente, desejará que a taxa de aluguel da ADU como fonte de aluguel definitivo valha, pelo menos, de 1,5 a 2 duas vezes o custo do financiamento da unidade. Por exemplo, se o custo para financiar a construção da ADU fosse de R$600 por mês, você desejaria que a taxa de aluguel da ADU como fonte de aluguel tradicional definitivo fosse ao menos de R$900 a R$1.200 por mês.

> **NESTE CAPÍTULO**
>
> » **Entendendo as Experiências do Airbnb**
>
> » **Planejando Experiências do Airbnb bem-sucedidas**
>
> » **Debatendo ideias sobre Experiências do Airbnb**
>
> » **Submetendo à aprovação**

Capítulo **18**

Seja Anfitrião Sem Ter um Imóvel: As Experiências do Airbnb

Enquanto contratempos regulamentares continuam reduzindo a quantidade de anúncios existentes, limitando o acréscimo de novos e permitindo menos dias disponíveis para o aluguel temporário de casas, o Airbnb tem buscado um crescimento contínuo por meio da expansão de seu modelo de negócios.

O Airbnb tem crescido principalmente em seu programa de Experiências, que permite a anfitriões ganhar dinheiro na plataforma realizando atividades para hóspedes vivenciarem, em vez de um imóvel para ficarem.

Começando com testes limitados em São Francisco e Paris em 2014, as Experiências do Airbnb foram oficialmente lançadas em novembro de 2016 com cerca de 500 Experiências em 12 cidades. Já no início de 2020, o Airbnb oferece mais de 40 mil Experiências pelo mundo, triplicando anúncios de Experiências do ano anterior. No entanto, elas ainda nem se comparam com os mais de 6 milhões de imóveis anunciados na plataforma.

Com a expectativa de uma intensa expansão contínua, as Experiências do Airbnb apresentam a maior oportunidade de crescimento na plataforma. Neste capítulo, analisamos quais as vantagens e os desafios de ser um anfitrião de Experiências e como é possível cumprir os requisitos, enviar um pedido consistente e, por último, conceber uma Experiência do Airbnb bem-sucedida e lucrativa desde o primeiro dia.

Apresentando as Experiências do Airbnb

De acordo com o Airbnb, Experiência é "uma atividade que vai além do passeio ou do curso típico, elaborada e conduzida por moradores no mundo inteiro" que permite que anfitriões "mostrem sua cidade, arte, causa ou cultura".

Uma Experiência é:

- » Conduzida por um anfitrião experiente e entusiasmado.
- » Interativa ou imersiva para os hóspedes.
- » Especial ou incomum, algo que os hóspedes não conseguiriam descobrir facilmente por conta própria.
- » A perspectiva particular do anfitrião sobre um lugar e/ou atividade.
- » Uma ótima história para os hóspedes.

Porém, uma Experiência do Airbnb não é:

- » Grande e impessoal.
- » Um evento sem um anfitrião evidente.
- » Um serviço como transporte de/para aeroportos, babá ou avaliações resumidas.
- » Algo que os hóspedes poderiam encontrar facilmente fora do Airbnb.

Basicamente, Experiências no Airbnb são atividades que duram de uma a cinco horas, com preços que variam de R$10 a várias centenas de reais, com a maioria ficando abaixo de R$100. Podem ser atividades para um único hóspede ou até dez deles ao mesmo tempo.

Em troca de disponibilizar gerenciamento de pagamentos, serviço 24 horas ao cliente e uma apólice de Seguro de Proteção da Experiência de US$1 milhão, o Airbnb solicita uma taxa de 20% de anfitriões de Experiências em todas as reservas, muito mais alta que os 3% cobrados dos anfitriões de imóveis. De acordo com o Airbnb, embora os poucos anfitriões de Experiências possam ganhar mais de US$300 mil em um ano, o anfitrião de Experiências médio ganha cerca de US$2.500 ao ano.

EXPERIÊNCIAS AIRBNB EM TÓQUIO

Uma pesquisa rápida no Airbnb por Experiências em Tóquio, no Japão, gerou uma ampla seleção de anúncios populares e novos de Experiências. Estes são alguns resultados da pesquisa que você verá [parte dos conteúdos em inglês]:

- **"Coma/Beba como um MORADOR — Tavernas & Ramen"**: Realizada por Akira, "sommelier internacional de saquê e especialista em uísques", esta Experiência popular de três horas (www.airbnb.com/experiences/183804) leva hóspedes a um passeio particular com comida e bebida no bairro Ueno.

- **"Tour no mercado em Tsukiji (antigo) vs Toyosu (novo)"**: Este famoso passeio de seis horas pelo antigo e pelo novo mercado de peixes em Tóquio, realizado pelo proprietário local de restaurantes Toshi, é uma das Experiências do Airbnb mais populares em Tóquio (www.airbnb.com/experiences/71924) com mais de 2 mil avaliações até o início de 2020.

- **"Experiência de sushi"**: Em uma Experiência de uma hora e meia, o chef Kazuki ensina aos hóspedes cinco técnicas para fazer sushi, em uma casa centenária de sushis (www.airbnb.com/experiences/53271).

- **"Uma noite na hidrovia de Tóquio"**: O anfitrião Takashi leva hóspedes para um passeio de caiaque de três horas pela paisagem noturna da cidade, para fotos épicas (www.airbnb.com/experiences/107865).

- **"Passeio de bicicleta para ver o monte Fuji"**: O anfitrião Hayato leva hóspedes para um passeio tranquilo de bicicleta de quatro horas e meia pela natureza e pelos campos de arroz, tendo como cenário o Monte Fuji (www.airbnb.com/experiences/13586).

- **"Fotógrafo pessoal e guia em Tóquio"**: Ao levar hóspedes em um passeio visual de duas horas em Shibuya, o anfitrião e fotógrafo Kenji tira fotos épicas para eles (www.airbnb.com/experiences/959073).

CUIDADO

Embora a apólice de Seguro de Proteção da Experiência de US$1 milhão cubra a maior parte das Experiências, certas atividades não são cobertas, como as que envolvem aeronaves. Dê uma olhada na página do Airbnb para saber mais detalhes sobre coberturas em `https://www.airbnb.com.br/d/experience-protection-insurance`.

Considerando as Vantagens e as Desvantagens de Realizar uma Experiência

Realizar uma Experiência tem lá seus prós e contras, assim como fazer um anúncio. Estas seções focam ambos.

Vantagens de realizar uma Experiência

Além de o Airbnb investir milhões para futuramente expandir e desenvolver esse programa, realizar uma Experiência tem as seguintes vantagens sobre anunciar um imóvel:

» **Não é necessário ter um imóvel:** Talvez sua casa ou apartamento não sirva para receber pessoas no Airbnb devido à localização, ausência de facilidades adequadas ou más condições. Encontrar um novo imóvel ou reformar um já existente exige muito mais tempo e dinheiro. Mas com uma Experiência você nem sequer precisa ter um imóvel. Pode realizá-la em outro lugar ou até no meio da natureza.

» **Escolha do lugar:** Mesmo que more fora dos principais destinos de viagem em sua cidade, você pode realizar sua Experiência em um local bem escolhido, em que ela pode atrair mais reservas. Você não está mais limitado pela localização da própria casa. Dependendo da atividade, quem realiza Experiências muitas vezes pode escolher o local designado para benefício próprio.

» **Ótima abrangência para maior potencial de ganhos:** Com um imóvel, anfitriões podem atrair apenas hóspedes que querem ficar em um raio próximo dos destinos de viagem pretendidos. Porém, com as Experiências, muitas vezes os anfitriões conseguem atrair um grupo muito maior de viajantes dispostos a fazer uma viagem longa e vivenciar essa atividade exclusiva.

» **Maior flexibilidade:** Ao contrário dos anfitriões de imóveis, que talvez tenham de responder aos hóspedes a qualquer hora do dia (ou da noite!), quem realiza Experiências interage com as pessoas apenas durante a janela de suas atividades. Quem proporciona Experiências muitas vezes escolhe ofertas somente quando elas estão disponíveis durante a noite ou fins de semana. Para anfitriões que querem ganhar uma renda extra sem o compromisso de gerenciar o anúncio de um imóvel integralmente disponível, as Experiências são o caminho.

» **Menos concorrência:** Embora tenham tido enorme crescimento, os anúncios de Experiências do Airbnb ainda se deparam com muito menos concorrência nas áreas. Cedo ou tarde os anúncios de imóveis acabam competindo entre si, mas as Experiências são muito mais distintas. Mesmo em cidades grandes, é difícil encontrar mais de um ou outro anúncio de Experiências idênticas — uma diferença irrisória torna uma experiência única na área.

» **Mais fácil de começar:** Muitas Experiências exigem um investimento inicial mínimo dos anfitriões, ao contrário de um imóvel, que precisa de mobília cara e facilidades. Algumas Experiências, como passeios guiados a pé, não exigem nenhum investimento inicial.

» **Maior potencial de ganhos:** O potencial de ganhos de um imóvel anunciado é limitado pelo número de noites disponíveis para reserva multiplicado pela taxa por noite, o que é limitado por sua capacidade de ocupação e localização. Com as Experiências, os anfitriões não ficam limitados por nenhuma capacidade física de ocupação, embora o Airbnb prefira explicitamente Experiências que recebam dez ou menos hóspedes por vez, para uma experiência mais intimista. Experiências também têm maiores margens de lucro e maior retorno de tempo para os hóspedes.

Desvantagens de realizar uma Experiência

Realizar uma Experiência não deixa de ter desafios relevantes. Quem objetiva se tornar anfitrião de Experiências precisa considerar o seguinte:

» **A relativa novidade:** O programa de Experiências no Airbnb agora está disponível na maioria das áreas, mas grande parte dos hóspedes ainda está aprendendo a respeito e não tornou a reserva de Experiências um acréscimo automático ao reservar viagens. O Airbnb também ainda está descobrindo as coisas. Em muitas áreas, apenas as Experiências de melhor desempenho conseguem reservas suficientes para fazê-las valer a pena em termos econômicos. Novas Experiências fora das áreas principais frequentemente experimentam um início lento.

» **Expectativas muito altas:** Para criar e manter um anúncio de experiências vitorioso, os anfitriões precisarão ter em mira a obtenção de avaliações quase perfeitas dos hóspedes (4.95+) para continuar concorrendo. Uma atualização de abril de 2019 do Airbnb assinala que mais de 90% de todas as Experiências têm avaliações cinco estrelas. Se o anúncio de sua Experiência não estiver, de forma geral, obtendo avaliações exclusivamente cinco estrelas, ele terá dificuldades para aparecer na primeira página dos resultados de busca.

A relativa novidade e o possível início lento mudarão à medida que as Experiências do Airbnb continuarem a crescer. Porém, conforme mais hóspedes descobrirem a grande oportunidade proporcionada pelas Experiências, as expectativas altas persistirão, isso se não ficarem ainda mais elevadas.

Entendendo os Segredos para Experiências Bem-sucedidas

Conseguir que aprovem e anunciem sua Experiência é uma coisa. Obter reservas imediatas e torná-la uma atividade imprescindível para hóspedes que viajam para sua cidade exige muito mais. Aqui, analisamos as estratégias mais importantes para garantir sucesso logo de cara.

Conhecendo seu público-alvo

Assim como os anfitriões de imóveis devem disponibilizar o anúncio a tipos específicos de viajantes, quem realiza Experiências também deve fazer isso. Tentar ser alguma coisa que sirva para todos implica que sua Experiência não servirá para ninguém. Você precisa identificar um viajante específico que deseja que sua Experiência atraia, depois elaborar minuciosamente um anúncio completo para atraí-lo. Consulte o Capítulo 3 para ter uma discussão sobre segmentos-chave para viajantes e como anfitriões de imóveis podem atender às suas necessidades; as mesmas estratégias se aplicam a quem realiza Experiências.

Os anúncios de Experiências de melhor desempenho na maioria das cidades frequentemente atraem viajantes específicos em busca de uma Experiência particular. Por exemplo, aulas de cama elástica de alta octanagem que atraem caçadores de aventuras não atrairão, ao mesmo tempo, entusiastas de ioga em busca de meditação silenciosa.

Por exemplo, considere uma busca rápida por Experiências em Los Angeles que fornece os principais resultados de pesquisa a seguir:

>> Apiterapia

>> Lendário Passeio pela Sunset Strip e Bares

- » Sem Destino: Descubra Los Angeles de Motocicleta
- » Meditação e Visualização à Beira-mar
- » Faça Uma Trilha pelo Runyon Canyon com um Cão de Resgate
- » Cruzeiro de Iate com Café da Manhã
- » Aprenda a Surfar na Praia de Venice
- » E várias visitas guiadas em Hollywood

Repare que, apenas com os títulos, essas Experiências em Los Angeles retratam vários cenários e atividades para os hóspedes. Algumas são ao ar livre; outras, internas. Algumas são bem ativas; outras, tranquilas. Todas são inconfundíveis.

Anúncios com o letreiro de Hollywood têm como alvo turistas em busca de fotos com a icônica marca. Uma atividade com demanda muito alta pode dar oportunidades positivas a vários anfitriões, com apenas leves variações — algumas de manhã, outras ao pôr do sol, e outras, ainda, com fotógrafos e fotos inclusas.

Elaborando uma história significativa

Como o Airbnb trabalha duro para expandir e promover as Experiências, um meio importante de conseguir novos hóspedes como anfitrião de Experiências é com o boca a boca. Hóspedes que voltam felizes para casa e dizem, a familiares e amigos, "Adivinha o que eu vi/fiz/experimentei na minha viagem?" para elogiar sua Experiência superam qualquer recomendação online feita por desconhecidos.

LEMBRE-SE

As Experiências de melhor desempenho proporcionam histórias para os hóspedes guardarem na memória. Você tem conhecimentos específicos para compartilhar sobre sua cidade, cultura ou arte? Consegue garantir aos hóspedes acesso especial a lugares, pessoas ou eventos? Pode proporcionar uma Experiência que conecta os hóspedes a uma história com sentido ou propósito? Fazer uma trilha com cães pode ser divertido, mas percorrer uma trilha secreta com uma história de fundo e cães de resgate para ajudar um abrigo de animais local leva a Experiência para outro nível.

Hóspedes: Envolvimento e imersão

Independentemente da Experiência, hóspedes preferem participação ativa, imersão total ou ambas. Aqui, analisamos formas distintas com que anfitriões bem-sucedidos elaboram a participação ativa e a imersão nas próprias Experiências:

- » **Focadas em aulas:** Nenhuma Experiência bem-sucedida com aulas faz os hóspedes ficarem assistindo do lado de fora enquanto os anfitriões

CAPÍTULO 18 Seja Anfitrião Sem Ter um Imóvel: As Experiências do Airbnb   293 se limitam a mostrar como executar alguma coisa. Os hóspedes querem aprender algo sobre o tema em que se inscreveram, portanto, sempre preferirão experimentar as coisas por conta própria. Por exemplo, Experiências com aulas de culinária fazem os hóspedes prepararem os próprios pratos, que, mais tarde, provarão. Em Experiências sobre aulas de artesanato, os hóspedes fazem a própria arte para levá-la para casa.

» **Focadas em lugares:** Em todas as Experiências que envolvem lugares em que os anfitriões levam os hóspedes a locais específicos, anúncios de sucesso incorporam outros elementos para os hóspedes experienciarem uma imersão. Os anfitriões contam histórias, incluem comida e bebida, usam um meio de transporte específico, escolhem uma hora ideal do dia ou incorporam uma atividade para reforçar a sensação de imersão. Por exemplo, anfitriões podem acrescentar uma sessão de meditação guiada, além de levar os hóspedes a uma vista épica do nascer do sol na cidade.

» **Focadas em atividades:** Nas Experiências de atividades, como surfe, passeio de caiaque, trilhas, caminhadas, meditação, ciclismo ou alpinismo, que enfatizam a Experiência em si, e não o ensino da atividade, os anfitriões atuam mais como guias do que como instrutores. Anfitriões podem criar uma Experiência mais imersiva aliando a atividade a algo memorável, às vezes totalmente não relacionado à atividade principal.

Por exemplo, uma sessão tradicional de ioga guiada dentro de um estúdio é muito menos atraente e memorável do que uma aula de ioga guiada com minicabras, como na Experiência em www.airbnb.com/experiences/125756 [parte do conteúdo em inglês]. Os hóspedes vivenciam uma sessão de ioga popular e bem-cotada com minicabras amigáveis, realizada por instrutores de ioga credenciados. A sessão começa apresentando aos hóspedes um protocolo em relação às cabras, seguido por aulas de ioga de que as cabras podem participar subindo nos hóspedes para fazer os exercícios e, por fim, uma sessão lúdica de terapia com elas.

Na seção posterior "Debatendo Ideias sobre Experiências Exclusivas no Airbnb", analisamos várias estratégias para usar em sua Experiência, a fim de que ela possa ser imersiva e memorável para seus hóspedes.

Escolhendo o local ideal

Uma das maiores vantagens para anfitriões de Experiências é poder escolher o lugar específico para o anúncio. Sem estar preso a um local físico específico, você pode e deve escolhê-lo com cuidado.

O lugar ideal para uma Experiência é:

» **Fácil de acessar:** Mesmo nas Experiências mais distantes, os locais de partida são frequentemente fáceis para os hóspedes encontrarem e acessarem. A distância até eles é curta. Em circunstâncias normais, tente localizar sua Experiência no epicentro ou perto de sua principal área e mais próxima no Airbnb. Sobretudo em áreas em que os viajantes passam estadas curtas, os hóspedes evitarão levar várias horas só para chegar em uma atividade. Experiências que miram viajantes em estadas mais longas, de várias semanas, podem ficar em lugares mais remotos e pouco práticos. Além disso, o Airbnb informou que as classificações de busca para Experiências são, em parte, baseadas na proximidade das reservas de imóveis feitas pelos hóspedes.

» **Legalizado para a atividade:** Nem todos os lugares são próprios para receber várias atividades. Verifique se as leis locais permitem sua atividade específica no lugar segmentado. Alguns lugares podem exigir licença ou permissão.

» **Econômico:** Em circunstâncias normais, escolha um lugar que seja menos caro para você e seus hóspedes. Ter de pagar uma taxa mais elevada de aluguel leva você a definir uma taxa mínima mais alta para os hóspedes, resultando em menos sessões e margens de lucro. Pense com criatividade! Este é o motivo por que muitos anfitriões que fazem Experiências de ioga escolhem locais externos gratuitos e não internos, que exigem taxa de aluguel.

» **Inesquecível:** Escolher o lugar certo pode ajudar a criar um ambiente mais memorável e compartilhável para os hóspedes. Experiências bem-sucedidas escolhem lugares que são tão ou mais atraentes para os hóspedes do que a atividade em si.

Embora não seja fácil encontrar um lugar que atenda a cada um desses critérios, dedicar-se com antecedência pode fazer toda a diferença ao criar uma Experiência no Airbnb consistentemente rentável.

Gerando e sustentando o impulsionamento

Assim como em anúncios de imóveis, anúncios de Experiências talvez suscitem uma primeira impressão apenas quando ativos na plataforma. Durante esse período de lançamento, em vez de maximizar lucros, os anfitriões devem conceber o anúncio para gerar impulsionamento para reservas e avaliações de hóspedes o mais rápido possível.

De acordo com um artigo de abril de 2019 publicado por cientistas de dados do Airbnb que gerenciam e otimizam os algoritmos de busca que classificam os anúncios das Experiências, a plataforma rastreia mais de 25 indicadores que determinam as classificações de busca para os anúncios de Experiências.

Algumas das coisas mais importantes (e controláveis pelos anfitriões) para gerar um impulsionamento inicial são:

» **Quantidade de avaliações:** Anfitriões de Experiências devem ter como objetivo conseguir cinquenta avaliações de hóspedes o mais rápido possível. A classificação média de buscas por Experiências com menos de trinta avaliações é duas vezes pior do que a das que têm mais de trinta avaliações. O Airbnb classifica anúncios com menos de dez avaliações de hóspedes apenas teoricamente melhor que anúncios sem nenhuma avaliação. Chegar a cinquenta ou mais avaliações de hóspedes o mais rápido possível é crucial para classificações de busca e fornece aprovação social a possíveis hóspedes.

» **Avaliações gerais dos hóspedes:** Anúncios com uma avaliação média de hóspedes de 4.5 ou menos têm desempenho tão ruim quanto anúncios sem avaliação alguma. Os anúncios de melhor desempenho têm avaliação média de hóspedes de 4.7 ou mais, muitas vezes 4.9 ou mais em áreas altamente competitivas. Além de obter a maior quantidade possível de avaliações de hóspedes, os anfitriões de Experiência também precisam ter, sobretudo, avaliações cinco estrelas ao superar, de forma consistente, as expectativas dos hóspedes.

» **Quantidade de reservas nos últimos sete e trinta dias:** Anúncios que estão conseguindo mais reservas que a concorrência durante a primeira semana e mês terão notas maiores. Para isso, os anfitriões precisam criar anúncios chamativos, que tenham:

- **Taxas altas de cliques:** Ou seja, o anúncio consegue levar mais hóspedes a clicar nos resultados de busca para visualizar esse anúncio, em vez de fazer isso nos da concorrência. Uma taxa alta de cliques implica um anúncio mais bem elaborado, com excelente foto de perfil, ótimo título e preços atrativos.

- **Taxas altas de reservas:** De cada mil hóspedes que visualizam os perfis de anúncios, as Experiências de melhor desempenho muitas vezes obtêm trinta reservas ou mais. Em comparação, as Experiências de desempenho fraco atingem apenas dez ou menos reservas das mesmas mil visualizações do perfil.

- **Preços acessíveis (valor total e por hora):** Em circunstâncias normais, os hóspedes preferem Experiências de preços baixos, que também parecem surgir nos primeiros lugares em resultados de busca, comparando com concorrentes de maior preço. Ao lançar o anúncio de uma Experiência nova, colocar o preço mais baixo possível permite que o anúncio obtenha classificações de busca mais elevadas e mais reservas. Depois, os anfitriões podem aumentar pouco a pouco os preços, saindo da geração de impulsionamento e passando à maximização de lucros.

» **Taxa de ocupação de ofertas anteriores e futuras:** Anúncios com maior disponibilidade têm mais chance de aparecer para possíveis hóspedes, porque o algoritmo de busca mostra aos hóspedes apenas as Experiências disponíveis para as datas de check-in e check-out deles. Porém, não basta ter mais disponibilidade — os anúncios também precisam de reserva. Os critérios de busca no Airbnb colocam em posições mais altas os anúncios de Experiências que reservam uma porcentagem maior de suas ofertas disponíveis.

» **Porcentagem de avaliações "únicas" e "melhores que o esperado":** Após a finalização de cada Experiência, o Airbnb pede aos hóspedes que classifiquem a satisfação geral em vários aspectos, inclusive se sentiram que a Experiência foi "única" e "melhor do que o esperado". Os anúncios de melhor desempenho têm três a cada cinco hóspedes que concordam com ambos.

A fim de gerar e sustentar o impulsionamento para um novo anúncio de Experiência, você, como anfitrião, precisa fazer escolhas conscientes sobre a atividade e o perfil do anúncio, para maximizar esses indicadores importantes.

Um artigo de abril de 2019 publicado pela equipe de cientistas de dados do Airbnb destacou as classificações de busca de dois anúncios de Experiências, em que um saltou de uma classificação geral do 30º ao 1º lugar, e o outro despencou de uma classificação geral do 4º ao 94º lugar. O anúncio em aprimoramento foi de 0 a 60 e os preços caíram de US$29 a US$23. O anúncio em queda aumentou os preços de US$15 para US$35 e as reservas caíram de 200 para 50 por mês, na mesma época.

Fazendo a economia funcionar desde o primeiro dia

Ser anfitrião de uma Experiência no Airbnb exige tempo, dinheiro e esforço. Independentemente de você querer ganhar uma renda extra ou ajudar uma causa em que acredita, é bom garantir que elabore uma Experiência rentável desde o primeiro dia. Anfitriões que estejam pensando em uma nova Experiência precisam se certificar de que a atividade não seja apenas lucrativa de forma geral, mas que também valha todo o tempo investido nela. Aqui aprofundamos a matemática.

Coletando as despesas iniciais

O que você precisa ter à disposição antes de receber um único hóspede? Há equipamentos ou ferramentas que precisa adquirir, mas que possa usar em todas as sessões? Todas as despesas únicas com as quais os anfitriões precisam arcar antes de realizarem a primeira sessão e que podem usar em várias sessões são as *despesas iniciais*.

Por exemplo, uma Experiência de desenho ao ar livre em que o anfitrião deve adquirir todos os cavaletes e cadeiras. Esse anfitrião talvez tenha de comprar primeiro uma pequena quantidade e ir adquirindo mais conforme obtém mais reservas para atender à demanda. Se o conjunto de cavalete e cadeira custa R$150, a compra inicial de 10 custará R$1.500 (10 vezes 150).

Para a maioria das Experiências, os anfitriões terão a opção de alugar antes de comprar. Para aulas de culinária, é possível alugar uma cozinha, em vez de comprar logo de cara todos os eletrodomésticos caros. Uma anfitriã de experiência sobre fotografias pode alugar o equipamento antes de comprar câmeras caras logo no início. Algumas Experiências podem não ter nenhuma despesa inicial. Por exemplo, um passeio a pé por uma reserva natural pública não exige nenhuma despesa inicial significativa.

Entendendo a economia por sessão

Por sessão, você desejará que sua renda seja maior que as despesas, a fim de garantir que o esforço pela Experiência seja rentável. Para isso, ela precisa ser lucrativa a partir de uma base por hóspede e considerar o seguinte:

» **Renda por sessão:** Este é o Preço Por Hóspede multiplicado pela Quantidade Média de Hóspedes por Sessão. Por exemplo, uma Experiência de desenho ao ar livre que cobra R$30 por hóspede e tem em média 8 hóspedes por sessão obterá uma renda bruta média por sessão de R$30 x 8 = R$240. Calculando os 20% da taxa de serviço do Airbnb, a renda líquida por sessão fica em R$240 – R$48 = R$192.

» **Despesas por sessão:** As despesas por sessão consistem de despesas gerais que o anfitrião assume por cada sessão, independentemente da quantidade de hóspedes presentes e do custo médio por sessão por cada hóspede. Por exemplo, a mesma Experiência de aulas de desenho poderia implicar R$20 em materiais totais por sessão e um extra de R$2,50 para material de desenho e refeições leves para cada hóspede. Com 10 hóspedes por sessão, as despesas médias por sessão são de R$20 + 8 x R$2,50 = R$40.

» **Investimento por hora por sessão:** Quantas horas totais de investimento um anfitrião leva para preparar, realizar e dividir uma sessão completa? Por exemplo, um anfitrião pode levar uma hora para preparar uma Experiência de desenho de três horas de duração e mais uma hora para dividi-la e guardar tudo depois. Para ele, as horas totais de investimento pela experiência de três horas são de 1 + 3 + 1 = 5 horas.

» **Lucro por sessão:** Este é o Rendimento Líquido por Sessão menos as Despesas por Sessão. Do nosso exemplo, o Lucro por Sessão é de R$192 – R$40 = R$152.

» **Lucro por hora:** Só porque uma sessão é lucrativa, não quer dizer que vale a pena para o anfitrião. Nesse exemplo, em que ele gasta com a experiência de desenho um total de 5 horas por sessão, seu lucro por hora é o Lucro por Sessão dividido pelo Investimento por Hora por Sessão ou R$152/5 = R$30,40. Porém, esses mesmos R$152 em lucros por sessão são menos atraentes se o anfitrião teve de gastar duas vezes mais tempo por sessão: R$130/10 = R$15,20.

Como se pode ver, uma Experiência economicamente viável deve ser proveitosa por sessão e também gerar um lucro alto o bastante por hora para o anfitrião.

Entendendo a economia de longo prazo

Os anfitriões devem analisar a economia de longo prazo para verificar o que suas Experiências gerarão em lucros semanais, mensais e anuais. A decisão fundamental a se tomar é decidir quantas sessões você realizará em uma semana típica.

Continuando nosso exemplo da seção anterior sobre a experiência das aulas de desenho que gera para o anfitrião R$240 em rendimentos brutos e R$152 em lucros líquidos por sessão de 5 horas, digamos que ele decida realizar 3 sessões por semana, que é igual a cerca de 13 sessões por mês e 156 sessões por ano em um ano de 52 semanas.

Aqui, as economias de longo prazo serão as seguintes:

» **Economia semanal:** A renda mensal semanal é de 3 x R$240 = R$720. O lucro total semanal é de 3 x R$152 = R$456. O anfitrião está passando 15 horas por semana realizando as 3 sessões. Para ser mais prudente e contar com oscilações na demanda, você pode supor uma quantidade média mais baixa por semana de sessões, como 2,5.

» **Economia mensal:** Supondo 4,33 semanas por mês em um ano de 52 semanas, a renda mensal total é de 13 x R$240 = R$3.120. O lucro total mensal é de 13 x R$152 = R$1.976. O anfitrião está gastando 65 horas por mês para realizar as 13 sessões.

» **Economia anual:** Supondo 52 semanas por ano, a renda total anual é de 156 x R$240 = R$37.440. O lucro total anual é de 156 X R$152 = R$23.712. O anfitrião está gastando 780 horas por ano para realizar as 156 sessões.

» **Período de retorno:** Quanto tempo leva para o anfitrião recuperar suas despesas iniciais com os lucros obtidos? Em nosso exemplo, se o anfitrião gastou R$1.500 em despesas iniciais, levará menos de um mês para o retorno, presumindo que ele consiga reservas de hóspedes imediatas.

ANATOMIA DE UMA EXPERIÊNCIA DE SEIS DÍGITOS

Uma das Experiências mais populares e mais reservadas no Airbnb é este passeio gastronômico guiado de três horas e meia em Lisboa, Portugal (`www.airbnb.com/experiences/64564`, parte do conteúdo em inglês). No momento da escrita deste livro, o anúncio desta Experiência havia atingido mais de 3.700 avaliações de hóspedes, com uma nota média de 4,94, e recebido mais de 10 mil hóspedes em pouco mais de dois anos de funcionamento.

Com 12 sessões disponíveis por semana, se a anfitriã receber, em média, 8 hóspedes por sessão, estará reservando quase 5 mil hóspedes por ano. Cobrando R$68 por hóspede, a anfitriã obtém uma renda bruta proveniente de reservas de aproximadamente R$340 mil por ano, guiando hóspedes pelo passeio gastronômico!

Embora a anfitriã tenha de pagar uma boa parte da renda aos restaurantes pelo custo da comida e dos serviços, este é um esquema em que todos ganham: a anfitriã, os hóspedes e os parceiros dos restaurantes. Mesmo que ela desse 60% aos parceiros dos restaurantes, além da taxa de 20% do Airbnb, ainda embolsaria mais de R$100 mil.

Obs.: Todas as estimativas de renda são suposições nossas.

Mesmo com uma Experiência de preço moderado, um anfitrião pode tirar uma renda considerável ao realizar algumas sessões em regime parcial de tempo. Porém, a maioria das Experiências não terá uma reserva média de oito hóspedes por sessão logo no início. Esse nível de desempenho é atingível, só que devem ser necessários vários meses de lançamento para chegar lá.

Para gerenciar sua própria análise de ideias para Experiências, baixe a *Airbnb Experience Profit Calculator* [Calculadora de Lucros de Experiências no Airbnb, em tradução livre] complementar no site da Alta Books. Procure pelo nome do livro ou ISBN. Pesquise Calculadora_Avançada_Airbnb. A calculadora disponibilizada é uma planilha do Excel que permite fazer os pressupostos essenciais destacados nesta seção e definir a economia para suas ideias de Experiências.

Encontrando o equilíbrio certo entre preço e volume

Assim como anfitriões de imóveis devem encontrar o equilíbrio certo entre preços e ocupações, você também precisa, se estiver atuando como anfitrião de Experiências. Colocar um preço muito alto em sua Experiência gerará menos reservas (se houver), mas preços muito baixos, por sua vez, implicarão trabalho demais para pouco retorno.

LEMBRE-SE

Um fator importante a se considerar é o custo da Experiência diante do custo total da estada para o público-alvo. Se, por exemplo, seu público-alvo é constituído principalmente de pessoas que passam estadas curtas de duas diárias que, em média, custam R$75 por noite (para uma estada total de R$150), uma Experiência de R$150 dobrará os custos de viagem dos hóspedes. Porém, essa mesma Experiência de R$150 para hóspedes que ficam em média uma semana, por R$150 por noite (para uma estada total de R$1.050), parecerá mais adequada.

LEMBRE-SE

Tanto a Experiência de preço baixo e volume alto como a de preço alto e volume baixo podem ter um bom desempenho. Mas o algoritmo de busca do Airbnb tende a favorecer as Experiências de US$40 ou menos por pessoa, sobretudo em relação a quem está reservando uma Experiência pela primeira vez e tem receio de fazer reservas de passeios mais caros logo de cara.

Os preços que anfitriões colocam nas Experiências variam de meros US$10 a várias centenas de dólares, e a maioria fica na faixa de US$25 a US$150. Por exemplo, em Los Angeles, o preço médio de Experiências é cerca de US$77 por pessoa.

Debatendo Ideias sobre Experiências Exclusivas no Airbnb

Elaborar uma Experiência no Airbnb que seja exclusivamente sua não quer dizer que você precisa inventar algo que nenhum outro anfitrião está fazendo em algum lugar no mundo. Nestas seções, analisamos várias estratégias para ajudar você a propor novas ideias para sua experiência.

Faça a si mesmo estas perguntas para gerar ideias:

» **Tenho conhecimento ou habilidades específicas?** Você poderia realizar um workshop ou dar uma aula interessante sobre algo que conhece bem? Não precisa ser um especialista de primeira linha no assunto (embora isso não seja um problema). É só oferecer a experiência do aprendizado de um jeito divertido e envolvente. Experiências populares nessa categoria são aulas de culinária, oficinas de artesanato e aulas ao ar livre, como surfe, ioga ou mesmo esculturas com motosserra. Vá para o site do Airbnb (`www.airbnb.com.br`), escolha alguma cidade grande e analise como outros anfitriões estão estruturando e cobrando por suas Experiências que possam ser parecidas com a que você tem em mente.

» **Tenho um conhecimento interno ou perspectiva exclusivos?** Muitas Experiências bem-sucedidas dispõem de anfitriões dando seu toque exclusivo a uma atividade que, de outra forma, seria gratuita. Por exemplo, você tem conhecimento suficiente sobre a história local de um mural e dos artistas por trás dele que poderia resultar em um passeio divertido e interessante? Sabe de preciosidades escondidas que turistas de fora achariam empolgante vivenciar e sobre as quais aprender? Para se inspirar, procure "passeio a pé", "passeio de bicicleta" ou "passeio guiado" no Airbnb.

» **O que eu já amo fazer e teria confiança em ensinar aos outros?** Examine suas viagens recentes e analise as Experiências das quais mais gostou de participar. Você poderia realizar a própria versão delas em sua cidade? Poderia reinterpretá-las acrescentando um toque pessoal ou local a elas?

Após reunir algumas ideias iniciais, ainda que cruas, sobre possíveis Experiências, analise as diversas estratégias que anfitriões do mundo inteiro usaram para dar seus toques exclusivos e pessoais.

Usando a estratégia "misture e combine"

Uma forma divertida de inventar ideias novas e criativas para Experiências é misturar e (des)combinar atividades e/ou lugares.

Às vezes, os pares são evidentes e complementares:

» **Álcool + quase tudo:** Vinho e aulas de culinária. Vinho e arte. Vinho e degustação de queijos. Se seguro e autorizado, o álcool é uma combinação bem-vinda em quase todas as atividades.

» **Passeio + quase tudo:** Passeios com cerveja. Passeios com vinho. Passeios com comida. Passeios com arte. Com bares. Em fazendas. Passeios a pé. De bicicleta. De caiaque. Inclua algo interessante para os hóspedes consumirem ou entrarem no clima.

» **Lugar interessante + alguma atividade:** Pratique ioga na praia ao pôr do sol. Aprenda a tirar fotos noturnas em um distrito histórico de neon. Aprenda a desenhar paisagens urbanas em construções históricas assombradas. Misturar atividades populares em ambientes exóticos ou incomuns pode criar combinações atraentes e memoráveis.

Algumas vezes, tentar juntar de maneira proposital coisas não relacionadas e uma atividade pode gerar ótimas ideias para Experiências. Uma estratégia popular desse tipo de junção é adicionar animais a alguma atividade. Praticar ioga ao ar livre com minicabras. Fazer e degustar café gourmet com trinta gatos. Experimentar cerveja artesanal com filhotes de cachorro. Fazer uma trilha popular com cães de resgate. Anfitriões que realizam esse tipo de Experiência muitas vezes fazem parcerias com uma organização para dar oportunidades a amigos animais e doar para uma causa nobre.

Aproveitando uma tendência crescente

Outra estratégia popular é criar experiências voltadas para tendências cuja popularidade cresce rapidamente. Aqui estão algumas ideias:

» **Ioga:** Ioga e categorias relacionadas, como meditações, têm tido um enorme crescimento nos últimos anos. Como consequência, muitos viajantes estão buscando ativamente experiências nessa categoria. Visite a página de Experiências no Airbnb para as áreas principais e provavelmente verá dezenas de anúncios relacionados a ioga, meditação ou mindfulness, todas com variações próprias. De acordo com dados estatísticos compilados pela The Good Body, organização que reúne resultados de pesquisa sobre ioga, em 2018 havia no mundo 300 milhões de praticantes dessa atividade, tendo crescido substancialmente a partir de uma década antes.

» **Veganismo:** Por causa do crescente cuidado com a saúde e questões ambientais, o interesse pelo veganismo cresceu significativamente no mundo todo, e de acordo com a *Forbes,* nos Estados Unidos, o interesse pelo tema aumentou 600% de 2014 para 2017. O *The Economist* chegou a declarar que 2019 foi o "Ano do Vegano". Para outras Experiências populares que utilizam produtos animais, considere oferecer uma Experiência equivalente vegana como alternativa.

» **Fazer o bem:** Mais viajantes buscarão reservar Experiências que ajudem uma boa causa e sejam divertidas. Muitas populares doam 100% de seus rendimentos para apoiar uma causa de uma ONG que ajuda animais, o ambiente ou outra organização local merecedora no programa Impacto Social do Airbnb. Por exemplo, hóspedes da Experiência "Pescando plástico" (`www.airbnb.com/experiences/44548`, parte do conteúdo em inglês) passam duas horas pescando plástico para ajudar a limpar um rio local em Amsterdã, e todos os rendimentos apoiam a Plastic Whale, a primeira empresa profissional do mundo de pesca de plástico.

Fique de olho em outras tendências de crescimento rápido que se alinham com você, então adapte uma ideia de experiência popular já existente que combine com a tendência.

A era dos extremos

Outra estratégia para criar novas ideias de Experiências é pegar uma ideia popular e acrescentar algo extremo a ela. Por exemplo, recentemente o Airbnb fez uma parceria com titulares selecionados do Livro Mundial dos Recordes para oferecer a "Record Holders Collection" [Coleção dos Recordistas, em tradução livre] de Experiências no Airbnb. Elas incluem dançar hula, fabricar balões, levantar pedras, quebrar tijolos e ordenhar vacas — todas com um titular recordista mundial.

DICA

Descubra uma ideia popular de Experiência e busque maneiras de levá-la ao extremo. Nas alturas. Mais rápido. Mais cara. Maior. Descubra um adjetivo extremo ou um cenário extremo para adicionar a uma Experiência que, de outra forma, seria água com açúcar. Por exemplo, torne um acampamento extremo com "Acampe em um Penhasco no Colorado" (www.airbnb.com/experiences/234689, parte dos conteúdos em inglês), onde hóspedes literalmente montam acampamento e dormem ao lado de um penhasco enorme, em pleno ar. Ou "Prove o Milkshake Mais Caro" (www.airbnb.com/experiences/1050185), onde hóspedes aprendem a fazer (e depois tomam) um milkshake de US$100 com ouro comestível 24 quilates servido em uma taça de cristal Swarovski.

A turma dos esquisitos e dos diferentões

Se deseja criar uma Experiência bem diferentona que não existe em nenhum outro lugar do mundo, você terá de ser ultracriativo. Só conseguimos indicar algumas das Experiências no Airbnb únicas que encontramos no mundo todo. Estes são alguns exemplos [parte dos conteúdos em inglês]:

» **"Seja sereia por um dia em San Diego":** Os hóspedes são "incrementados por uma minitransformação" para transformá-los em sereias, além de um fotógrafo para ajudar com as poses nesta Experiência (www.airbnb.com/experiences/120266).

» **"Faça incensos de ervas com uma bruxa de verdade":** Os hóspedes aprendem a fazer seus próprios incensos de ervas com uma anfitriã "bruxa e curandeira espiritual" (www.airbnb.com/experiences/358388).

» **"Extraia seu próprio DNA para um colar":** Os hóspedes extraem e tornam visíveis as cadeias do DNA das próprias células e as transformam em um colar de recordação nesta Experiência de Impacto Social (www.airbnb.com/experiences/370392).

Quanto mais única, mais destaque. Porém, isso também implica um grupo menor de possíveis hóspedes. Essas Experiências diferentonas funcionam melhor por um preço mais elevado e margens mais altas, considerando-se os volumes mais baixos esperados.

Enviando Sua Experiência do Airbnb para Aprovação

Por conta das expectativas do Airbnb por Experiências de alta qualidade, a plataforma continua a rejeitar inscrições que não atendam aos padrões. Nestas seções, explicamos o processo de inscrição e as estratégias para aumentar suas chances de aprovação.

Compreendendo os três pilares do Airbnb sobre a qualidade das Experiências

O Airbnb está procurando por atividades intimistas e memoráveis, que sejam difíceis para os hóspedes encontrarem tranquilamente em outros lugares. Para uma nova Experiência do Airbnb ser aprovada para publicação na plataforma, a proposta precisa apresentar as seguintes qualidades:

» **Competência:** Para Experiências que exigem que anfitriões ensinem ou orientem os hóspedes em uma atividade, eles precisam provar ao Airbnb que têm competência ao se inscreverem. Os anfitriões que podem disponibilizar exemplos concretos de sua competência, como experiência anterior como professor, prêmios, credenciais ou portfólios com trabalhos de qualidade, têm muito mais chances de conseguir aprovação.

» **Acesso privilegiado:** Para Experiências em que o local é tão atraente, se não mais, do que a própria atividade, o Airbnb quer saber o que torna esse local especial e por que apenas o anfitrião pode obter acesso ou proporcionar essa perspectiva exclusiva do lugar. Para as atividades, os anfitriões precisam mostrar sua visão particular que contribui para que elas sejam únicas.

» **Conexão:** Aspirantes a anfitriões devem ser capazes de descrever com detalhes como criarão uma "conexão humana expressiva" com os hóspedes. Como os anfitriões criarão uma Experiência envolvente e conectada para os hóspedes em um ambiente seguro e imersivo? Quais possíveis problemas os anfitriões poderiam prever e como os atenuariam?

À medida que você vai percorrendo o processo detalhado de inscrição, tenha em mente esses três pilares e sempre se pergunte: "Quais desses pilares estou mostrando?"

Preparando a inscrição

Antes de se aprofundar na elaboração de sua inscrição online, você pode fazer o seguinte para auxiliar a criação e torná-la mais refinada:

» **Reserve algumas Experiências no Airbnb.** A melhor maneira de ter a sensação do que é uma Experiência no Airbnb é *experienciá-la* do ponto de vista de um hóspede. Navegue pelas Experiências do Airbnb em sua cidade e reserve uma, duas ou três. Descubra as que têm algumas coisas em comum com o que você tem em mente. Preste atenção à própria experiência e às de seus colegas hóspedes. Ouça. O que eles amam (e odeiam) na Experiência? O que eles cochicham entre si quando os anfitriões não estão ouvindo?

» **Faça um pré-lançamento de sua Experiência no Airbnb.** Teste-a com amigos e familiares ou estranhos antes mesmo de elaborar sua inscrição. Fazer vários ensaios pode lhe dar a chance de visualizar oportunidades de aperfeiçoá-la e abordar todos os pontos confusos ou frustrantes para os hóspedes.

» **Tire fotos excelentes.** Contrate um fotógrafo para tirar fotos profissionais de pelo menos um dos ensaios, talvez durante o segundo ou terceiro, quando você já tiver feito alguns ajustes. Assim como anúncios de imóveis, os de Experiências precisam ter fotos bem feitas e bem iluminadas para fazer sucesso. Fotos excelentes também demonstram sua seriedade ao Airbnb em sua inscrição. Ter vídeos bonitos também ajuda.

» **Compre materiais de apoio.** A melhor maneira de mostrar os três pilares das Experiências de qualidade do Airbnb é, de fato, mostrar, em vez de escrever sobre eles. Por exemplo, para mostrar sua experiência e capacidade de ensinar uma atividade, compile todas as fotos e vídeos relevantes em um portfólio online, do qual você pode compartilhar o URL no aplicativo. Mostre ao Airbnb que você já está demonstrando, ensinando e encantando outras pessoas com a atividade proposta.

Preenchendo a inscrição

Para iniciar o processo de inscrição, você já precisa ter uma conta existente no Airbnb. Na página inicial da plataforma após o login, você pode clicar em "Seja um anfitrião" na barra principal de navegação, no canto superior direito.

Depois, na parte inferior, a página inicial contém um menu secundário com as opções "Hospede em sua acomodação" ou "Ofereça uma experiência". Clique na última, que o leva a uma tela de boas-vindas com uma introdução breve. Após clicar no botão "Continuar", ele o leva à página de inscrição para você preenchê-la.

Você tem 21 itens para enviar como parte do processo de aplicação. Esta tem 5 seções principais, todas com várias perguntas dentro.

Passo 1: Sua ideia

No primeiro passo do processo de inscrição, escolha o primeiro e o segundo temas para sua Experiência proposta.

SELECIONANDO O TEMA

Ao clicar no link do texto em negrito "**+ Selecione um tema principal**", ele abre uma nova janela de diálogo com as opções do tema principal. Você pode escolher uma delas: artes e cultura, natureza e vida ao ar livre, lazer, esportes e bem-estar, ou comida e bebida.

Selecionar uma e depois clicar no botão "Próximo >" no canto inferior direito leva você a uma tela secundária que lhe pede para escolher uma categoria específica dentro do tema principal selecionado anteriormente. Cada tema principal tem duas ou mais subcategorias de temas, cada um com várias opções. Selecione seu tema secundário e, depois, clique no botão "Salvar".

Você tem a opção de selecionar um segundo grupo de temas primários e secundários, se disponível para sua experiência proposta. Para anfitriões que combinam dois temas distintos, escolher as opções certas pode ajudar a atrair hóspedes com base em ambos os temas.

SELECIONANDO SUA ATIVIDADE

Após selecionar o tema, escolha a atividade que mais se parece com o que sua Experiência aborda. As quatro categorias são:

» Aprender algo

» Ir a um show

» Explorar vistas

» Ir a um evento

Se nenhuma for a combinação perfeita, escolha a que mais se aproxima.

Passo 2: Informações básicas

Após finalizar o primeiro passo, você vai para a segunda tela, em que precisa responder às seguintes perguntas:

» **Local:** O Airbnb pergunta onde você planeja realizar sua Experiência. Se ela é itinerante e não se prende a nenhum lugar físico específico, escolha a cidade grande mais próxima em que você pode explorar e realizar sua Experiência. Escolher uma cidade grande próxima nos arredores pode implicar mais reservas do que fazer a Experiência em sua pequena cidade natal.

» **Idioma:** Aqui você escolhe seu idioma principal, em que "consegue ler, escrever e falar". Também será perguntado em que nível seus hóspedes precisam falar e compreender o idioma, se fluentemente, um pouco ou nada, para aproveitar a experiência. Até outubro de 2019, o Airbnb tinha onze opções de idiomas.

» **Categoria:** Aqui você precisa selecionar se a Experiência é voltada para um tipo específico de viajante ou todos os hóspedes. Os tipos disponíveis de categorias são Negócios, Casais, Pessoas com deficiências, Famílias, Hóspedes com pets, Idosos e Estudantes. Para a maioria das Experiências, você pode selecionar "Não, é para todos".

- Se você está realizando a Experiência com uma organização parceira, selecione a opção e insira aí o código de confirmação do parceiro. A maioria dos anfitriões deixa essa opção em branco.

- Se está realizando a Experiência em prol de uma organização sem fins lucrativos ou instituição de caridade, pode selecionar a opção aqui. Porém, a organização precisa se qualificar e ter enviado e recebido validação prévia pelo TechSoup, parceiro terceirizado de validação do Airbnb. Se escolher essa opção, você precisa criar e enviar a inscrição total por meio da conta sem fins lucrativos do Airbnb, e não por sua conta pessoal na plataforma.

» **Suas qualificações:** Esta seção faz perguntas sobre suas competências:

- **Selecione sua competência.** Escolha entre onze categorias de múltipla escolha.

- **Responda a quatro questões de múltipla escolha para esclarecer melhor sua competência.** Quanto mais tempo tiver morado em sua cidade e praticado ou ensinado sua arte, melhor.

- **Disponibilize um link que prove sua competência.** Aqui, qualquer conteúdo anterior relevante, como perfis em mídias sociais ou um portfólio online, pode ajudar a favorecer suas competências.

- **Responda à pergunta de múltipla escolha: "Qual das opções a seguir melhor descreve o que você está oferecendo?"** Há quatro opções de resposta, mas só as duas primeiras que contêm a palavra "exclusivo" estão corretas. Se você não sente de verdade que sua Experiência é, de certa forma, exclusiva em sua área, considere reelaborá-la.

Passo 3: Página da Experiência

Nesta terceira parte da inscrição, você preenche todas as informações que constam da própria página da Experiência em si:

» **Sobre você:** Primeiro, você precisa escrever uma descrição que confirme sua competência e paixão pela atividade. O Airbnb disponibiliza vários exemplos e algumas dicas para ajudá-lo. Você pode usar até 850 caracteres.

» **O que faremos:** Aqui, descreva com detalhes sua Experiência do começo ao fim e na ordem em que os hóspedes farão as atividades. Seja descritivo e mostre aos leitores o que torna a Experiência especial e o que eles podem esperar. O Airbnb oferece dicas e exemplos úteis. Você pode usar até 1.400 caracteres.

308   PARTE 5 **A Próxima Fase da Experiência como Anfitrião do Airbnb**

» **Onde estaremos:** Selecione o(s) local(is) e forneça uma descrição. Você pode escolher até três tipos de locais em nove categorias. Em sua descrição breve, diga aos leitores por que eles devem se preocupar com o lugar ou por que isso é relevante para você. É possível usar até 450 caracteres.

» **O que forneceremos:** Adicione detalhes de tudo o que você disponibilizará para os hóspedes, colocando um item de cada vez. As categorias incluem Comida, Transporte, Bebidas, Equipamento e Ingressos. Dentro de cada categoria, você pode fazer opções de subcategorias. Por exemplo, em Ingressos, pode selecionar Ingressos para Eventos, Ingressos para Shows e Taxa de Entrada. Após selecionar a subcategoria, solicita-se que você disponibilize uma breve descrição. Para transportes ou equipamentos fornecidos por terceiros, o Airbnb pede que você nomeie a empresa, bem como quaisquer detalhes relevantes de que os hóspedes possam precisar.

» **O que os hóspedes devem trazer:** Especifique os itens que os hóspedes devem trazer. Tente pedir o mínimo, porque a maioria deles gosta da conveniência de ter todas as coisas fornecidas. O ideal é não pedir nada aos hóspedes.

» **Título:** Dê à sua Experiência um título chamativo e descritivo. Analise exemplos das Experiências de melhor desempenho. Se possível, encontre um verbo de ação expressivo que mostre aos hóspedes o que eles farão ou vivenciarão, em vez de apenas descrever do que trata a atividade. Talvez transformar algo como "Jantar caseiro particular" em "Saboreie um menu degustação de seis pratos". Você pode usar até 40 caracteres.

» **Fotos:** Adicione fotos, começando pela de perfil, seguida de até nove fotos adicionais ou opcionais para sua galeria. *Lembrete:* Todas as fotos precisam ter uma resolução mínima de 480 pixels de largura por 720 pixels de altura. Haverá uma visualização prévia da ficha de seu anúncio, que é como ele aparecerá nos resultados de busca para um possível hóspede. Como a demonstração cortará as laterais de sua foto de perfil, garanta que cada foto apareça como você imagina. Use as opções de fotos extras a seu favor, mostrando partes diferentes da atividade e/ou locais diferentes. Inclua fotos à distância e em close-up. Garanta também que todas as pessoas que aparecem nas fotos estejam se divertindo muito! Para se inspirar, analise anúncios semelhantes de Experiências de melhor desempenho pelo mundo.

Passo 4: Configurações

Nesta quarta parte do processo de inscrição, você insere informações adicionais para definir as configurações de sua Experiência:

» **Local de encontro:** No primeiro trecho desta parte das configurações, preencha três etapas ao definir o local de sua experiência.

- Insira um endereço exato do local onde os hóspedes encontrarão você. Não precisa ser o lugar exato da experiência, mas deve ficar a uma distância curta a pé. Muitos anfitriões escolhem lugares práticos e fáceis de achar para encontrarem e, depois, orientarem os hóspedes até o verdadeiro lugar da atividade.

- Verifique a marcação do local em um mapa, que você pode arrastar e soltar conforme necessário.

- Adicione informações sobre direções e o nome do local. Embora essa última parte seja opcional, recomendamos fortemente esclarecer o maior número de coisas possível para evitar que alguns hóspedes já comecem frustrados, com dificuldades para encontrar o local de encontro.

» **Observações:** Especifique o que, se houver algo, os hóspedes precisam saber antes de reservar a Experiência. Estimulamos você a pensar com cuidado sobre o que incluir para atender melhor as expectativas dos hóspedes. É preciso caminhar subindo uma ladeira íngreme só para chegar ao local de encontro? Deixe claro. O lugar não é acessível para cadeirantes? Deixe isso claro aqui. Essas informações não apenas mostrarão sua consideração e seu cuidado para com possíveis hóspedes, elas também evitarão que perca tempo respondendo várias vezes as mesmas perguntas.

» **Condições para hóspedes:** Responda a perguntas sobre quem pode participar da Experiência. Inclua todas as restrições com base em idade, nível de habilidade, certificados, mobilidade ou qualquer outra coisa que poderia impactar a capacidade de participação de um hóspede e aproveitamento de sua experiência.

- **Idade mínima:** Varia de 2 a 21. A plataforma exige automaticamente responsáveis legais para acompanhar os menores.

- **Nível de atividade:** Escolha entre os seguintes:

- **Leve:** Isso significa ficar principalmente no mesmo lugar e com esforço mínimo.

- **Moderado:** Equivale a uma caminhada confortável ou em um terreno de mesmo nível por até três horas.

- **Intenso:** Equivale a uma caminhada ladeira acima de até quatro horas ou em terreno irregular com uma mochila de tamanho médio nas costas.

- **Extremo:** Algo apenas para quem está na melhor forma física e que exija medidas de prevenção à saúde de todos os outros.

- **Nível de habilidade:** Você pode escolher iniciante, intermediário ou avançado. Para a maioria dos anfitriões, suas atividades não devem exigir dos hóspedes habilidades já existentes ou conhecimento. Quanto maior a exigência, menor o grupo de possíveis hóspedes que reservam e maior a faixa de preço que precisa planejar para a experiência.

310   PARTE 5 **A Próxima Fase da Experiência como Anfitrião do Airbnb**

- **Exigências adicionais (opcional):** Inclua aqui quaisquer outras exigências ou avisos. Se a atividade envolve gatos, os "hóspedes devem ficar à vontade com gatos por perto".

- **Exija documento de identidade verificado:** Aqui, dê uma olhada na caixa que exige que os hóspedes tenham identidade verificada para conseguirem reservar sua Experiência para si mesmos ou outros hóspedes. Para Experiências de preço reduzido realizadas em ambientes abertos ao público, os anfitriões podem optar por desativar o box. Para Experiências em imóveis particulares envolvendo equipamentos caros, recomendamos que marque a caixa para ter uma proteção adicional.

CUIDADO

» **Tamanho do grupo:** Defina o tamanho máximo de seu grupo, que pode variar de uma a dez pessoas. *Obs.:* O Airbnb exige o mínimo de um hóspede. Espera-se que os anfitriões honrem suas sessões mesmo se apenas um hóspede reservar com eles.

» **Tempo padrão:** Especifique tanto a duração como o horário de início de sua Experiência. Elas podem durar de uma a dezesseis horas, embora as Experiências mais populares tenham de duas a cinco horas de duração. Para o horário de início, o anfitrião pode escolher qualquer um com incremento de 30 minutos das 24 horas do dia.

» **Preço:** Defina o preço aqui. O Airbnb disponibiliza uma pré-visualização de seus ganhos com base no preço que você define e na quantidade de hóspedes participantes, após ficar com a taxa de serviço de 20%.

» **Configurações de reserva:** Defina quantas notificações prévias você precisa preparar para sua Experiência.

- A primeira é se sua sessão de Experiência já tem reservas e hóspedes extras querem reservar.

- A segunda é quando sua sessão de Experiência ainda não tem reservas e o primeiro hóspede faz uma.

Para ambas, você pode definir qualquer tempo, de uma hora a uma semana. Pense com cuidado em sua Experiência e de quanto tempo precisa para organizá-la e prepará-la. Algumas sessões já planejadas podem acomodar novos hóspedes com facilidade, mesmo faltando apenas uma hora antes do início, mas algumas atividades exigem um planejamento considerável.

DICA

Para as sessões ainda sem reserva, recomendamos disponibilizar pelo menos um dia para si, em vez de arriscar bagunçar seu dia para acomodar uma reserva aos 45 minutos do segundo tempo. Para as sessões já existentes, recomendamos sempre trabalhar com capacidade máxima, para permitir que as reservas de último minuto maximizem o alcance. De acordo com o Airbnb, passar do prazo de uma hora para um prazo de um dia em relação a sessões já existentes poderia reduzir o alcance de hóspedes em 32%.

CAPÍTULO 18 **Seja Anfitrião Sem Ter um Imóvel: As Experiências do Airbnb** 311

Passo 5: O Envio

Na quinta e última parte do processo de inscrição, responda a mais uma pergunta e conheça as várias políticas do Airbnb antes de enviá-la para avaliação:

» **Quais dos itens seguintes se aplicam a você e à Experiência?** Considerando que todas as Experiências precisam cumprir leis e regulamentações locais, o Airbnb solicita que você afirme ter todas as licenças, permissões ou autorizações necessárias para sua Experiência, ou que nada disso é necessário. Para algumas Experiências, o Airbnb pode solicitar uma prova de conformidade antes da aprovação final.

» **Reveja as políticas:** Como último passo antes de poder enviar a inscrição.

Obtendo aprovação

Após ser aprovado, seu trabalho está apenas começando. O que é aprovado não necessariamente pode ser o que funciona melhor para você. No decorrer dos primeiros meses, conforme obtém reservas e realiza sua Experiência, você terá várias oportunidades para ajustar e aperfeiçoar a página de sua Experiência e a atividade em si.

DICA

O Airbnb tem uma lista de verificação de dez itens para a página da Experiência que ajudam você a refletir sobre algumas dessas oportunidades. É possível encontrar esses recursos em `https://blog.atairbnb.com` [conteúdo em inglês].

Reinscrição pós-rejeição

Se o Airbnb rejeitar sua inscrição inicial, não entre em pânico. O Airbnb quer acrescentar mais Experiências em sua plataforma, portanto, a maioria das rejeições iniciais não é para sempre. Ao contrário, de acordo com Joseph Zadeh, diretor oficial de stakeholders do Airbnb, a empresa geralmente provará que a rejeição é razoável e dará soluções específicas para aprimorar a Experiência proposta.

O Airbnb pode comentar que a Experiência proposta é comum demais ou não atende de forma suficiente às paixões de viajantes em particular. Leia com cuidado o feedback da empresa. Aconselhe-se com outras pessoas em que confia sobre como poderia incorporar o feedback a uma reinscrição vitoriosa.

De Olho no Futuro das Experiências no Airbnb

Com o aumento de anúncios, reservas e rendimentos com as Experiências do Airbnb, a maior aposta da plataforma, além do aluguel de imóveis, parece estar compensando. Mas como já vimos apenas nos últimos anos, o Airbnb continuará fazendo experiências para explorar novos canais de crescimento.

Dois novos experimentos recentes são os seguintes:

» **Aventuras Airbnb:** Lançado oficialmente em 2019, o Airbnb expandiu suas incursões em atividades incluindo experiências de vários dias chamadas Aventuras. Tratam-se de atividades totalmente planejadas que incluem refeições, acomodações e um itinerário completo. Essas Aventuras podem variar de viagens de um só dia que custam menos de R$500 a excursões de uma semana que custam mais de R$7 mil por pessoa. Para descobrir mais sobre as Aventuras Airbnb, vá para `www.airbnb.com.br/d/adventures`.

» **Experiências e aventuras de marcas associadas:** O Airbnb também começou a fazer parcerias com outras entidades conhecidas para criar Experiências e Aventuras de marcas associadas, incluindo uma parceria recente com a Atlas Obscura, o guia popular das maravilhas ocultas do mundo. Dê uma olhada em `https://news.airbnb.com/atlas-obscuras-hidden-world-wonders-now-available-on-airbnb/` [conteúdo em inglês].

Futuramente, esperamos ver uma trajetória de crescimento similar para as Aventuras, assim como vimos para as Experiências — mais anúncios, mais reservas e mais rendimentos. De forma semelhante, esperamos ver muito mais marcas trabalhando com o Airbnb para criar Experiências e Aventuras de marcas associadas.

314   PARTE 5 **A Próxima Fase da Experiência como Anfitrião do Airbnb**

6
Abordando Questões Financeiras Importantes

NESTA PARTE. . .

Entenda o básico sobre impostos do Airbnb para fazer registros de forma adequada e reduzir tributações.

Obtenha e entenda os relatórios de renda do Airbnb para calcular seus rendimentos brutos com hospedagem.

Acompanhe e calcule as despesas no Airbnb para maximizar suas despesas dedutíveis de hospedagem.

Entenda as mudanças recentes na legislação fiscal e como elas podem impactar seus relatórios e o preenchimento da declaração do imposto de renda.

Identifique oportunidades de alavancar lucros em sua atuação no Airbnb para aumentar ganhos e reduzir despesas.

Aumente seus rendimentos gerenciando imóveis de outras pessoas como coanfitrião e amplie sua atuação no Airbnb sem ter de comprar ou alugar novos imóveis.

NESTE CAPÍTULO

» Entendendo o básico sobre os impostos do Airbnb

» Obtendo seu relatório de ganhos

» Acompanhando suas despesas

» Focando demonstrações de lucros e perdas

» Compreendendo as mudanças recentes na legislação fiscal

Capítulo **19**

Compreendendo os Impostos do Airbnb

Como anfitrião do Airbnb, você tem várias questões relacionadas a impostos para analisar. Pela renda que obtém com hospedagens, é quase certo que precisa pagar impostos estaduais e federais sobre elas. Se tem imóvel próprio, deve pagar IPTU. E, cada vez mais, uma quantidade maior de anfitriões está sujeita a taxas de ocupação locais.

Este capítulo aborda as estratégias mais importantes não apenas para cuidar dos impostos corretamente, mas também para pagar o que você deve e nada mais. Além disso, destacamos armadilhas comuns a evitar no tocante a impostos.

CUIDADO

Impostos podem ser, e com frequência são, uma coisa complicada, e as leis referentes a eles estão sempre mudando. Elas diferem de foro para foro e conforme a situação financeira particular de cada um. O que apresentamos neste capítulo não é, de forma alguma, uma abordagem precisa ou completa de todas as questões relevantes sobre impostos para todos os anfitriões de todas as áreas. O capítulo apresenta um grupo limitado de questões relativas a impostos (centradas, sobretudo, nos EUA) válidas para o conhecimento de boa parte dos anfitriões ao levarem em conta os impostos do Airbnb. Não tome decisões financeiras importantes, inclusive sobre questões relacionadas a impostos, sem

CAPÍTULO 19 **Compreendendo os Impostos do Airbnb** 317

conversar com seu consultor financeiro ou contador que entenda as regulamentações tributárias locais para sua situação particular.

Imposto É Coisa Séria

Há um bom motivo para o uso exagerado do ditado "Nada é mais certo neste mundo que a morte e os impostos". Verdade! Ninguém pode evitar nem um nem outro. Embora ter de pagar impostos seja 100% garantido, o quanto você acaba pagando não é.

De acordo com Miguel A. Centeno, contador da SharedEconomyCPA, uma equipe de especialistas em impostos voltada a auxiliar pessoas que lidam com economia compartilhada (como anfitriões do Airbnb e motoristas da Uber) a otimizar seus impostos, o anfitrião médio do Airbnb frequentemente pode atingir até US$10 mil ou mais em deduções tributáveis. Porém, tendo trabalhado com milhares de clientes nos últimos anos, percebemos que a maioria dos anfitriões está reivindicando apenas uma fração de suas deduções tributáveis disponíveis, resultando no pagamento desnecessário de taxas mais elevadas.

Pague os impostos que você deve, nem um centavo a mais. Embora a maioria dos anfitriões não tenha muitos tributos incidentes em potencial, muitos estão deixando para trás centenas a milhares de dólares em possíveis economias.

O ERRO TRIBUTÁRIO DE QUASE US$2.400

Elaine e o marido, ambos profissionais que trabalham em período integral, têm uma renda familiar conjunta de US$184 mil. Fazendo uma declaração conjunta, sua taxa marginal de impostos era de 22%.

No ano passado, eles compraram e reformaram uma casa de três quartos no coração de Nova Orleans e, em vez de alugá-la para inquilinos fixos, decidiram anunciar o imóvel no Airbnb. Para a surpresa deles, o imóvel se tornou um sucesso imediato, e as reservas têm sido constantes desde então. Durante o primeiro ano, eles ganharam com o Airbnb um valor extra bruto de US$40 mil em reservas.

Tendo declarado os próprios impostos, eles estavam prestes a informar o montante total de US$40 mil sobre despesas dedutíveis de apenas US$10 mil, gerando US$30 mil em rendas adicionais tributáveis, que teriam sido tributadas na taxa de impostos marginal de 24%, ou quase US$7.200 em impostos adicionais. Porém, trabalhando com um contador que entende de hospedagens pelo Airbnb, eles conseguiram documentar um extra de US$10 mil em despesas profissionais dedutíveis, ajudando-os a reduzir a carga tributária dos rendimentos do Airbnb em US$10 mil, eliminando US$2.400 da fatura fiscal.

As seções a seguir abordam as várias formas de tributações dos ganhos no Airbnb e também perguntas importantes que talvez você tenha sobre imposto de renda.

Compreendendo como os rendimentos do Airbnb são tributados

Quando chega a época da declaração do IR, anfitriões novatos muitas vezes se surpreendem por deverem mais que os típicos impostos de renda federais e estaduais sobre seus rendimentos no Airbnb. De fato, a maioria dos anfitriões está sujeita a impostos de renda federais, taxas de ocupação, imposto sobre trabalho autônomo e o imposto líquido sobre o rendimento de capitais investidos.

Sua renda proveniente do Airbnb pode ser tributada das seguintes maneiras:

» **Impostos de renda federais e estaduais:** Nenhuma surpresa. Todos os anfitriões que tiveram lucro com o Airbnb estão sujeitos a impostos de renda federais, e a maioria também deve impostos estaduais, a menos que resida em um Estado com imposto de renda zero, como Nevada, nos EUA. Os impostos de renda específicos variam conforme os rendimentos, o estado civil e o Estado onde a pessoa reside.

» **Taxa de ocupação:** Também conhecida como Imposto de Ocupação Temporária (TOT — sigla em inglês para Transient Occupancy Tax), esse imposto é cobrado de viajantes que alugam acomodações em hotéis, motéis, pousadas, casas de férias e imóveis temporários, como no Airbnb.

» **Imposto sobre trabalho autônomo:** Ao contrário de donos de imóveis de aluguéis de gerenciamento passivo, anfitriões que gerenciaram ativamente seus anúncios no Airbnb estão sujeitos a impostos sobre trabalho autônomo, que cobre impostos da Previdência Social e da Medicare. Anfitriões ativos devem informar seus rendimentos provenientes de aluguéis pelo Airbnb e despesas do Anexo C do imposto de renda. No ano de 2020, a alíquota era de 15,3% [consulte um contador em seu país].

» **Imposto líquido sobre rendimento de capitais investidos:** Nos EUA, se você recebe rendimentos passivos de seu imóvel no Airbnb terceirizando toda a gerência e a operação a um administrador de imóveis ou coanfitrião e tem renda bruta ajustada maior que US$200 mil de declaração única ou US$250 mil de declarações conjuntas, também pode estar sujeito ao imposto líquido sobre rendimento de capitais investidos de 3,8%.

LEMBRE-SE

Em última instância, a maneira como você opera seu Airbnb e o lugar onde mora determinarão os impostos a que seus rendimentos pela plataforma estão sujeitos. Se você alugar seu imóvel no Airbnb por quatorze dias ou menos, ou usar a propriedade por quatorze dias ou mais pessoalmente, ou mais que 10%

do número total de dias em que o imóvel foi disponibilizado para aluguel, sua renda proveniente do Airbnb não estará sujeita a nenhuma taxa tributável federal. Na verdade, se cumprir essas condições, não terá sequer de declarar a renda em seus impostos, independentemente de quanto recebeu nesses quatorze dias. Nos EUA, com exceção do Alabama, Arkansas, Mississippi, Nova Jersey e Pensilvânia, você também ficará isento do imposto de renda estadual.

Fazendo as perguntas importantes

A meta dos anfitriões no Airbnb não é reduzir os impostos que devem, mas garantir que não paguem mais que o necessário. Para não pagar a mais, você precisa justificar com precisão todos os seus ganhos e despesas no Airbnb.

Para isso, faça a si mesmo estas perguntas importantes que basicamente definem a quantidade de impostos que você ficará devendo:

» **Estou sujeito ao imposto de renda federal do meu país?** Antes de calcular quanto você deve, primeiro verifique se deve. Por exemplo, em relação ao imposto de renda federal nos EUA, é assim que as coisas funcionam:

- Se você é cidadão norte-americano ou residente permanente, qualquer renda de aluguel proveniente de anúncios situados nos EUA ou no exterior está sujeita a impostos. Por exemplo, você é um cidadão norte-americano que anuncia imóveis na Califórnia e em Hong Kong. Você está sujeito ao imposto de renda federal sobre toda a renda proveniente do aluguel, independentemente da localização dos anúncios.

- Se não é cidadão norte-americano ou residente permanente, está sujeito apenas a impostos de renda federais dos EUA para rendimentos de aluguel provenientes de anúncios situados nesse país. Por exemplo, uma cidadã francesa que anuncia um imóvel no Airbnb localizado na Flórida está sujeita a impostos de renda federais dos EUA sobre rendimentos de aluguel provenientes apenas desse anúncio situado nos EUA. A renda que ela obtém dos anúncios em Paris está isenta.

» **O Airbnb está recolhendo e remetendo a taxa de ocupação por mim?** Embora o Airbnb esteja recolhendo e remetendo automaticamente a taxa de ocupação pelos anfitriões de cada vez mais cidades nos Estados Unidos e além, em vários locais os anfitriões ainda são responsáveis por recolher e remeter manualmente a taxa de ocupação devida. Para descobrir, você pode entrar em sua conta no Airbnb e ir para Configurações da Conta—> Histórico de Transações—> Rendimentos Brutos. Veja na Figura 19-1 um exemplo do que você pode esperar ver em seu relatório online de rendimentos brutos no Airbnb.

320   PARTE 6 **Abordando Questões Financeiras Importantes**

- Se os números na coluna Taxas de Ocupação são diferentes de zero, o Airbnb está recolhendo e remetendo por você. Não é mais necessário se preocupar com isso.

- Porém, se os índices nessa coluna são todos iguais a zero, o Airbnb não está recolhendo e remetendo as taxas de ocupação por você. Nesse caso, é preciso coletar manualmente esse imposto de cada hóspede. No passado, os anfitriões tinham que recolhê-lo pessoalmente dos hóspedes ou utilizar a Central de Ajuda para emitir a cobrança das taxas de ocupação, e nenhuma das duas era ideal. Hoje, o Airbnb permite aos anfitriões que adicionem um recolhimento de impostos customizado a seus anúncios ativando ferramentas de hospedagem profissional em Configurações da Conta.

Data	Tipo	Detalhes	Rendimentos Brutos	Taxas de Ocupação
31/12/20	Reserva	29 dez.–2 jan., 2020 HZXHIDEA8F	US$297	US$29,70
26/12/20	Reserva	26 dez.–30 dez., 2020 HZ79VRQO2G	US$440	US$44
23/12/20	Reserva	22 dez.–27 dez., 2020 HZ43OJRG4R	US$645	US$64,50
18/12/20	Reserva	18 dez.–23 dez., 2020 HZ60GRSA4B	US$600	US$60
13/12/20	Reserva	13 dez.–19 dez., 2020 HZ72WKIX3W	US$630	US$63
8/12/20	Reserva	11 dez.–14 dez., 2020 HZ63PMRK1D	US$288	US$28,80
5/12/20	Reserva	5 dez.–11 dez., 2020 HZ96XIVP8E	US$684	US$68,40
2/12/20	Reserva	1–6 dez., 2020 HZ54NXJI5Q	US$515	US$51,50
28/11/20	Reserva	1–26 nov., 2020 HZ87KNLQ3F	US$545	US$54,50
24/11/20	Reserva	21–27 nov., 2020 HZ77QTAE8S	US$636	US$63,60
20/11/20	Reserva	17–22 nov., 2020 HZ91LLBE8B	US$625	US$62,50
15/11/20	Reserva	12–17 nov., 2020 HZ88TRCM1Z	US$650	US$65
11/11/20	Reserva	9–13 nov., 2020 HZ88OTDZ6X	US$380	US$38
6/11/20	Reserva	5–10 nov., 2020 HZ26CMQB2K	US$610	US$61
3/11/20	Reserva	1–5 nov., 2020 HZ61YHWA3R	US$504	US$50,40

FIGURA 19-1: Coletar e remeter taxas de ocupação no Airbnb.

© John Wiley & Sons, Inc.

Se o Airbnb está recolhendo e remetendo automaticamente a taxa de ocupação em seu nome, seu relatório online de Rendimentos Brutos terá a aparência desse exemplo; os números em Taxas de Ocupação refletem o índice da taxa de ocupação em sua região.

» **Quanto rendimento bruto meu Airbnb gerou?** *Rendimentos brutos* são a renda de aluguel gerada por seu anúncio antes de se contabilizarem quaisquer ajustes, por exemplo, restituições e despesas dedutíveis, como taxas de serviço. Também são conhecidos como os rendimentos brutos de aluguel recolhidos no Airbnb com seu anúncio. Por exemplo, uma reserva de R$125 por noite para quatro diárias gera 4 x R$125 = R$500 em rendimentos brutos. Repare que isso exclui a taxa de serviço do Airbnb e qualquer taxa extra de limpeza cobrada dos hóspedes.

» **Quanto paguei em taxas de hospedagem?** A *taxa de hospedagem* é simplesmente a taxa de 3% paga pelo anfitrião em cada reserva. Pelo fato de ela estar incluída no cálculo dos rendimentos brutos, você terá de computar esse número e subtraí-lo desses rendimentos para regular seus índices reais de pagamento.

» **Qual é o valor de meu rendimento bruto?** O *rendimento bruto* é quando você cataloga todos os ajustes adicionais que acrescentam e subtraem do valor de seus rendimentos brutos, próprios apenas de aluguéis recolhidos, e chega a um valor que corresponde a todas as fontes de renda de suas operações no Airbnb.

Entre os itens de rendimento bruto estão as taxas de limpeza recolhidas, pagamentos ou créditos de uma resolução e qualquer renda extra gerada. Por exemplo, se você recolheu uma taxa extra de limpeza de R$100 e mais R$40 para oferecer café da manhã aos hóspedes, seus rendimentos brutos para essa reserva serão de R$500 (ganhos brutos) + R$100 (renda da taxa de limpeza) + R$40 (renda adicional) = R$640 de rendimentos brutos pelo Airbnb. Se tivesse que emitir reembolso, ajustaria seus rendimentos brutos para baixo.

» **Quais são e qual o valor de minhas despesas dedutíveis?** É claro que os R$40 em pagamento que você recolheu para fornecer café da manhã aos hóspedes tiveram custos, pois foi preciso comprar os ingredientes para fazê-lo. E mesmo que tenha feito a faxina por conta própria, você teve de comprar e usar produtos de limpeza. Muitos itens geralmente são considerados despesas dedutíveis para ajudar a compensar seus rendimentos brutos no Airbnb e, por fim, reduzir seus ganhos tributáveis da plataforma. Considerando que suas despesas, e não seu rendimento bruto, basicamente definem a quantia de impostos que você deve, abordamos com mais detalhes esse assunto em "Levando em Conta Suas Despesas no Airbnb", mais adiante neste capítulo.

Basicamente, da perspectiva dos impostos, é bom você analisar desde os rendimentos brutos até os ganhos finais tributáveis, conforme destacados na Figura 19-2.

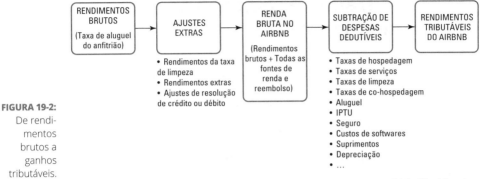

FIGURA 19-2: De rendimentos brutos a ganhos tributáveis.

© John Wiley & Sons, Inc.

Embora seus rendimentos brutos não correspondam ao que lhe foi pago, a Receita Federal exige que você os declare e, depois, adicione todos os ajustes nos rendimentos e despesas dedutíveis para chegar a seus ganhos tributáveis finais no Airbnb.

Se seu desempenho foi fraco e você pode reclamar apenas uma parte das despesas que teve, pagará mais impostos. Mas quanto? Nos EUA, para cada dólar que você gastou, mas se esqueceu de declarar, há outro dólar sujeito a impostos sobre rendimento. Por exemplo, se você está na taxa marginal de rendimentos de 25% e se esquece de reclamar US$2.500 em despesas dedutíveis, pagará US$625 a mais em impostos.

Considerando Seus Ganhos no Airbnb

Embora acertar as despesas seja o segredo para minimizar a carga tributária, você precisa começar com os rendimentos brutos. Por sorte, é fácil obter esse índice diretamente em sua conta no Airbnb.

A *renda de aluguel*, que o Airbnb recolhe dos hóspedes para eles "alugarem" seu imóvel, também é conhecida como *rendimentos brutos*. Você precisa informar esse valor na declaração. Porém, ele não é o mesmo que foi pago a você, porque vem antes do cálculo das taxas de hospedagem do Airbnb. As seções a seguir o orientam em relação ao significado dos diferentes números no relatório de rendimentos brutos e como adquirir um formulário de declaração no Airbnb.

Decifrando o relatório de rendimentos brutos

Para começar, você precisa do valor dos rendimentos brutos. Para isso, exporte seu relatório de rendimentos brutos seguindo estas etapas:

1. **Entre em sua conta do Airbnb.**

2. **Clique em Configurações da Conta.**

3. **Clique em Histórico de Transações.**

4. **Clique em Rendimentos Brutos.**

5. **Selecione de janeiro a dezembro como ano fiscal.**

6. **Clique em Baixar CSV.**

O arquivo CSV (valores separados por vírgulas) é uma planilha que contém os detalhes relevantes de todas suas transações no Airbnb para o ano fiscal. Seu CSV inclui as seguintes informações importantes:

» **Data:** Esta é a data de quando sua transação foi registrada no histórico de transações. Geralmente é o dia após a data inicial da reserva, mas às vezes pode levar de dois a três dias.

» **Tipo:** Indica o tipo de entrada em seu histórico de transações, seja uma reserva, um pagamento, seja o ajuste devido à resolução.

» **Código de confirmação:** Esse código alfanumérico está associado a cada reserva. Para qualquer pedido de resolução, você usa esse código para mencionar a reserva específica em questão.

» **Data de início:** É a data inicial da reserva em questão.

» **Noites:** É o número de noites reservadas pelo hóspede.

» **Hóspede:** Nesse campo entram os nomes dos hóspedes para cada reserva correspondente.

» **Anúncio:** Mostra o nome do anúncio para as reservas. Para os anfitriões que têm mais de um anúncio, essa distinção lhes permite filtrar os resultados por anúncio.

» **Detalhes:** Aqui você pode encontrar informações adicionais para o registro específico no histórico de transações, incluindo a conta bancária em que o pagamento foi feito e quaisquer resoluções. Uma resolução contém um número de resolução.

» **Referência:** Mostra todos os números de referência para reembolso ou itens da central de resoluções associados às reservas.

324   PARTE 6 **Abordando Questões Financeiras Importantes**

» **Moeda:** Informa a moeda associada a cada registro. Anfitriões que atuam em um só país têm a mesma moeda em todos os registros.

» **Quantidade:** Essa entrada é para a quantidade em questão que diz respeito ao anfitrião. Para as reservas, é a quantidade a ser paga. Para os ajustes, é a quantia exata ajustada com base nas contas do anfitrião.

» **Pagamentos:** Se ocorreu um pagamento, a quantia paga aparece aqui e corresponde ao valor do montante na reserva correspondente.

» **Taxa de hospedagem:** Essa entrada é a taxa de 3% cobrada dos anfitriões de cada reserva. Adicionar esse número ao montante em Quantidade mostra a você seus rendimentos brutos do anúncio no Airbnb.

» **Taxa de limpeza:** São as taxas de limpeza coletadas dos hóspedes. Embora precisem ser informadas como fontes adicionais de renda para sua operação no Airbnb, que depois você deduz de suas despesas reais com faxina, elas não contam para o cálculo dos rendimentos brutos, já que se aplicam a seu "aluguel no Airbnb".

» **Taxa de ocupação:** Se o Airbnb está recolhendo e remetendo automaticamente as taxas de ocupação em seu nome, a quantia recolhida aparecerá aqui.

Ao baixar e exportar o arquivo CSV de sua conta no Airbnb, você verá uma planilha de todas as transações relevantes de seu anúncio, como na Figura 19-3. Observe que para os anfitriões sem fontes adicionais de renda por não haver recolhimento de taxas de limpeza, restituições emitidas ou créditos recebidos de resoluções, a renda bruta do Airbnb é igual aos rendimentos brutos.

FIGURA 19-3: Exportação do relatório de rendimentos pelo Airbnb.

Data	Tipo	Código de Confirmação	Data de Início	Noites	Hóspede	Anúncio	Detalhes	Referência	Moeda	Valor	Pago	Taxa do Anfitrião	Taxa de Limpeza	Taxa de Ocupação	Rendimentos Brutos
15/06/20	Reserva	HUZCGHR926	14/06/20	3	James Bond Jr	Apto. Luxo 2 Dorm			USD	149,19		4,61	24,2	14,92	153,80
15/06/20	Reserva	HUZCGHR926	14/06/20	3	James Bond Jr	Apto. Luxo 2 Dorm			USD	596,74		18,46	96,8	59,67	615,20
15/06/20	Ajuste de Co-hospedagem	HUZCGHR926	14/06/20	3	James Bond Jr	Apto. Luxo 2 Dorm			USD	-121					
14/06/20	Ajuste de Resolução						Aj. resolução		USD	-60					
13/06/20	Reserva	HX3D1338AY	12/06/20	2	Ben e Jerry S	Apto. Luxo 2 Dorm			USD	100,49		3,11	24	10,05	103,60
13/06/20	Ajuste de Co-hospedagem	HX3D1338AY	12/06/20	2	Ben e Jerry S	Apto. Luxo 2 Dorm			USD	-120					
13/06/20	Ajuste de Resolução						Aj. resolução		USD	-199					
13/06/20	Reserva	HX3D1338AY	12/06/20	2	Ben e Jerry S	Apto. Luxo 2 Dorm			USD	401,97		12,43	96	40,20	414,40
06/06/20	Reserva	HX31CZZ11E	05/06/20	6	Joe Some	Apto. Luxo 2 Dorm			USD	211,46		6,54	24	21,15	218
06/06/20	Reserva	HX31CZZ11E	05/06/20	6	Joe Some	Apto. Luxo 2 Dorm			USD	845,84		26,16	96	84,58	872
06/06/20	Ajuste de Co-hospedagem	HX31CZZ11E	05/06/20	6	Joe Some	Apto. Luxo 2 Dorm			USD	-120					
03/06/20	Ajuste de Resolução						Aj. resolução		USD	-225					
02/06/20	Reserva	HJJ8EAXISC	01/06/20	2	Izzy Bizy	Apto. Luxo 2 Dorm			USD	110,58		3,42	24	11,06	114
02/06/20	Reserva	HJJ8EAXISC	01/06/20	2	Izzy Bizy	Apto. Luxo 2 Dorm			USD	442,32		13,68	96	44,23	456
02/06/20	Ajuste de Co-hospedagem	HJJ8EAXISC	01/06/20	2	Izzy Bizy	Apto. Luxo 2 Dorm			USD	-120					

© Wiley Publishing.

A exportação não tem uma coluna de Rendimentos Brutos, portanto, você precisa calculá-los manualmente. Na Figura 19-3, cria-se a coluna adicionando em conjunto o montante das colunas Valor e Taxa do Anfitrião. Por exemplo, na primeira coluna em que a quantia era de US$149,19 e a taxa do anfitrião era de US$4,61, os rendimentos brutos da reserva foram de US$149,19 + US$4,61 = US$153,80. Para o cálculo de todo o ano civil, adicione todos os cálculos dos rendimentos brutos de todas as reservas. **Obs.:** Para ficar claro, formatamos um pouco.

Obtendo os formulários de imposto no Airbnb

Dependendo de sua situação e da quantidade de rendimentos brutos que seu anúncio obteve no ano civil anterior, o Airbnb pode ser solicitado por lei a enviar a você alguns formulários para impostos, que podem incluir alguns destes:

» **Formulário 1099-K:** Para cidadãos norte-americanos e residentes permanentes que ganharam mais de US$20 mil e tiveram 200 ou mais reservas no ano civil, a Receita Federal exige que o Airbnb informe diretamente os rendimentos brutos e emita para o anfitrião um Formulário 1099-K. Se você atingiu esse limiar, o formulário fica disponível online em sua conta do Airbnb, em Preferências de Pagamento:

  • O Airbnb lhe envia uma confirmação por e-mail e uma cópia física, a menos que você tenha selecionado especificamente apenas a entrega eletrônica. Em geral, ela é enviada no fim de janeiro.

  • Anfitriões com informações fiscais anunciadas em várias contas do Airbnb podem receber vários formulários 1099-K, um para cada conta.

» **1042-S:** Cidadãos que não são norte-americanos ou residentes que enviaram um Formulário W-8 receberão um Formulário 1042-S pelo correio. Em geral, ele é enviado no fim de fevereiro.

» **Casos especiais:** Anfitriões que também prestaram serviços ao Airbnb, como de fotografia ou tradução, e ganharam US$600 ou mais por eles, também receberão um Formulário 1099-MISC, geralmente no fim de janeiro. Há considerações especiais para anfitriões que atuam em Massachusetts e Vermont. Para ter informações adicionais, visite o recurso da central de ajuda oficial do Airbnb sobre formulários para impostos em `www.airbnb.com/help/article/414/ should-i-expect-to-receive-a-tax-form-from-airbnb`.

Levando em Conta Suas Despesas no Airbnb

Em última instância, o fato de você dever impostos e a quantidade deles por conta de suas operações no Airbnb dependem sobretudo de sua documentação e da contabilização de despesas profissionais dedutíveis para abater de seus rendimentos com a plataforma.

Você precisa estar ciente de dois tipos de despesas que são abordadas de modo diferente para fins de tributação: as que você pode deduzir e as que capitaliza. Estas seções analisam com mais detalhes esses dois tipos e explicam quais despesas controlar e quais documentos conservar a fim de se preparar bem para pagar os impostos.

Compreendendo as despesas dedutíveis

Despesas dedutíveis são despesas profissionais comuns resultantes do aluguel de seu imóvel e de sua atividade como anfitrião. Para fins de tributação, elas são consideradas *ordinárias e necessárias*, o que significa que são comumente resultantes de uma operação comercial e, necessariamente, ajudam nesse negócio.

Por exemplo, taxas de limpeza são elegíveis porque são típicas e necessárias para operar um anúncio no Airbnb. Porém, pagar um compositor profissional para criar um tema musical para seu anúncio não é nem ordinário nem necessário. Uma boa maneira de explicar é quando você precisa cobrar a despesa para cada reserva, como uma taxa de limpeza, ou coisas frequentes para operar seu anúncio, como contas de serviços e assinaturas de softwares. Consulte, na seção posterior "Sabendo quais despesas dedutíveis controlar", uma lista específica de despesas dedutíveis.

Compreendendo as despesas capitalizadas

Despesas capitalizadas são despesas que agregam valor à vida útil ou de longo prazo de seu anúncio no Airbnb. Por exemplo, substituir um ar-condicionado ou uma geladeira antiga, reformar um banheiro ou cozinha, pavimentar a calçada ou comprar e instalar uma banheira de hidromassagem. Essas aquisições podem ter uma vida útil desde alguns anos até 27,5 anos.

Para definir a quantia que pode ser amortizada, você pode descontar de uma despesa de capital a cada ano. Considere estes três fatores:

» **Base de custo:** Basicamente, é o custo total para adquirir e instalar o ativo depreciável. Se você adquiriu uma geladeira nova em folha por R$1.500 e pagou mais R$250 pela entrega e instalação, sua base de custo total será de R$1.500 + R$250 = R$1.750.

» **Vida útil:** É a quantidade de tempo em anos que você espera obter valor de seu ativo capitalizado e, portanto, depreciá-lo. Também é conhecida como *período de recuperação*. Por exemplo, muitas vezes, uma geladeira se deprecia em cinco anos. Ao adquirir ativos usados, a vida útil é a quantidade de anos de um item novo menos o número de anos em que o ativo foi usado. Comprar uma geladeira com dois anos de uso significa uma vida útil restante de três anos.

» **Valor residual:** O terceiro fator necessário para definir a depreciação de uma despensa capitalizada é conhecido como *valor residual* do ativo ou o valor pelo qual se pode vendê-lo totalmente depreciado no fim de sua vida útil. Mesmo que não funcione mais, uma geladeira pode ter suas partes vendidas a preço de banana.

A maioria dos anfitriões usa um método linear para calcular um cronograma de depreciação, em que esta é dividida igualmente ao longo da vida útil do ativo. O valor da depreciação é então calculado obtendo a diferença entre a base de custo e o valor residual, depois, dividindo o resultado pela vida útil. Veja na Figura 19-4 o exemplo de um cronograma de depreciação para um ativo que se desvaloriza ao longo de dez anos.

Custo Total de Base	US$1.200	
Vida Útil	10	anos
Valor Residual	US$200	

Ano	Valor de Reserva (Início do Ano)	Depreciação	Valor de Reserva (Fim do Ano)
1	US$1.200	US$100	US$1.100
2	US$1.100	US$100	US$1.000
3	US$1.000	US$100	US$900
4	US$900	US$100	US$800
5	US$800	US$100	US$700
6	US$700	US$100	US$600
7	US$600	US$100	US$500
8	US$500	US$100	US$400
9	US$400	US$100	US$300
10	US$300	US$100	US$200

FIGURA 19-4: Cronograma de depreciação de dez anos.

© *John Wiley & Sons, Inc.*

CAPÍTULO 19 **Compreendendo os Impostos do Airbnb**   329

Aqui, a despesa capitalizada tinha uma base de custo de US$1.200, um valor residual de US$200 e uma estimativa de vida de 10 anos. Observe que o valor de depreciação por ano é de US$100, o que é igual a (US$1.200 − US$200) dividido por 10.

NA INTERNET

Você pode baixar uma calculadora de depreciação no site da Alta Books. Procure pelo nome do livro ou ISBN. Para essa calculadora, tudo o que você precisa inserir são a base de custo, a vida útil (escolha de 1 a 50) e o valor residual, a fim de gerar automaticamente o cronograma completo de depreciação.

Definir exatamente quais despesas e manutenções são dedutíveis e quais são capitalizadas pode ser confuso. A vida útil de móveis, eletrodomésticos, acessórios e outras melhorias capitais depreciadas varia conforme o foro. Converse com seu contador para verificar qual é o cronograma de depreciação apropriado para a situação onde você mora.

Sabendo quais despesas dedutíveis controlar

Para minimizar seus rendimentos tributáveis no Airbnb e, logo, a quantia de impostos devida, é preciso abater todas as despesas dedutíveis de seus rendimentos brutos pela plataforma. Para isso, primeiro é preciso ter registros exatos e completos de cada item de despesa (e valores dela) que você tem durante o ano civil tributável.

Em geral, os itens de despesas dedutíveis são os seguintes:

- » Propaganda e marketing.
- » Taxa do anfitrião pelo Airbnb.
- » Despesas com veículos.
- » Taxas de limpeza.
- » Contrato de trabalho.
- » Depreciação de todas as despesas capitalizadas.
- » Educação.
- » Hóspedes extras e facilidades.
- » Taxas HOA.
- » Seguros.
- » Serviços de lavanderia.
- » Serviços legais e profissionais.
- » Refeições e lazer.

- » Celular e planos de dados.
- » Juros hipotecários.
- » Artigos de escritório.
- » Permissões e licenças.
- » Taxas de gerenciamento de imóveis ou de co-hospedagem.
- » IPTU.
- » Aluguel (se estiver alugando imóvel ou equipamento).
- » Consertos e manutenção.
- » Taxas de assinatura.
- » Software.
- » Suprimentos.
- » Viagem.
- » Serviços.

Nem todas essas categorias se aplicam a todos os anfitriões, portanto, reflita com cuidado sobre cada uma delas para não jogar dinheiro fora. De acordo com a SharedEconomyCPA, muitas vezes os anfitriões subestimam e pouco reivindicam as despesas, frequentemente relacionadas a viagens. Por exemplo, uma anfitriã que tem vários anúncios e faz viagens constantes em seus vários imóveis do Airbnb, lojas e reuniões com vendedores e parceiros poderia ficar sujeita a despesas de viagens que constituem quase 20% de suas despesas totais.

Uma ótima forma de controlar suas despesas é criando contas-correntes específicas e cartões de débito ou crédito para suas operações no Airbnb. Ao gerir todas as suas despesas apenas por essas contas, você só precisará analisar as declarações de fim de ano dessas contas para catalogar suas despesas. Além disso, ao conectar diretamente essas contas a um software de contas online, você pode automaticamente manter registros precisos para gerar relatórios fáceis na época dos impostos.

NA INTERNET

Para ter a lista mais atualizada de despesas dedutíveis, consulte a Publication 527 (Residential Rental Property ou propriedade de aluguel residencial, em tradução livre) do fisco localizada em www.irs.gov/forms-pubs/about-publication-527 [conteúdo em inglês].

Sabendo quais documentos guardar

Para não deixar de fornecer à Receita Federal a documentação que respalde todos os seus rendimentos e despesas relacionados ao Airbnb, você precisa ter registros de todos os arquivos de suporte e documentos.

Estes são os documentos para guardar nos registros:

» **Formulários 1099-MISC:** Se você pagou US$600 ou mais para um fornecedor independente ou provedor de serviços, é obrigado a emitir para ele um Formulário 1099-MISC antes do fim de janeiro. Preenchimentos inadequados do 1099 podem levar a multas e impedir que a despesa seja usada como dedução, o que gera maiores taxas. Se contratou um(a) diarista e pagou US$600 ou mais no ano civil, terá de emitir o 1099. No entanto, se pagou uma companhia de limpeza por serviços prestados, não é preciso emitir um 1099 à empresa.

» **Cronograma completo de depreciação:** Para todos os ativos capitalizados, mantenha um cronograma que inclua a data de aquisição, o valor da aquisição, expectativa de vida útil e cálculos de depreciação mostrando quanta desvalorização já ocorreu.

» **Documentação de home office:** Se você gerencia o Airbnb em home office, talvez consiga deduzir despesas como equipamentos, artigos de escritório e uma parte de suas despesas com serviços com base em uma porcentagem do tamanho do escritório sobre o espaço habitável total do imóvel.

» **Recibos de seguro:** Se você adquiriu um seguro adicional para aluguéis temporários ou seguro de responsabilidade para suas operações no Airbnb.

» **Diário de despesas de viagens:** Registros claros de viagens, com datas, milhagem, itens de despesa e valores, facilitam definir as despesas de viagem dedutíveis, sobretudo se veículos também são usados para viagens pessoais.

» **Juros hipotecários pagos:** Se você é dono do imóvel, os juros pagos sobre a hipoteca geralmente são dedutíveis.

» **Documentos fiscais anteriores:** Se teve prejuízos ao operar seu Airbnb no ano anterior, talvez consiga reportar algumas das perdas com aluguel para compensar os ganhos no ano atual.

» **Recibos de serviços profissionais:** Guarde os recibos de todos os serviços feitos por profissionais, encanadores ou contadores.

» **Recibos de IPTU:** Para proprietários, guarde documentos de todos os IPTUs pagos, porque talvez você consiga deduzir parte ou todos os impostos de seus rendimentos.

» **Recibos de compras:** Guarde recibos de todas as compras dedutíveis de coisas ou serviços referentes a suas operações no Airbnb, incluindo todos os recibos de consertos e manutenções, e também de compras regulares de suprimentos como sabonete, artigos de higiene, produtos de limpeza e despesas extras.

DICA

Acidentes acontecem. Documentos se extraviam ou se perdem. Documentos referentes a impostos nunca são necessários... até você precisar deles! Embora a Receita Federal recomende guardar todos os registros por pelo menos três anos, algumas situações têm um período de limite de sete anos ou mais.

Para evitar a chateação de ficar guardando anos de arquivos físicos em armários cheios de recibos velhos de papel e documentos, digitalize-os com scanners e transforme rapidamente documentos físicos em equivalentes digitais. E ao manter os arquivos digitais organizados por ano em uma conta segura de armazenamento na nuvem, você terá um acesso rápido e fácil, e nunca terá de se preocupar em não conseguir os documentos de apoio relevantes.

Explorando Alterações Recentes na Legislação Fiscal

O trecho da Lei sobre Redução de Impostos e Empregos [Tax Cuts and Jobs Act (TCJA)] de 2017, que entrou em vigor em 2018, é considerado por muitos a maior mudança do código tributário nas últimas décadas nos EUA. As mudanças apresentam novas e estimulantes deduções de impostos para anfitriões, que discutimos nas próximas seções.

Deduzindo 100% o bônus-depreciação sobre bens móveis

Se você adquire um bem móvel para usar em seu imóvel do Airbnb, como um sofá ou uma televisão novos, agora é possível deduzir o custo total da compra em um único ano, comparado com as típicas vidas úteis de cinco a sete anos aplicadas a bens móveis.

Antes da TCJA, só era possível deduzir até 50% do valor da compra, o que poderia diminuir significativamente seus rendimentos tributáveis do Airbnb se você tivesse feito compras grandes de bens móveis.

NA INTERNET

Porém, para se qualificar para o bônus-depreciação de 100%, é preciso cumprir certas regras. Você pode encontrar as exigências mais atualizadas no site da receita (www.irs.gov) e pesquisando por "Tax Cuts and Jobs Act" [conteúdos em inglês].

CAPÍTULO 19 **Compreendendo os Impostos do Airbnb** 333

Obtendo a dedução de pass-through de 20%

De 2018 a 2025 de acordo com a TCJA, proprietários de empresas pass-through (EUA), como as sociedades de responsabilidade limitada (Ltda.), podem deduzir até 20% dos rendimentos da empresa provenientes de imposto sobre rendimento. Para os imóveis de aluguel temporário, essa mudança significa deduzir até 20% de seus rendimentos de aluguel no Airbnb dos impostos sobre o rendimento global.

Antes dessa alternativa, pequenas empresas tinham de passar os rendimentos da companhia diretamente para a renda pessoal, o que estava sujeito a taxas de impostos sobre rendimentos pessoais de até 39,6%. Porém, garantir que você se qualifica para a dedução não é tão simples assim.

Para se qualificar, é preciso cumprir as seguintes exigências:

» **Você opera seu Airbnb como um negócio.** Ao contrário de ter um investimento passivo de aluguel de imóveis, administrar um anúncio no Airbnb exige muito mais envolvimento ativo para um gerenciamento adequado e proveitoso. Assim, em geral se considera que anfitriões que administram ativamente seus anúncios na plataforma estão operando como uma empresa.

» **A atividade de aluguel no Airbnb precisa ser pass-through.** Como a maioria dos anfitriões no Airbnb gerencia os próprios anúncios, eles quase sempre são considerados uma empresa pass-through. Alguns anfitriões formam entidades comerciais, como as Ltdas., para ter e operar seus imóveis anunciados no Airbnb. Isso é mais comum entre anfitriões profissionais operando vários anúncios ou anfitriões cujo aluguel no Airbnb é apenas uma de inúmeras empresas que gerenciam por meio de sua entidade comercial.

» **Seu aluguel no Airbnb precisa ser lucrativo.** Considerando que a dedução lhe permite deduzir até 20% de seus rendimentos com aluguel no Airbnb, você precisa atuar em uma empresa lucrativa na plataforma para se beneficiar dessa dedução.

» **Você precisa ter rendimentos tributáveis.** Se não tiver, não haverá nada de onde deduzir os 20% dos rendimentos com aluguel no Airbnb.

Além disso, as regras específicas para a dedução dependem de seus rendimentos tributáveis anuais. Até 2020, nos EUA, se você tivesse rendimentos tributáveis totais de menos de US$163.300 (ou US$326.600 para declarações conjuntas), provavelmente se qualificaria para a dedução completa de 20%. Porém, se seus rendimentos tributáveis superam esses limites, fica mais complexo calcular a dedução.

NESTE CAPÍTULO

» Gerenciando imóveis de outras pessoas no Airbnb

» Aumentando sua renda como coanfitrião

Capítulo **20**

Ganhando uma Boa Grana como Coanfitrião do Airbnb

omo um anfitrião do Airbnb que realmente otimizou o desempenho e aperfeiçoou operações, você pode estar se perguntando como conseguir mais hospedagens. Comprar outro imóvel pode ser bem caro e implica um risco muito maior do que muitos anfitriões estão buscando.

Dessa forma, como anfitrião bem-sucedido no Airbnb, você tem uma série de habilidades valiosas. Poucos anfitriões da plataforma realmente empregam o tempo e a energia necessários para otimizar os retornos e melhorar as operações. Muitos estão extremamente empolgados com a possibilidade de fazer parceria com alguém que possa ajudá-los a impulsionar seus retornos e poupar um pouco de tempo. É exatamente isso que significa ser coanfitrião no Airbnb. Neste capítulo, explicamos com mais detalhes o que é ser coanfitrião, ajudamos a decidir se ser um é uma boa jogada para você e mostramos como gerenciar de forma bem-sucedida os imóveis de outras pessoas no Airbnb.

Co-hospedagens: O que É Realmente Necessário para Administrar Imóveis de Outras Pessoas

Para anfitriões que querem aumentar a renda com hospedagens sem adquirir um imóvel novo, ser coanfitrião é uma ótima opção. Eles podem ajudar outras pessoas a administrar suas casas no Airbnb.

Ter outro imóvel para administrar gera oportunidades de ganhar o dobro de dinheiro. Você pode descobrir que, com a casa certa, é possível obter um retorno ainda melhor de tempo do que com seu imóvel principal.

As seções a seguir se concentram em ajudá-lo a descobrir se ser coanfitrião é uma boa opção para você, quais tipos de imóveis talvez consiga co-hospedar e como cumprir a lei.

Entendendo os fundamentos da co-hospedagem

Basicamente, co-hospedar é administrar o imóvel de alguém em nome dessa pessoa. Isso implica levar em conta todos os aspectos de atuar no próprio imóvel e fazer isso para outros também. Você está dizendo a outro proprietário que administrará com eficácia o imóvel que ele anunciou no Airbnb. Fisicamente, você não assume todas as tarefas relacionadas à hospedagem, mas facilita tudo. Em geral, coanfitriões ganham uma porcentagem dos rendimentos totais do imóvel, o que você pode negociar com o proprietário. Usualmente, essa porcentagem varia de 20% a 50%.

LEMBRE-SE

Dar início à atividade de coanfitrião pode ser mais fácil se você já teve experiência em administrar o próprio imóvel no Airbnb; porém, não é imprescindível ter tido experiência com hospedagens. Eu (James) comecei a atuar como coanfitrião de dez imóveis alheios no Airbnb antes mesmo de conseguir ser anfitrião em minha própria casa. Se você cuidar dessa atividade para outras pessoas antes de ser anfitrião no próprio imóvel, é bom ir um pouco mais devagar com o andor e ter um bom desempenho com uma única propriedade antes de passar para duas, três, cinco ou dez.

Se atualmente você é um anfitrião que está considerando a possibilidade da co-hospedagem, verifique se sua própria atividade como anfitrião está otimizada antes de passar a gerenciar os anúncios de outras pessoas. Quando o assunto é o seu imóvel, se você fez um bom trabalho de maximização de retornos e redução de tempo, em vez de fazer a limpeza ou se comunicar com os hóspedes por conta própria, está facilitando o processo.

Você contratou diaristas e hoje lida com ele(a)s. Você terceirizou a comunicação com os hóspedes. Se decidir começar a ser coanfitrião, os mesmos princípios se aplicarão. Você contrata diaristas e uma equipe para se comunicar com os hóspedes. É possível, inclusive, empregar os mesmos grupos que usa no próprio imóvel. Agora você os gerencia e organiza para a(s) nova(s) propriedade(s) em que está atuando como coanfitrião. Tudo o que você faz com o próprio anúncio fará também com os imóveis adicionais.

Por exemplo, se estiver otimizando preços ou contratando um excelente fotógrafo, você estende esses serviços a outros imóveis adicionais em que esteja atuando como coanfitrião. Você acrescenta um cofre e facilita que o fotógrafo venha ao novo espaço.

Por ter administrado o próprio imóvel, você sabe o que é preciso para ser um ótimo anfitrião. Agora, como coanfitrião, continua a otimizar as habilidades estabelecidas ao longo de sua jornada com hospedagens. Você pode ajudar um imóvel a ter o melhor desempenho possível de uma forma eficaz e eficiente, e garantir que esteja gerando a quantidade máxima de dinheiro por hora para si mesmo.

Ser ou não ser coanfitrião: Eis a questão

Ao pensar se você deve ser coanfitrião, reflita sobre as seguintes questões antes de tomar a decisão:

» **Você fez tudo o que podia em relação aos próprios anúncios?** Um excelente motivo para ser coanfitrião é você não ter imóvel próprio para administrar ou não ter a quantidade de casas para maximizar o tempo dedicado às hospedagens. Se você fez de tudo para otimizar o próprio imóvel, administrar propriedades alheias pode fazer muito sentido. Para a maioria das pessoas, se tem habilidades úteis, é bom dedicar mais tempo a elas.

» **Você gosta de ser anfitrião?** Outro motivo para considerar a co-hospedagem é que, se você chegou até aqui como anfitrião, provavelmente gosta da atividade em si. Se ser anfitrião é algo que você realmente aprecia, considere dar um passo além e ganhar mais dinheiro como coanfitrião.

LEMBRE-SE

Se ser coanfitrião é sua praia, a melhor forma de começar é por meio de amigos ou familiares que sejam uma boa pedida para alugar o próprio espaço no Airbnb ou que já façam isso. Após pegar o jeito de administrar imóveis para outras pessoas, há várias maneiras de continuar ampliando seu negócio. É importante observar que gerenciar imóveis para outras pessoas é mais que um hobby: é, de fato, cuidar de um negócio. Claro, se você não tem experiência alguma na área, o treinamento específico que eu (James) ofereço no BNB Mastery Program [conteúdo em inglês] pode ser bem útil para evitar erros.

Se seu objetivo é transformar as hospedagens em uma renda de período integral, em que você gerencia cinco, dez ou mais imóveis, é bom mantê-las todas centralizadas. Não é preciso, necessariamente, atuar como anfitrião no mesmo lugar onde você vive, mas recomendamos que todos os imóveis estejam em um local centralizado, para que você não tenha de lidar com dez equipes de limpeza. Você está administrando apenas um(a) diarista que cuida de todos os imóveis.

Porém, se está gerenciando apenas um ou dois imóveis como hobby ou um trabalho de meio período, você pode administrar, de forma viável, duas casas em dois lugares que não sejam próximos um do outro. A capacidade de expansão pode se tornar um problema, então tenha em mente suas ambições como coanfitrião e até onde quer chegar.

Identificando as vantagens de ser coanfitrião

Ser coanfitrião de um imóvel inclui as seguintes vantagens para você e o dono do imóvel:

» **É uma situação em que todos ganham.** Pense em como foi atuar como anfitrião quando você começou e estava tomando conta de tudo sozinho.

Talvez tenha começado com o pé direito e resolvido tudo desde o início; porém, é mais do que provável que tenha tido dificuldades com algumas coisas. Muitos anfitriões não têm treinamento, experiência ou formação em hospedagens. Muito provavelmente estão fazendo o trabalho diário por conta própria e pouco dinheiro por hora. Além disso, é possível que talvez não queiram gastar tempo com essas responsabilidades cotidianas relacionadas à hospedagem. Eles querem se concentrar em outras áreas da vida, portanto, se você atua como coanfitrião de seus imóveis, está oferecendo um serviço valioso.

» **Você pode ter uma ótima renda sem investir mais tempo.** Por conta de vários aspectos relacionados a hospedagens poderem ser terceirizados e automatizados, conforme vimos no Capítulo 9, você não precisa investir muito tempo em gerenciar imóveis para outras pessoas.

» **Você pode ajudar o proprietário a ganhar mais dinheiro.** Muitos anfitriões estão atuando de forma ineficiente e jogando muito dinheiro fora. Eles não estão otimizando seus imóveis como poderiam ou deveriam. Quando alguém como você entra na equação e sabe o que é preciso fazer para esses imóveis terem sucesso, é possível aprimorar o desempenho geral deles de forma que compense suas taxas de administração.

» **Você não precisa investir mais dinheiro na compra de novos imóveis.** Ser coanfitrião é uma ótima forma de conseguir ainda mais hospedagens sem ter de investir milhares de dólares na compra de outro imóvel.

Gerenciando seu negócio de co-hospedagens por meio de uma empresa jurídica

Se decidir começar a co-hospedar, converse antes com um advogado local. Ele pode lhe dar conselhos sobre como ajustar seu negócio para garantir que você fique protegido pela lei. As exigências específicas dependem de onde você mora, sua situação pessoal e que tipo de empresa terá de abrir, se necessário. Por exemplo, seu advogado pode lhe aconselhar a abrir uma sociedade limitada (Ltda.) ou uma corporação por motivos fiscais ou de responsabilidade.

Ao co-hospedar e fornecer esse serviço a outros anfitriões, você está operando um negócio. Antes de começar, não deixe de verificar as leis e as regulamentações locais, para estar 100% de acordo. Na maioria das regiões, as co-hospedagens são legalizadas, embora seja preciso seguir certas regras.

CUIDADO

Também é uma boa prática designar um seguro específico para aluguéis temporários a todos os imóveis que você administra. Muitas empresas oferecem esse tipo de seguro, como a Guard Hog e a Square One. Orientar os proprietários com quem você trabalha a ter esse tipo de seguro pode reduzir drasticamente seus riscos como coanfitrião. O pior cenário para sua atividade como coanfitrião é algo ruim acontecer com o imóvel e você ser processado porque o proprietário não consegue ir atrás do hóspede. Fazer com que os proprietários com quem você está trabalhando tenham seguro adicional reduz as chances de isso acontecer. Os proprietários assumem a despesa desse seguro. Para eles, custa um pouquinho a mais por mês e não é nada difícil.

Ajustando Seus Rendimentos com a Co-hospedagem

Após resolver que deseja atuar com co-hospedagens, você está pronto para encontrar um imóvel alheio para administrar. As seções a seguir lhe dão orientações a respeito de aspectos práticos sobre como começar a gerenciar de fato os imóveis de outras pessoas.

Começando a co-hospedar:
Como proceder

Ao decidir que deseja co-hospedar, você precisa encontrar um imóvel, um cômodo vago ou uma casa de férias. Considere começar por aqui:

>> **Amigos, familiares ou contatos profissionais:** Talvez eles já estejam hospedando pessoas (ou não), talvez queiram hospedar ou, ainda, provavelmente se interessem por isso. Qualquer um de seus contatos em quem você consiga pensar que gostaria de tê-lo gerenciando seus imóveis é o parceiro de hospedagens inicial mais provável.

> Comece com essas pessoas se deseja gerenciar alguns imóveis. Comece devagar, selecionando alguns, depois proceda da mesma forma como em seu imóvel.

>> **Comunidades virtuais, como grupos do Facebook:** Essas comunidades permitem que você entre em contato com colegas anfitriões. Considere todos aqueles a quem você pode ajudar a agregar valor para simplificar a vida.

Depois que tiver um imóvel para hospedar, ser coanfitrião é tão simples quanto o proprietário conceder acesso à conta dele no Airbnb e você passar pelo mesmo processo que passou com seu imóvel. Se o proprietário ainda não tem conta no Airbnb, ele precisa reservar uns cinco minutos para criar uma, e você pode cuidar do restante. Para isso, você pode elaborar o anúncio e usar as estratégias que destacamos no Capítulo 5. Otimize tudo para não perder dinheiro e proporcionar uma experiência excelente aos hóspedes. Agir assim beneficiará você e o proprietário. A partir daí, mantenha o foco em reduzir o tempo que gasta gerenciando o imóvel, para que os valores por hora sejam maximizados.

Se sua intenção é transformar a atividade como anfitrião em uma fonte de renda integral, terá de se esforçar muito mais e adquirir mais competência. Você pode dar uma olhada em empresas como a BNB Mastery Program para ter um treinamento extra, que confere um panorama sobre maneiras de expandir um negócio de hospedagens e obter uma fonte de renda integral administrando imóveis de outras pessoas no Airbnb.

Colocando a co-hospedagem no piloto automático

Após conseguir administrar a quantidade desejada de imóveis, é bom começar a concentrar suas energias em terceirização e automatização. Em outras palavras, você se exime de todas as operações diárias relacionadas a gerenciar imóveis e substitui essa atividade pelas ferramentas automáticas que abordamos no

Capítulo 9. Desse modo, você conseguirá uma ótima renda e terá liberdade de empregar o tempo da maneira que quiser.

Ao gerenciar mais de cinco imóveis ou administrar propriedades de maneira remota e à distância, recomendamos ter um "faz-tudo" confiável de plantão, para problemas de manutenção que possam surgir, porque sozinho você não conseguirá lidar com esses problemas como quando tem apenas um imóvel.

A melhor maneira de encontrar um "faz-tudo" de qualidade e confiança em sua região é por meio de referências. Peça recomendações a amigos, familiares ou colegas anfitriões do Airbnb. De outra forma, uma rápida pesquisa online por profissionais do tipo em sua região deve ajudá-lo a encontrar a pessoa certa para o serviço.

Ampliando seu negócio de co-hospedagens até o nível desejado de renda em 3, 2, 1...

Ao trabalhar como coanfitrião, você tem duas questões importantes para con-siderar conforme põe em prática seus planos de co-hospedagens e expande o negócio:

» **Saiba qual é seu objetivo logo no começo.** Você quer administrar um ou dois imóveis? Ou quinze?

» **Defina o que será preciso para atingir o objetivo.** Planeje quais partes do negócio precisam ser modificadas para atingir sua meta, a fim de que consiga deixar os sistemas prontos antes de precisar deles.

Por exemplo, se você deseja administrar mais dois imóveis além de seu próprio anúncio, não é preciso mudar muita coisa do que já está fazendo. Os sistemas que funcionam para um imóvel muito provavelmente funcionarão da mesma forma se você tiver mais duas propriedades. Possivelmente o(a) diarista não terá problema em adicionar dois imóveis às próprias tarefas. Sua equipe de comu-nicação com os hóspedes não terá de aumentar demais com o trabalho extra. A otimização de preços que você está fazendo também não será tão diferente.

Porém, gerenciar quinze imóveis são outros quinhentos. Adicionar mais quinze imóveis às responsabilidades da equipe de limpeza ocupará a maior parte do raio de busca e muito mais dos recursos dela. É preciso planejar com antecedên-cia para que, conforme você vai expandindo, sua equipe de limpeza não fique no limite e comece a se esquecer das faxinas.

CUIDADO

Planeje com antecedência para evitar problemas decorrentes da expansão, por exemplo, a equipe de limpeza começando a perder turnos. No caso de sua equipe ficar totalmente ocupada, você precisa avisá-la com muita antecedência de que está se expandindo, a fim de que eles possam se preparar, ou contrate uma equipe extra para ajudar com a carga de trabalho.

Se já começou a co-hospedar e está gerenciando vários imóveis e promovendo equipes diferentes de pessoas, você corre o risco de ficar sem recursos e não conseguir dar assistência a todos os imóveis que administra. Consequentemente, pode ter problemas que o levem a não cumprir com os serviços necessários e atender seus clientes. As coisas podem descambar, e você acabará dando passos para trás, e não para a frente.

Obviamente, essa situação é tudo, menos ideal, e exige uma quantidade enorme de tempo e esforço por pouca recompensa. Sobrecarregar-se logo no início leva a clientes insatisfeitos e imóveis com baixo desempenho. Para ter os clientes mais satisfeitos e expandir o mais rápido possível sem ter de recuar, você precisa de planejamento antecipado, para que todos os sistemas estejam intactos antes de precisar deles. Seja proativo e prepare-se para ampliar seu negócio de maneira efetiva e não andar para trás. Em última instância, seus clientes trabalharam com você porque não queriam dedicar o tempo ao gerenciamento dos próprios imóveis.

7

A Parte dos Dez

NESTA PARTE. . .

Evite as armadilhas comuns para anfitriões novos no Airbnb a fim de começar da melhor forma possível sua jornada no mundo da hospedagem.

Faça as dez melhores compras de acordo com a opinião de anfitriões para reduzir despesas operacionais e dores de cabeça com hospedagens.

Descubra dez maneiras comprovadas para aumentar rendimentos em longo prazo, encontrando oportunidades fora e dentro da plataforma Airbnb.

> NESTE CAPÍTULO

> » Investindo um pouquinho para eliminar dores de cabeça

> » Obtendo resultados melhores com as hospedagens

Capítulo **21**

Dez Dicas para Ser um Anfitrião Melhor

E mbora lançar e manter um anúncio bem-sucedido no Airbnb exija planejamento e esforço, fazer algumas coisas simples como anfitrião pode ajudá-lo a ganhar mais, se estressar menos ou ambos. Seguem dez dicas valiosas para hospedagens felizes.

Pesquise Sua Área Antes de Hospedar

Anfitriões espertos fazem uma pesquisa de área antes de hospedar, para saber exatamente o que esperar. Alguns aspirantes a anfitriões optam por não hospedar pelo Airbnb após descobrirem que alugar o próprio imóvel da forma tradicional daria mais certo. O Capítulo 3 analisa os pormenores da pesquisa de área.

Primeiro, Seja Hóspede

Os melhores anfitriões sabem como é ser hóspede. Portanto, antes de entrar com tudo no ramo de hospedagens, reserve suas próximas estadas no Airbnb para viagens futuras. Vivencie todo o processo do início ao fim como hóspede — desde a pesquisa na plataforma até a reserva, passando pelo check-in e pelo check-out. Observe todos os momentos em que se sentiu confuso, irritado, relaxado ou empolgado. Eles podem indicar o que se deve imitar ou evitar em sua atividade como anfitrião. Melhor ainda, aproveite algumas "férias em casa" fazendo reservas em locais que já existem em sua cidade. O Capítulo 4 detalha o que observar ao se hospedar em um imóvel anunciado no Airbnb.

Seu Convite Não É uma Ordem

Hóspedes que chegam de lugares diferentes ficam em sua casa por diversos motivos. Alguns vão para relaxar. Alguns querem conhecer e sair com desconhecidos. Outros, um momento de silêncio. Nunca presuma que você conhece as preferências de nenhum hóspede, a não ser que digam de maneira explícita.

Por exemplo, se você fará um jantar para receber amigos e familiares, e quer estender o convite aos hóspedes, garanta que eles saibam que se trata de um convite aberto sem compromisso algum. Eles vão se quiserem. Se não, sem crise. Quanto mais você atuar como anfitrião, mais intuição desenvolverá sobre quando (ou se) deve estender convites a cada hóspede em particular.

Ofereça Mais do que Promete

Prometeu mundos e entregou fundos? Decepção. Anfitriões bem-sucedidos que sempre deixam os hóspedes boquiabertos sabem como lidar com expectativas de maneira adequada usando o perfil do anúncio e as conversas com possíveis hóspedes.

DICA

Isso implica fotos e descrições excelentes, mas autênticas, e oferecer pequenos, mas inesperados, extras aos hóspedes. Que tal biscoitos caseiros de arrasar? Uma garrafa de vinho de uma vinícola local? E grãos de café frescos de uma torrefadora local? Faça os hóspedes descobrirem as surpresas ao chegar. Dê uma olhada no Capítulo 11 para saber o que significa proporcionar uma experiência ótima aos hóspedes.

Mantenha Contato Regular com os Hóspedes

Para cada hóspede que entrou em contato direto fazendo uma pergunta ou reclamação, provavelmente havia outros com a mesma pergunta ou queixa, mas que não contataram você. Certas pessoas são tímidas, outras não querem incomodar.

DICA

No dia posterior ao check-in e pelo menos uma vez a cada três dias, envie uma mensagem curta e acolhedora aos hóspedes, do tipo: "Bom dia! Só para checar se você tem alguma pergunta ou pedido. Ligue/Mande mensagem a qualquer hora. Estou aqui, se precisar." Fazer isso sinaliza aos hóspedes que não há problema algum em contatar você se sentirem que precisam de algo. Os Capítulos 12 e 13 abordam as boas práticas de comunicação com os hóspedes desde antes do check-in até após o check-out.

Use Pequenos Lembretes Úteis

Ao entrar na casa de um desconhecido após um longo dia de viagem, muitos hóspedes vão querer se instalar e relaxar antes das aventuras do dia seguinte. Mas isso pode ser difícil se não souberem sequer qual interruptor corresponde a cada lâmpada ou se tiverem de abrir todos os armários só para encontrar sacos de lixo extras.

DICA

Uma maneira simples de mostrar aos hóspedes que você pensou neles é colocar etiquetas-lembrete pequenas, mas visíveis, próximo a interruptores, armários, gavetas ou portas. Deixe-as visíveis apenas bem de perto, para que não apareçam em fotos normais e use uma paleta de cores e uma fonte que combinem com a decoração geral.

Sempre Tenha Suprimentos Extras

Não ter suprimento extra de itens básicos como papel higiênico, papel-toalha, sabonete e roupas de cama arruinará uma experiência que, do contrário, seria excelente para seus hóspedes do Airbnb. Ninguém gosta de ter que sair para comprar papel higiênico no mercado porque o anfitrião forneceu só um rolo.

CUIDADO

Economizar cada centavo pode lhe poupar algum dinheiro em curto prazo, mas hóspedes infelizes deixarão avaliações péssimas que lhe custarão reservas em longo prazo. Mantenha os suprimentos extras fora de alcance para estimular um uso mais contido e disponibilize-os de bom grado aos hóspedes quando solicitados. O Capítulo 4 abarca todos os itens de que você precisa para preparar seu imóvel no Airbnb.

Use Cenas de Ação em Suas Fotos

Mostrar aos hóspedes o que eles poderiam fazer em seu imóvel é muito melhor do que falar. Sim, fotos bem tiradas ajudam, mas colocar pessoas em algumas delas aproveitando o espaço ou mostrando atividades contribuirá para uma apresentação mais atraente e resultará em mais reservas.

DICA

Tem banheira de hidromassagem com vista panorâmica para um pôr do sol digno de filme? Coloque uns amigos lá e mostre suas silhuetas contra o sol. Tem uma lareira no quintal ideal para fazer marshmallow e sanduíches? Mostre os marshmallows assando na fogueira. Tem uma mesa de bilhar para os hóspedes usarem? Não a mostre vazia, mas tire uma foto com a bola branca borrada em movimento e prestes a colidir com outra bola. Verifique no Capítulo 6 estratégias extras para elaborar fotos incríveis para seu anúncio no Airbnb.

Revele e Destaque Logo de Cara Possíveis Pontos Negativos

Obter sucesso de longo prazo para seu anúncio tem tudo a ver com evitar o tipo errado de hóspedes e atrair o maior número possível de pessoas. Tem um gato supersimpático que gosta de cumprimentar os hóspedes? Fale na descrição sobre o Panqueca e seus hábitos curiosos, e acrescente uma foto. Sim, fazer isso afastará muitos hóspedes que não querem compartilhar a estada com um gato, mesmo simpático, mas também deixará seu anúncio mais atraente para hóspedes que adoram gatos.

Informações sinceras possibilitam, logo no início, atrair os hóspedes certos que gostam do anúncio como ele é e afastar os que não gostariam de reservar.

Mensure o Retorno no Tempo

A possibilidade de ganhar mais dinheiro com o anúncio poderia ser prejudicial? Se isso implicar trabalho extra desproporcional, sim. Você preferiria ganhar R$1 mil a mais por mês com duas estadas ou R$1.200 com quinze? Muita gente escolherá as duas estadas mais tranquilas, com menos trabalho de turnos.

Conforme atua como anfitrião, em vez de procurar maneiras de arrancar cada centavo de seu anúncio, analise como pode poupar tempo usando ferramentas automáticas para simplificar preços ou a comunicação, ou utilizar ferramentas inteligentes para eliminar check-ins presenciais que consomem tempo. Às vezes, o lucro por hora de contribuição é mais importante que os lucros totais. O Capítulo 9 oferece sugestões para usar seu tempo com sabedoria.

> **NESTE CAPÍTULO**
>
> » Focando aquisições inteligentes com grandes retornos
>
> » Identificando compras que outros anfitriões revelaram ser mais úteis

Capítulo **22**

As Dez Melhores Compras para Anfitriões

Fizemos esta pergunta a milhares de anfitriões por meio de nosso blog e em cursos online: "Qual foi a melhor compra que você fez como anfitrião do Airbnb?" Algumas eram óbvias, outras surpreenderam. Aqui estão dez que você deveria considerar ao hospedar pessoas pelo Airbnb.

Futon ou Sofá-cama

Se você tem espaço suficiente para um sofá tradicional, provavelmente também tem para trocar por um sofá-cama ou um futon, o que aumenta a capacidade de ocupação de seu anúncio para acomodar hóspedes extra e elevar, de forma permanente, seu potencial de ganhos. Não deixe de fornecer bons jogos de travesseiro, roupas de cama, lençóis e colchas para aumentar o conforto dessas opções para dormir reconhecidamente desconfortáveis.

CUIDADO

Não cometa exageros adicionando um sofá-cama em cada área comum ou transformando cada cama em uma beliche só para aumentar a capacidade. Os códigos locais sobre incêndio devem ser respeitados. Não deixe de verificar em sua cidade para definir a ocupação máxima permitida para seu anúncio.

Capachos em Todas as Entradas

Para casas perto da praia ou em áreas ao ar livre, hóspedes podem trazer muita areia e sujeira, resultando em uma limpeza mais longa e mais difícil durante os turnos. O simples fato de haver capachos em todas as entradas pode estimular os hóspedes a limpar os sapatos antes de entrar. Acrescentar recados divertidos como "Favor limpar as patinhas antes de entrar" com estampas de patas pode servir como lembrete gentil para os hóspedes. Consulte o Capítulo 5 sobre a definição das regras para a casa, em que você pode pedir aos hóspedes que tirem os sapatos ao entrar.

Sapateiras

Para diminuir a quantidade de poeira e sujeira nos móveis e ao entrar na casa, invista em uma sapateira para os hóspedes. Uma sapateira localizada em um lugar visível na porta de entrada é uma forma fácil e simples de levar os hóspedes a tirar e guardar os sapatos sujos. Coloque outra no quintal ou disponibilize chinelos e sandálias que os hóspedes possam usar fora de casa.

Carregadores Universais para Celular e Adaptadores de Tomadas em Cada Cômodo

Presuma que os hóspedes viajarão com smartphones e dispositivos. A maioria trará os próprios carregadores, mas uma boa parte se esquecerá de colocá-los na mala. Para poupar seus hóspedes do transtorno e da dor de cabeça de ter de ir a uma loja, coloque à disposição deles um conjunto de carregadores universais multifuncionais e cabos em cada quarto. Mesmo que tragam os próprios cabos, a opção extra é uma mão na roda para carregar vários dispositivos ao mesmo tempo. Uma alternativa é incluir adaptadores de tomada USB em cada cômodo, permitindo um uso fácil por USB, além de uma tomada regular.

DICA

Se você está em um lugar que atrai muitos hóspedes estrangeiros, também sugerimos investir em um adaptador internacional.

Eletrodomésticos de Grande Capacidade

Se você precisa comprar, de qualquer jeito, uma nova lava-louças ou um combo com máquina de lavar + secadora, escolha o item de maior capacidade que puder adquirir e que caiba em sua casa. O custo único extra mais do que compensa as economias contínuas em menos ciclos e lavagens, resultando em contas de luz mais baixas, e turnos mais rápidos e menos estressantes entre hóspedes.

Armários com Trancas

Voos podem se atrasar. Engarrafamentos podem acontecer. Planos podem mudar. À medida que vai atuando como anfitrião, você receberá pedidos de hóspedes para fazer o check-in mais cedo ou o check-out mais tarde. Aceitar os pedidos pode levar a turnos apressados, mas simplesmente recusar quando os hóspedes precisam pode levar a estada a um mau começo ou fim. Ter armários com trancas amplos o suficiente para guardar bagagens grandes, com travas de combinação, pode resolver o problema. Isso permite aos hóspedes colocarem a bagagem em um lugar seguro enquanto andam pela cidade antes que o imóvel esteja pronto ou precisem ir ao aeroporto para pegar o voo atrasado. Se você é um anfitrião que mora no imóvel ou perto dele, é possível se oferecer para guardar as malas até que os hóspedes possam pegá-las mais tarde no dia.

Colchões e Lençóis de Alta Qualidade

Investir um pequeno extra inicial em um colchão confortável e roupas de cama e fronhas mais macias e com mais fios pode levar os hóspedes a ter um sono melhor. Hóspedes bem descansados são hóspedes felizes, e hóspedes felizes implicam avaliações felizes. Percorra as avaliações empolgadas nos anúncios mais populares ou as avaliações péssimas em anúncios problemáticos em qualquer cidade e leia sobre uma "cama superconfortável" ou "a pior noite de sono de todas".

Travas Inteligentes

A maioria dos hóspedes prefere a facilidade de fazer o próprio check-in quando chegam, no horário marcado ou mais tarde. Uma das melhores maneiras de possibilitar isso é usando uma trava inteligente que os permita mudar os códigos de acesso de forma remota, por exemplo, para os últimos quatro dígitos do celular deles. É mais conveniente e menos estressante tanto para anfitriões como para hóspedes. Consulte o Capítulo 12 para ter mais informações sobre como travas inteligentes podem simplificar sua atividade como anfitrião no Airbnb.

Ferramentas Automáticas

Fazer um anúncio lucrativo no Airbnb não dá certo com uma estratégia do tipo "configure e esqueça". Isso exige monitoramento contínuo e atualização de preços, bem como disponibilidade do anúncio e comunicações em tempo real com possíveis hóspedes. Embora você possa fazer isso manualmente, terá melhores resultados e menos estresse usando ferramentas para automatizar seus preços, a maioria das conversas com os hóspedes e o calendário. Explore as várias opções disponíveis, examine algumas por meio de testes gratuitos e escolha uma. Frequentemente a pequena taxa nominal compensa muito. O Capítulo 9 aborda os pormenores da automatização para hospedagens no Airbnb.

Melhores Opções de Café

Muitos hóspedes gostam de café, e embora atualmente alguns anfitriões disponibilizem algumas opções, a maioria não está aproveitando um jeito fácil de encantar os hóspedes. Em vez de apenas oferecer um bule de café e grãos de café pré-moídos comprados em lojas, disponibilize alternativas como grãos integrais tostados e um moedor manual ou prensa francesa para mostrar aos hóspedes viciados em café que você se importa com eles. Não deixe de exibi-lo em suas descrições e fotos. Em circunstâncias normais, viajantes que bebem café escolherão seu anúncio, e não o da concorrência, por causa do café melhor.

DICA

Nem todos os hóspedes são fãs de café. Para os amantes de chá, deixe algumas opções disponíveis, caso eles queiram uma xícara. Outro favorito para disponibilizar são opções de chocolate quente.

> **NESTE CAPÍTULO**
>
> » **Identificando estratégias comprovadas para aumentar rendimentos**
>
> » **Pensando em formas criativas de expandir ganhos em potencial fora do Airbnb**

Capítulo **23**

Dez Maneiras de Aumentar Seus Rendimentos

"Não, não quero ganhar mais dinheiro e fazer os mesmos esforços", nenhum anfitrião no Airbnb jamais disse isso. Se você já está dedicando tempo e energia para hospedar pessoas no Airbnb, por que não tirar o máximo de seus esforços como anfitrião? Neste capítulo, disponibilizamos dez estratégias que ajudaram anfitriões a ganhar mais com hospedagens.

Apresentar Seu Melhor Anúncio

A maioria dos anfitriões novos que se queixam por não ganharem tanto quanto querem busca facilidades ao anunciar o imóvel, o que pode incluir fotos tiradas do celular em ângulos errados, pouca luz e em uma hora inadequada do dia. Ou têm descrições fracas e títulos chatos. A menos que você faça o melhor anúncio possível de perfil para seu imóvel, nem chegará perto de atingir seu potencial total como anfitrião. Consulte o Capítulo 5 para obter detalhes sobre como elaborar o anúncio perfeito para sua casa.

Pedir aos Hóspedes que Façam Avaliações

Embora o Airbnb envie um e-mail aos hóspedes lembrando-os de deixar uma avaliação após o check-out, anfitriões que entram em contato com eles com um lembrete simpático conseguirão mais avaliações. Ter mais avaliações, sobretudo de hóspedes felizes e empolgados com a maravilhosa estada, levará a mais reservas e lucros, tornando seu anúncio mais chamativo para futuros hóspedes. Porém, pedir mais avaliações quando não está cumprindo de forma consistente as expectativas dos hóspedes só piora a situação. Consulte nos Capítulos 11 a 13 os detalhes de um excelente serviço para hóspedes.

Customizar Facilidades de Acordo com o Público-alvo

Entender quem são seus hóspedes pode ajudá-lo a atender melhor às necessidades deles. Por exemplo, quem viaja a negócios tem necessidades bem diferentes daquelas de famílias com crianças pequenas. Preste atenção ao tipo de hóspede que fica em seu imóvel e busque maneiras de adicionar facilidades relevantes. Por exemplo, ter jogos próprios para famílias pode ajudar a atrair quem viaja com familiares, enquanto ter uma estação de trabalho específica pode atrair homens ou mulheres que viajam a negócios. Quanto mais você conseguir transformar o anúncio em uma decisão fácil para seu público-alvo viajante, mais reservas conseguirá.

Oferecer Produtos e Serviços Extras

Após os hóspedes reservarem seu anúncio, você terá um público cativo durante a estada. Por que alguns hotéis oferecem frigobares? Alguns hóspedes querem beber. Você pode oferecer o mesmo disponibilizando um cardápio de extras, como bebidas alcoólicas ou café da manhã, para ganhar uma renda extra. Anfitriões também podem oferecer serviços do tipo leva e traz, passeios guiados, refeições caseiras ou aluguel de equipamentos para aumentar ganhos em potencial. O Capítulo 8 aborda estratégias extras para aumentar seus lucros no Airbnb.

Usar Preços Adequados

Cobre demais e correrá o risco de ter mais noites desocupadas. Cobre de menos e perderá lucros que poderia ter ganho de hóspedes que já escolhem seu anúncio. Descobrir o preço correto para cobrar pelo imóvel anunciado por uma quantidade "x" de noites exige que você lide com vários fatores que afetam o preço, inclusive os preços e a disponibilidade da concorrência, a sazonabilidade e eventos especiais. Anfitriões bem-sucedidos entendem que não podem fazer isso manualmente e, em vez disso, usam uma ferramenta terceirizada de preços para definir automaticamente os valores ideais para os anúncios. Verifique no Capítulo 7 todos os itens importantes para colocar os preços adequados em seu anúncio no Airbnb.

Ser Anfitrião de Mais Anúncios

Você pode ganhar apenas certa quantia com um anúncio único. Após atingir a taxa de ocupação máxima cobrando as taxas mais elevadas que sua área comporta, há pouco a fazer para aumentar seus ganhos com o anúncio. Mas acrescente um ou dois anúncios e conseguirá aumentar rapidamente sua renda no Airbnb. Uma das melhores formas de fazer isso é oferecer serviços de anfitrião a proprietários que não querem atuar nesse ramo. Isso gera uma situação em que todos ganham — lucros para proprietários sem eles terem movido nem uma palha e mais ganhos para você como anfitrião, sem correr o risco de comprar ou alugar outro imóvel. O Capítulo 20 aborda os desafios e as oportunidades de atuar como anfitrião em imóveis alheios.

Anunciar uma Experiência no Airbnb

Alugar um imóvel não é a única maneira de ganhar dinheiro no Airbnb. Uma oportunidade recente, mas que está crescendo rápido na plataforma, são anfitriões anunciando atividades, em vez de imóveis. Ser anfitrião de uma Experiência, e não de uma casa, tem muitas vantagens e pode ajudá-lo a aumentar substancialmente seus ganhos na plataforma. O Capítulo 18 aborda os detalhes da realização de uma Experiência no Airbnb.

Pensar em Longo Prazo

Você aceitaria R$10 a mais agora para perder R$100 depois? Provavelmente, não. No entanto, muitos anfitriões novos fazem uma troca parecida com essa, obtendo ganhos pequenos em curto prazo para perdas maiores em longo prazo. Sim, oferecer um suprimento a mais de itens extras gerará custos mais altos por estada, já que os hóspedes usam mais desses artigos, mas esse pequeno investimento hoje evita avaliações negativas que, mais tarde, levam a perdas de longo prazo com menos reservas. De maneira semelhante, anfitriões que moram em regiões frias ou quentes em que o custo da energia pode ser muito alto pelo uso prolongado do ar-condicionado ou do aquecedor podem ganhar mais em longo prazo investindo em painéis solares que reduzem a zero os gastos com energia e, ao mesmo tempo, agregam possível valor ao imóvel.

Embora o Airbnb seja sem dúvida o exemplo mais emblemático do crescimento da economia compartilhada, ele não é o único. Se você perceber que seu anúncio não está conseguindo reservas suficientes no Airbnb, é possível buscar alternativas como VRBO, HomeAway, FlipKey e Bookings.com, para citar apenas algumas.

CUIDADO

Porém, anunciar seu imóvel em várias plataformas exige o uso de ferramentas de gerenciamento de aluguéis de imóveis para férias, para ajudá-lo a administrar os diversos anúncios e calendários, e evitar reservas duplas e confusão no agendamento. Essas ferramentas podem ser caras, portanto, não são a opção ideal para imóveis em áreas de baixa demanda.

Alugar Outra Coisa

Se você fizer uma pesquisa online, rapidamente encontrará plataformas do tipo Airbnb mirando outros ativos subutilizados. Tem um carro raramente usado que pode alugar? Há um Airbnb para carros. Um barco, um quintal, garagem, ferramentas, escritório, o que quiser. Há um Airbnb para *tudo*. Algumas plataformas podem complementar o funcionamento de seu anúncio, enquanto outras são uma operação totalmente distinta.

Evitar Perdas Catastróficas

Receber uma enorme multa da cidade ou ter de fazer uma substituição cara por conta de estragos pode destruir os ganhos de um ano inteiro. Para evitar possíveis grandes perdas, não deixe de verificar e cumprir as leis locais, guarde todos os recibos e documentos se precisar pedir indenização e faça consertos pontuais de todos os itens relacionados à segurança, a fim de limitar riscos de responsabilidade. Se você tem mais de 1 milhão em ativos, deve adquirir uma cobertura adicional de seguro, além da apólice do Airbnb. O Capítulo 4 aborda considerações importantes sobre seguros para anfitriões.

Índice

A

ADU
    Desvantagens, 286
    Vantagens, 285
Agências de Notícias
    ClydeBank Media, vii
    CNBC, vii
    Forbes, vii
    Reuters, vii
    SKIFT, vii
    Wall Street Journal, vii
Airbnb, ii
    Acrônimo
      Air bed and breakfast, 12
    Airbnb PLUS, 2, 253
      Inscrição, 260
      Potenciais desvantagens, 257
      Qualidade e uniformidade, 255
    Algoritmo de busca, 301
    Aventuras, 313
    Documentação de rendimentos e despesas, 331
    Economia compartilhada, 356
    Estadas educativas, 72–73
    Experiências, 287
    Formulários para impostos, 327
    Fundadores
      Brian Chesky, 12
      Joe Gebbia, 12
      Nathan Blecharczyk, 12
    Programa Impacto Social, 303
    Rejeitar inscrição inicial, 312
    TechSoup, parceiro terceirizado de validação, 308
    Tributação, 319
AirDNA, 35, 200
Algoritmo
    Busca, 76
Aluguéis temporários, 9
    Características básicas
      Mobília, 9
      Ocupação transitória, 9
Anfitrião, ii
Anfitrião em imóveis alheios, 355

Anúncio
    Anunciar imóvel
      diferentes opções, 276
    Anúncios chamativos, criar, 296
    Anúncios lucrativos, 150
    Anúncios não tradicionais
      Características, 264
      Histórias interessantes, 272
      Lista, 265
      Vantagens, 266
    Anúncios PLUS e Luxe, 112
    Aplicabilidade, 79
    Aprimorar o anúncio, 56
    Características, 82
    Começar bem, 76
    Maximizar potencial, 52
    Subdividir anúncios
      Desvantagens, 277
      Vantagens, 277
    Três pilares, 80
      Descrição, 80, 86
      Fotos, 80
      Título, 80, 82
Aquisições
    para evitar custos importantes não planejados, 144
    para reduzir as contas de energia, 144
    que aumentam diretamente o potencial de lucro, 142
    que conquistam os hóspedes, 143–144
    que economizam seu tempo e minimizam dores de cabeça, 143
Armários com trancas, 351
Assistente virtual, 169
    UpWork, 169
Ativos subutilizados, 356
Atlas Obscura, 313
Automatização
    Código de porta, 167
    Cofre, 167
    Trava inteligente, 166
      August, 166
    Wheelhouse, 167
Automatização, vantagens, 165

Flexibilidade, 165
Autores
James Svetec, vii
Symon He, vii
symonhe.com, vii
AVAC, 241
Avaliações
Avaliações negativas
minimizar, 234
minimizar impacto, 237
retaliativas, 236
Como responder a avaliações positivas e negativas, 232
em relação a hóspedes, 238
Motivos de avaliações negativas, 234–235
Motivos para responder a todas as avaliações positivas dos hóspedes, 233
Solicitar avaliações, 354
Tendência positiva das notas, 232

B
Back-end, 8
Back-end da plataforma, 28
Barraca, 271
Bed and breakfast. Consulte também Airbnb, Acrônimo
Bloquear um ou dois dias entre reservas, 231
BNB Mastery Program, vii
Bônus-depreciação, 333–334
Business Travel Ready, status, 175, 185

C
Cabana, 270
Cama king, 53
Capachos, 350
Carregadores para celular, 350
Casa minimalista, 271
Casa na árvore, 271
Casa sobre rodas/trailer, 270
Causas de força maior, 181
Check-in, ii
Automáticos remotos, 213
automatizar processo, 166
Boas-vindas, mensagem consistente, 204
Chegadas antecipadas, 217
Mensagem com instruções, 206
Preparação, 209
Primeira impressão, 209
Problemas comuns, 208

Processo frustrante de check-in, 195
Check-out, ii, 225
Planejamento, 225–226
Presenciais, 227
Processo remoto de check-out, 226–227
Remotos, 226
Tardios, 225
Ciclo de feedback, 103
Classificação Airbnb, ii
Airbnb Luxe, ii
Airbnb Plus, ii
Coanfitrião, ii
Vantagens, 338
Cobertura de proteção ao anfitrião, 97
Cofres portáteis, 214
Co-hospedagem, 46, 336–337
Primeiros passos, 340
Colchão confortável, 351
Computador, 28
Concorrência, 116
Contrato de locação, ii
Convivendo com o proprietário
Proprietário, 67
Argumentar com, 69–70
Sublocação, 67–68
Convivendo com os vizinhos
Vizinhos, 65
Bons, 66–67
Coronavírus, 4
Corretor de seguros, 72–73
Corte de custos, 138–140
Couch surfing, 17
Criar inícios e fins marcantes, 107
Custo de oportunidade, 94
Custos
Com presentes de boas-vindas, 141
Reparos e manutenção, 141
Serviços, 141

D
Decisões cotidianas como anfitrião, 29
Definindo limites
Cozinha, 64
Quarto e banheiro, 64
Sala de estar, espaços externos e outros cômodos, 64
Desempenho, ii
Despesas

capitalizadas, 328
dedutíveis, 328
   itens, 330
Despesas de consumo, 141
Despesas operacionais, 40
   Aluguel, 40
   Conserto e manutenção, 41
   Ferramentas terceirizadas, 42
   Internet/cabo/satélite, 41
   Licenças, 41
   Limpeza, 41
   Materiais de consumo, 42
   Serviços públicos, 41
   iniciais, 297
   por sessão, 298
Diarista
   Especialistas em Airbnb, 247
   Lista do que precisa ser limpo, 245–246
Dias extras entre reservas, 231
Discriminação, 26

E

Earnest.com, 32
Economia
   anual, 299
   de longo prazo, 299
   mensal, 299
   semanal, 299
Economia compartilhada, 6, 8
   Consumidor para consumidor (B2B), 8
   Empresa para consumidor (B2C), 8
   Exemplos de empresas
      Lyft, 9
      Taxi Magic, 8
      Uber, 8
Empresa pass-through, 334
Espaço Airbnb Plus/Airbnb Luxe, 23
Espaços acessíveis aos hóspedes, 63–64
Espaços compartilhados, 63
Espaço seguro, 240
Estadias mínimas, 39
Estatísticas
   Estatística de facilidades, 38
   Estatística de rendimentos, 120
   Estatísticas-chave, 35
      Renda de aluguel, 37
      Taxas de ocupação, 36
      Taxas diárias, 35

Estatísticas de avaliação, 38
Estatísticas de desempenho, 34
Estatísticas para aluguéis tradicionais, 39
Estatísticas, tipos, 35–37
Estimativa inicial, 35
Estratégias para ir mais longe, 223
Estratégias para melhorar as ofertas, 153
Exigências básicas para hospedar, 30
Expectativas dos hóspedes, 23
Experiência de viver como um morador, 24
Experiências, 287
   aprovar na plataforma, 305
   Desvantagens, 291
   em Tóquio, 289
   ideias novas e criativas, 302
   inscrição online, 305
   participação ativa, 293
   "Pescando plástico", 303
   Vantagens, 290
Experiências do Airbnb, 2
Exposição, 110
Exposição fiscal, 42

F

Facebook, 48
Facilidades necessárias, 57
   Água, 58
   Cafeteira, 57
   Cama, 57
   Cortina e tapete de banheiro, pias que
      funcionem corretamente, e água corrente
      quente, 59
   Cozinha totalmente equipada, 57
   Forno, cooktop ou micro-ondas, 58
   Geladeira, 58
   Papel higiênico, papel-toalha e lenços de
      papel, 58
   Toalhas e lençóis em bom estado, 57
   Wi-Fi, 58
Family Friendly, status, 175, 185
Feedback fraco, 138
Feedbacks positivos, 77
Ferramentas front-end, 8
Fóruns virtuais, 12
Fotos, 101, 104
   Ângulos exclusivos, 107
   Contratando um fotógrafo profissional, 103
   Foto de capa, 103
   Fotos incríveis, 348

HDR, 111
Hora dourada, 109
Iluminação, 109
Preparando o imóvel, 105
Subexposta, 110
Superexposta, 110
Visualizações, 102
Futon, 349

G
Garantia ao Anfitrião do Airbnb, 228
Geração de impostos, ii
Google, 169
Google Maps, 208
Gostar de receber pessoas, 162
Grandes eventos, 123
    Carnaval, 39
    Comic-Con, 123
    Oktoberfest, 39
    Parada do Orgulho LGBTQIA+, 123
    Réveillon de Copacabana, 39
    Rock In Rio, 39
Guia para hóspedes, 197–198
    Informações, 197
    Atrações e eventos locais, 198
    check-out, 198
    de contato, 197
    de emergência, 198
    extras fundamentais, 198
    gratuitas e à venda, 198
    Instruções especiais, 198
    Regras da casa, 198
    sobre Wi-Fi, 197
    trânsito local, 198

H
Hipervalorização do anúncio, 149
Home sharing, 11
Hospedagem, 7
    Airbnb, 7
    Couchsurfing, 17
Hóspede, ii
Hóspedes, 346
    Avaliação, 169
    Contato direto, 347
    Expectativas, 194
    Hóspede-pesadelo, 13–14
    Hóspedes estrangeiros, 201

Hóspedes problemáticos, 235
Hosting Accelerator Program, ix, x

I
Iglu, 271
Imóvel
    preparar para fotos, 105
Impostos, 317
    Perguntas importantes, 320
Inteligência artificial, 173
Investimento por hora por sessão, 298
Itens
    Bons
      Ar-condicionado, 60
      Cafeteira de primeira linha, 61
      Filtro de água, 61
      Forno elétrico, 61
      Lava-louças, 60
      Smart TVs, 60
      Taças de vinho, 61
    Extraordinários, 61
      Caixas de som, 61
      Carregadores de celular universais, 61
      Jogos, 61
    Importantes, 59
      Facas afiadas, 59
      Mesa de cabeceira com luminária, 59
      Plantas, 59
      Sal, pimenta e condimentos básicos, 59
Iurte, 271

L
Lava-louças, 351
LearnBNB.com, x
Legislação vigente no Brasil
    Ocupação transitória
      Lei 8245/91, 9
Lembretes, 347
Limpeza
    Checklist, 245
    Diaristas profissionais, 248
    Plano B, 250
Linhas de comunicação com os hóspedes, 222
Linhas de defesa, 71–72
Livro dos hóspedes, 222–223
Locatário, 20
    de imóvel com aluguel definitivo, 20
Lucro

por hora, 299–300
por sessão, 298

M
Manutenção
chuveiros e pias, 242
do espaço, 243
outras coisas, 242
portas e janelas, 240
Marketplace, 8, 9
Meetup, 48
Mix de marketing, 37
Modelo de negócios, 287

N
Nota de agradecimento, 229

O
Obras complementares
Symon He
Real Estate Investing QuickStart Guide, vii
Obstáculos, eliminar ou minimizar, 193
Otimização para motores de busca, 78
Overbooking, 38

P
Período de aceleração, 118, 119
Período de recuperação, 329
Pets, 202
Plataformas de classificados online, 170
Craigslist, 170
GumTree, 170
Kijiji, 170
Plataformas de educação, vii
Highbrow, vii
Knowable, vii
LearnFormula, vii
LinkedIn Learning, vii
SixFigureInstructor.com, vii
StackSkills, vii
Udemy, vii
Políticas de cancelamento, 39, 93
Flexível, 93
Longo prazo, 93
Moderada, 93
Rigorosa, 93
Super-rigorosa de 30 dias, 94
Super-rigorosa de 60 dias, 94

Potencial de lucro, 31, 35
Precificação
Anúncio, 115
Estudando a concorrência, 116
Preço de base
Competitivo, 116
Estratégia de preços, 116
Preços
Automatizar, 167
Dinâmicos, 125
Monitorando preços, 119
Otimizados, 123
Preço Inteligente automatizado, 125
Preços competitivos, 80
Presentes, 199
Primeira impressão marcante, 77
Primeiras impressões, 220
Público-alvo, 354

Q
Queixa de consumidor, 221

R
Recomendações para aumentar a capacidade de ocupação sem exagerar, 154
Regras
Casa, 89, 90–91
desobedecer, 92
Regra de ocupação 2 + 1, 155
Regra do 2 + 1, 276
Relatório online de rendimentos brutos, 320
Relatórios de área, 151
Renda
por sessão, 298
Renda bruta ajustada, 319
Renda de aluguel, 323
Renda extra, 13
Rendimentos brutos, 321–322
Reserva
Cancelamento, 99
Reserva Instantânea, 236
Responsabilidade civil, 46
Retorno de investimento, 27
Retorno sobre o investimento (ROI), 56
ROI, 269
Roupas de cama, 351

S

Sapateira, 350
Saúde mental, 160
   Ansiedade, 160
   Desgaste mental, 161
   Estresse, 160
   Frustração, 160
Sazonalidade, 119–120
   Alta temporada, 120
   Baixa temporada, 120
   Sazonalidade detalhada, 38
   Sazonalidade fixa, 120
Seguros
   Seguro de Proteção ao Anfitrião, 212
   Seguro de Proteção da Experiência
     US$1 milhão, 290
   Seguro do imóvel, 70–71
     Apólice, 70–71
   Seguros para anfitriões, 356
Serviços extras, 354
Site, 28
SmartBNB, 143
Smartphone, 28, 101
Sofá-cama, 349
Start-up, , 14
Streaming, 60
Subdividir
   Bonificações, 280
   Qualidades da área, 279
Sublocação, 46
Superhost, 2, 175, 258
   recuperar status, 183
   Superhost, status, 23

T

Taxas
   adicionais, 128
   de cancelamento, 180, 183
   de limpeza, 140
   de ocupação, 145
   Depósito-caução, 96
   de resposta, 179
   gerenciamento de propriedade, 141
   Hóspede adicional, 97
   premium, 151–152, 153
   Taxa de hospedagem, 322
   Taxa marginal, 318
   Taxas de administração, 41

Tecnologia, 28
Temporalidade, 121
Tenda, 271
Terceirizar, 168
   Administrador de imóveis, 172
   Avaliações dos hóspedes, 169
   Comunicação, 168
   Diaristas, 170
     MaidThis, 171
Título
   Abreviações, 83
Transparência e credibilidade, 22
Travas
   Alta tecnologia, 215
   Baixa tecnologia, 214
   Trava inteligente, 352

U

Unidades habitacionais acessórias. Ver ADU, 285
Utilitários
   Ferramenta de preços terceirizada,
     desvantagens, 126
   Ferramentas automáticas, 352
   Ferramentas de busca, 48
   Ferramentas de preço dinâmico, 124
     AirDNA, 147
     Preço Inteligente do Airbnb, 124
     Wheelhouse, 126

V

Valor residual, 329
Vincular os calendários, 284